MARCO ANTONIO LEONEL CAETANO

MERCADO FINANCEIRO

2ª EDIÇÃO

PROGRAMAÇÃO E SOLUÇÕES DINÂMICAS
COM MICROSOFT OFFICE EXCEL 2016 E VBA

- O autor deste livro e a editora empenharam seus melhores esforços para assegurar que as informações e os procedimentos apresentados no texto estejam em acordo com os padrões aceitos à época da publicação, *e todos os dados foram atualizados pelo autor até a data da entrega dos originais à editora.* Entretanto, tendo em conta a evolução das ciências, as atualizações legislativas, as mudanças regulamentares governamentais e o constante fluxo de novas informações sobre os temas que constam do livro, recomendamos enfaticamente que os leitores consultem sempre outras fontes fidedignas, de modo a se certificarem de que as informações contidas no texto estão corretas e de que não houve alterações nas recomendações ou na legislação regulamentadora.

- O autor e a editora se empenharam para citar adequadamente e dar o devido crédito a todos os detentores de direitos autorais de qualquer material utilizado neste livro, dispondo-se a possíveis acertos posteriores caso, inadvertida e involuntariamente, a identificação de algum deles tenha sido omitida.

- Direitos exclusivos para a língua portuguesa
  Copyright ©2020 by
  Saraiva Jur, um selo da SRV Editora Ltda.
  Uma editora integrante do GEN | Grupo Editorial Nacional
  Travessa do Ouvidor, 11
  Rio de Janeiro – RJ – 20040-040

- **Atendimento ao cliente: https://www.editoradodireito.com.br/contato**

- Reservados todos os direitos. É proibida a duplicação ou reprodução deste volume, no todo ou em parte, em quaisquer formas ou por quaisquer meios (eletrônico, mecânico, gravação, fotocópia, distribuição pela Internet ou outros), sem permissão, por escrito, da **SRV Editora Ltda.**

DADOS INTERNACIONAIS DE CATALOGAÇÃO NA PUBLICAÇÃO (CIP)
ANGÉLICA ILACQUA CRB-8/7057

Caetano, Marco Antonio Leonel
Mercado financeiro : programação e soluções dinâmicas com Microsoft Office Excel 2016 e VBA / Marco Antonio Leonel Caetano. – 2. ed. – [4. Reimp.] – São Paulo : Érica, 2025.

408 p.
Inclui bibliografia.
ISBN: 978-85-365-3232-5 (Impresso)

1. Mercado financeiro - Processamento de dados 2. Excel (Programa de computador) 3. Visual Basic (Linguagem de programação de computador) I. Título

                        CDD-005.3
19-1591   CDU-004.42

Índices para catálogo sistemático:
1.   Programação Excel e VBA : Mercado financeiro

FABRICANTE

Produtos: Microsoft Office Excel 2016
Fabricante: Microsoft Corporation
Site: www.microsoft.com

Endereço no Brasil
Microsoft Informática Ltda.
Av. Nações Unidas, 12901 – Torre Norte – 27º andar
CEP: 04578-000 – São Paulo – SP
Fone: (11) 5102-1431 / Fax: (11) 5504-2227/2228
Site: www.microsoft.com.br

REQUISITOS DE HARDWARE E DE SOFTWARE

Hardware

- Processador de, no mínimo, 500 mega-hertz ou superior.
- PC, Mac ou similar com 1.0 MB de memória RAM.
- Monitor com resolução mínima de 1024x768 ou superior.
- Disco rígido de, no mínimo, 3 GB.
- Acesso à internet e modem.

Software

- Sistema operacional Microsoft Windows XP, Vista, Windows 7 ou superior.
- Microsoft Office Excel 2003, 2007, 2010, 2013, 2016 ou superior.

A família é o melhor resultado da evolução humana.

*Aos meus pais, Maria Aparecida e Izidoro
(em memória), e a minha esposa e filhos,
Vera, Gabriela e Bruno.*

AGRADECIMENTOS

Ao amigo e orientador de sempre Takashi Yoneyama, pelos 26 anos de conselhos, artigos e revisão deste texto, que muito contribuiu com as gratas e sempre oportunas observações para melhorar a versão final.

Aos alunos e amigos do antigo Ibmec São Paulo e atual Insper pela oportunidade de ver meus ensinamentos trazerem frutos por tão árduo e difícil trabalho na atividade de ensino da computação.

Aos professores do Insper Raul Ikeda Gomes da Silva e Rogério Monteiro, que ao longo desses anos me ajudaram a desenvolver novos exemplos e exercícios nas avaliações e testes que fizemos em conjunto na disciplina de Sistemas de Informação.

Aos amigos que fiz por onde passei, que me fizeram enxergar a vida não com a beleza aparente, mas com a beleza interna de cada ser humano.

SOBRE O AUTOR

Marco Antonio Leonel Caetano terminou seu curso de bacharelado em Matemática pela Unesp de São José do Rio Preto no ano de 1987. Tornou-se mestre no Instituto Tecnológico de Aeronáutica (ITA), em São José dos Campos, no curso de Engenharia Aeronáutica, em 1990. Fez seu doutorado em Engenharia Aeronáutica também no ITA, concluído em 1996. Lecionou doze anos na Universidade do Estado de São Paulo (Unesp) de Rio Claro no curso de Ciências da Computação, no Departamento de Estatística, Matemática Aplicada e Computacional. Atuou diversas vezes como conselheiro de departamento e dos cursos de Computação, Matemática e Biologia. Possui trabalhos em revistas internacionais e nacionais, bem como participação e organização de congressos nacionais e internacionais.

Tem experiência em orientações acadêmicas de iniciação científica, mestrado e doutorado. É revisor de artigos para revistas nacionais e internacionais. Foi responsável pelo ranking do jornal *O Estado de S. Paulo* de 2000 para avaliação das melhores faculdades do provão. É consultor *ad hoc* da Fapesp e CNPq, além de avaliador de cursos de nível superior para o Ministério da Educação por meio do Instituto Nacional de Estudos e Pesquisas Educacionais Anísio Teixeira (Inep). Foi diretor tesoureiro da Sociedade Brasileira de Automática (SBA), de 2004 a 2006, e coordenador do curso de Matemática na Universidade Paulista (Unip), no ano de 2004. Possui inúmeras consultorias nas áreas de estatística, computação e otimização de sistemas. É bolsista de produtividade do Governo Federal pelo CNPq na modalidade PQ2 desde 2008. Atua como professor de Sistemas de Informação e pesquisador no Instituto de Ensino e Pesquisa (Insper), em São Paulo, desde 2004.

Autor do livro publicado pela Editora Érica *Mudanças abruptas no mercado financeiro*, que foi finalista do prêmio Jabuti de melhor livro na área de tecnologia e ciência, em 2014. Também é autor do livro *Análise de risco em aplicações financeiras*, lançado em 2017 pela Editora Blucher.

PREFÁCIO DA 2ª EDIÇÃO

O que pode acontecer em uma década? Muitas pessoas nascem, muitas morrem, guerras são travadas, tecnologias são criadas ou aperfeiçoadas, a evolução leva a humanidade na eterna luta entre desenvolvimento e paz. Desde a primeira edição do livro até esta segunda edição, o mundo transformou-se com velocidade e conflitos inquietantes.

Esta edição acontece nove anos após o desenvolvimento dos capítulos da edição anterior. O que cada pessoa vê com seus olhos, apenas sua mente pode gravar com sensações e cores que só ela possui. Muitas vezes uma multidão observa o mesmo fenômeno, mas cada pessoa percebe um detalhe único, uma passagem que só ela gravou em seu cérebro.

De nove anos para cá, tive muitas alegrias e tristezas. Vi a morte de meu pai, que em seu leito de sofrimento ainda sorriu para mim. Meus olhos viram a tristeza de minha mãe, viram um novo aprendizado para toda a família. Também testemunhei junto com minha esposa a alegria de minha filha passar no vestibular e hoje estar praticamente formada. Testemunhamos num casamento de 25 anos o crescimento e amadurecimento de meu filho, prestando vestibular, crescendo em tamanho e mais importante, em caráter.

O professor Takashi do ITA, que escreveu o primeiro prefácio, agora está como colaborador aposentado nessa mesma instituição, tendo recebido muitas homenagens e ainda com vigor e animação para dar aulas e orientar alunos. Novos cursos surgiram no Insper, novos alunos, novos conceitos, outros coordenadores, colegas de longa data se mudaram e outros novos apareceram.

Os notebooks continuam com sua tarefa de importante ferramenta digital, mas agora perdendo um bom espaço para os smartphones. Hoje, o Brasil possui mais celulares do que pessoas, seguindo o padrão mundial de conexão digital. As chamadas redes sociais dominam as interações entre as pessoas, com novos tipos de programas, agora conhecidos como apps.

Novas linguagens de programação nasceram, antigas foram para a reserva ou perderam sua grande massa de usuários, mas mesmo com todas essas mudanças, os algoritmos continuam reinando. Não importa a linguagem que se use, não importa o curso, não importa a tecnologia que apareça, sempre os algoritmos reinarão. O funcionamento dos equipamentos digitais depende da forma lógica da construção das soluções, sempre com as interligações essenciais entre matemática e computação.

Nessa nova edição, desenvolvemos e aprimoramos exemplos, exercícios e novos capítulos para o Microsoft Office Excel 2016. Os algoritmos em VBA agora são mais aplicados ao mercado financeiro e mais complexos nos últimos capítulos do livro, exemplificando como problemas podem ser resolvidos com a programação e automação de planilhas em Excel.

Para facilitar a leitura e desenvolvimento do leitor, desde sua iniciação até seu aprofundamento em programação, agora, o livro está dividido em duas partes: Programação Básica e Programação Avançada. Na parte de programas avançados, novos modelos e problemas foram adicionados aos que já existiam na primeira edição. São 195 exercícios nos capítulos básicos, todos com soluções em material complementar, para ajudar no desenvolvimento do aprendizado do leitor. Do básico ao avançado, os capítulos mantiveram a estrutura da primeira edição, só que agora com mais exemplos e alguns pequenos jogos para quebrar a monotonia da leitura e exemplificar como o VBA pode servir também para diversão.

Os formulários do usuário, ou *userform*, estão com mais exemplos do que a versão anterior, descrevendo sempre como utilizar as ferramentas básicas dentro de uma estrutura mais profissional e avançada.

Após esses anos todos, no entanto, o que não mudou é a forma de aprendizado de programação. Apenas com muito exercício e persistência, o aprendizado na construção de algoritmos e automação de planilhas poderá ser um sucesso.

Essa segunda edição, assim como a primeira, tenta manter o que o professor Takashi mencionou em seu prefácio: "*um livro* [...] *de fácil leitura e bem objetivo*".

Prof. Dr. Marco Antonio Leonel Caetano
Professor Adjunto do Insper

PREFÁCIO DA 1ª EDIÇÃO

É com grande satisfação que escrevemos este prefácio, atendendo ao lisonjeiro e honroso convite do autor, professor doutor Marco Antonio Leonel Caetano. A obra possui diversas características notáveis que a tornam única. Uma delas é a sua atualidade em face da crescente utilização de sistemas computadorizados para auxílio à tomada de decisão, particularmente no meio daqueles que atuam no mercado financeiro.

Hoje em dia, o conhecimento de informática e técnicas de programação de computadores digitais é essencial para manter a vantagem competitiva. Nesse contexto, o livro apresenta de modo didático, progressivo e eficiente os fundamentos para desenvolvimento de programas computacionais em VBA. A ampla disseminação do VBA, aliada à sua grande funcionalidade, faz dela uma poderosa ferramenta para tornar acessíveis os mais variados métodos quantitativos na busca de maiores retornos e menores riscos nas diversas oportunidades que surgem a cada dia.

É repleto de exemplos e exercícios, de forma que versões mais simples de módulos para análise quantitativa podem ser criadas com simples cópia e digitação. Versões mais sofisticadas que requerem processamentos mais complexos podem ser obtidas por combinações desses módulos. Os pré-requisitos para bem assimilar o conteúdo são o bom senso, a lógica e uma mínima familiaridade com computadores pessoais, dado que os assuntos mais intricados são precedidos de uma introdução apropriada. Ou seja, o livro é autoexplicativo, embora conhecimentos prévios de previsão de séries temporais, otimização de carteiras, análise técnica e outros sejam bem-vindos.

Em termos gerais, é bem-sucedido na tarefa de balancear de forma eficaz os conceitos de programação de computadores, a apresentação de alguns algoritmos clássicos e as suas aplicações no mercado financeiro. O resultado é um livro relativamente enxuto, de fácil leitura e bem objetivo. Trata-se de uma obra que será de grande utilidade para aqueles que desejam ingressar no mundo dos métodos quantitativos baseados em computadores digitais.

Dr. Takashi Yoneyama
Professor Titular de Engenharia Eletrônica do ITA

SUMÁRIO

PARTE I

FUNDAMENTOS DE PROGRAMAÇÃO

CAPÍTULO 1

Princípios, 19

1.1 Algoritmos, 20

1.2 Computador, 22

1.3 Programação, 28

1.4 Automação de planilhas, 28

1.5 Distribuição dos assuntos, 29

CAPÍTULO 2

Programação básica, 33

2.1 Entrada de dados, 33

2.2 Variáveis de uma macro, 37

2.3 Saída de dados, 39

2.4 Lógica condicional, 47

2.5 Combinações de lógica com *AND* e *OR*, 52

2.6 Sinal de diferença < >, 53

2.7 Encadeamento de *If*, 54

2.8 Variáveis *boolean*, 56

Para praticar, 56

CAPÍTULO 3

Automatização das operações, 63

3.1 Automatização das células do Excel, 63

3.2 Comando *Do While*, 65

3.3 Sequências matemáticas, 74

    3.3.1 Definição de limite de sequências, 74

3.4 Depreciação, suporte e resistência de Fibonacci no mercado, 84

    3.4.1 Depreciação, 84

    3.4.2 Suporte e resistência no mercado de ações, 85

3.5 Comando *For*, 88

3.6 Séries com sinais alternados, 92

3.7 Séries com funções matemáticas, 93

3.8 Séries indiretas, 96

3.9 Aplicação de séries: média móvel para estrategistas de ações, 97

3.10 Classificação de produtos, 99

3.11 A volatilidade com o VIX, 101

3.12 Interrupção de iteração (ou de fluxo), 102

Para praticar, 104

CAPÍTULO 4

Estruturação de dados para atuar de maneira estratégica, 113

4.1 Manipulação de dados nas planilhas, 113

    4.1.1 Documentação de algoritmos, 116

4.2 Migração automática de planilhas, 118

4.3 Simplificação de *worksheets*, 126

4.4 Ordenação simples de dados em planilhas, 128

4.5 Método da bolha: ganho de tempo, 134

4.6 Inserção de dados em conjuntos, 135

Para praticar, 138

CAPÍTULO 5

Sub-rotinas, *Functions* e aplicações de modelos dinâmicos, 141

5.1 Chamada de sub-rotinas externas, 141

5.2 Noção de *Function*, 143

5.3 Passagem de parâmetros, 148

5.4 Variáveis públicas, 149

5.5 Modelos matemáticos dinâmicos com *Function*, 153

5.6 Variável pública em sistemas dinâmicos, 157

5.7 Previsão na Bovespa: Vale do Rio Doce, 161

Para praticar, 164

CAPÍTULO 6

Indexação do mercado, 167

6.1 Indexação das variáveis, 167

6.2 Variável indexada unidimensional, 168

6.3 Variável indexada bidimensional, 175

6.4 *Flash crash* no Dow Jones, 193

6.5 Uso de *ReDim*, 196

Para praticar, 198

CAPÍTULO 7

Interação com o mercado: programação de *UserForm*, 235

7.1 Interação com o cliente, 235

7.2 Ferramentas básicas do *UserForm*, 236

7.3 Aumento da funcionalidade das macros: melhora do poder das análises de Mercado, 238

7.4 Funções para caracteres, 249

    7.4.1 *Left* (texto, número de caracteres), 249

    7.4.2 *Right* (texto, número de caracteres), 249

    7.4.3 *Mid$* (texto, caractere de início, quantidade de caracteres), 250

7.5 Programação de Botão_Clique, 250

7.6 Função para o número de células preenchidas, 255

7.7 Modelos de projetos, 256

    7.7.1 Projeto 1: Fortaleza digital, 256

    7.7.2 Projeto 2: Dilema do prisioneiro, 258

    7.7.3 Projeto 3: Cálculo de integrais, 259

    7.7.4 Projeto 4: Algoritmo da força bruta, 263

Para praticar, 266

CAPÍTULO 8

Atuação forte no mercado com sinal on-line e dispositivos gráficos, 281

8.1 Fazendo o VBA trabalhar a seu favor, 281

8.2 Automatização da construção de gráficos, 282

8.3 Web Aliada: aquisição de dados on-line diretamente das bolsas, 285

    8.3.1 Programa completo, 293

8.4 Elementos geométricos na guerra dos modelos, 294

8.5 Procedimentos dinâmicos para classe de eventos, 298

    8.5.1 Adição dinâmica de Label, 298

    8.5.2 Adição dinâmica de *CommandButton*, 300

8.6 Guerra empresarial: aplicação do dispositivo gráfico, 307

    8.6.1 Lógica das firmas, 308

PARTE II

PROGRAMAÇÃO AVANÇADA E MODELOS

CAPÍTULO 9

Antecipação do futuro das estratégias do mercado, 317

9.1 Previsões no mercado financeiro, 317

9.2 Informações reveladas na análise de sinal, 323

    9.2.1 Algoritmo para FFT no Excel, 324

    9.2.2 A programação em VBA, 328

9.3 Análise on-line para vencer o mercado, 332

    9.3.1 Suporte e resistência, 332

    9.3.2 Filtro vertical horizontal (VHF), 336

    9.3.3 O sensor SMI, 339

9.4 Avaliação de casos: algoritmos contemporâneos, 342

    9.4.1 Caso 1: Fronteira eficiente, 342

    9.4.2 Caso 2: Logística ótima empresarial, 349

    9.4.3 Caso 3: Algoritmo genético na otimização de custos do mercado, 356

    9.4.4 Caso 4: Teste de estresse para fundos de investimentos (*Value at Risk* e Simulação de Monte Carlo), 361

CAPÍTULO 10

Automação de estatísticas, 373

10.1 Densidade de frequência, 373

CAPÍTULO 11

Programação para Taxa Interna de Referência (TIR), 383

11.1 Cálculo da TIR em planilhas, 383

11.2 Botão para a programação em VBA, 386

11.3 Método de Newton-Rapshon, 387

11.4 Programação da Proj.Lin, 388

11.5 Automatização completa da TIR em VBA, 392

CAPÍTULO 12

A economia e o aquecimento global, 395

12.1 Modelo dinâmico, 395

12.2 Método de integração numérica, 398

12.3 Simulação numérica de economia em expansão, 399

Considerações finais, 403

Bibliografia, 405

PARTE I

FUNDAMENTOS DE PROGRAMAÇÃO

CAPÍTULO 1

PRINCÍPIOS

> O tempo é o meio que Deus usa para evitar que as coisas aconteçam todas de uma vez.
> — John D. Barrow

Este livro é baseado nas aulas ministradas pelo autor em cursos de graduação em administração de empresas, economia e computação nas últimas duas décadas. O livro foi um esforço para traduzir de maneira simples a lógica da programação de computadores, tornando a tarefa de programação mais acessível a profissionais em economia e administração de empresas. O mercado financeiro anseia por profissionais que dominem não apenas as funções básicas de planilhas Excel, mas, diante da quantidade de informação produzida por dados, que dominem também a programação profissional. Essa automatização viabiliza de forma rápida os serviços ligados às instituições financeiras e o comércio eletrônico com auxílio da internet.

Em um passado não muito remoto, as áreas de administração de empresas e economia trabalhavam com poucas medidas quantitativas que retornavam do mercado financeiro. As estimativas tinham como base poucos dados, que geravam modelos matemáticos pobres e na maioria das vezes não satisfaziam o gestor.

Com o advento do computador, os algoritmos começaram a fazer parte do dia a dia das empresas e instituições financeiras. No início, somente as grandes instituições tinham computadores para processarem as informações e fizeram nome no comércio e na indústria dos países por onde se instalaram.

O computador pessoal mudou essa dinâmica, levando para pequenas empresas a possibilidade de agrupar melhores informações sobre clientes, realizar alguns prognósticos de lucros, perdas, rendimentos e, por fim, automatizar o tão conhecido cadastro de vendas. Muitos ainda devem se lembrar do quanto era moroso e penoso ficar fazendo cadastro em um determinado estabelecimento comercial para a utilização de compras a crédito.

Por fim, a internet conectou todas as firmas com todos os clientes do mundo, utilizando-se de computadores pessoais e programas que abrem e escancaram as janelas de todo mercado financeiro. Surge, então, um novo problema: como gerenciar de maneira rápida e eficiente essa enorme quantidade de dados existentes? No início, departamentos inteiros de pessoas ligadas à área de computação eram necessários para o controle do fluxo de informações. Para o comércio, esse fato foi satisfatório durante um tempo. Mas para o mercado financeiro, ligado a aplicações com grandes movimentações diárias, tais como tesourarias de bancos e corretoras de investimentos, a criação e a manutenção desses departamentos criavam outros problemas.

Um primeiro problema é a manutenção de pessoal altamente capacitado em computação, mas com pouca informação na área de administração e economia. Outro é a linguagem econômica que dificilmente era entendida pelo pessoal de exatas, usando modelos de previsões difíceis de funcionar adequadamente para cada alteração de cenário. O que dizer, então, do controle de gastos?

Há poucas décadas era (e ainda é) necessário capacitar funcionários de computação nos MBAs para gestores de mercado financeiro. Por fim, os programas de computadores eram sempre complicados e de entendimento apenas desses funcionários especializados em computação. Caso esse funcionário deixasse a empresa, outro que ocupasse seu lugar teria de perder muito tempo entendendo o que o programa de computador fazia.

O surgimento de planilhas eletrônicas, tais como o Lótus e o Excel, vislumbraram nas empresas a chance da independência total de departamentos inteiros de computação. Pessoas da própria área de finanças poderiam manipular dados sem o auxílio pouco didático dos programas tradicionais da área de computação, como o Cobol.

Isso foi satisfatório por algum tempo, mas, com a entrada da internet como fonte principal de informação, o antigo problema retornou. As planilhas eletrônicas se transformaram em verdadeiras torres de dados de difícil manipulação e com programadores que aprendiam a manipulá-las à medida que os problemas surgiam. Novamente, pessoas treinadas na área de computação foram requisitadas para programar essas planilhas na execução automática de processos. Para isso, ambientes de programação foram criados nas diversas formas de manipulação de planilhas para a geração de programas conhecidos como *macros*.

Foi com o intuito de levar a computação e a programação de macros à área de administração e economia de maneira didática e de fácil entendimento que este livro foi elaborado. Todos os exemplos e exercícios foram testados com alunos da área de negócios e aplicados em sala de aula para preparar novos gestores com grande aptidão digital. Muitos alunos reportaram que os programas do livro foram e ainda são de grande valia, seja em entrevistas de contratação ou mesmo no dia a dia de suas empresas. Durante o curso, os alunos não percebem o grande diferencial que a programação lhes dá, mas com a primeira contratação a grande vantagem fica evidenciada, tornando o conteúdo do livro, além de interessante, muito útil para gestores digitais.

1.1 Algoritmos

O que é um algoritmo? É talvez a elaboração de lógica mais antiga de pensamento na ciência. Em termos práticos, algoritmos são instruções para que o computador execute tarefas automáticas, mostre resultados e efetue cálculos de maneira interativa e amigável com o usuário.

Pensar de forma algorítmica é pensar de forma lógica para produzir regras voltadas à solução de problemas. O que é nada? O que é tudo?

A noção de números negativos foi uma introdução lógica muito importante, mas que, segundo consta, gerou inúmeras controvérsias, principalmente com os pitagóricos. Esses não aceitavam nada que não fosse natural, tal que para eles os números naturais representavam a grandeza de Deus na formação do homem. Não era concebível a noção de que algoritmos deveriam trabalhar com números racionais ou negativos, quanto mais números completamente reais.

Gödel, com o teorema da incompletude de sistemas algébricos, balançou a matemática no século XX e provou suas conclusões usando um algoritmo:

- Teorema 1: se o conjunto axiomático de uma teoria é consistente, então, nela existem teoremas que não podem ser demonstrados (ou negados).
- Teorema 2: não existe procedimento construtivo que demonstre que uma tal teoria seja consistente.

A demonstração desse teorema foi realizada com base em uma série de passos lógicos e algorítmicos. Em palavras mais simples, ele demonstrou que na matemática sempre existirão proposições que mesmo corretas não poderão ser demonstradas.

Trabalhar com o infinito sempre foi um desafio para os matemáticos, além, é claro, de um fascínio em buscar os acontecimentos e eventos em quantidades tão incompreensíveis. George Cantor não somente chegou ao infinito, como discutiu e colocou dúvidas sobre os vários tipos de infinitos. Mostrou, no século XIX, que o infinito não é único e existem relações entre eles.

Cantor mostrou que o infinito dos números inteiros é menor do que o infinito dos números racionais, pois este é mais denso e volumoso. Para sua prova, criou um algoritmo interessante observando uma sequência e ordenando os elementos racionais da seguinte forma:

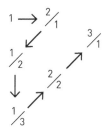

ou, como pode ser visto, na forma de sequência:

1, 2, ½, 1/3, 2/2, 3/1, ...

Com isso, George Cantor mostrou ser possível colocar todos os racionais em ordem. Além disso, Cantor também mostrou não ser possível fazer o mesmo com os números reais, provando que o infinito dos números reais é maior do que o infinito dos racionais. Então, ele deixou para todos a dúvida sobre a hipótese do contínuo, ou seja: será que a passagem do infinito dos reais para o infinito elevado ao infinito é contínua ou ocorre de forma abrupta? O número infinito elevado a infinito ele chamou de *alef* ou ℵ.

Mas passar de um algoritmo matemático para a automatização dos passos por uma máquina não é uma tarefa fácil. Fazer um computador entender a noção do que é uma fórmula, ou o que é uma solução, exige do programador outro tipo de algoritmo. O algoritmo na mente de um programador deve levar em conta que a explicação da solução não deve ser entendida por um ser humano, mas por uma máquina que não pensa. E esse algoritmo específico para a computação depende do tipo de linguagem, dos tipos de iteração e recursão permitidos, dos tipos de entradas e saídas de dados, da lógica, dos comandos e, por fim, do compilador que permitirá e indicará a forma correta de conversar com a máquina. É por isso que a ciência da computação, que no passado era apenas mais uma disciplina da matemática, se desvinculou e tomou forma como outra área de pesquisa e desenvolvimento.

Pensar em algoritmos, nos dias de hoje, significa pensar em formas lógicas meticulosamente ensinadas a computadores para a execução de tarefas rápidas e eficientes. E esses algoritmos, quando interligados para a execução de uma grande tarefa, tornam-se o que é denominado programas de computadores.

1.2 Computador

Será possível o computador pensar? Será possível uma máquina realizar as mesmas tarefas corriqueiras do ser humano? Essas foram as premissas que revolucionaram toda a modernidade oferecida pelo século XX.

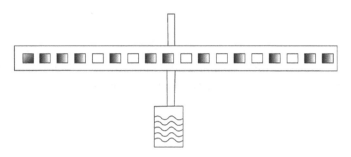

Figura 1.1 Fita imaginária com informações de Alan Turing

Pensando em uma fita de tamanho infinito sendo lida por uma máquina, Alan Turing criou sua máquina fictícia que automatizaria comandos em processos. Foi o primeiro pensamento em termos de uma máquina que seguisse um algoritmo de programação. Com instruções básicas contidas nessa "fita infinita", a máquina de Turing, como ficou conhecida, foi a primeira a colocar em discussão a possibilidade de uma máquina seguir instruções lógicas preestabelecidas por um programador.

A máquina de Turing não foi a primeira máquina de cálculo, mas a primeira pensada em termos de regras lógicas a serem seguidas. Na verdade, toda a curiosidade do ser humano em fazer máquinas que calculassem operações surgiu há muitos anos com os primeiros ábacos. Os ábacos ainda são usados até hoje para ajudar no ensino de operações básicas nas escolas do ciclo básico ou fundamental.

A criação de máquinas de calcular sempre seguiu a evolução do século que se propõe a criá-las. Assim, o segundo tipo de máquina de calcular foi baseado em teares no século XVII e XVIII, porque a tecnologia da época era voltada para os primeiros teares de produção em longa escala. Surgiram, então, as máquinas de Pascal (1623-1662), na França, as de Leibiniz (1646-1716), na Alemanha, e a máquina de Babbage (1792-1871), na Inglaterra.

No ano de 1940, a tecnologia em vigor era o uso de válvulas em equipamentos eletrônicos. Os laboratórios Bell foram responsáveis pela criação da primeira calculadora eletrônica utilizada principalmente para agilizar cálculos durante a Segunda Guerra Mundial (1939-1945). A população já estava começando a reconhecer algumas facilidades da era pré-computador. Uma das automatizações que persistem até os dias de hoje é da máquina de emissão de contracheques para contabilidade de salários. Herman Hollerith (1860-1929) criou sua máquina de automação de contracheques, que deu origem ao nome de *Hollerith* do final do mês, que todo trabalhador assalariado recebe.

No ano de 1944, surgiu o primeiro computador da IBM conhecido como Mark I e, logo em seguida, o primeiro a ser reconhecido como o computador no formato obedecido ainda hoje. Esse primeiro computador começava a engatinhar e obedecia aos primeiros comandos pré-programados em linguagem de máquina. Seu nome era *Electronic Numerical Integrator and Calculator* (Eniac).

Em 1957, foi lançado um computador no Laboratório de Los Alamos (EUA), exclusivamente, para operações matemáticas de nome Maniac[1] II, que deriva das abreviações de *Mathematical Analyser, Numerical Integrator and Computer*. Tanto sua programação quanto a programação do Eniac envolviam linguagem de máquina, conhecida como linguagem de baixo nível, uma vez que geralmente a lógica utilizada é para o funcionamento do hardware. Tais ordens podem ser exemplificadas como acesso a banco de dados, visualização, comandos de memória, operação de braços mecânicos etc. Nesses princípios da programação, a linguagem de máquina era a única forma de comunicação homem-máquina, e os algoritmos de cálculos também eram feitos nesse tipo de linguagem.

Figura 1.2 Ábaco

Os códigos básicos de toda a programação são baseados em lógica binária, visto que todos os comandos em processadores desde a época do Eniac são baseados em passagem de corrente no circuito ou não passagem de corrente. Na lógica binária, os únicos números existentes são 0 e 1. Um exemplo de como

---

[1] Veja como era o Maniac II no link: <www.computerhistory.org/revolution/memory-storage/8/308/960>. Acesso em 29 mar. 2019.

Figura 1.3 Máquina de Pascal (1623-1662)

Figura 1.4 Máquina de Babbage (1792-1871)

Figura 1.5 Herman Hollerith

Figura 1.6 Réplica da máquina de Herman Hollerith (1860-1929)

se realiza a operação de soma num sistema binário é visto na Figura 1.7:

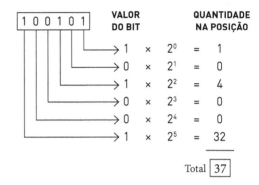

Figura 1.7

Sem entrar em muitos detalhes, o número 100101 representa no sistema decimal o número 37, porque, marcando da direita para a esquerda, cada elemento 0 ou 1 é multiplicado pelo número 2 (sistema binário), elevado à posição que esse número (0 ou 1) assume. Assim, por exemplo, o primeiro número um está na posição 0 e é multiplicado por 2 elevado a 0. Somando-se todas essas parcelas tem-se a representação do número no sistema decimal.

A evolução computacional e tecnológica segue até a era do transistor em 1958, diminuindo o tamanho dos computadores e aumentando a velocidade dos cálculos. Computadores que ocupavam prédios inteiros começam a ocupar andares e a realizar diversos cálculos mais complexos.

O funcionamento do transistor (de maneira bem simplificada) se dá pela passagem da corrente elétrica em pequenas roldanas, como mostra a Figura 1.10. Corrente elétrica passando em roldanas induz o campo magnético, que faz essas roldanas girarem no sentido horário e anti-horário. Ao girar, por exemplo, no sentido horário, o computador assume para a variável que ali está representado o número 1 e, no caso contrário, o número 0. E, com essas combinações de vários 1 e 0, é possível emitir ordens ao computador.

O Illiac IV, em 1952, foi um dos primeiros computadores a armazenar informações em fitas e os operadores já possuíam consoles de execução de tarefas. Em 1959, a IBM lança um computador com consoles que utilizavam telas para visualizar as execuções de tarefas, com alto desempenho e aumento da velocidade de processamento para a época.

Em 1961, surge, então, o primeiro chip de silício, que permanece até os dias atuais e proporcionou toda a revolução dos computadores. Assim, esses puderam tomar sua forma de computadores pessoais, direcionando qualquer pessoa a trabalhar em sua própria casa e a fazer com que as empresas mudassem de comportamento em relação à área de informática. Áreas inteiras de grandes empresas, reservadas a um único computador, foram substituídas por departamentos com diversos computadores alocados para os funcionários. A concorrência fez com que as então gigantes do ramo de computação sofressem com a concorrência de firmas pequenas, caseiras e muito ágeis, graças ao computador pessoal, ou mais conhecido como PC (*Personal Computer*).

Na verdade, o primeiro PC foi um *type writer*, estilo máquina de escrever, que permitia poucas instruções e feito em caixa de madeira. A disputa entre dois gênios da computação durou muitos anos, proporcionando a cada ano algum tipo de inovação, seja na Apple de Steve Jobs ou na Microsoft de Bill Gates.

Tecnologias foram sendo incorporadas aos microcomputadores, no sentido de aumentar a agilidade dos usuários e seu conforto diante dos novos softwares e hardwares. Uma dessas inovações muito simples, mas bastante revolucionária, foi a incorporação do mouse, que foi um projeto do engenheiro eletricista Douglas Engelbart no ano de 1963. Para correr de forma mais suave, uma

Figura 1.8 Eniac: primeiro computador (1945) com 19 mil tubos a vácuo, 1.500 relés e consumo de 200 kW

Figura 1.9 Exemplo de programação para o Eniac (1948)

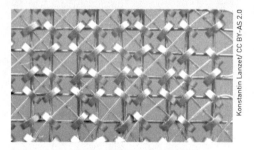

Figura 1.10 Ampliação da memória de um ferrite (1958): lógica binária baseada na passagem de corrente elétrica e magnetismo

Figura 1.11 Computador Illiac IV (1952)

Figura 1.12 Console Control Data 6600 do Courant Institute of Mathematical Sciences

Figura 1.13 Computador IBM 7094 (1963)

bolinha foi incorporada ao projeto, em 1973, no protótipo da Xerox, e o mouse foi oficialmente vendido no Xerox Star. A popularização, no entanto, veio finalmente em 1984 quando a Apple se inspirou na Xerox para incorporar ao seu computador pessoal um pequeno mouse.

As unidades periféricas, como o disquete, representaram outra revolução para a época e, no final de 1978, surgiu, então, a estrutura de placa-mãe, com microprocessadores transformando os computadores e deixando-os mais velozes que os minicomputadores existentes na época.

A despeito de seu sucesso, o silício já cumpriu sua tarefa e colocou toda humanidade em um desenvolvimento tão rápido como nunca visto. O tempo de vida do silício está terminando devido ao tamanho cada vez mais diminuto dos processadores. Com tamanho cada vez mais reduzido, as conexões de silício estão cada vez mais próximas e rápidas, superaquecendo os processadores. Assim, o processamento paralelo ou computadores com dois *coolers* para refrigeração são soluções nada agradáveis e de pouco tempo. Outros tipos de computadores estão sendo estudados e desenvolvidos em substituição aos atuais microcomputadores.

Uma possível solução estudada é o computador biológico. Baseado em fitas de DNA, ele obriga o novo computador a trabalhar com outro tipo de base em vez da base binária. Como ele possui quatro novas representações (adenina, citosina, timina e guanina), sua velocidade de processamento é maior.

O computador quântico aparece também como uma possível substituição aos atuais computadores. Além desses, os nanocomputadores estão entrando na lista de concorrentes ao título de substitutos. Desde que os físicos conseguiram manipular átomos, novas tecnologias envolvendo nanoinstrumentos têm avançado de maneira rápida.

Menores que a espessura de um fio de cabelo, já existem medicamentos nanodesenvolvidos para detectar e atacar bactérias, filmar interior do corpo humano e criar estruturas das mais diversas.

No entanto, parece que o substituto mais rápido e menos custoso é o tipo de placa que será construído. Os pesquisadores estudam trocar o silício por outro material de melhor desempenho em termos de condução e perda de calor. Nesses termos, o óxido de háfnio parece ser aceito como o provável substituto. Com capacidade de manter 98% da energia acumulada e trabalhar a temperaturas mais baixas que o silício, as indústrias estudavam colocá-lo em escala mundial ainda na década de 2010. Mas após esse ano, novas ideias surgiram e direcionaram desenvolvimentos no computador quântico, no DNA-*computer* e em outras tecnologias mais eficientes.

Seja qual for o material ou tipo de computador, a sociedade hoje alcança e ainda alcançará níveis de desenvolvimento que desafiam a imaginação. Seja no campo tecnológico, acadêmico, na saúde, enfim, em qualquer área, a quantidade de informação obtida pelos usuários é incomparável com a quantidade de dez anos atrás.

Isso tanto é realidade que a área que era conhecida como processamento de dados desapareceu para dar lugar à área de sistemas de informação ou tecnologia da informação (TI). Os sistemas nos dias de hoje se preocupam em processar informações e não mais apenas salvar dados. Para isso, tais sistemas exigem mão de obra qualificada para programar softwares, de forma a agilizar e traduzir números contidos nos dados em informação palpável para qualquer área. Isso possibilita gerenciamentos e tomadas de decisões rápidas.

Figura 1.14 Quadro pin-grid, usado em chips nas memórias dos computadores

Figura 1.15 IBM-PC (1981)

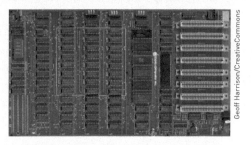

Figura 1.16 Placa-mãe da Apple (1978)

1.3 Programação

Com a evolução dos computadores e o aumento da capacidade de armazenamento de dados, a área de processamento de dados se transformou em processamento de informações, como mencionado na seção anterior. Novas e mais rápidas tecnologias tiveram de ser desenvolvidas para não apenas tratar dados, mas, sim, tratar de informações.

Dados são fatos, eventos e transações, os quais são arquivados. Eles são os materiais de entrada para produzir informação. Informação é o dado processado de maneira a ser útil ao usuário de um sistema (gerência, diretoria, chefes, coordenadores etc.).

A programação de computadores tornou-se mais popular, e linguagens que até então eram específicas para programadores de grandes corporações passaram a ser ensinadas e utilizadas para computador pessoal.

O principal fundamento da programação é o emprego da automação de processos baseado em algoritmos e cálculos numéricos. O estudo de algoritmos passou a ser a principal parte dos estudos de computação a partir da década de 1980. O curso de ciências da computação, no Brasil, apenas foi criado nessa década de 1980. Até então, o estudo de algoritmos era proporcionado nas áreas de matemática, física e das engenharias. Com a grande necessidade do mercado, percebeu-se que uma área específica era necessária para atender a demanda por desenvolvimento de novos algoritmos.

A lógica original de desenvolvimento de algoritmos continua até hoje, havendo grande necessidade de compreensão lógica matemática para o desenvolvimento de grandes sistemas de informação. Apenas o que mudou nessas décadas foi a maior facilidade de trabalhar com as informações e de forma mais amigável. O usuário final sentiu-se mais confortável ao trabalhar com grandes conjuntos de dados de forma tão interativa nas chamadas planilhas eletrônicas.

Em vez de programas ou rotinas, o nome de um algoritmo numérico para o VBA-Excel passou a ser macro, e, assim, programar macros passou a ser sinônimo de automação das planilhas. De longe, a mais conhecida e difundida planilha eletrônica passou a ser o Excel, por meio do suporte do Office da Microsoft. Novamente, o ciclo se renova e, com a grande quantidade de dados e informações necessárias para análise em tempo real, os programadores de computadores novamente foram requisitados pelo mercado financeiro. No entanto, talvez pela rapidez em conquistar empregos ou serviços, grande parte dos programadores aprendeu a programação de forma específica, para um único tipo de linguagem. Poucos são os cursos que oferecem a base sólida dos algoritmos quando se trabalha fora da área de ciências exatas.

Sem o perfeito entendimento da lógica matemática e do funcionamento de algoritmos, a programação pode funcionar, mas para um único problema. Quando esse problema sofre apenas uma pequena transformação, toda a programação deve ser alterada. Isso custa tempo, valores monetários e empregos, pois o verdadeiro algoritmo geral deve funcionar para uma classe de problemas e não para um único problema.

1.4 Automação de planilhas

A automação de planilhas tornou-se, então, mais que uma simples aplicação para se transformar numa necessidade muito importante em grande parte das firmas pequenas e em todas de grande porte. Neste livro, sempre falaremos de automação de planilhas em Excel utilizando a linguagem VBA (*Visual Basic for Application*).

28 Mercado Financeiro

Essa automação tem aplicações em:

- transação de processos;
- automação de sistemas gerenciais e operacionais;
- relatórios de informações internas e externas;
- suporte à decisão;
- informação executiva.

Os programas aos quais vamos nos referir são as macros do VBA, com exemplos e funções para não somente serem utilizados no Excel, mas habilitando o leitor a utilizar os algoritmos em outras linguagens de programação. Todos os exemplos e exercícios foram retirados dos cursos de graduação, pós-graduação e contatos de consultorias que o autor realizou ao longo da carreira acadêmica profissional. Os exercícios foram testados e estão prontos para serem utilizados nas planilhas Excel do Office.

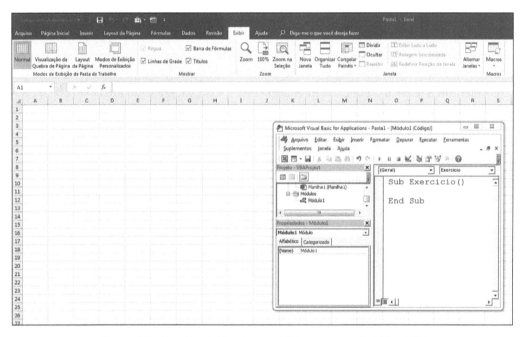

Figura 1.17 Planilha do Excel com o VBA para a versão Office 2016

A ideia é que o leitor, ao seguir os capítulos, além do tradicional uso do Excel, aprenda usá-lo de forma automática, com algoritmos, variáveis e dados disponíveis nas células.

1.5 Distribuição dos assuntos

A distribuição dos capítulos tem uma sequência lógica na preparação do leitor para o entendimento futuro de qualquer algoritmo programado em VBA-Excel. Assim sendo, o **Capítulo 2** aborda a entrada e saída dos dados em uma programação. É uma parte importante ao leitor, que vai ter contato pela primeira vez com o ambiente de programação.

O **Capítulo 3** apresenta iteratividade ou repetição por meio do *loop*. Para o iniciante, talvez, seja o capítulo mais importante para o entendimento dos programas mais avançados. Sequências de dados e séries são programadas no treinamento para entender como a repetição ocorre num programa e porque ela é importante.

No **Capítulo 4**, a noção de matrizes é introduzida nos programas de acesso e manipulação de dados contidos nas células das planilhas do Excel. Ele é importante, pois mostra toda a liberdade que um programador pode ter e seu horizonte sem limite de acesso aos dados.

O **Capítulo 5** trata de variáveis indexadas unidimensionais, conhecidas como vetores, e bidimensionais, conhecidas como matrizes ou *arrays*. A agilidade na programação dos cálculos para ganhar eficiência é o ponto principal do capítulo.

De todos, o usuário com noção de programação vai se identificar bastante com o **Capítulo 6**, cujo foco é a interatividade dos programas com o usuário que utiliza as planilhas e não conhece a programação macro. A forma mais elaborada de contato com o usuário é intensificada por meio de janelas e botões que possibilitam uma pequena noção de programação orientada a objetos.

Hoje, com a internet abrindo o mundo para que os dados se transformem em informação pessoal, não poderiam ficar de fora programações que ajudem usuários a capturarem dados automaticamente de sites. Este é o assunto do **Capítulo 7**, que apresenta programas com macros mais sofisticadas e voltadas para o mercado financeiro on-line.

O **Capítulo 8** destaca o poder da interação entre o VBA e o mercado financeiro, com programas que ensinam como se comunicar diretamente com as bolsas de valores e baixar os dados nas planilhas Excel. Programas que fazem gráficos automaticamente mostram a facilidade e rapidez na geração de todos os tipos de gráficos do Excel. Também é apresentada a forma de programação para execução de figuras geométricas.

Formas de previsão e simulação para eventos no mercado financeiro aparecem em programas no **Capítulo 9**. Não somente previsão, mas também algoritmos mais avançados são discutidos nesse capítulo. A análise de sinais é importante no mercado financeiro, tratada do ponto de vista de programação, para descobrir frequências com a transformada de Fourier. São apresentados alguns projetos envolvendo análise técnica do mercado financeiro e avaliação de casos, tudo com base em algoritmos em VBA-Excel.

A estatística é a ferramenta mais importante, comum e decisiva no ambiente do mercado financeiro. Seja para auxiliar em decisões ou descobrir padrões nas amostras de dados, as programações das técnicas dentro dela ajudam a melhorar a compreensão de eventos e deixam a automação de planilhas mais compreensível. O reformulado **Capítulo 10** desta segunda edição é dedicado à programação para uso automático de ajuste da função densidade Normal. Criando classes diferenciadas de amplitude, o capítulo apresenta como identificar parâmetros dessa densidade de forma automática.

O **Capítulo 11** foi introduzido na segunda edição para mostrar como a programação da Taxa Interna de Referência (TIR) leva a soluções mais rápidas e completas do que apenas o uso da função do Microsoft Excel 2016. A programação em VBA vai desde uma planilha simples até uma programação que utiliza vetores internos, onde o usuário apenas observará a solução final já calculada de forma instantânea.

O tema dominante na próxima década com toda certeza será o envolvimento da economia no aquecimento global. Nesse contexto, o **Capítulo 12** apresenta um modelo dinâmico que envolve dados econômicos e de emissão de dióxido de carbono na atmosfera. Para a simulação de cenários, o integrador numérico de Runge-Kutta é apresentado e programado para cenários específicos. Esse capítulo é, na realidade, uma continuação do Capítulo 5, mas com interrelações mais complexas.

O **Capítulo 13** é uma discussão sobre o futuro da programação e os pontos apresentados no livro. Após o leitor cuidadosamente acompanhar os exercícios propostos e exemplos, espera-se que ele descubra um novo mundo, cheio de novidades para serem criadas. O mundo da computação matemática por si só é fascinante e, aliado à enorme quantidade de informação ainda escondida atrás dos dados do mercado financeiro, os assuntos e os objetivos deste livro são inesgotáveis.

O autor espera colaborar um pouco para que o leitor fique satisfeito e faça descobertas, aplicando os conceitos no dia a dia com os algoritmos apresentados.

CAPÍTULO 2

PROGRAMAÇÃO BÁSICA

> Provamos por meio da lógica, porém
> descobrimos por meio da intuição
> — Henri Poincaré

2.1 Entrada de dados

Para um computador realizar as tarefas que um programador criou, ele precisa receber algumas informações iniciais. Assim como uma criança nos primeiros passos precisa ser orientada e direcionada por um adulto, um programa de computador precisa receber do usuário informações iniciais, conhecidas como entrada de dados.

É fundamental que o programador tenha consciência de que o usuário, na maioria das vezes, quer uma resposta rápida para o tipo de processo em que trabalha. Sendo assim, um programa de computador que necessita de entrada de dados externos não pode, de maneira nenhuma, pedir grandes quantidades de informações iniciais. O melhor programa é aquele que necessita de uma quantidade mínima de informações externas para seu funcionamento.

Um algoritmo é como uma receita de bolo. O nome da receita é o nome do programa. Os ingredientes são as definições dos tipos de variáveis que o programador vai usar, e o algoritmo em si é a forma como o bolo deve ser feito (Figura 2.1).

Desde os primórdios dos tempos de tecnologia de programação, um programa de computador precisa passar por algumas sequências de avaliações. Uma das primeiras linguagens de programação exclusivamente voltadas para cálculos foi o Fortran, cujo significado é *Mathematical FORmula TRANslation*. Algumas etapas bastante morosas eram obrigatórias antes do resultado do programa.

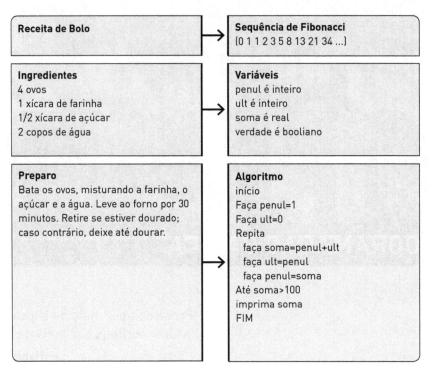

Figura 2.1 Equivalência entre receita de bolo e algoritmo

O editor de texto é onde o usuário escreve o que deseja que o computador realize. Depois de escrever o programa, para que ele converse com o computador, não pode haver erros na colocação das regras na linguagem escolhida. Para isso, as averiguações de inconsistências entre o que o programador deseja e o que ele pode usar na linguagem escolhida são realizadas pelo compilador. Caso haja alguma inconsistência entre o programa escrito e a notação dos símbolos e regras permitidas pela linguagem, uma mensagem de erro é enviada pelo compilador.

A última fase é o processo de linkagem realizada pelo linkador, que vai atrelar ao programa todas as bibliotecas de funções que o programa pode acessar. Por exemplo, a impressão de um gráfico precisa de uma rotina da linguagem que permita a impressão. Se a linguagem não tem essa rotina ou função que permita imprimir um gráfico ou imagem, o programa não pode realizar a tarefa, e uma mensagem de erro é emitida para o usuário.

Todos esses alertas podem deixar o leitor iniciante confortável, achando que seus erros serão alertados pelo computador. Porém, infelizmente, o pior dos erros nunca é alertado pelo computador: o erro lógico de pensamento do programador nunca é encontrado pelo computador. Por exemplo, se o programador enviou uma ordem para o computador fazer a operação 2 + 3 = 4, se a regra de soma estiver de acordo com as permissões da linguagem, o computador vai enviar ao usuário a mensagem que 2 + 3 = 4 e não 5. O problema é que o computador recebeu uma ordem lógica errada, mas com comandos certos. Assim, o leitor precisa lembrar que os erros de programação somente um ser humano pode encontrar (no VBA-Excel, pelo menos).

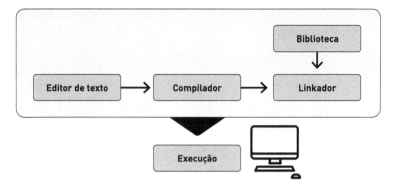

Figura 2.2 O processo de programação dos primeiros softwares como o Fortran

No VBA-Excel, esse processo é muito rápido, e o leitor nem percebe qual dos processos está ocorrendo. A linguagem é orientada a objetos com uma estrutura mais ágil e versátil do que o antigo Fortran. Os passos de linkagem e compilação ocorrem em outro nível de informação, sendo depurados os erros à medida que o programa é editado. Nos primórdios dos primeiros computadores, as linguagens demoravam até horas para compilar, e mais ou menos o mesmo tempo para linkar. Para o Fortran, os compiladores eram programas externos à linguagem junto com os linkadores.

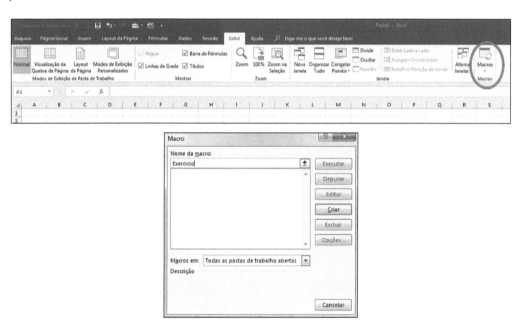

Figura 2.3 Acessando o Visual Basic da planilha do Excel-Office 2016

No caso do VBA-Excel Office 2007, o ambiente de programação das macros se encontra no caminho Ferramentas → Macros → Editor do Visual Basic. Para o Office 2010, está na aba Exibição, e para o Office 2016 (Figuras 2.3 e 2.4), as macros estão na aba Exibir. Então, aparece a tela de nomes das macros, e, uma vez escolhido o nome da macro, aparece uma terceira tela de programação ainda vazia, com o lado esquerdo mostrando a raiz e as planilhas contidas no arquivo em Excel (janela do project explorer) e a janela de propriedades, as quais serão exploradas nos capítulos posteriores.

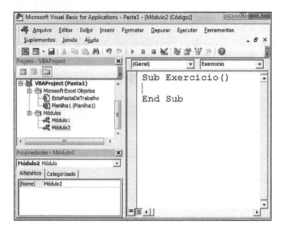

Figura 2.4 Tela em que o algoritmo deve ser escrito

Algumas observações importantes devem ser feitas em relação aos nomes do programa e das variáveis, os quais devem obedecer à seguinte regra de nomeação:

- Não pode começar com número.

    Exemplo: 1prog, 10xpe, 2123cal, 1aula.
- Não pode ter espaços em branco.

    Exemplo: aula 1

    prog comp
- Não pode ter acentos, c cedilha, ou qualquer pontuação.

    Exemplo: aulão1

    cçwqr
- Não pode passar de oito caracteres.

    Exemplo: programadecomputação1

    Auladecomp
- Pode misturar letras e números.

    Exemplo: prog1

    pr23rtu
- Pode conter *underline*.

    Exemplo: programa_ex1

Para evitar que vírus de computador contaminem o ambiente do Excel, a Microsoft criou um sistema de segurança para impedir que macros contaminadas invadam o programa de planilhas quando algum download é realizado pela internet. O primeiro passo de um usuário de VBA é habilitar o Excel para permitir que um programa possa rodar como macro nas planilhas.

Tanto para a versão Office 2007 como a 2010, os passos são os mesmos, devendo-se primeiramente acessar a aba chamada de Início na versão 2007 ou de Arquivo nas versões 2010,

2013 e 2016. Em seguida, o usuário deve ir até Opções do Excel e então clicar em Central de Confiabilidade. Uma vez dentro dessa central, o usuário deve clicar em Configurações da Central de Confiabilidade nas versões 2010 e 2013, e clicar em Central de Confiabilidade na versão 2016. Ainda na versão 2016, o usuário deverá clicar em Configurações da Central de Confiabilidade.

Por fim, quando no painel de configurações, conforme pode ser visto na Figura 2.5, o usuário deve escolher na aba à esquerda Configurações de Macro e dar permissão ao Excel, clicando no último botão de opção Habilitar todas as macros. Aqui cabe um comentário importante: como o próprio botão explica, não é uma configuração confiável de se deixar sempre habilitada, a menos que o usuário conheça a procedência da macro que ele vai rodar. Como segurança, o padrão é sempre deixar essa opção desabilitada.

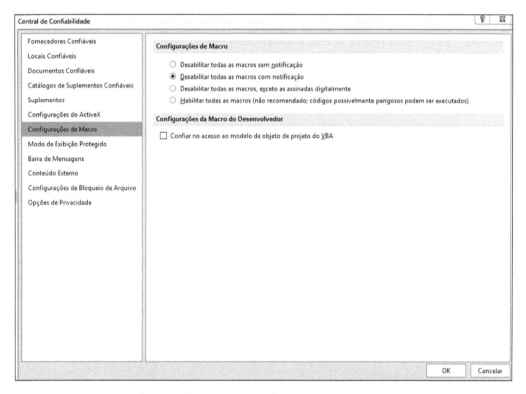

Figura 2.5 Habilitação do Excel para rodar macros

2.2 Variáveis de uma macro

Uma vez no módulo de programação, o usuário está pronto para colocar os algoritmos em funcionamento, utilizando a linguagem de programação Visual Basic for Applications (VBA). O primeiro ponto de contato do leitor com a programação é que será necessário informar o computador sobre dados de entradas das variáveis de problemas. O computador precisa sempre de uma informação inicial para processar os algoritmos, chamada "entrada" de um programa de computador. Assim, será necessário informar ao computador as variáveis de que ele vai dispor no programa.

Nas equações da matemática, os termos que devem ser calculados ou que são as incógnitas de um problema são denominados variáveis. O sentido de variável na programação é um pouco diferente, visto que elas recebem diversos valores num mesmo programa. Essas variáveis na computação necessitam de um identificador que as caracterize como inteiras, reais, booleanas (verdadeiro ou falso), letras ou caracteres. No caso do VBA, esses valores são relacionados com as palavras inglesas *integer, single* e *boolean* respectivamente. Existem ainda outras configurações para os números reais e inteiros.

Para inteiros superiores a 30.000 ou inferiores a –30.000, existe o formato *Long*. Para números reais com dupla precisão (24 casas decimais na memória), existe o formato *Double*. Quando se encontra o valor de uma variável em alguma equação na matemática, o valor geralmente é único e será a solução final. Na programação, o sentido da variável vem apenas como um lugar na memória onde dados são armazenados.

A declaração das variáveis (na verdade um identificador de sua característica) é feita por meio da nomenclatura *dim* que vem da palavra *dimension*, a qual dimensiona o tipo de variável a ser usado pelo computador. Observe o trecho do programa teste a seguir:

```
Sub teste()
Dim x As Integer

End Sub
```

O programa informa ao computador que ele terá de usar uma variável chamada x e ainda que essa variável é do tipo *Integer*, ou seja, uma variável do tipo inteira, que somente recebe e usa valores inteiros (...,–2, –1, 0, 1, 2, ...). A partir de agora, o computador precisa ter a informação de entrada sobre qual é o valor de x. Essa informação é passada pelo usuário por meio de uma caixa de texto, com nome *InputBox*. Essa caixa ainda pode definir o tipo de dado que entra no programa. Por exemplo, se o dado for valor inteiro (*Integer*), então a caixa de entrada recebe a nomeação *Cint*, que significa *Change Integer*. Outros tipos de caixa podem ser inseridos com tipos de variáveis diferentes.

Acompanhe:

■ **CInt( )**: dados inteiros.
■ **CSng( )**: dados reais.
■ **CDbl( )**: dados com dupla precisão.
■ **CStr( )**: dados texto (*String*).

Para executar o programa e visualizar o resultado da programação, o usuário deve ir até a caixa de ferramentas superior, dentro do módulo onde o programa está sendo programado, e clicar em Executar pelo botão ▶, ou então na palavra Executar na barra padrão, conforme a Figura 2.6.

Figura 2.6 Barra de ferramentas padrão do módulo de programação VBA

Então, o programa-teste para a entrada do valor de x será:

```
Sub teste()
Dim x As Integer

x = CInt(InputBox(" entre com o valor de x = "))

End Sub
```

O texto entre aspas é o que o usuário vai receber na caixa de texto. Dentro das aspas, o programador pode escrever qualquer tipo de texto, pois a caixa reproduz toda informação que estiver entre aspas. O resultado para o usuário será:

Figura 2.7

Ao entrar com os dados, o usuário informa ao computador o valor da variável x, e então o computador pode fazer os cálculos necessários, pois conhece essa variável. Como o usuário visualiza o resultado das operações programadas? Isso é o que se chama "saída de dados".

2.3 Saída de dados

A entrada de dados fornece ao computador as condições para o programa funcionar e fazer cálculos, mas a visualização dos resultados é que permite uma conversa entre o usuário e o computador. A saída de dados é muito fácil no caso do VBA-Excel, usando para isso uma caixa de mensagens chamada *MsgBox ( )*. Novamente, o texto entre aspas é o que o usuário visualiza como resultado. Mas, além do texto, o valor da variável deve aparecer para o usuário. E, como o próprio nome diz, variável é a variante do programa e sempre está relacionada com algum cálculo.

Como o computador exporta para o usuário o resultado de uma variável? Utiliza-se sempre, para variáveis na programação VBA, o símbolo & (E comercial) para indicar que depois dele o valor depende de cálculos anteriores. Estando o programa pronto, deve ser executado para que os passos de Compilação → Execução sejam realizados. O exemplo a seguir mostra como a entrada de x é apresentada na saída ao usuário por meio dos dois comandos *InputBox* e *MsgBox*.

```
Sub teste()
Dim x As Integer

x = CInt(InputBox(" entre com o valor de x = "))

MsgBox ("saída do valor de x = " & x)

End Sub
```

O resultado é a caixa de mensagem a seguir, informando ao usuário o valor 2 que ele inseriu na caixa *InputBox*.

A entrada de dados para o valor $x = 2$ (*via InputBox*)

Figura 2.8

A saída de dados para o valor $x = 2$ (*via MsgBox*)

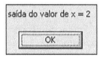

Figura 2.9

 EXEMPLO 2.1

Fazer um programa para calcular e mostrar ao usuário o valor de retorno de uma aplicação financeira y dada pela equação $y = 2x + 4$.

Qual é a entrada desse programa? Claro que é a variável x, enquanto a variável y é a saída que deve ser visualizada pelo usuário. E quais os tipos de resultados? Para qualquer valor de x, teremos valores de y, desde que eles respeitem a regra da equação proposta. Então x pode ser inteiro (*Integer*), racional ou real (*Single*). Logo, tanto a variável de entrada x quanto a variável de saída y são números reais. A macro programada neste caso é a apresentada a seguir.

```
Sub teste()
Dim x As Single
Dim y As Single

x = CSng(InputBox(" entre com o valor de x = "))

y = 2 * x + 4

MsgBox ("O valor de y é " & y)

End Sub
```

O leitor iniciante perceberá que o produto deve ser indicado pelo símbolo *. Sem ele, o computador não saberá que a constante x deve ser multiplicada por 2. Neste caso, cabe um parêntese. Na verdade, y não é igual a 2*x + 4, mas ela recebe dessa operação um valor que deve ser armazenado numa certa posição de memória. O mais comum e aplicado durante muito tempo em cursos de computação tradicionais era que:

$$y \leftarrow 2 * x + 4$$

Essa, sim, é a representação mais indicada para não confundir os principiantes de que se $y = x$, então $x = y$ em qualquer parte do programa. Essa não é uma informação verdadeira na computação, apenas na matemática. Se, na linha de baixo do programa, aparecer outra operação envolvendo y, o valor de x não será alterado. Observe o Exemplo 2.2.

EXEMPLO 2.2

```
Sub teste()
Dim x As Single
Dim y As Single

x = CSng(InputBox(" entre com o valor de x = "))

y = x

y = 1

MsgBox ("O valor de y é " & y)

End Sub
```

A pergunta nesse algoritmo será: Qual o valor final de x quando o usuário entra com o valor $x = 5$? O valor de x será 1 ou 5? Observe que quem recebe o valor de x é y, e não x quem recebe o valor de y. A notação mais comum é:

$$y \leftarrow x$$

que indica que y está recebendo o valor de x, mas nada é informado ao computador sobre o valor de x. Logo, o computador terá essa variável x na memória com o mesmo valor que o usuário entrou. Ou seja, no Exemplo 2.2, se o usuário entrar com $x = 5$, a saída será $y = 1$, pois y recebe antes da apresentação na caixa de mensagens o valor 1 ou:

$$y \leftarrow 1$$

A execução desse programa usando $x = 5$ tem como resultado $y = 1$, conforme mostrado nas duas telas de execução:

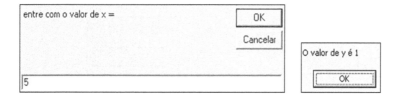

Figura 2.10

EXEMPLO 2.3

Elaborar um programa em que o usuário entre com o valor de *x* da inflação atual e o programa mostre o valor de *y* da taxa de juros futuro, respeitando a equação $y = x^2 + 2x + 5$.

No caso, a novidade é apenas como elevar a variável ao quadrado. Para isso, o programador deve usar o símbolo ^ entre o *x* e a potência. A solução será:

```
Sub teste()
Dim x As Single
Dim y As Single

x = CSng(InputBox(" entre com o valor de x = "))

y = x ^ 2 + 2 * x + 5

MsgBox ("O valor de y é " & y)

End Sub
```

EXEMPLO 2.4

O usuário deve entrar com *x*, e o programa, imprimir o resultado da equação: $y = \sqrt{x}$.
A novidade nesse programa é que a linguagem VBA, assim como outras linguagens, possui uma função predefinida para extrair a raiz quadrada de um número. No caso do VBA, a função é *Sqr( )*, que vem do inglês *square root* (raiz quadrada).

```
Sub teste()
Dim x As Single
Dim y As Single

x = CSng(InputBox(" entre com o valor de x = "))

y = Sqr(x)

MsgBox ("O valor de y é " & y)

End Sub
```

O resultado para *x* = 4 é apresentado na tela a seguir:

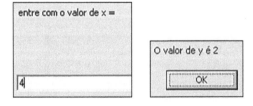

Figura 2.11

EXEMPLO 2.5: Descobrir o ano de nascimento

Fazer um algoritmo em que o computador descubra o ano de nascimento do usuário.

Esse algoritmo causa a sensação de que o computador "pensa" ao responder. Logicamente é só uma sensação, pois o computador deve seguir lógica de linhas de pensamento humanas para dar a resposta. Quando desejamos saber em que ano uma pessoa nasceu, qual a primeira pergunta que surge? É óbvio que será: Qual sua idade? E, depois, o que se faz é subtrair o ano em que se está da idade da pessoa. Então, a linha de passos que o computador deve seguir é:

- Usuário deve entrar com a idade.
- Ano atual subtraído da idade.
- Ano de nascimento recebe valor da operação ano atual subtraído da idade.
- Mostre o valor de ano de nascimento na caixa de mensagens.

Em termos de algoritmo, a solução é:

1. Leia idade.
2. anonasc = 2018 – idade
3. imprima anonasc

É preciso observar que nunca se pode usar uma variável com nome muito grande ou separada por espaços em branco. Para o programador, é sempre interessante usar nomes sugestivos da variável ou, se for o caso, usar o sinal de subscrição _ e nunca o hífen -. A variável "ano de nascimento" pode ser: anonasc, anonac, ano_nas, ano_de_nascimento etc., mas nunca ano de nascimento, pois isso pode ocasionar o chamado erro de compilação, como pode ser observado a seguir.

```
Sub teste()
Dim ano de nascimento As Single
End Sub
```

Figura 2.12

A solução para esse algoritmo é muito simples, e ao menos o cuidado dos nomes das variáveis acaba sendo mais simples do que os demais, mas causa a sensação de que o computador está realmente pensando sobre seu ano de nascimento.

```
Sub teste()
Dim anonasc As Integer
Dim idade As Integer

idade = CInt(InputBox("Entrar com a idade"))

anonasc = 2018 - idade

MsgBox ("Seu ano de nasc é " & anonasc)

End Sub
```

O resultado da execução (para o ano de 2018) é:

Figura 2.13

 EXEMPLO 2.6: Descobrir a idade

Fazer um algoritmo para descobrir a idade do usuário.

Esse algoritmo é o problema inverso do exemplo anterior, pois agora o computador deve descobrir a idade do usuário. A pergunta que o algoritmo deve fazer é sobre o ano de nascimento do usuário. O algoritmo fica:

```
Sub teste()
Dim anonasc As Integer
Dim idade As Integer

anonasc = CInt(InputBox("Entrar com o ano de nascimento"))

idade = 2018 - anonasc

MsgBox ("Sua idade é " & idade)

End Sub
```

O leitor pode observar que a novidade nesse algoritmo é a impressão na caixa de mensagem de texto após a impressão da variável. Sempre que se desejar continuar uma impressão de texto após o aparecimento do valor das variáveis, deve-se usar o símbolo & antes da variável e depois da variável, para indicar que a caixa conterá um texto logo a seguir.

 EXEMPLO 2.7: Raio de um círculo

Fazer um algoritmo no qual o usuário entre com o raio de círculo e o programa mostre a área do círculo.

A área de um círculo é calculada com base no raio, ou seja,

$$\text{Área} = \pi r^2$$

Então, a pergunta básica que o computador deve fazer ao usuário é: Qual o valor do raio do círculo? E o valor do π? O programador pode usar uma aproximação para a variável *pi* adotando, por exemplo, o valor 3,14. Mas o cuidado que se deve ter é que, em programação, não existe vírgula separando as casas decimais como numa planilha comum do Excel com ortografia em português. A separação deve ser feita com ponto decimal (.). Assim, a constante *pi* deve ser 3.14 e não 3,14 na programação. A solução é apresentada na macro a seguir.

```
Sub area_circulo()
Dim raio As Single
Dim pi As Single

pi = 3.14

raio = CSng(InputBox(" Raio = "))

area = pi * raio ^ 2

MsgBox (" Area = " & area)

End Sub
```

 EXEMPLO 2.8: O retorno médio de um investimento

Um usuário possui dinheiro aplicado em três tipos de investimentos que fornecem três tipos de retornos diferentes conforme mostra a Tabela 2.1:

Tabela 2.1

RETORNO	PROBABILIDADE	EVENTO
12	1/3	1
9	1/3	2
6	1/3	3

Sabendo que a fórmula do retorno médio é:

$$\bar{R} = \sum_{i=1}^{3} r_i p_i$$

e que:

$$\sum_{i=1}^{3} p_i = 1$$

Fazer um algoritmo que peça ao usuário os três retornos de investimento e, assumindo uma probabilidade de ocorrência de sucesso igual para os três investimentos iguais a *pi*, calcular o retorno médio pela fórmula anterior.

Neste caso, as probabilidades p_1, p_2 e p_3 devem ser solicitadas pelo programa ao usuário, e a soma dos três retornos r_1, r_2 e r_3 multiplicada por elas. Neste exemplo, as três probabilidades são iguais, mas não necessariamente precisam ser. O algoritmo é:

```
Sub retorno()
Dim p1 As Single
Dim p2 As Single
Dim p3 As Single
Dim r1 As Single
Dim r2 As Single
Dim r3 As Single
Dim retmd As Single

p1 = CSng(InputBox("probabilidade 1 = "))
p2 = CSng(InputBox("probabilidade 2 = "))
p3 = CSng(InputBox("probabilidade 3 = "))

r1 = CSng(InputBox("retorno 1 = "))
r2 = CSng(InputBox("retorno 2 = "))
r3 = CSng(InputBox("retorno 3 = "))

retmd = r1 * p1 + r2 * p2 + r3 * p3

MsgBox ("O resultado é = " & retmd)

End Sub
```

 EXEMPLO 2.9: Algoritmo da adivinhação

1. Pedir ao usuário para digitar a idade dele.
2. Mandar uma mensagem para ele pensar num número diferente de 0.
3. Mandar uma mensagem para ele multiplicar o número pensado por 2.
4. Pedir para ele somar mentalmente o número resultante pelo número 6.
5. Mandar uma mensagem para ele dividir o resultado pelo número 2.
6. Enviar uma mensagem para ele subtrair o resultado obtido do valor do primeiro número pensado.
7. Mandar a mensagem: "O resultado é 3".

```
Sub ADVINHA()
Dim idade As Integer

idade = CInt(InputBox("Digite sua idade"))
MsgBox ("PENSE NUM NUMERO")
MsgBox ("MULTIPLIQUE O NUMERO POR 2")
MsgBox ("SOME 6 AO RESULTADO")
MsgBox ("DIVIDA O RESULTADO POR 2")
MsgBox ("SUBTRAIA O REULTADO DO NUMERO PENSADO")
MsgBox ("DEU " & 3)
End Sub
```

Por que esse algoritmo funciona e sempre fornece o resultado 3? Observe o que acontece com a matemática das operações por trás da brincadeira desse algoritmo.

1. x = fornecido pelo usuário

$y = 2*x$

$y = y + 6$

$z = y/2 = \dfrac{2*x+6}{2} = x + 3$

Resultado $= z - x = (x + 3) - x = 3$

Para qualquer número pensado, o resultado sempre será o número 3. O leitor deve estar se perguntando por que a variável idade entrou no programa. Para nada! Ela apenas entra para o usuário pensar que a idade tem alguma importância no programa, mas na verdade ela não é usada.

2.4 Lógica condicional

Algoritmos em que se efetuam cálculos são bastante parecidos com calculadoras comuns e não demonstram todo o poder da computação na resolução de problemas. A figura de uma condição divisória de eventos na programação é o que faz a lógica de um algoritmo se aproximar da mente humana na resolução de problemas.

Todas as linguagens de programação possuem a estrutura de desvio lógico de um algoritmo. A função para o desvio lógico no VBA é a função *SE( )*. Na planilha do Excel, ela aparece em língua portuguesa e tem a característica de colocações das lógicas necessárias nos parênteses =*SE(condição; verdade; falso)*. No caso da programação, a mesma função é *If* e tem a estrutura:

```
If condicao Then
    comando1
    comando2
    . . . . . . .
    comando n
Else
    comando1
    comando2
    . . . . . . . .
    comando n
End If
```

Em que os comandos são lógicas operacionais do programa, que estarão sujeitas à condição ser verdadeira ou falsa depois do *If*. Se a condição for verdadeira, então a linha logo abaixo do *Then* é verdade, e serão obedecidos esses comandos no programa. Caso seja falsa, depois do *Else* entram os comandos para essa condição. A estrutura *If-Then-Else* tem um resultado lógico binário que divide o programa em ramos verdadeiros e falsos. Mas atenção, pois todo *If* deve terminar com um *End If*.

EXEMPLO 2.10

Fazer um algoritmo que leia um número inteiro. Se esse número for menor ou igual a 10, o programa envia uma mensagem "prejuízo" ao usuário; caso contrário, manda uma mensagem "lucro".

CAPÍTULO 2 | Programação básica **47**

```
Sub lucro()
Dim numero As Integer

numero = CInt(InputBox("numero = "))

If numero <= 10 Then
   MsgBox ("prejuizo")
Else
   MsgBox ("lucro")
End If

End Sub
```

Esse algoritmo desvia o programa depois da leitura para a linha abaixo depois do *Then* caso o número fornecido pelo usuário seja menor que 10. Caso contrário, o compilador manda o programa saltar todas as ordens até encontrar o comando *Else* em que executa esses comandos até encontrar o *End If*.

EXEMPLO 2.11

Se uma conta bancária contém saldo inferior a R$ 10.000,00, o banco paga juros de 2% ao mês na remuneração da conta poupança. Se o saldo for superior ou igual a R$ 10.000,00, o banco paga juros de 3% ao mês. Fazer um programa em que o usuário entra com o saldo de sua conta bancária e o programa informa o saldo corrigido.

```
Sub banco()
Dim saldo As Single
Dim saldo_novo As Single
Dim taxa As Single

saldo = CSng(InputBox("entre com o saldo = "))

If saldo < 10000 Then
taxa = 0.02
Else
taxa = 0.03
End If

saldo_novo = saldo * (1 + taxa)
MsgBox ("seu saldo será " & saldo_novo)

End Sub
```

O resultado será:

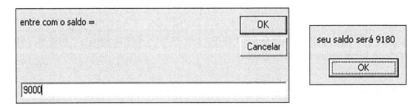

Figura 2.14

Muitas vezes é necessário encadear muitos *If* para traduzir o pensamento lógico desejado na solução de um problema. Além da estrutura *If-Then-Else*, existe a possibilidade do uso do *ElseIf* que significa "caso contrário se". Esse comando lógico deve ser usado quando é indicado ao computador que, ao negar uma afirmação, ele o faça em troca de outra pergunta lógica. Isso não significa que sempre que ocorrer uma falsidade na afirmação deve-se utilizar o comando *ElseIf*. Às vezes, o uso de vários *If* um após o outro pode resolver o problema da mesma forma.

 EXEMPLO 2.12

Baseando-se no Exemplo 2.11, suponha agora que, se a conta possuir saldo inferior a R$ 10.000,00, o banco pague juros de 2%. Mas, diferente daquele exemplo, assumir agora que para cada R$ 5.000,00 adicional acima de R$ 10.000,00 o banco paga 0,5% a mais até atingir a taxa limite de 4%. Fazer um programa para calcular quanto uma conta bancária nessas condições terá no final do mês.

```
Sub banco()
Dim saldo As Single
Dim saldo_novo As Single
Dim taxa As Single

saldo = CSng(InputBox("entre com o saldo = "))

If saldo < 10000 Then
taxa = 0.02
   ElseIf saldo < 15000 Then
   taxa = 0.025
      ElseIf saldo < 20000 Then
      taxa = 0.03
         ElseIf saldo < 25000 Then
         taxa = 0.035
         Else
         taxa = 0.04
End If

saldo_novo = saldo * (1 + taxa)
MsgBox ("seu saldo será " & saldo_novo)

End Sub
```

Algumas observações são importantes a respeito do uso do *ElseIf*. Se o saldo for inferior a R$ 10.000,00, a taxa assumida será de 0,02, que corresponde a 2%. Caso contrário, ou seja, se a taxa for igual ou superior, o computador deve perguntar se ela é menor que R$ 15.000,00. Então, a diferença entre um Else e um *ElseIf* é que, quando existe uma negação e o computador tem um *ElseIf*, ele não está somente verificando a negação da condição anterior, mas também perguntando se com a primeira negação a segunda condição é satisfeita. Então a parte do programa a seguir:

```
If saldo < 10000 Then
taxa = 0.02
   ElseIf saldo < 15000 Then
   taxa = 0.025
```

Tem o mesmo significado matemático de um intervalo de validade, ou:

$$10.000 < saldo < 15.000$$

EXEMPLO 2.13

Fazer um programa em que o computador leia um número inteiro fornecido pelo usuário e envie uma mensagem se esse número for par ou ímpar.

Discussão da resolução
Existem diversas maneiras de programar e pensar no algoritmo para resolver este simples problema. O primeiro é recordar dos tempos colegiais, de como estão relacionados os termos de uma divisão: divisor, dividendo, quociente e resto.

DIVIDENDO	DIVISOR
RESTO	QUOCIENTE

A relação matemática entre resto e os demais fatores é

$$Resto = Dividendo - Divisor * Quociente$$

Primeiramente, deve-se fazer a divisão do número (dividendo) pelo número 2 (divisor) e guardar o resultado numa variável quociente. Definindo essa variável como inteira, o resultado sempre será truncado e inteiro. Então, faz-se a subtração do número que o usuário entrou (dividendo) por duas vezes o quociente. A regra lógica é usada para perguntar se o resto é 0 ou não. Se o resto for 0, o computador envia uma mensagem ao usuário dizendo que o número é par; caso contrário, que o número é ímpar. O programa resolvido é apresentado a seguir.

```
Sub npar_impar()
Dim num As Integer
Dim resto As Integer
Dim quociente As Integer

num = CInt(InputBox("entre com o número = "))

quociente = num / 2
resto = num - 2 * quociente

If resto = 0 Then
    MsgBox ("número par")
Else
    MsgBox ("número impar")
End If

End Sub
```

Outra forma de resolver o problema é usar a função *mod*, que toda linguagem de programação possui. Essa função já fornece o resto da divisão entre dois números, e sua utilização obedece à seguinte regra:

$$x = num1 \; mod \; num2$$

e o resultado para *x* é o resto da divisão de *num1* por *num2*. Para o exemplo do número par ou ímpar, o programa fica como a seguir:

```
Sub npar_impar()
Dim num As Integer
Dim resto As Integer


num = CInt(InputBox("entre com o número = "))

resto = num Mod 2

If resto = 0 Then
    MsgBox ("número par")
Else
    MsgBox ("número impar")
End If

End Sub
```

A última solução apresentada é a mais simples de todas. Para saber se o número é par ou ímpar, basta usar a regra matemática da potenciação do número (-1). Ou seja, todo número negativo elevado a número par será positivo e elevado a número ímpar será negativo. Basta programar uma condição lógica que verifica se o sinal dessa operação é positivo ou negativo. A solução é apresentada a seguir.

```
Sub npar_impar()
Dim num As Integer
Dim x As Integer

num = CInt(InputBox("entre com o número = "))

x = (-1) ^ num

If x >= 0 Then
    MsgBox ("número par")
Else
    MsgBox ("número impar")
End If

End Sub
```

Neste ponto, o leitor pode ficar confuso e perguntar: Qual solução é a mais correta? A resposta é que todas as formas são corretas, desde que o resultado seja correto. Claro que existem algumas soluções mais rebuscadas e confusas, com passos a mais que outras mais claras e objetivas. Este tipo de análise é que faz a diferença num programador, que se faz entender por outros programadores, ou somente a si próprio em sua programação. No entanto, sob o ponto de vista de análise, se o programa solucionou o problema de forma correta em todos os passos, tanto faz a forma de resolver. O diferencial é que o melhor programador se destaca perante os outros se, além de mais elegante e simples, seu programa economiza memória, o que significa economizar energia e tempo dispensado no trabalho.

CAPÍTULO 2 | Programação básica **51**

2.5 Combinações de lógica com *AND* e *OR*

Muitas vezes existe a necessidade de uma série de combinações lógicas para a resolução de problemas. Por exemplo, poderemos desejar que duas condições devam ser satisfeitas ao mesmo tempo para que uma decisão seja tomada. Nesse caso, o *If* deverá ter como uma condição auxiliar o *AND* para estabelecer uma interseção nas condições.

 EXEMPLO 2.14

A compra de um ativo z depende dos retornos de outros dois investimentos x e y. Caso o investimento x tenha retorno de 2% e o investimento y um retorno de 3%, uma ordem de compra deverá ser dada para a aplicação z. Se um desses retornos não acontecer, a ordem para a aplicação z será de venda.

O leitor deve lembrar que, para a computação, 2% deve ser colocado na programação em notação decimal, ou seja, 0.02. Para 3%, a notação computacional será 0.03. O programa desse exemplo ficará como mostrado a seguir.

```
Sub Ex_2_14()
Dim x As Single
Dim y As Single

x = CSng(InputBox("entre com o retorno de x"))
y = CSng(InputBox("entre com o retorno de y"))

If x = 0.02 And y = 0.03 Then
  MsgBox ("Comprar z")
Else
  MsgBox ("vender z")
End If

End Sub
```

Outro tipo de combinação é quando se deseja que uma variável tenha um determinado valor, mas que não seja excludente com outra variável. Nesse caso, desejamos que o programa tenha uma condição ou outra. Precisa-se assim utilizar de *OR* para a decisão dentro do *IF*.

 EXEMPLO 2.15

Um investidor pretende comprar ações da Petrobras ou da Vale do Rio Doce. Para tanto, ele desejará sempre que o programa o ajude nessa decisão conforme os retornos diários das duas ações. Se a Petrobras der como retorno 2%, ou Vale tiver retorno de 5% num determinado dia, ele deseja receber uma ordem de compra para a Petrobras. Se nenhuma dessas ações atingir esse valor, ele deseja uma ordem para não comprar.

```
Sub Ex_2_15()
Dim petro As Single
Dim vale As Single

petro = CSng(InputBox("entre com o retorno da Petrobras"))
vale = CSng(InputBox("entre com o retorno de Vale"))

If petro = 0.02 Or vale = 0.05 Then
  MsgBox ("Comprar Petrobras")
Else
  MsgBox ("Não comprar ativos")
End If

End Sub
```

2.6 Sinal de diferença < >

Até aqui foram apresentados diversos sinais na matemática adaptados para a computação. O sinal =, o sinal >, ou ainda < são os mesmos dos cálculos realizados em matemática. Quando se desejar usar o sinal ≥, em programação deve-se usar a representação >=. Para o sinal ≤ a representação deverá ser <=.

A representação mais estranha em VBA-Excel fica por conta do sinal de diferença, ou ≠. Em programas de VBA a notação para diferente é <>, ou a junção de menor e maior. Seu uso é exemplificado a seguir.

 EXEMPLO 2.16

Bancos oferecem todos os acessos nos atuais dias por meio de seus portais de internet, com algoritmos que garantem a segurança nas transações. Observe a Figura 2.15 sobre o site de um banco:

Esse banco pede 8 dígitos de senha do autoatendimento, mas para facilitar vamos usar apenas 4 dígitos na elaboração do algoritmo que deverá ser programado em VBA-Excel.

Pretende-se elaborar um algoritmo para ler com três *InputBox* seguidos e separados o número da agência do cliente, o número da conta e o número da senha do cliente.

Caso esta agência seja diferente da agência armazenada internamente no algoritmo (supor igual a 1234), deve ser apresentada a mensagem com *MsgBox* "Usuário inválido!".

Caso a agência seja correta e se a conta estiver incorreta (a conta correta suponha que seja 9999) deve ser mostrada a mensagem em *MsgBox* "conta incorreta!".

Figura 2.15

Caso a conta seja correta e a senha for diferente da senha armazenada (supor igual a 1012) deve ser enviada uma mensagem com *MsgBox* "senha incorreta!". Por fim, caso a senha esteja correta, deverão ser mostradas três mensagens seguidas em *MsgBox*:

- Conectando...
- Acesso permitido.
- Bem-vindo ao nosso sistema.

```
Sub q4()
Dim agencia As Integer
Dim conta As Integer
Dim senha As Integer

agencia = CInt(InputBox("Agência = "))
conta = CInt(InputBox("Conta="))
senha = CInt(InputBox("Senha="))

If agencia <> 1234 Then
    MsgBox ("Usuário Inválido!")
   ElseIf conta <> 9999 Then
    MsgBox ("conta incorreta!")
   ElseIf senha <> 1012 Then
    MsgBox ("Senha Incorreta!")
   Else
    MsgBox ("Conectando...")
    MsgBox ("Acesso Permitido")
    MsgBox ("bem vindo ao nosso sistema!")
End If

End Sub
```

A solução é bastante simples por meio da utilização de três nodos de decisões com o uso da diferença de senha. Ou seja, a pergunta para os *If* é se a agência, conta e senha digitadas estão erradas.

2.7 Encadeamento de *If*

A lógica condicional com o uso do *If* é a parte mais importante de um algoritmo em programação de computadores. Um pequeno erro na estratégia de colocação das perguntas necessárias para o desvio correto da informação pode ocasionar grandes problemas em situações reais.

Em problemas complexos, é bastante natural o uso de *If* dentro de muitos outros *If*, chamados de encadeamentos. Para tanto, cada If aberto precisará de seu fechamento com *End If*.

 EXEMPLO 2.17

No ano de 2018, ocorreu uma grande greve de caminhoneiros no Brasil por conta da atualização na tarifa de transportes que eles recebiam. O então presidente Michel Temer estava com seu posto ameaçado por conta de abertura de um processo, e, se assim ocorresse, o presidente da Câmara dos Deputados Rodrigo Maia teria que assumir.

Um cliente estava preocupado com a política nacional e desejava uma planilha em que ele pudesse assumir riscos de investimentos conforme os desdobramentos da tal greve. Era preciso um algoritmo em VBA para tomada de decisão envolvendo o jogo de xadrez político para concluir qual o melhor tipo de investimento do cliente. Perguntas deveriam ser feitas via *InputBox* para passar ao ramo seguinte da decisão. A decisão final deveria ser emitida via *MsgBox* para cada tipo de investimento, se o usuário deveria comprar ou não cada um dos ativos do último ramo.

Observe que as variáveis de entrada na leitura das perguntas são do tipo *string*.

$$
Se = \begin{cases} \text{Temer sair} \quad Se \begin{cases} \text{Rodrigo Maia assume} \quad Se \begin{cases} \text{Antecipa eleição – compra Petrobras} \\ \text{Não antecipa – compra Usiminas} \end{cases} \\ \text{Rodrigo Maia não assume} \quad Se \begin{cases} \text{Antecipa eleição – compra Gerdau} \\ \text{Não antecipa – compra Vale} \end{cases} \end{cases} \\ \text{Temer não sair} \quad Se \begin{cases} \text{Greve caminhão – compra dólar} \\ \text{Não greve – compra ouro} \end{cases} \end{cases}
$$

Os ativos que o cliente desejava comprar eram as ações da Petrobras, da Usiminas, da Gerdau ou da Vale. Em outro ramo, a compra deveria ser de dólar ou ouro. A solução deve ser *If* encadeado, como poderá ser observado a seguir.

```
Sub prog3()
Dim perg1 As String
Dim perg2 As String
Dim perg3 As String

perg1 = CStr(InputBox(" Temer sai?"))

If perg1 = "s" Then
    perg2 = CStr(InputBox("Maia assume a presidência?"))
        If perg2 = "s" Then
            perg3 = CStr(InputBox("Antecipa a eleição?"))
                If perg3 = "s" Then
                    MsgBox ("Comprar Petrobras")
                Else
                    MsgBox ("Comprar Usiminas")
                End If
        Else
            perg2 = CStr(InputBox("Antecipa a eleição?"))
                If perg2 = "s" Then
                    MsgBox ("Comprar Gerdau")
                Else
                    MsgBox ("Comprar Vale")
                End If
        End If

  Else
    perg2 = CStr(InputBox(" Greve de caminhão?"))
        If perg2 = "s" Then
            MsgBox ("Comprar dolar")
        Else
            MsgBox ("Comprar Ouro")
        End If

  End If

End Sub
```

2.8 Variáveis *boolean*

Variável *boolean* ou booleana é um tipo de variável que envolve dicotomia entre certo ou errado, 0 ou 1, falso ou verdadeiro. Esse tipo de variável surgiu em homenagem a George Boole, criador da álgebra booleana que trabalha com conjuntos e medidas como conjunção e disjunção, entre outras. Em alguns algoritmos, precisa-se indicar parâmetros para tomadas de decisões por parte do computador. Em vez de usar 0 ou 1 para indicar caminhos dicotômicos, podemos associar um resultado a *True* (verdade) ou *False*.

```
Sub Booleanas()
Dim x As Boolean
Dim y As Integer

y = CInt(InputBox("y="))

If y = 2 Then
    x = True
Else
    y = False
End If

If x = True Then
    MsgBox ("VERDADE")
Else
    MsgBox ("FALSO")
End If

End Sub
```

No algoritmo anterior, o programa lê a variável *y*, que é do tipo inteira, para uma tomada de decisão que envolve a variável booleana *x*. Se *y* = 2, a variável *x* será assumida como verdade e receberá o valor em inglês *True*. Caso contrário *x* assumirá o valor falso, que em inglês será *False*.

Na caixa de mensagem, o *If* verifica o valor de *x*. Se *x* = *True* imprimirá Verdade e, caso contrário, Falso. Sempre o valor de uma variável booleana deverá ser com palavra *True* ou *False*.

PARA PRATICAR

01 Fazer algoritmo e programa em VBA-Excel em que o usuário entre com um número e o programa imprima uma mensagem dizendo se o número é positivo ou negativo.

02 Fazer algoritmo e programa em VBA-Excel em que o usuário entre com três números usando *InputBox* e o programa calcule a média.

03 Projetar um algoritmo em que o usuário entre com três números usando *InputBox* e o programa descubra e imprima uma mensagem dizendo qual é o maior e o menor.

04 Fazer um programa em que o usuário entre via *InputBox* com dois números reais. Se os dois números forem iguais, o programa deve enviar uma mensagem com o valor da soma de outras duas variáveis *x* = 2 e *y* = 1. Se os dois números forem diferentes, o programa deve imprimir uma mensagem mostrando o valor da subtração de *x* e *y*.

05 Dados três lados de um triângulo qualquer, fazer um programa para descobrir se o triângulo é equilátero, isósceles ou escaleno.

06 Um comerciante deseja entrar com o valor de compra de uma mercadoria, o valor de venda e descobrir se o lucro foi <10%, entre 10% e 20%, ou ainda superior a 20%. Fazer um programa que imprima a mensagem dizendo em qual faixa a mercadoria do comerciante se localiza.

07 A fórmula de conversão de graus Fahrenheit em centígrados é obtida por:

$$C = \frac{5\,(F - 32)}{9}$$

Fazer algoritmo e programa em VBA-Excel em que o usuário entre com o grau F (Fahrenheit) e o programa mostra o valor em centígrado.

08 Fazer um programa em que o usuário entre com dois números e o programa imprima uma mensagem dizendo em quantos por cento o primeiro é menor que o segundo; caso contrário, em quantos por cento o primeiro é maior que o segundo.

09 Lembrar do programa do retorno médio. Fazer um programa em que os eventos não mais tenham a mesma probabilidade de ocorrer. Ou seja, suponha o caso em que:

Tabela 2.2

RETORNO	PROBABILIDADE	EVENTO
12	0,5	1
9	0,4	2
6	0,1	3

Quais são as entradas? Quais são as saídas? Programar novamente o algoritmo levando em conta que as probabilidades dos eventos são diferentes.

10 Elaborar um programa em que o usuário entre com três números x_1, x_2 e x_3 e o programa mostre em uma *MsgBox* o valor da média dos números e em outra *MsgBox* o valor do desvio-padrão.

11 Fazer um programa em que o usuário entre com os limites de um intervalo (inferior e superior) e, logo em seguida, o computador peça um número qualquer a esse usuário. Se o número pertence ao intervalo do usuário, o programa deve mandar uma mensagem "pertence"; caso contrário, uma mensagem "não pertence".

Exemplo: *Liminf* = 10
Limsup = 20
Num = 15 → "pertence"
Num = 25 → "não pertence"

12. O suporte de uma ação é calculado como 30% do intervalo histórico de uma ação (máximo subtraído do mínimo). A resistência é calculada como o valor de 60% do intervalo histórico. Veja o exemplo:

Baixa histórica: 1,50
Alta histórica: 2,20
Suporte: 1,5 + (2,20-1,50)*0,3
Resistência: 1,5 + (2,20 – 1,5)*0,6

Fazer um programa em que o usuário forneça o valor mais baixo historicamente e o valor mais alto e o programa diga qual é o suporte e qual é a resistência.

13 Considere uma equação do segundo grau:

$$Ax^2 + Bx + C = 0$$

Utilizando-se da variável $DELTA = B2 – 4AC$, escreva uma macro que calcule as raízes da equação tal que:

(i) Se não houver raízes ($DELTA < 0$), o programa retorna a mensagem "não existem raízes reais".

(ii) Se houver uma única raiz ($DELTA = 0$), o programa mostra ao usuário a única raiz calculada como: $X_1 = -B / (2*a)$.

(iii) Se houver duas raízes, mostre ao usuário calculando-as da forma: $X1 = (-B + Sqr(DELTA)) / (2*A)$ e $X2 = (-B - Sqr(DELTA)) / (2*A)$ em que Sqr é a função do VBA para calcular a raiz quadrada de um número real.

14 Fazer um programa que leia um número. Se o valor for negativo, inverter o sinal. Em qualquer caso, imprimir a raiz quadrada do número resultante.

15 Em uma disciplina, a nota final é calculada pela média ponderada das três notas do semestre: trabalho, prova escrita e laboratório. O peso das notas na média é, respectivamente, 2, 5 e 3. As notas variam de 0 a 10 e o aluno é considerado aprovado se a nota final for maior ou igual a 6. Elaborar um programa que calcule a nota final de um aluno e envia uma mensagem se ele foi aprovado ou não.

16 Fazer um programa que leia três valores {A, B,C}. Se A + B for menor do que C, envia a mensagem "dados errados"; caso contrário, envia a mensagem "dados corretos".

17 Fazer um programa que leia dois números inteiros A e B. Se A = B, atribua a uma variável x o valor 1.5 e a uma variável Y o valor 2.5; caso contrário, atribua os valores –1.5 e –2.5. Em todos os casos, imprima os valores de x e y.

18 Fazer um programa que leia três valores inteiros, A, B e C e envie uma mensagem de qual deles é o menor número.

19 A Tabela 2.3 fornece os descontos de uma compra. Fazer um programa que leia o valor de uma compra, determine o desconto a ser aplicado e calcula o valor a ser pago pelo cliente.

Tabela 2.3

VALOR DA COMPRA (R$)	DESCONTO (%)
Entre 0 e 20,00	5
Entre 21 e 50	10
Entre 51 e 100	15
Entre 101 e 1000	20
Maior que 1000	30

20 Escrever um programa que leia um valor de um ângulo em graus, converta esse valor em radianos e envie o valor em uma mensagem para o usuário.

21 Dados três pontos (x_1, y_1), (x_2, y_2) e (x_3, y_3), escrever um programa que verifique se esses pontos estão alinhados. A condição de alinhamentos de três pontos é:

$$\frac{y_3 - y_1}{x_3 - x_1} = \frac{y_2 - y_3}{x_2 - x_3}$$

22 Uma corretora tem dois blocos de *traders* ótimos, todos excelentes funcionários. Ela também conhece seu retorno médio mensal M, mas, como está passando por uma crise financeira, deseja tomar uma decisão e escolher demitir um bloco inteiro de funcionários.

O Bloco 1 deu retornos r_1 e r_2 em dois esses, enquanto o Bloco 2 deu retornos r_3 e r_4 nos mesmos dois meses. A decisão da demissão será tomada em cima do risco cometido pelos funcionários. Se o risco do Bloco 1 para os retornos r_1 e r_2 for maior ou igual ao risco do Bloco 2 com os retornos r_3 e r_4, o programa deverá dizer enviar uma mensagem de demissão "demita funcionários de 1". Caso contrário, deverá enviar uma mensagem "demita funcionários de 2".

Além disso, o programa deverá mostrar na tela quanto valem os dois riscos.

Fazer um algoritmo em VBA para ler a média M (número real) e os retornos r_1, r_2, r_3 e r_4 (todos números reais). Depois, o programa deverá calcular os dois riscos *RISCO*1 e *RISCO*2 conforme a fórmula abaixo. No final, deverá emitir uma mensagem usando *MsgBox* conforme a lógica descrita acima, se o fundo deve demitir o Bloco 1 ou 2. E, ainda, deverá ter duas mensagens apresentando o valor calculado de *RISCO*1 e *RISCO*2 que eles fizeram para a corretora.

$$RISCO1 = \frac{\sqrt{\dfrac{(r_1 - M)^2 + (r_2 - M)^2}{2}}}{M} \qquad RISCO2 = \frac{\sqrt{\dfrac{(r_3 - M)^2 + (r_4 - M)^2}{2}}}{M}$$

23 Uma empresa de websites contratou seus serviços para construir um algoritmo verificador de cartão de crédito para finalizar suas compras e automatizar seu sistema on-line. O dígito verificador (digV) é um número obtido pelo resto da divisão de S por 7. O valor de S é calculado da seguinte forma:

$$S = 6{}^{*}A + 5{}^{*}B + 4{}^{*}C + 3{}^{*}D + 2{}^{*}E$$

Onde os valores A, B, C, D e E devem ser lidos por *InputBox*.

A empresa também tem custos com os cartões e forneceu as seguintes condições de finalização de compra:

- Primeiro seu programa deverá emitir uma mensagem via *MsgBox* mostrando o valor do dígito digV.

Depois, a empresa deseja:

- Se digV é menor do que 3, o programa deve ler o valor da compra e acrescentar 5% a mais na compra, imprimindo seu valor final em *MsgBox*.
- Se digV é maior que 3 e menor do que 5, o programa deve ler o valor da compra e acrescentar 10% a mais na compra, imprimindo seu valor final em *MsgBox*.
- Se digV é maior que 5, a compra não é permitida, e uma mensagem deverá ser emitida dizendo "Compra não permitida pela operadora".

Assim sendo:

a) Escreva o algoritmo completo desse problema.
b) Qual o valor do dígito digV para as entradas A = 2; B = 1; C = 2; D = 1; E = 2?
c) No caso anterior, se a compra foi de R$1.200,00, qual o valor final impresso?

24 Fazer um algoritmo para classificar animais para cada ramo da cadeia dos gêneros, apresentada a seguir. As perguntas devem ser feitas com *InputBox*, e a decisão sobre o tipo final de animal deverá ser apresentada via *MsgBox*.

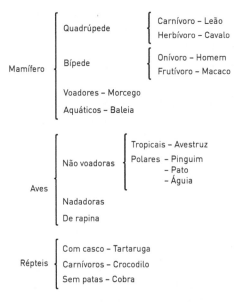

Figura 2.16

25 Um aluno criou uma teoria interessante sobre números pares e ímpares. Segundo sua teoria, um número real poderia ser par ou ímpar por uma nova lei. O número real seria par se o número de dígitos significativos pares somados ao número de dígitos pares das casas decimais fosse maior do que o número de dígitos significativos ímpares somados ao número de dígitos ímpares das casas decimais. Para facilitar, vamos supor o caso de 3 dígitos apenas.

Exemplo: Número = 7,63

Esse número seria ímpar, pois o dígito significativo é 7 (ímpar) e os dígitos das casas decimais são 6 (par) e 3 (ímpar). Então, existem 2 ímpares e apenas 1 par. Fazer um algoritmo macro em que o usuário entre com um número real de três dígitos apenas (supor que o usuário sempre entrará com 3 dígitos), sendo um significativo e os outros dois decimais, e a macro diga em uma *MsgBox* se ele é par ou ímpar segundo essa teoria.

CAPÍTULO 3

AUTOMATIZAÇÃO DAS OPERAÇÕES

Se você quer acertos, esteja preparado para os erros.
— Carl Sagan

3.1 Automatização das células do Excel

Até esse ponto do livro, a única forma de mostrar ao usuário o resultado da programação era usar o *MsgBox*. Essa caixa de saída é uma forma muito próxima do que faziam os programas escritos em linguagens antigas, antes das linguagens orientadas a objetos. No VBA em questão, o objetivo principal é trabalhar diretamente nas células que estão armazenando dados. Hoje, as empresas possuem dados arquivados em planilhas Excel e não são poucos. Com a internet, a aquisição em *real time* tornou-se muito fácil, e, assim, as planilhas lotam facilmente durante algumas horas de serviço.

A grande novidade do Excel é seu poder de não somente trabalhar com as células como um banco de dados e com operações simples predefinidas, mas possibilitar que programas que antes precisavam de linguagens e entradas e saídas de dados específicas pudessem ser automatizados com os conhecimentos já existentes em termos de programação. Assim, usando o VBA, é possível conversar com as células e ordenar tarefas, como fazer aquisição de dados, fazer gráfico de maneira automática, copiar, colar, e programas mais complexos, tais como testes estatísticos, simulações, jogos etc.

Para programar uma planilha e interagir com as células, a função-chave dentro do VBA é *Cells*. Deve-se enxergar a planilha como se fosse uma grande matriz, cujas colunas A, B, C etc. estarão numeradas no VBA como 1, 2, 3 etc., e as linhas da mesma forma. Assim, para copiar o valor de uma célula do Excel para uma variável do VBA, o comando é:

Variável = Cells(linha, coluna)

Em que linha e coluna são os números associados à linha e coluna do Excel. Por exemplo, a célula A1 dentro do VBA será *Cells(1,1)*, a célula B4 será *Cells(4,2)* e assim por diante.

Suponha que se deseje alimentar uma variável *x* do VBA com o valor que está na célula A1. Para isso, basta dizer que a variável recebe o valor de *Cells(1,1)* conforme a programação a seguir.

Figura 3.1

```
Sub programa_celulas()
Dim x As Single

x = Cells(1, 1)

End Sub
```

Se for desejado o contrário, ou seja, colocar os cálculos realizados no VBA dentro das células do Excel, o processo é inverso. Basta dizer que *Cells(2,3)* recebe *x*, o que indica ao Excel que a célula C2 deve receber tal valor.

EXEMPLO 3.1

Fazer um programa que calcule a média dos valores armazenados nas células A1, A2, A3 e A4 do Excel a seguir e colocar o valor da média na célula A5.

	A
1	2,5
2	1,7
3	2,2
4	4

Figura 3.2

```
Sub media_celulas()
Dim media As Single

 media = (Cells(1, 1) + Cells(2, 1) + Cells(3, 1) + Cells(4, 1)) / 4
 Cells(5, 1) = media

End Sub
```

O leitor deve perceber duas noções importantes no exemplo. A primeira é que o nome do programa não deve ser o mesmo da variável. Se criar um programa com o mesmo nome da variável, o compilador pode apresentar mensagem de erro em alguns casos futuros. Neste exemplo simples, o compilador não apresenta erro e deixa passar, mas em exemplos mais complexos ele proíbe o uso de nome da variável. Deve ser observado que o nome do programa foi media_celulas (sem acento), enquanto o nome da variável foi media (sem acento). A segunda noção importante é quanto aos parênteses na fórmula. Os parênteses da programação são fundamentais, uma vez que todos os termos do divisor da média devem estar nos mesmos parênteses. Isso indica ao computador que todos os termos devem ser computados e o resultado, dividido por 4. Se os parênteses mais externos forem retirados, o computador vai entender que se deseja dividir apenas a célula A4 por quatro e não todas, o que deixa o programa errado. Esse seria um erro de lógica e não de linguagem, o que não seria detectado pelo compilador.

 EXEMPLO 3.2

Dispor os dados da Acesita-SA da forma como está representada a seguir em sua planilha e fazer um programa em VBA para dar o somatório dos cinco valores da ação.

A solução é a programação a seguir cujo resultado será apresentado na célula A8 ou *Cells(8, 1)* no VBA.

	A
1	
2	Acesita-Preço
3	0,59
4	0,61
5	0,6
6	0,61
7	0,58

Figura 3.3

```
Sub programa_soma()
Dim soma As Single

 soma = Cells(3, 1) + Cells(4, 1) + Cells(5, 1) + Cells(6, 1) + Cells(7, 1)
 Cells(8, 1) = soma

End Sub
```

E se forem muitas linhas? Claro, para um número acima de três linhas, não tem sentido esse tipo de programação. Todavia, uma vez entendida a relação entre as células e o VBA, se está preparado para a noção de iteratividade.

3.2 Comando *Do While*

A palavra é *iteração* e não interação. A iteratividade significa repetição e a interatividade o modo como se estabelece uma relação entre pessoas, equipamentos, softwares etc. A iteração é a peça principal da programação, é o que faz a automação funcionar e dar falsa impressão às pessoas de que o computador pensa rápido para realizar suas tarefas. É na iteração que os cálculos mais complexos se realizam, e as atividades mais complexas são executadas de maneira rápida e automática. Em todas as linguagens de programação existem tipos de comandos ou funções para exercer essa atividade de iteração. O primeiro comando de repetição no VBA é o *Do While*, cuja estrutura é a da Figura 3.4:

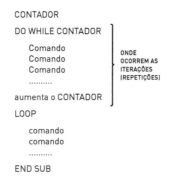

Figura 3.4

Entre o comando *Do While* e o comando *Loop*, o computador entende que tudo o que estiver dentro deve ser executado repetidamente, quantas vezes forem necessárias até o atendimento da condição lógica estabelecida na frente de *Do While* com nome CONTADOR. Essa condição lógica, ou condição de parada da repetição, deve ser colocada de forma adequada. O uso do comando *Do While* de forma errada pode ocasionar um *Loop* infinito no programa, que precisará ser abortado para poder ser interrompido. As condições de parada são as mesmas condições lógicas para a função *If*, ou seja:

<	menor que
<=	menor ou igual a
>	maior que
>=	maior ou igual a
<>	diferente

O *Do While* é um comando de iteração, mas pode interagir com o usuário seja na entrada de dados com as caixas *InputBox*, na construção de gráficos, na simulação de modelos, na aquisição de dados da Internet, ou mesmo em animações gráficas que necessitem da intervenção externa ao programa.

EXEMPLO 3.3

Fazer um programa para escrever dez vezes a palavra "teste".

Para resolver este problema, o programador deve introduzir a figura do contador, que dirá ao *Do While* quantas vezes o cursor deve ir até o comando *Loop* e voltar. O algoritmo básico desse programa é:

1. Ler o número de repetições desejado pelo usuário (no caso, 10).
2. O contador começa com 1.
3. Enquanto o contador não for igual ou superior a 10, continue imprimindo a palavra "teste".
4. Acrescente o contador do valor anterior mais um.
5. Se contador ultrapassou 10, o programa para.

O passo 4 do algoritmo é muito importante, porque em programação, como já mencionado antes, não existe igualdade de valores, e, sim posições ocupadas (*bit* ocupado). Para aumentar um contador de uma unidade, o programador deve informar ao computador que o valor que ele possui no passado em sua memória deve ser apagado e substituído pelo valor que ele tinha somado de um, ou seja,

$$cont \leftarrow cont + 1$$

O contador neste exemplo é representado pela variável inteira (*Integer*) *i*. O programa nesse caso será:

```
Sub frase_repetida()
Dim i As Integer
Dim n As Integer

n = 10
i = 1
Do While i <= n
  MsgBox ("teste")
  i = i + 1
Loop

End Sub
```

EXEMPLO 3.4

Fazer um programa para escrever dez vezes a palavra "teste" nas células do Excel, em que a coluna A deve mostrar o número da repetição e a coluna B, a palavra repetida.

	A	B
1	1	teste
2	2	teste
3	3	teste
4	4	teste
5	5	teste
6	6	teste
7	7	teste
8	8	teste
9	9	teste
10	10	teste

Figura 3.5

```
Sub frase_repetida()
Dim i As Integer
Dim n As Integer

n = 10
i = 1
Do While i <= n
  Cells(i, 1) = i
  Cells(i, 2) = "teste"
  i = i + 1
Loop

End Sub
```

O que acontece se tanto no exemplo com *MsgBox* como nas células o programador esquecer a linha do contador *i = i* + 1? O programa entra em *Loop* infinito, e apenas um comando *Ctrl+Break* consegue interrompê-lo.

Figura 3.6

Esse fato ocorre porque, como não foi alimentado o contador *i*, o valor dele será sempre 1, e, quando o cursor alcança a palavra *Loop*, é obrigado a voltar até onde está o *Do While*. Na verificação da pergunta se *i* < 10, como *i* será sempre 1, será sempre menor que 10, o que obriga o computador infinitamente à repetição, a menos que seja interrompido pelo comando *Break*.

Outro tipo de *Loop* infinito é quando o programador esquece e acaba invertendo os papéis do contador e do valor de parada *n*. Observe o programa a seguir.

```
Sub frase_repetida()
Dim i As Integer
Dim n As Integer

n = 1
i = 10
Do While i >= n
Cells(i, 1) = i
Cells(i, 2) = "teste"
i = i + 1
Loop

End Sub
```

Nesse erro, o programador trocou *n* por *i* e assim infinitamente o computador imprime a palavra "teste" nas células. Por sorte, como *i* foi definido como inteiro, seu valor tem um limite pequeno de memória, e a última célula que recebe a palavra está na linha 32767. Mas se for definida a variável *i* como número *Single* ou *Double*, o programa só para na última linha do Excel.

O cálculo de algumas leis matemáticas é um excelente exercício de raciocínio lógico para a programação de computadores. Por exemplo, regras matemáticas e geração de números sempre preparam melhor um programador quando estiver diante de problemas mais complexos. O Exemplo 3.5 sugere uma forma de geração de múltiplos do número 5.

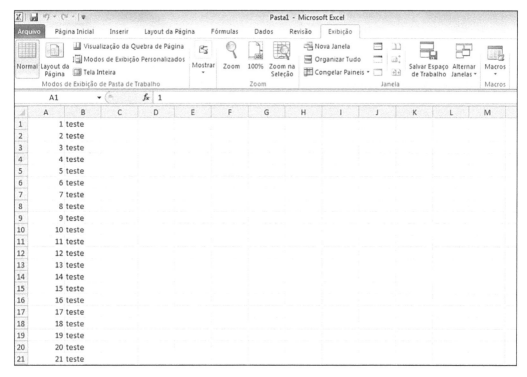

Figura 3.7 *Loop* infinito por erro de programação do comando *Do While*

EXEMPLO 3.5

Fazer um programa que calcule e imprima nas células do Excel todos os múltiplos de 5, parando no número 20 inclusive.

```
Sub mult5()
Dim i As Integer
Dim mult As Single
i = 1
Do While mult < 20
mult = 5 * i
Cells(i, 1) = mult
i = i + 1
Loop
End Sub
```

Nesse caso, os múltiplos são sempre gerados pelo próprio contador, multiplicado pelo número 5. Observando a Tabela 3.1, pode-se notar como a regra do contador gera os números.

Tabela 3.1

CONTADOR	NÚMERO GERADO
1	5*1
2	5*2
3	5*3
4	5*4

	A	B
1	5	
2	10	
3	15	
4	20	
5		

Figura 3.8

EXEMPLO 3.6

Fazer um algoritmo que gere e imprima na forma de linhas da planilha os primeiros onze números pares, começando pelo 0.

```
Sub pares()
Dim i As Integer
Dim soma As Double
soma = 0
i = 1
Do While soma <= 20
Cells(i, 1) = soma
soma = soma + 2
i = i + 1
Loop

End Sub
```

	A	B
1	0	
2	2	
3	4	
4	6	
5	8	
6	10	
7	12	
8	14	
9	16	
10	18	
11	20	

Figura 3.9

A forma de geração dos pares do Exemplo 3.6 poderia ser usada para a geração dos múltiplos de 5 do Exemplo 3.5. A ideia básica ainda é a mesma, ou seja, uma condição de parada que, no caso, foi o número par 20, pois de antemão o programador sabia que ele era o décimo primeiro par depois do 0. Mas uma maneira melhor de programar é evitando números predefinidos ou conhecidos pelo programador, pois, se o usuário mudar de ideia, o programa ainda deve continuar funcionando. Uma melhor programação seria:

```
Sub numero_par()
Dim i As Integer
Dim n As Integer
Dim soma As Integer

n = 11
i = 1
soma = 0
Do While i <= n
Cells(i, 1) = i
Cells(i, 2) = soma
soma = soma + 2
i = i + 1
Loop

End Sub
```

	A	B
1	1	0
2	2	2
3	3	4
4	4	6
5	5	8
6	6	10
7	7	12
8	8	14
9	9	16
10	10	18
11	11	20

Figura 3.10

Essa forma de programação é melhor que a anterior, pois, se o usuário não quiser mais apenas 11 números pares, mas 50 números, por exemplo, então o programador não precisa alterar nada. Na verdade, para ficar o mais genérico possível, seria ainda melhor que o programa lesse o valor da quantidade de números desejada para ser gerada. Assim, em vez de $n = 11$, o melhor seria:

$$n = Cint(InputBox(``n ="))$$

Outro ponto a ressaltar é que nesse algoritmo existem dois contadores que agem de forma diferente. O contador da variável i marca a quantidade de números gerados e a variável *soma* gera os pares subsequentes.

Tabela 3.2

i	SOMA (PASSADA)	SOMA (FUTURA)
1	0	2
2	2	4
3	4	6
4	6	8
...	...	...

Quando o valor de *i* é 1, a soma que começa é 0, e, depois de impressa nas células, ela recebe o valor somado ao seu antigo valor, por isso *soma* ← *soma* + 2. Quando a variável *i* aumenta para 2, está indicando que esse novo valor 2 recebido por soma é um valor futuro que deve ser computado quando o cursor retornar na linha do *Do While*.

EXEMPLO 3.7

Faça um programa para imprimir nas células do Excel a soma de *n* números.

Esse tipo de programa é muito parecido com a programação existente na função *autossoma* do Excel, representada pelo botão de somatório Σ. Novamente, o programador precisa de dois contadores, um para marcar quantos pontos estão sendo contados dentro do *Loop* e outro que fará a soma dos números. A diferença em relação ao Exemplo 3.5 é que agora o número não é fixo como o número 2 dos pares. Aqui, os *n* números estão na planilha.

Figura 3.11

```
Sub numero_soma()
Dim i As Integer
Dim n As Integer
Dim soma As Integer

n = CInt(InputBox("entre com o total de números ="))
i = 1
soma = 0
Do While i <= n
soma = soma + Cells(i, 1)
i = i + 1
Loop

Cells(n + 1, 1) = soma

End Sub
```

O programa lê a quantidade de números inserida nas células da coluna A e então começa a fazer a soma dos números. A soma inicial é 0 e, quando entra no *Do While*, a soma passada desaparece, e em seu lugar é salvo o valor antigo mais o valor da célula. Quando o cursor voltar a esse ponto, o valor da soma desaparece, e em seu lugar é somado o valor antigo do passo anterior com o valor novo da célula, e assim até o contador *i* estourar o valor final *n*.

No último comando, como o programa já conhece a quantidade de dados *n*, ele ordena que o computador coloque depois do último dado o valor da soma, por isso o comando de linha *Cells(n + 1, 1) = soma*.

O resultado será:

→ última linha com o valor da soma

Figura 3.12

EXEMPLO 3.8

Fazer um programa que tome os valores da coluna A do Excel, multiplicar termo a termo com os elementos da coluna B, salvando os resultados na coluna C. No final, o programa deve somar os valores da coluna C e mostrar a soma após a última célula.

Figura 3.13

Neste exemplo, o procedimento para a resolução é o seguinte:

1. Ler a quantidade de números.
2. Colocar no *Do While* o produto de cada célula de A por B em C.
3. Criar uma variável soma que some cada novo valor da variável C.
4. Imprimir após a última célula de C o valor da soma total.

```
Sub numero_soma()
Dim i As Integer
Dim n As Integer
Dim soma As Integer

n = CInt(InputBox("entre com o total de números ="))
i = 1
soma = 0
Do While i <= n
Cells(i, 3) = Cells(i, 1) * Cells(i, 2)
soma = soma + Cells(i, 3)
i = i + 1
Loop

Cells(n + 1, 3) = soma

End Sub
```

Deve-se observar que, apesar de saber quantos elementos há em cada coluna, o programa fica mais geral quando se pergunta o valor de *n*. Se a planilha alterar a quantidade de números, o programa não precisa ser alterado. A coluna C está representada pelo comando de linha *Cells(i, 3) = Cells(i, 1) * Cells(i, 2)*. Para cada linha *i* alterada pelo *Loop*, uma nova célula na mesma linha e coluna C é gerada pelo produto de A e B.

Ao mesmo tempo, o programa repete as lógicas das somas dos exemplos anteriores e vai somando esses termos novos para cada nova linha *i*. Depois que o contador *i* chega ao fim, o valor final da soma é impresso na linha após o último dado representado pelo comando de linha *Cells(n + 1, 3) = soma*.

3.3 Sequências matemáticas

Como já mencionado antes, a melhor maneira de aprender a lógica de programação é estudar as regras matemáticas e operações algébricas, tentando automatizá-las. Quando se consegue isso, os outros tipos de programação do dia a dia tornam-se muito mais fáceis para os programadores iniciantes. Sequências de números e séries numéricas sempre foram desafiadoras para o entendimento matemático sobre a noção de limite e a definição da entidade definida como infinita.

As sequências possuem uma representação própria quando se conhece a regra que gera os números que a compõem. Assim, por exemplo, algumas representações podem ser formuladas como nos casos a seguir, tomando-se um termo genérico da sequência como a_n:

(a) $1, \dfrac{1}{2}, \dfrac{1}{3}, \dfrac{1}{4} \dots$ tem representação $a_n = \dfrac{1}{2}$

(b) $\dfrac{1}{3}, \dfrac{2}{5}, \dfrac{3}{7}, \dfrac{4}{9} \dots$ tem representação $a_n = \dfrac{n}{2n + 1}$

(c) $1, -\dfrac{1}{2}, \dfrac{1}{3}, -\dfrac{1}{4} \dots$ tem representação $a_n = \dfrac{(-1)^{n+1}}{n}$

(d) $1, \sqrt{2}, \sqrt{3}, \sqrt{4} \dots$ tem representação $a_n = \sqrt{n}$

Essas fascinantes representações matemáticas sempre intrigaram quanto à possibilidade da existência de um limite, e se esse limite é finito ou infinito. A definição de limite tem uma formulação matemática rigorosa, encontrada nos livros de cálculo como a seguir.

3.3.1 Definição de limite de sequências

Uma sequência $\{a_n\}$ *converge* para o número L se para todo número positivo e existe um número inteiro $N > 0$ tal que para todo n:

$$n > N \rightarrow |a_n - L| < \varepsilon$$

Se esse número L não existe, diz-se que a sequência $\{a_n\}$ *diverge*.

A definição matemática anterior afirma que, uma vez escolhida uma região de raio e em torno de um número L, existirá dentro da sequência um termo inicial a partir do qual todos os outros nunca ultrapassarão a distância em torno desse termo. Se esse termo com índice n não puder ser encontrado, afirma-se que a sequência não tem limite e cresce indefinidamente.

E qual é a utilidade de tais definições na computação? Essas definições permitiram que diversas áreas criassem tabelas padrão para seus cálculos, tais como física, química, matemática, engenharia, administração e economia. Mais especificamente em economia e finanças, sequências específicas permitiram a criação de tabelas, por exemplo, para depreciação de ativos usando a sequência de Fibonacci.

Essas sequências podem ajudar ainda a formar séries infinitas, as quais podem representar funções, integrais, derivadas, números específicos como p e o número de Euler e. A mais famosa história é a respeito de Gauss, que, com 8 anos de idade, de castigo em sala de aula, acabou criando a regra para soma de série infinita com progressão geométrica (PG). Do mesmo modo que as sequências, também o estudo de convergência para séries infinitas é muito importante para todas as áreas relacionadas à computação.

Uma série bastante conhecida é a harmônica, que é representada pela soma dos termos:

$$S = 1 + \frac{1}{2} + \frac{1}{3} + \frac{1}{4} + ...$$

em que S pode ser escrito na representação matemática

$$\sum_{n=1}^{\infty} \frac{1}{n} = 1 + \frac{1}{2} + \frac{1}{3} + ...$$

Essa série é utilizada, por exemplo, em estudos de harmonia musical, em engenharia e matemática, e pode-se provar, ao contrário do que se pode pensar, que tem limite infinito. Ou seja, essa série cresce indiscriminadamente e não converge para nenhum número de termo final n. Se um programa computacional fosse feito para encontrar o valor dessa série, dependendo no número de termos colocados pelo usuário, ocorreria o chamado *overflow*, ou estouro de memória.

Algumas séries tornaram-se tão especiais que receberam nomes e hoje são usadas por milhares de pessoas todos os dias com um único aperto de tecla de uma calculadora de bolsa, tais como seno, cosseno, raiz quadrada, exponencial, entre outras. As representações de algumas séries especiais são mostradas a seguir:

(a) $sen(x) = x - \dfrac{x^3}{3!} + \dfrac{x^5}{5!} - ... + (-1)^n \dfrac{x^{2n\pm1}}{(2n+1)!} \pm ...$

(b) $cos(x) = 1 - \dfrac{x^2}{2!} + \dfrac{x^4}{4!} - \dfrac{x^6}{6!} + ... + (-1)^n \dfrac{x^{2n}}{(2n)!} \pm ...$

(c) $e^x = 1 + \dfrac{x}{1!} + \dfrac{x^2}{2!} + \dfrac{x^3}{3!} + ... + \dfrac{x^n}{n!} + ...$

(d) $\ln(x) = 2 \left[\dfrac{x-1}{x+1} + \dfrac{(x-1)^3}{3(x+1)^3} + \dfrac{(x-1)^5}{5(x+1)^5} + ... + \dfrac{(x-1)^{2n+1}}{(2n+1)(x+1)^{2n+1}} + ... \right]$

para valores $x > 0$

(e) $senh(x) = x + \dfrac{x^3}{3!} + \dfrac{x^5}{5!} + \dfrac{x^7}{7!} + ... \dfrac{x^{2n+1}}{(2n+1)!} + ...$

Pode-se perceber que algumas representações dos termos a_n dessas séries são bastante complexas. É nesse aspecto que a computação, com a ideia de iteratividade, veio para agilizar toda a forma de raciocínio científico. O programador não precisa conhecer o termo de convergência a_n de uma determinada série. Ele precisa apenas observar a regra lógica de iteratividade existente na série e, com o uso do comando *Do While*, por exemplo, gerar a série até o número de termos desejado pelo usuário.

EXEMPLO 3.9

Fazer uma programação macro para gerar e imprimir nas células da planilha do Excel a sequência de termos apresentada em seguida:

	A	B	C	D	E	F	G	H	I	J
1	1	2	3	4	5	6	7	8	9	10

Figura 3.14

Essa sequência tem a representação matemática $a_i = i$, ou ainda, o i-ésimo argumento da sequência é o próprio valor da sequência. Então, o algoritmo deve perguntar ao usuário quantos termos deseja gerar e colocá-los nas células.

```
Sub seq1()
Dim i As Integer
Dim n As Integer

n = CInt(InputBox("numero de termos desejado = "))

i = 1

Do While i <= n
    Cells(1, i) = i
    i = i + 1
Loop

End Sub
```

EXEMPLO 3.10

Construir um algoritmo e programar uma macro para gerar a sequência harmônica nas células do Excel.

$$\left\{1, \frac{1}{2}, \frac{1}{3}, \frac{1}{4}, ..., \frac{1}{n}\right\}$$

Nesse caso, o algoritmo é muito parecido com o exemplo anterior, porém não se deve confundir o termo n da representação matemática com o número de termos que os programas normalmente pedem. Por exemplo, se o usuário desejar 4 termos, a programação deve ser o inverso do contador, até o *Loop* parar no valor 4.

Para 10 termos, o resultado é:

	A	B	C	D	E	F	G	H	I	J
1	1	0,5	0,333333	0,25	0,2	0,166667	0,142857	0,125	0,111111	0,1

Figura 3.15

e a programação da macro é a que segue:

```
Sub seq1()
Dim i As Integer
Dim n As Integer

n = CInt(InputBox("numero de termos desejado = "))

i = 1

Do While i <= n
    Cells(1, i) = 1 / i
    i = i + 1
Loop

End Sub
```

ex EXEMPLO 3.11

Fazer uma macro para a sequência seguinte e imprimir o resultado nas células da planilha em Excel.

$$\{\sqrt{1}, \sqrt{2}, \sqrt{3}, ..., \sqrt{n}\}$$

A programação é muito parecida com a dos outros exemplos, mas com o cuidado de usar corretamente a função para extrair a raiz quadrada dos números, que no caso serão os contadores da sequência. A função a ser utilizada é *Sqr( )*, conforme mostra a solução a seguir.

```
Sub seq_raiz()
Dim i As Integer
Dim n As Integer

n = CInt(InputBox("numero de termos desejado = "))

i = 1

Do While i <= n
    Cells(1, i) = Sqr(i)
    i = i + 1
Loop

End Sub
```

Cujo resultado para $n = 10$ é:

	A	B	C	D	E	F	G	H	I	J
1	1	1,414214	1,732051	2	2,236068	2,44949	2,645751	2,828427	3	3,162278
2										

Figura 3.16

Apesar de muito parecida, a programação de séries infinitas deve ser realizada com muito cuidado, pois a regra da soma deve ser sempre lembrada na hora da programação. Deve-se sempre lembrar o que a igualdade representa. Ela indica que uma posição na memória será sempre a mesma e apagada para receber um novo valor a cada iteração.

CAPÍTULO 3 | Automatização das operações **77**

Para fazer a programação da série $S = \sum_{i=1}^{n} i$, por exemplo, para cada novo termo calculado deve-se trocar o valor na nova soma.

$$Soma \leftarrow Soma + novo\_valor$$

A programação da série é a seguinte:

```
Sub serie_soma()
Dim i As Integer
Dim n As Integer
Dim soma As Integer
Dim novo_termo As Integer

n = CInt(InputBox("numero de termos desejado = "))

i = 1
soma = 0

Do While i <= n
    novo_termo = i
    soma = soma + novo_termo
    Cells(i, 1) = soma
    i = i + 1
Loop

End Sub
```

Usando $n = 10$ termos,1

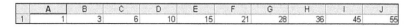

Figura 3.17

Como se chega a esses valores? O novo termo é sempre o contador que é sempre somado com o número 1 dentro do *Do While*. A soma anterior se apaga, e no seu lugar entra o valor antigo da memória mais o valor atual do contador. No primeiro passo, a soma é nula, mas antes do *Loop* a soma recebe o novo termo, que no caso é o valor 1 do contador. Como o valor antigo da soma era 0, então seu novo valor será 0 + 1. Quando o cursor chega ao *Loop*, o contador no próximo passo já vale 2, e então, para a próxima soma, o valor será apagado da memória, e em seu lugar vai entrar 1 + 2, conforme os passos mostrados a seguir.

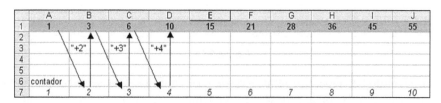

Figura 3.18

Todavia, deve-se ter cuidado. Imagine que se deseja somar 20 mil termos da série. Primeiramente, em vez de colunas, os resultados devem ser salvos em linhas, trocando a formulação para *Cells(i, 1)*. Em segundo lugar, ao rodar o programa com *n* = 20.000, o resultado é o apresentado a seguir:

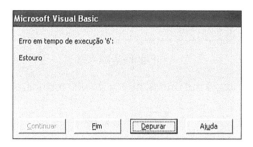

Figura 3.19

Ocorre um estouro de memória porque a definição das variáveis no *Dim* foi de que a soma era inteira (*Integer*), mas o valor de uma variável inteira é limitado em média a 33.000. Ao observar a planilha ao lado, percebe-se que o programa para na linha 255, limite da variável inteira com a soma valendo 32.640.

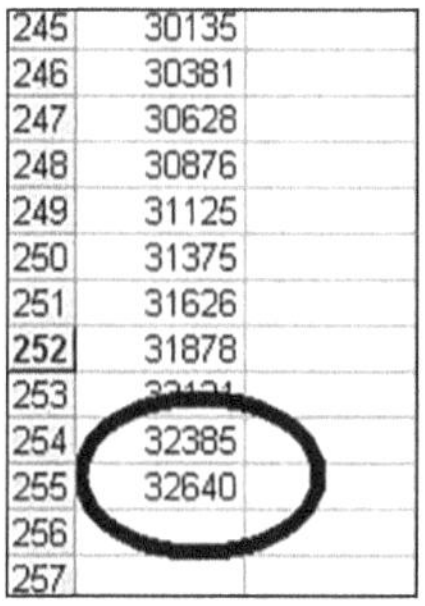

Figura 3.20

Observar a Figura 3.20 é importante, pois o programa poderia, por exemplo, ser alterado colocando-se formato do tipo *Long*, que conforme definição do autoajuda do VBA tem valor variável entre o valor mínimo de –2.147.483.648 e o valor máximo de + 2.147.483.647.

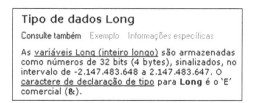

Figura 3.21

Outra solução seria dimensionar a variável soma como *Single,* que tem o intervalo definido em seguida dentro do VBA.

CAPÍTULO 3 | Automatização das operações **79**

> **Tipo de dados Single**
>
> Consulte também   Exemplo   Informações específicas
>
> As variáveis Single (vírgula flutuante de precisão simples) são armazenadas como números IEEE de vírgula flutuante de 32 bits (4 bytes), com valor no intervalo de -3,402823E38 a -1,401298E-45 para valores negativos e de 1,401298E-45 a 3,402823E38 para valores positivos. O caractere de declaração de tipo para **Single** é o ponto de exclamação (!).

Figura 3.22

Então, neste exemplo com 20 mil linhas, ou $n = 20.000$ termos, o resultado será:

$$\sum_{i=1}^{20000} \frac{1}{i} = 2 \times 10^8$$

com a dimensão das variáveis adotadas como a seguir:

	A
19996	2E+08
19997	2E+08
19998	2E+08
19999	2E+08
20000	2E+08

Figura 3.23

```
Sub serie_soma()
Dim i As Integer
Dim n As Integer
Dim soma As Long
Dim novo_termo As Long
```

EXEMPLO 3.12

Fazer uma macro para gerar a soma de n termos da série harmônica, conforme mostra a representação a seguir.

$$S = \sum_{i=1}^{n} \frac{1}{i} = 1 + \frac{1}{2} + \frac{1}{3} + ... + \frac{1}{n} + ...$$

O programa não tem muitas diferenças em relação ao programa comentado anteriormente. Novamente, a variável de soma e os novos termos não podem ser inteiros, e, nesse caso, nem mesmo inteiro longo (*Long*), pois tem-se frações envolvidas na série.

```
Sub serie_harmonica()
Dim i As Integer
Dim n As Integer
Dim soma As Single
Dim novo_termo As Single
```

```
n = CInt(InputBox("numero de termos desejado = "))

i = 1
soma = 0

Do While i <= n
    novo_termo = 1 / i
    soma = soma + novo_termo
    Cells(i, 1) = soma
    i = i + 1
Loop

End Sub
```

Para $n = 20$ termos, o resultado será o apresentado a seguir. Intuitivamente compreende-se o comentário feito sobre convergência. Ao observar apenas os números na representação da série, tem-se uma falsa impressão de que os números subsequentes estão diminuindo e, portanto, a série deve convergir para algum número. Contudo, não é o que acontece, como apresentado na planilha.

EXEMPLO 3.13

Fazer uma macro para gerar a soma de n termos da série conforme representação a seguir.

$$S = \sum_{i=1}^{n} \frac{1}{i^2} = 1 + \frac{1}{4} + \frac{1}{9} + ... + \frac{1}{n^2} + ...$$

No exemplo, o programa é idêntico ao anterior, mas deve-se tomar o cuidado de observar como fica o termo novo ao quadrado. Os parênteses são obrigatórios no divisor; caso contrário, o computador divide 1 por i, e o resultado da divisão se multiplica por i novamente.

```
Sub serie_quadrado()
Dim i As Integer
Dim n As Integer
Dim soma As Single
Dim novo_termo As Single

n = CInt(InputBox("numero de termos desejado = "))

i = 1
soma = 0

Do While i <= n
    novo_termo = 1 / (i ^ 2)
    soma = soma + novo_termo
    Cells(i, 1) = soma
    i = i + 1
Loop

End Sub
```

CAPÍTULO 3 | Automatização das operações **81**

Para $n = 20$, o resultado é:

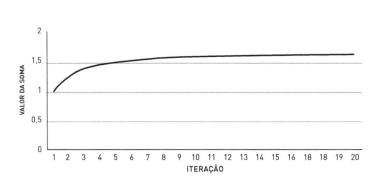

Figura 3.24

Esse resultado é interessante, pois é possível comprovar empiricamente a noção matemática de convergência. Essa série é demonstrada em cálculo diferencial e integral como convergente, e o programa comprova que precisa de somente 20 termos para que os números estacionem em torno de 1,60.

 EXEMPLO 3.14: Automatização do processo de capitalização de clientes

Figura 3.25 Representação de aumento dos rendimentos.

Todos os dias clientes vão aos bancos ou corretoras buscar melhores maneiras de aplicar seu dinheiro ou capitalizar seus recursos para investimentos futuros. Deseja-se criar uma macro para quando forem fornecidos a taxa de juros, o tempo de aplicação e o montante inicial, e imprimir uma tabela de cálculos dos rendimentos mensais.

A fórmula para o valor final de um processo de capitalização é bastante conhecida, e, a princípio, não se percebe que existe uma sequência que faz parte do problema. O processo de cálculo já existe pronto no Excel, nas calculadoras mais tradicionais, e pode ser realizado por qualquer pessoa com conhecimento simples de matemática. No entanto, o que se deve imaginar é que, hoje, o investidor pode ter capitalizado seus recursos no Tesouro Direto (programa do governo para negociação de títulos da dívida pública) do governo federal, cujas taxas de juros alteram muitas vezes durante o dia. Um programa que capitalize automaticamente uma tabela inteira apenas mudando a taxa de juros on-line permite que o corretor ganhe muito tempo no atendimento ao cliente. A fórmula para o processo de capitalização é:

$$V_f = V_0 \left[1 + \frac{juros}{100} \right]^{tempo}$$

Sendo:

V_f: valor futuro do investimento

V_0: montante inicial de aplicação

Juros: taxa de juros contratada

Tempo: período em que o montante será capitalizado

O que o usuário deve fornecer para gerar a tabela é o montante inicial, a taxa de juros e o tempo final da aplicação. No caso de sistema on-line, os juros são adquiridos diretamente da internet a cada hora, por exemplo, num site de negociação. Se for o Tesouro Direto, é interessante uma aquisição de novas taxas a cada hora, para uma amostragem do rendimento em tempo real. A macro para a geração da tabela é:

```
Sub capitalizacao()
Dim i As Integer
Dim captin As Single
Dim juros As Single
Dim n As Integer

n = CInt(InputBox("Número de meses de aplicação="))
juros = CSng(InputBox("Taxa de juros="))
captin = CSng(InputBox("Capital inicial="))

For i = 1 To n
    Cells(i, 1) = i
    Cells(i, 2) = captin * (1 + juros / 100) ^ i
Next i

End Sub
```

Por exemplo, se o montante inicial é de R$ 2.000,00, para o tempo final *n* de 10 meses, adotando uma taxa de juros mensal de 2%, tem-se o seguinte resultado para cada mês de aplicação:

	A	B
1	1	2040
2	2	2080,8
3	3	2122,416
4	4	2164,864
5	5	2208,162
6	6	2252,325
7	7	2297,371
8	8	2343,319
9	9	2390,185
10	10	2437,989

Figura 3.26

Nesse caso, o investidor espera resgatar o valor de R$ 2.437,00 para seu capital inicial de R$ 2.000,00.

3.4 Depreciação, suporte e resistência de Fibonacci no mercado

Por que essa sequência é importante, tem nome especial e é amplamente difundida nos meios acadêmicos? A sequência possui a seguinte representação:

0 1 1 2 3 5 8 13 21 34 55 ...

Conta-se que essa sequência foi apresentada por Leonardo de Pisa, conhecido como Fibonacci, por volta do ano 1.200 d.C. para descrever o crescimento de uma população de coelhos. Os números representam a quantidade de casais em uma população de coelhos depois de n meses com as seguintes hipóteses:

1. No primeiro mês nasce apenas um casal.
2. Casais reproduzem-se apenas no segundo mês de vida.
3. Todo mês cada casal fértil dá à luz um novo casal.
4. Os coelhos nunca morrem.

Depois que a sequência ficou conhecida, muitas aplicações foram encontradas para sua utilização, tais como a forma das galáxias, as relações na filotaxia do girassol e do abacaxi, pinturas, arquiteturas grega e egípcia, o voo dos pássaros etc. Por fim, se chegou ao *gold number*, que resulta no cálculo da razão áurea.

A regra da geração da sequência de Fibonacci é simples, e, observando os números, percebe-se que sempre um número é gerado pela soma dos dois termos anteriores.

3.4.1 Depreciação

Figura 3.27 Exemplo de imóvel depreciado.

Em termos de finanças, a depreciação de ativos é o quanto determinado investimento perde valor anos seguidos. Essa depreciação é melhor explicada por tabelas baseadas na sequência de Fibonacci. O detalhe é que a sequência de Fibonacci pode também ser gerada por uma fórmula fechada, que representa cada termo, a qual é conhecida como fórmula de Binet (1786-1856):

$$Fn = \frac{1}{\sqrt{5}}\left[\left(\frac{1+\sqrt{5}}{2}\right)^n - \left(\frac{1-\sqrt{5}}{2}\right)^n\right]$$

O que se faz para montar uma tabela de depreciação é criar uma sequência formada de frações cujos numeradores e denominadores são números de Fibonacci. Assim, a melhor tabela de depreciação será criada para o período em anos (variável T):

$$(d_1, d_2, ..., d_T) = \left(\frac{F_{2T-1}}{F_{2T}}, \frac{F_{2T-3}}{F_{2T}}, ..., \frac{F_1}{F_{2T}}\right)$$

em que

$$(F_0, F_1, F_2, F_3, F_4, ...) = (0, 1, 1, 2, 3, 5, 8, ...)$$

Se, por exemplo, o período for de $T = 4$ anos, a tabela para depreciação do valor do investimento será

$$(d_1, d_2, d_3, d_4) = \left[\frac{F_7}{F_8}, \frac{F_5}{F_8}, \frac{F_3}{F_8}, \frac{F_1}{F_8} \right] = \left[\frac{13}{21}, \frac{5}{21}, \frac{2}{21}, \frac{1}{21} \right]$$

Ou seja, esses valores para anos subsequentes devem ser multiplicados pelo valor inicial do investimento ou do ativo. Se um produto ou mercadoria foi comprado por R$ 1.000,00, qual será a depreciação para os quatro anos seguintes? A resposta é:

Tabela 3.3

ANO	DEPRECIAÇÃO (R$ 1.000,00)
1	1.000 × 13/21 = **R$ 619,04**
2	1.000 × 5/21 = **R$ 238,09**
3	1.000 × 2/21 = **R$ 95,23**
4	1.000 × 1/21 = **R$ 47,61**

Pela Tabela 3.3, o produto deve ter, ao término de quatro anos, apenas o valor de R$ 47,61 aplicando a tabela com base na sequência de Fibonacci. Obviamente, os analistas de finanças utilizam tabelas no seu dia a dia em vez de fazer os cálculos para a depreciação. Embora eles não saibam, essas tabelas dependem da sequência criada ainda na era medieval por Fibonacci.

3.4.2 Suporte e resistência no mercado de ações

Outra aplicação para finanças, muito utilizada pelos analistas técnicos, é a noção de suporte e resistência para o preço de uma ação ou opção em bolsa de valores. Segundo análise técnica de ações, as ações seguem ciclos de compras e vendas. Os preços oscilam conforme a demanda por uma determinada empresa. Se houver muitos compradores de Petr4 (código da Petrobrás na Bovespa, por exemplo) e poucos vendedores, seu preço deve subir. Se houver muitos vendedores e poucos compradores, seu preço deve cair. Essas altas momentâneas de preços ou quedas podem sugerir certo padrão.

Assim, uma linha de suporte representa um preço segundo o qual, a partir de então, ocorre uma reversão e uma subida. Este é o momento de compra do ativo. Do lado oposto, a linha de resistência informa o preço máximo a partir do qual, ao romper essa barreira, o preço tende a voltar para valores mais baixos. E é o momento de venda do ativo.

As linhas de suporte e resistência são conhecidas como linhas de Fibonacci. Elas são traçadas em torno de 38% e 62% do menor preço histórico. E por que esses valores de percentagem? Se os números de Fibonacci forem colocados na planilha do Excel, conforme mostrado a seguir, pode-se fazer a divisão de cada termo em relação ao termo anterior.

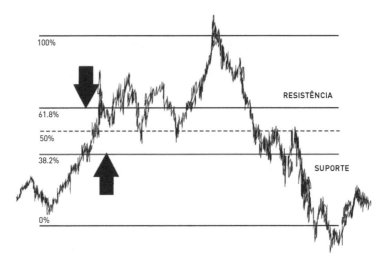

Figura 3.28

Observando a sequência de Fibonacci, tem-se $x_1 = 1/1 = 1$; depois $x_2 = 2/1 = 2$, $x_3 = 3/2$ e assim sucessivamente. Na planilha a seguir, pode-se verificar na linha 1 a sequência de Fibonacci e na linha seguinte as divisões sucessivas dos termos.

	A	B	C	D	E	F	G	H	I	J	K	L	M
1	0	1	1	2	3	5	8	13	21	34	55	89	144
2			1	2	1,5	1,666667	1,6	1,625	1,615385	1,619048	1,617647	1,618182	1,617978

Figura 3.29

Observa-se que essas divisões convergem para 1,62, indicando a percentagem de 62%, ou seja, a resistência no caso da ação de uma empresa negociada em bolsa de valores. Seu complemento para 100% é 38%, a linha de suporte da ação. É dessa forma que muitos *traders* (corretores da bolsa de valores) realizam suas operações de compra e venda, observando as linhas de Fibonacci de suporte e resistência.

A geração dos números de Fibonacci, como visto, tem suas diversas aplicações, e é claro o primeiro algoritmo de sequências normalmente apresentado a iniciantes em programação. A programação e a geração automáticas envolvem a noção de variáveis recebendo valores que no próximo *Loop* desaparecem.

Nesse ponto, é muito importante a noção do uso do chamado teste de mesa do programador. O programador coloca no papel todas as variáveis que programou e acompanha, simulando na mente, como se fosse o computador, o que ocorre em cada passo.

A ideia é começar nomeando o primeiro valor da sequência como *ult*, uma variável que, da direita para a esquerda, seria o último número da sequência. Uma segunda variável necessária seria o *penul*, como penúltimo valor da direita para a esquerda.

	A	B	C	D	E	F
1	0	1	1	2	3	5
2	ULT	PENUL				

Figura 3.30

É preciso observar a seguinte ordem de repetição:

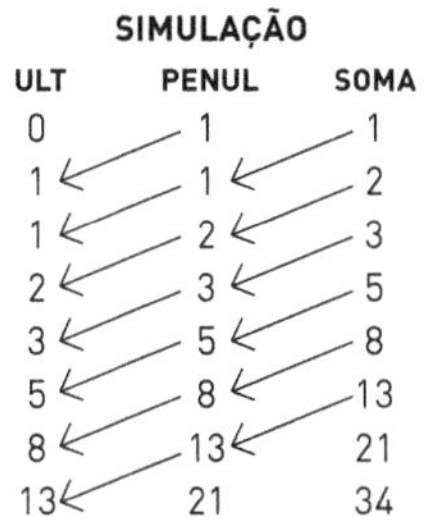

SIMULAÇÃO

ULT	PENUL	SOMA
0	1	1
1	1	2
1	2	3
2	3	5
3	5	8
5	8	13
8	13	21
13	21	34

Figura 3.31

No *Do While*, a repetição deve ser de tal forma que o valor da variável *ult* recebe o valor de *penul* antes da próxima iteração, e a variável *penul* recebe a soma anterior. Então, quem tinha valor *ult* é descartado para receber *penul*, quem tinha *penul* é descartado para receber a soma; e a nova *soma*? A nova soma só é realizada depois da realimentação do comando *Loop* no *Do While*.

	A	B	C	D	E
1	0	1	1	2	3
2	ULT	PENUL			
3		ULT	PENUL		
4			ULT	PENUL	
5				ULT	PENUL
6					

Figura 3.32

O programa fica:

```
Sub Fibonacci()
Dim i As Integer
Dim n As Integer
Dim soma As Single
Dim ult As Single
Dim penul As Single

n = CInt(InputBox("numero de termos desejado = "))


ult = 0                          ' inicialização de ult'
penul = 1                        ' inicialização de penul'
Cells(1, 1) = ult
Cells(1, 2) = penul
i = 3
Do While i <= n
    soma = ult + penul           ' atualiza a soma dos 2 últimos termos'
    Cells(1, i) = soma           ' impressão da soma'
    ult = penul                  ' troca o valor de ult'
    penul = soma                 ' troca o valor de penul'
    i = i + 1
Loop

End Sub
```

CAPÍTULO 3 | Automatização das operações **87**

O leitor deve observar que, como os dois primeiros termos da série já foram impressos nas células A1 e B1, então a contagem inicial do contador começa em 3, e não em 1, onde os outros programas começavam. O teste de mesa, então, fornece como simulação o resultado esperado do computador.

Tabela 3.4

i	ULT	PENUL	SOMA	IMPRESSÃO
3	0	1	1	1
4	1	1	2	2
5	1	2	3	3
6	2	3	5	5

3.5 Comando *For*

Assim como outras linguagens, o VBA-Excel possui outra forma de fazer as iterações de programas. O primeiro comando visto nas seções anteriores foi o *Do While*. Esse comando, como também já mencionado, faz o programa correr risco de entrar em *Loop* infinito se esquecer a atualização do contador. Sob o comando *For*, esse risco não ocorre, pois o contador é atualizado automaticamente.

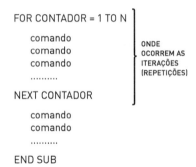

Figura 3.33

A palavra *For* indica ao computador que, para o início apontado logo em seguida até o final da contagem indicada por *To*, o computador está preso e deve repetir as iterações para cada *Next*. A comparação se o contador já está na última iteração também é automática e está embutida na primeira linha do comando.

EXEMPLO 3.15

Fazer um programa para dar a soma de n termos da série:

$$S = \sum_{i=1}^{n} \frac{\sqrt{2}}{i^2} = \sqrt{2} + \frac{\sqrt{2}}{4} + \frac{\sqrt{2}}{9} + ... + \frac{\sqrt{2}}{n^2} + ...$$

Outra diferença importante é que o contador não precisa ser iniciado no caso do uso do *For*, pois ele é automático. A programação fica muito parecida com as outras séries, trocando-se apenas os termos referentes ao *Do While* por *For*.

	A	B	C	D	E	F	G	H	I	J
1	1,414214	1,767767	1,924902	2,01329	2,069859	2,109143	2,138004	2,160101	2,177561	2,191703

Figura 3.34

```
Sub serie_for()
Dim i As Integer
Dim n As Integer
Dim soma As Single

n = CInt(InputBox("numero de termos desejado = "))

soma = 0

For i = 1 To n
    soma = soma + Sqr(2) / (i ^ 2)
    Cells(1, i) = soma
Next i


End Sub
```

Pode-se observar que a função do *Next i* é dizer ao computador "próximo valor de *i*", o que permite subentender que *i* será somado de 1. Mas é possível fazer o contador percorrer valores que não sejam inteiros? Sim, é possível usando o comando *Step* e indicando quanto deve ser adicionado ao contador em cada passo.

```
Sub teste()
Dim i As Single
Dim n As Integer

n = CInt(InputBox("n="))
soma = 0
t = 1
For i = 1 To n Step 0.1
  soma = soma + Sqr(2) / (i ^ 2)
  Cells(1, t) = soma
  t = t + 1
  Next i
End Sub
```

O *Step 0.1* diz ao computador que ele deve repetir todos os passos dentro do *Loop* até o *Next i* até o valor final de *n*, mas andando de 0,1 em 0,1. Se *n* = 1, tem-se dez passos a serem repetidos. Entretanto de qualquer forma será necessário um contador extra para indicar em qual célula acontecerá a impressão. Como o contador do *For* não é um número inteiro, se o programador colocar o próprio *i*, entrará em *Loop* infinito, pois não existem índices com números reais tais como *Cells(1, 0.1)*. Tanto os números de linhas como de colunas devem ser *inteiros*. Por isso foi criado um contador chamado *t* dentro do programa. Pode-se perceber que esse novo contador apenas é um auxílio como marcador das colunas.

CAPÍTULO 3 | Automatização das operações **89**

EXEMPLO 3.16

Um *trader* baixou em cinco minutos dois dados a cada 15 segundos sobre as ações da Petrobrás (Petr4) e da Usiminas (Usim5) conforme mostra a Figura 3.35. Fazer um programa para calcular o preço médio nesses cinco minutos e colocar o resultado depois dos últimos dados como mostrado na figura.

A média é a soma dos valores das ações e depois a divisão dessa soma pelo número de termos. O programa deve perguntar ao usuário quantos dados estão na planilha e, depois da última linha de dado, colocar o valor da média.

$$\text{Média} = \frac{\sum_{i=1}^{n} x_i}{n}$$

	A	B	C
1		Petr4	Usim5
2	1	45,12	103
3	2	46	108,59
4	3	46,05	109,7
5	4	46,5	110,75
6	5	46,95	111,5
7	6	46,9	107,49
8	7	47,2	104,49
9	8	46,11	102,5
10	9	46,7	105,2
11	10	46,85	106,89
12	11	46,05	105,6
13	12	46,7	108,74
14	13	45,94	107
15	14	47,1	109,5
16	15	47,68	110,25
17	16	47,99	109,3
18	17	46,91	106,6
19	18	47,4	107
20	19	48	108
21	20	48,12	106
22	média		

Figura 3.35

Pode-se perceber que, nesse caso, os valores das células com os dados não podem ter o mesmo contador como indicador de linha, pois na primeira linha tem-se texto indicando o nome das ações. As células com valores devem começar a partir de $i + 1$.

Igualmente, no final do programa, os valores devem ser colocados como na linha $n + 2$. Se os dados começassem na primeira linha, a média estaria na linha $n + 1$, mas, como a primeira linha não pode ser computada, deve ser mais uma linha para baixo, ou $n + 2$. A forma final do programa é apresentada a seguir.

```
Sub media_acao()
Dim i As Integer
Dim n As Integer
Dim soma1 As Single
Dim soma2 As Single

n = CInt(InputBox("n="))
soma1 = 0
soma2 = 0

For i = 1 To n
  soma1 = soma1 + Cells(i + 1, 2)
  soma2 = soma2 + Cells(i + 1, 3)
  Next i
media1 = soma1 / n
media2 = soma2 / n
Cells(n + 2, 2) = media1
Cells(n + 2, 3) = media2

End Sub
```

Duas variáveis *soma* foram criadas para cada uma das ações e nas colunas 2 e 3. A primeira coluna apenas marca o número do dado adquirido. O resultado nesse caso será

21		20	48,12	106
22	média		46,8135	107,405
23			
24			

Figura 3.36

 EXEMPLO 3.17

A noção de limite e convergência é muito utilizada em cursos de cálculo diferencial e integral. Pode-se provar que a série seguinte converge para o número 0,5. Ou seja,

$$\frac{1}{1*3} + \frac{1}{3*5} + \frac{1}{5*7} + \ldots = \frac{1}{2}$$

Assim, pede-se fazer um programa em VBA-Excel, em que o usuário forneça o número *n* de termos desejados, e o programa imprime via *MsgBox* a soma desses *n* termos, respeitando a lógica da série anterior.

Essa lógica é muito parecida com a geração de múltiplos apresentada anteriormente. Pode-se também utilizar a ideia do algoritmo de Fibonacci, mas gerando os números ímpares subsequentes. Por exemplo, se começar *ult = 1* e *penul = 3* e ir adicionado o valor 2 a ambas as variáveis, a parte de baixo das frações estará pronta. Não se deve esquecer de declarar *ult* e *penul* como *Long* ou *Single,* pois pode ocorrer o mesmo problema já apresentado em exemplo anterior de estouro, ou *overflow*, por atingir o limite de número inteiro.

```
Sub serie_fracao_impar()
Dim i As Integer
Dim ult As Single
Dim penul As Single
Dim soma As Single
Dim n As Integer

n = CInt(InputBox("n="))

ult = 1
penul = 3
soma = 0
For i = 1 To n
    soma = soma + 1 / (ult * penul)
    ult = ult + 2
    penul = penul + 2
Next i

MsgBox (" A soma é " & soma)

End Sub
```

Para o caso $n = 200$, o resultado é

Figura 3.37

A flecha indica onde os ímpares são gerados iterativamente para as duas variáveis *ult* e *penul*.

3.6 Séries com sinais alternados

As programações das seções anteriores apenas mencionavam séries com soma dos termos de mesmo sinal. E quando os sinais forem alternados, ora positivo para um termo e ora negativo para outro? Pode-se neste caso usar a noção de $(-1)^i$, e quando *i* for par, o sinal é positivo, ou ainda, quando *i* for ímpar, o sinal é negativo. Observe o exemplo a seguir.

EXEMPLO 3.18

Fazer um algoritmo e implementar um programa em VBA-Excel em que o usuário entra apenas com o número de termos desejado, e o programa mostra em *MsgBox* o valor da soma alternada.

$$S = \frac{1}{1} - \frac{2}{4} + \frac{3}{9} - \frac{4}{16} + \frac{5}{25} - \frac{6}{36} \ldots$$

A solução nesse caso é fácil de perceber, pois os termos das frações em cima são valores do contador e embaixo o contador ao quadrado. Para alternar o sinal da soma, deve-se colocar $(-1)^{i-1}$ multiplicando as frações. Coloca-se o sinal negativo elevado a $(i - 1)$, pois no primeiro passo, quando $i = 1$, a soma deve ser positiva e igual a 1.

```
Sub serie_alternada()
Dim i As Integer
Dim soma As Single
Dim n As Integer

n = CInt(InputBox("n="))

soma = 0

For i = 1 To n
    soma = soma + (-1) ^ (i - 1) * i / (i ^ 2)
Next i

MsgBox (" A soma é " & soma)

End Sub
```

Para $n = 10$, o resultado será:

Figura 3.38

3.7 Séries com funções matemáticas

 EXEMPLO 3.19: Eficiência empresarial

A curva de eficiência empresarial está sempre relacionada com uma noção de fronteira para pontos admissíveis de relação entre produtividade e lucro. O desafio de todo empreendedor é manter eficiência ao máximo com máximo retorno. No entanto, na prática, isso não é possível e, às vezes, quanto maior o lucro, menos eficiente se encontra a empresa, pois precisa aumentar a produção para atender a demanda. Com isso, a qualidade do produto pode apresentar problemas. Encontrar a relação ótima e verificar se a relação produtividade *versus* lucro está dentro da fronteira de eficiência são desafios importantes nas empresas.

Figura 3.39 Representação da curva de eficiência em crescimento.

Fazer uma macro que leia um número n de pontos com coordenadas x e y (lucro, produtividade) de uma empresa. Esses valores são fornecidos pelo usuário (o par (x,y) é um ponto no plano), e dizer se esse ponto pertence à Figura 3.40, que representa a eficiência da empresa, com os limites $-1 \leq x \leq 1$, $y \geq 0$ e $x^2 + y^2 \leq 1$.

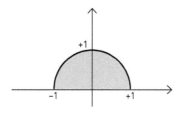

Figura 3.40

Para cada ponto lido, deve aparecer uma mensagem *MsgBox* dizendo se o ponto pertence ou não à região da figura.

Exemplo: (0,0) -------- PERTENCE À FIGURA
(0,2) -------- NÃO PERTENCE À FIGURA

Existem duas maneiras de resolver este problema. As duas soluções são as seguintes:

- Primeira solução:

```
Sub quest1()
Dim i, N As Integer
Dim x, y As Single
N = CDbl(InputBox("N="))
For i = 1 To N
  x = CDbl(InputBox("x="))
  y = CDbl(InputBox("y="))
  If (x >= -1) And (x <= 1) And (y >= 0) And (x ^ 2 + y ^ 2 <= 1) Then
    MsgBox ("O par (x,y) pertence à figura")
  Else
    MsgBox ("O par (x,y) NÃO pertence à figura")
  End If
Next i
End Sub
```

- Segunda solução:

```
Sub quest1_2()
'segunda maneira de resolver
Dim i, N As Integer
Dim x, y As Single
N = CDbl(InputBox("N="))
For i = 1 To N
  x = CDbl(InputBox("x="))
  y = CDbl(InputBox("y="))
  If (x >= -1) Then
    If (x <= 1) Then
      If (y >= 0) Then
        If (x ^ 2 + y ^ 2 <= 1) Then
    MsgBox ("O par (x,y) pertence à figura")
  Else
    MsgBox ("O par (x,y) NÃO pertence à figura")
```

```
        End If
      End If
    End If
  End If
Next i
End Sub
```

 EXEMPLO 3.20: Escolha fatorial de ativos

Interessado em compor uma carteira após diversos cálculos de retornos, um investidor sempre terá de fazer uma composição para obter o melhor retorno possível de seu capital. A escolha de ativos nem sempre é fácil, pois depende dos retornos históricos, dos riscos, da situação política ou financeira de um país. Quando se tem n possibilidades de escolha e se deseja testar em simulação todas as possíveis, o investidor está diante de uma amostra fatorial.

Fazer um programa para calcular o fatorial de um número inteiro n de ações para compor uma carteira de investimento. Sabe-se que a formulação do fatorial é:

Figura 3.41 Análise de ativos

$$N! = 1 \times 2 \times 3 \times ... \times (n-1) \times n$$

```
Sub fatorial()
Dim i As Integer
Dim n As Integer
Dim fat As Single

n = CInt(InputBox("n="))
fat = 1
For i = 1 To n
    fat = fat * i
Next i
Cells(1, 1) = fat
MsgBox ("fatorial = " & fat)

End Sub
```

 EXEMPLO 3.21

Fazer um programa para calcular o valor do exponencial de x, em que o usuário fornece o número de termos para a precisão desejada e o valor de x, e o programa imprime o valor em *MsgBox* usando a série seguinte:

$$e^x = 1 + \frac{x}{1!} + \frac{x^2}{2!} + \frac{x^3}{3!} + ... + \frac{x^2}{n!} + ...$$

O programa ficará assim:

```
Sub exponencial()
Dim i As Integer
Dim n As Integer
Dim ex As Single
Dim x As Single
Dim den As Single

n = CInt(InputBox("n="))
x = CSng(InputBox("x="))
ex = 1
den = 1
For i = 1 To n
    den = den * i
    ex = ex + x ^ i / den
Next i

Cells(1, 1) = ex
MsgBox ("Exponencial = " & ex)

End Sub
```

3.8 Séries indiretas

 **EXEMPLO 3.22**

Escrever em seguida um algoritmo para uma macro em VBA-Excel, em que o usuário fornece o número *n* de termos desejados, e o programa informa via *MsgBox* a soma da série seguinte:

$$S = \frac{1}{2} + \frac{1}{14} + \frac{1}{35} + \frac{1}{65} + ...$$

```
Sub Serie()

Dim ult As Single
Dim soma As Single
Dim x As Single
Dim n As Integer

n = CDbl(InputBox("n="))
ult = 2
soma = 12
x = 1 / ult
For i = 1 To n - 1
  ult = ult + soma
  soma = soma + 9
  x = x + 1 / ult
  Next i
MsgBox (" S =" & x)

End Sub
```

3.9 Aplicação de séries: média móvel para estrategistas de ações

As séries são usadas por estrategistas de negócios na compra e venda de ações. Esse tipo de análise ou estratégia é conhecido pelo nome de análise técnica. Segundo esses analistas, a série contida na média móvel é um bom parâmetro para alertar sobre o momento de compra e venda de ações. Não é uma lei ou teorema matemático, mas uma observação empírica de que uma ação de bolsa de valores (ou os próprios índices de bolsas) que esteja com seu preço abaixo da média móvel terá a tendência de subir no futuro. Caso esse preço esteja abaixo da média móvel, terá a tendência de subir, ultrapassando seu valor no futuro.

Figura 3.42 Índices de ações

O que é média móvel? É uma média em que o usuário escolhe o período de janela para a realização do cálculo. Por exemplo, uma média móvel de três dias significa que, a cada novo dia, um cálculo da média será realizado com valores de três dias passados.

A série matemática formada será do tipo:

$$Série = \left\{ \frac{x_1 + x_2 + x_3}{3}, \frac{x_2 + x_3 + x_4}{3}, \frac{x_3 + x_4 + x_5}{3}, \frac{x_4 + x_5 + x_6}{3}, \frac{x_5 + x_6 + x_7}{3}, ... \right\}$$

O que se deve observar é que o primeiro dado dessa série será colocado após o período da janela de cálculo. Se a janela for de três dias, o primeiro dado será colocado no quarto dia; se a janela for de 20 dias, o primeiro dado da série será colocado no vigésimo primeiro dia. O processo é mostrado na Figura 3.43 para o período de janela de oito dias para o Ibovespa.

O gráfico apresentado na Figura 3.44 se refere aos dados *intraday* do índice da Bovespa (Ibovespa). O valor do índice é disposto na forma diária com seus últimos valores do dia, sendo conhecido como fechamento. Os valores durante o dia são conhecidos como *intraday*, ou intradiário. Os dados foram adquiridos de 15 em 15 minutos no período de 7 de fevereiro a 11 de fevereiro de 2011. A linha contínua é o valor do índice Ibovespa durante esses dias, com 141 dados dispostos.

	A	B	C
1	1	66764,85	
2	2	66736,74	
3	3	66722,81	
4	4	66858,81	
5	5	65555,38	
6	6	65287,51	
7	7	65387,77	
8	8	65495,98	
9	9	65424,99	66101,23
10	10	65246,81	65933,75
11	11	65544,52	65747,51
12	12	65497,03	65600,22
13	13	65748,02	65430
14	14	65767,27	65454,08
15	15	65670,65	65514,05
16	16	65595,02	65549,41
17	17	65496,87	65561,79

Figura 3.43

Figura 3.44 Ibovespa (7/2/2011 a 11/2/2011)

Foi escolhida uma janela de oito dados, que significa 8 × 15 = 120 minutos (duas horas). A cada 15 minutos existirá uma média para as duas horas anteriores a esse tempo de amostragem. A Figura 3.44 torna-se interessante, pois realmente é possível observar a oscilação do valor do Ibovespa ao redor de sua média. Em alguns períodos, o gráfico mostrado na Figura 3.44 ultrapassa a média móvel de duas horas e, quando está um pouco acima, retorna para baixo.

Como é possível observar no período entre 70 e 76, a queda vertiginosa do Ibovespa pode levar o investidor ao desespero, pois, mesmo comprando abaixo da média móvel, seu retorno para cima da média móvel é muito demorado e pode retornar num patamar mais baixo do que o comprado antes.

Outra questão é sobre o período de janela. Analistas técnicos usam alguns tipos de janelas como de 1 dia, 8 dias e 20 dias para suas análises, apostando que são bons parâmetros de compras. Outros analistas gostam de usar o cruzamento dessas médias como o momento exato de entrar ou sair do mercado.

O fato é que o programa de uma macro de média móvel é muito fácil, principalmente quando se tem na memória o entendimento de que se trabalha com programação de séries, tais como as apresentadas nas seções anteriores.

```
Sub media_movel()
Dim i As Integer
Dim soma As Single
Dim media As Single
Dim n As Integer
Dim k As Integer
Dim per As Integer


n = 141
per = 8

For i = 9 To n
  soma = 0
  For k = 1 To per
  soma = soma + Cells(i - k, 2)
  Next k
  media = soma / per
  Cells(i, 3) = media
Next i

End Sub
```

O programa coloca que *n* tem 141 dados de 15 minutos, e que o período denominado *per* de oito dados é equivalente a duas horas e usa o *For* para rodar os 141 dados da planilha. O segundo *For* com variável *k* está fazendo a média de oito períodos passados, para cada novo i do conjunto de dados. Por isso, o fator dentro da célula é $(i - k)$, uma vez que, quando $i = 20$ com o valor de $k = 4$, o programa está somando o termo 16 para o cálculo da média. O valor de *k* vai parar no período escolhido pelo analista representado por *per*. Pode-se observar que os dados da média móvel serão salvos na planilha, na coluna C, uma vez que a coluna A e a coluna B já estarão preenchidas com o tempo de aquisição e o valor do Ibovespa.

3.10 Classificação de produtos

Muitas pequenas empresas desejam planilhas simples, mas que ajudem seus funcionários em funções de rotina. Por exemplo, a classificação de produtos e a precificação parecem algo muito complexo, mas são extremamente simples.

Vamos escrever um algoritmo que leia um código de entrada com *InputBox* de um determinado produto e coloque esse código na célula B1, conforme mostra a Figura 3.45.

	A	B
1	Código=	
2	Classificação=	
3	Preço=	

Figura 3.45

O algoritmo deverá classificar o produto por meio do código que o usuário digitou e, então, deverá imprimir na célula B2 a classificação desse produto e seu respectivo preço na célula B3, conforme mostra a Tabela 3.5:

Tabela 3.5

CÓDIGO	CLASSIFICAÇÃO	PREÇO
1 a 2	Alimento não perecível	15,70
3 a 5	Alimento perecível	20,3
6 a 7	Vestuário	100,53
8 a 15	Higiene pessoal	16,65
Qualquer outro código	Inválido	Inválido

Pode-se reparar a seguir que as linhas de programação apenas dependem do uso correto de onde estão as células na planilha e do encadeamento das decisões do *If* e *ElseIf*.

```
Dim cod As Integer

cod = CInt(InputBox("entre com o código"))
Cells(1, 2) = cod

If cod <= 2 Then
    Cells(2, 2) = "alimento não perecível"
    Cells(3, 2) = 15.7
ElseIf cod <= 5 Then
    Cells(2, 2) = "alimento perecível"
    Cells(3, 2) = 20.3
ElseIf cod <= 7 Then
    Cells(2, 2) = "vestuário"
    Cells(3, 2) = 100.53
ElseIf cod <= 15 Then
    Cells(2, 2) = "higiene pessoal"
    Cells(3, 2) = 16.65
Else
        Cells(2, 2) = "inválido"
        Cells(3, 2) = "inválido"
End If

End Sub
```

3.11 A volatilidade com o VIX

Em 1993, o professor Robert Whaley da Universidade Duke, da Carolina do Norte (EUA), contratado pelo Chicago Board Options Exchange (CBOE) para criar um índice baseado em volatilidade, publicou o resultado da elaboração do *Market Volatility Index* (VIX) (Whaley, 1993). A fórmula do VIX de Whaley é:

$$VIX = \sigma_1 \left[\frac{N_{t_2} - 22}{N_{t_2} - N_{t_1}} \right] + \sigma_2 \left[\frac{22 - N_{t_1}}{N_{t_2} - N_{t_1}} \right]$$

Em que σ_1, σ_2 (sigmas) são os desvios padrões dos ativos 1 e 2. Para esses dois ativos com vencimentos diferentes em seus contratos, N_{t_1} é o número de dias que falta para o vencimento do primeiro, e N_{t_2} o número de dias que falta para o vencimento do segundo. Observe a planilha da Figura 3.46:

	A	B	C	D	E	F	G	H	I	J	K	L
1	Ativo1	Ativo2		Sigma1	Sigma2	Nt1	Nt2			VIX		Condição do Mercado
2	0,8	0,95		0,1519	0,09394							
3	0,5	0,87										
4	0,6	0,9										
5	0,88	0,7										

Figura 3.46

Dois ativos são acompanhados por 5 dias, sendo o ativo 1 na coluna A e o ativo 2 na coluna B. Sigma1 é o desvio-padrão populacional do ativo 1, e Sigma 2 o desvio-padrão populacional para o ativo 2. As variáveis N_{t_1} e N_{t_2} são os dias que faltam para os vencimentos do ativo 1 e ativo 2, respectivamente.

A coluna J do VIX é onde deve ser inserida a fórmula anterior do VIX, e a coluna L a condição do mercado, que é dada pela seguinte regra:

$$\begin{cases} Vix < -0,05 & \rightarrow \text{condição do mercado} = \text{TENSO} \\ -0,05 \leqslant Vix < 0,05 & \rightarrow \text{condição do mercado} = \text{NORMAL} \\ Vix \geqslant 0,05 & \rightarrow \text{condição do mercado} = \text{CONFIANTE} \end{cases}$$

Figura 3.47

Suponha que os valores de Sigma1 e Sigma2 já estejam inseridos nas células D2 e E2. O programa em VBA deverá ler esses valores das células. Depois, o programa deverá pedir, usando *InputBox*, os valores de N_{t_1} e N_{t_2} e, depois de lidos, colocá-los nas células vazias F2 e G2.

Então, o programa deverá calcular a fórmula do VIX e, com uso do *If*, decidir sobre a condição do mercado. A decisão do algoritmo deverá ser colocada na célula L2 e o valor do VIX colocado na célula I2.

A solução a seguir demonstra que, apesar da fórmula ter um aspecto complicado, sua programação com o uso das células na planilha já preenchida é muito fácil para análise da volatilidade do mercado com o VIX.

CAPÍTULO 3 | Automatização das operações **101**

```
Dim nt1 As Integer
Dim nt2 As Integer
Dim vix As Single

nt1 = CInt(InputBox("Nt1 = "))
nt2 = CInt(InputBox("Nt2 = "))

Cells(2, 6) = nt1
Cells(2, 7) = nt2

vix = Cells(2, 4) * ((nt2 - 22) / (nt2 - nt1)) + Cells(2, 5) * ((22 - nt1) / (nt2 - nt1))
Cells(2, 9) = vix

If vix < -0.05 Then
    Cells(2, 12) = "Tenso"
ElseIf vix < 0.05 Then
    Cells(2, 12) = "Normal"
Else
    Cells(2, 12) = "Confiante"
End If
End Sub
```

3.12 Interrupção de iteração (ou de fluxo)

Em muitos algoritmos, os problemas não precisam ou não devem esperar o final da iteração. A sequência de repetições, tanto para o *Do While* quanto para o *For*, pode ser interrompida assim que operações ou tomadas de decisões sejam concluídas de forma satisfatória.

Por exemplo, se na planilha seguinte quiséssemos somar os termos das células na coluna A, mas parar de somar assim que a primeira célula negativa aparecesse, teríamos que interromper o processo de *Loop*. A resolução é somar somente se as células forem positivas e, ao surgir a primeira negativa, estourar o contador. Nesse caso, para se estourar o contador, basta, na entrada negativa do *If*, assumir que o contador i já está no último valor de n, com a linha $i = n$.

	A	B
1	3	
2	2	
3	5	
4	-1	
5	4	
6	2	
7	6	
8	9	
9	1	
10	8	

Figura 3.48

```
Sub parada_1()
Dim i As Integer
Dim n As Integer
Dim s As Single
n = 10
i = 1
s = 0
Do While i <= n
```

```
    If Cells(i, 1) < 0 Then
    i = n
    Else
    s = s + Cells(i, 1)
    End If


i = i + 1
Loop
MsgBox ("soma = " & s)

End Sub
```

O artifício de estourar o contador é interessante e independente de qualquer linguagem de programação. Normalmente, as linguagens de programação possuem comandos específicos para interromper o fluxo da iteração. No caso do VBA, o uso alternativo ao estouro do contador é o comando *Exit*. Se a iteração for feita com o uso do comando *Do While*, o uso da interrupção é *Exit Do*. O mesmo algoritmo anterior teria a seguinte formatação de uso:

```
Sub parada_2()
Dim i As Integer
Dim n As Integer
Dim s As Single
n = 10
i = 1
s = 0
Do While i <= n

    If Cells(i, 1) < 0 Then
    Exit Do
    Else
    s = s + Cells(i, 1)
    End If

i = i + 1
Loop

MsgBox ("soma = " & s)

End Sub
```

Caso as iterações estejam sendo feitas com o uso do *For*, a interrupção do processo deve ser com *Exit For*, cujo exemplo anterior se transforma no algoritmo seguinte:

```
Sub parada_3()
Dim i As Integer
Dim n As Integer
Dim s As Single

n = 10
s = 0

For i = 1 To n
```

CAPÍTULO 3 | Automatização das operações **103**

```
    If Cells(i, 1) < 0 Then
    Exit For
    Else
    s = s + Cells(i, 1)
    End If
Next i

MsgBox ("soma = " & s)

End Sub
```

Em todos os casos, o resultado da soma será s = 10, com o *MsgBox* enviando a seguinte mensagem:

Figura 3.49

PARA PRATICAR

01 Um site *e-commerce* percebeu que, se separar seu servidor em pedidos pares e ímpares, o atendimento é melhor agilizado. Fazer um algoritmo e uma macro no Excel, em que se deve ler o número n de uma sequência de números naturais e posteriormente ler a própria sequência. Armazenados os números da sequência nas células do Excel, o programa deve mostrar em uma determinada célula o valor da soma dos números pares (SP) e em outra o valor da soma dos números ímpares (SI).

02 Separar lucros e custos em empresas é fundamental para controle de gastos e investimentos. Uma empresa deseja um programa em VBA para separar lucros (números positivos) de prejuízos (números negativos) em suas vendas. Elaborar um algoritmo e uma macro no Excel em que, uma vez conhecidos o tamanho n da sequência e a própria sequência, armazenem-se os números nas células do Excel. No final, o programa deve mostrar em uma célula a soma dos números negativos e, em outra, a soma dos números positivos.

03 Uma empresa de logística deseja agrupar as cidades que atende em forma de triângulos. Esse tipo de separação vai auxiliar na distribuição dos produtos de forma mais eficiente. Deseja-se ter uma macro em que, fornecidos os valores inteiros A, B e C, verifique-se se eles formam os lados de um triângulo retângulo. Ao final, a macro deve imprimir uma mensagem dizendo se eles formam ou não o lado de um triângulo retângulo.

04 Um analista observou que o movimento de altas de ações na Bovespa é repetido conforme uma sequência matemática. Ele deseja descobrir quais serão as próximas sequências de alta. Gerar e salvar nas células do Excel usando macro a sequência 1, 3, 4, 7, 11, 18, 29, ... até seu vigésimo termo.

05 O retorno de um ativo de fundo de investimento vem obedecendo a uma sequência progressiva, na qual o cliente deseja saber quais serão os próximos. Gerar e salvar nas células do Excel, usando macro, a sequência 1, 4, 9, 16, 25, 36, 49, ...

06 Observar a Tabela 3.6 dos rendimentos (%) de um fundo de investimento:

Tabela 3.6

MÊS	1	2	3	4	5	6	7	8	9	10	11	12
RET	7	7,5	6	6,5	8	7,1	6	6	10	9,5	9	9

Fazer um algoritmo e um programa em macro em que:

(i) O usuário entre com os valores via *InputBox* e o programa salve esses valores nas células do Excel.

(ii) O programa descubra o maior rendimento.

(iii) O programa mostre o valor do maior rendimento via *MsgBox*.

07 Fazer um algoritmo e um programa em macro em que o usuário entre com n valores de ações de uma empresa via *Cdbl* e o programa armazene o resultado nas células do Excel. Após isso, o programa deve fornecer a média desses valores e o desvio-padrão (risco da ação).

08 Ao baixar da internet dados do Instituto de Pesquisa Econômica Aplicada (Ipea), um economista percebeu que o formato não satisfazia suas projeções, pois esses dados estavam em colunas no Excel. Todos seus cálculos estavam em linhas. Fazer um algoritmo para passar n elementos de uma coluna do Excel para uma linha.

09 O financiamento de um automóvel foi contratado respeitando a sequência matemática a seguir para 70 meses. Criar um algoritmo para calcular a soma seguinte até o termo n que o usuário desejar.

$$S = \frac{70}{7} + \frac{69}{14} + \frac{68}{21} + \frac{67}{28} + \dots$$

10 Um corretor de bolsa de valores percebeu que uma quantidade x de uma ação obedece à sequência a seguir. Fazer um programa que leia um valor x e depois calcule e escreva o resultado do seguinte somatório até o termo n desejado pelo usuário:

$$\frac{X^{25}}{1} - \frac{X^{24}}{2} + \frac{X^{23}}{3} - \frac{X^{22}}{4} + \dots$$

11 Fazer um algoritmo e um programa em VBA-Excel que leia uma quantidade n de valores numéricos, e conte ao usuário quantos pares e quantos ímpares existem.

12 Ao ajustar os dados reais de um título de dívida pública, pode-se sempre encontrar como resultado algum tipo de polinômio. Por exemplo, os dados de rentabilidade podem responder como se fossem uma parábola. É interessante saber quando esse rendimento será nulo para se desfazer da posição e evitar prejuízo. Ou seja, é interessante descobrir a raiz do polinômio, lugar onde a função se anula no eixo das abscissas. O método de Newton para encontrar solução numérica para raiz de uma função é muito simples e útil em diversas situações. A fórmula é:

$$x_{k+1} = x_k - \frac{f(x_k)}{f'(x_k)}$$

Em que f é a função e f' é a derivada da função. Fazer um algoritmo e rodar o programa em VBA-Excel para encontrar uma das raízes da função $f(x) = x^2 - 5x + 6$.

13 Fazer um algoritmo e implementá-lo em um programa em VBA-Excel em que o usuário entre apenas com o número de termos desejado, e o programa mostre em *MsgBox* o valor da soma.

$$S = 1 - \frac{1}{8} + \frac{1}{27} - \frac{1}{64} + \frac{1}{125} \dots$$

14 As visitas de um site de negócios podem ter taxas positivas e negativas, variações mensais que descrevem o crescimento da base de cliente ou seu declínio. Escrever em seguida um algoritmo para uma macro em VBA-Excel, em que o usuário forneça o número n de termos desejados, e o programa informe via *MsgBox* a soma da série seguinte:

$$S = \frac{1}{2} - \frac{1}{14} + \frac{1}{35} - \frac{1}{65} + \dots$$

15 A sazonalidade está sempre presente em séries de dados econômicos. Por exemplo, a inflação sempre aparece forte em alguns meses de férias e mais fraca em meses de baixa atividade econômica. Sazonalidades estão ligadas a séries periódicas, tais como o cosseno. Fazer um programa em VBA em que o usuário entre com o número de termos para a série do cosseno e o valor de x e o programa imprima em *MsgBox* o valor do cosseno usando a série:

$$\cos(x) = 1 - \frac{x^2}{2!} + \frac{x^4}{4!} - \frac{x^6}{6!} + \dots + (-1)^n \frac{x^{2n}}{(2n)!} \pm \dots$$

16 Fazer um programa em VBA em que o usuário entre com o número de termos para a série do seno e o valor de x, e o programa imprima em *MsgBox* o valor do seno usando a série:

$$\text{sen}(x) = x - \frac{x^3}{3!} + \frac{x^5}{5!} - \ldots + (-1)^n \frac{x^{2n\pm1}}{(2n+1)!} \pm \ldots$$

17 Fazer um programa em VBA em que o usuário entre com o número de termos para a série do seno hiperbólico (senh(x)) e o valor de x e o programa imprima em *MsgBox* o valor do seno usando a série:

$$\text{senh}(x) = x + \frac{x^3}{3!} + \frac{x^5}{5!} + \frac{x^7}{7!} + \ldots \frac{x^{2n+1}}{(2n+1)!} + \ldots$$

18 A área abaixo de uma função matemática fornece alguns resultados importantes em termos de demanda, custo, lucro marginal, entre outros resultados na área de finanças. A integral seguinte não pode ser resolvida utilizando as técnicas usuais de cálculo diferencial e integral. Mas, pela aproximação da integral em n termos da série seguinte, tem-se uma boa aproximação do seu valor exato.

$$\int_0^x e^{-u^2} \, du = x - \frac{x^3}{3^*1!} + \frac{x^5}{5^*2!} - \frac{x^7}{7^*3!} + \ldots$$

Assim, pede-se que seja desenvolvida uma macro em VBA-Excel em que o usuário entre com as variáveis n (que representa a quantidade de termos) e x (que representa o limite de integração), e o programa imprima em uma *MsgBox* o resultado da integral.

19 Fazer um algoritmo em que o usuário entre com n e p no *InputBox* e o programa retorna o valor da combinação usando a fórmula da combinatória

$$C_{n,p} = \frac{n!}{p!(n-p)!}$$

20 Fazer um algoritmo que leia a idade de nadadores com *InputBox* e coloque essa idade na célula B1 conforme a Figura 3.50.

	A	B
1	Idade=	
2	Categoria=	
3	Custos=	

Figura 3.50

O algoritmo deverá classificar o nadador por meio da idade que o usuário digitou e, então, deverá imprimir na célula B2 a categoria desse nadador e seu respectivo custo de treinamento na célula B3 conforme mostra a Tabela 3.7.

CAPÍTULO 3 | Automatização das operações   **107**

Tabela 3.7

IDADE	CATEGORIA	CUSTOS
1 a 7 anos	Infantil A	2350,70
8 a 10 anos	Infantil B	3476,54
11 a 13 anos	Juvenil A	4536,56
14 a 17 anos	Juvenil B	5678,47
18 ou mais anos	Adulto	8765,32

21 Certo país da Ásia está vivendo um período de inflação muito alta. Como os preços estão subindo muito rápido, os comerciantes estão desconsiderando trocos abaixo de certo valor. Contudo, ao final de cada dia é importante olhar o quanto realmente foi descartado. Fazer um algoritmo VBA em que o programa peça um valor n de quantidade de valores ao usuário (via *InputBox*) e em seguida solicite esses valores de venda também via *InputBox*. O programa deverá armazenar na coluna A o valor da venda e na coluna B o resto da divisão do valor da coluna A por 100. Ao final, deseja-se ver na coluna E as medidas de soma, média, mínimo e máximo dos restos calculados.

Exemplo:

	A	B	C	D	E
1	Valor	Resto		Soma:	268
2	57654	54		Média:	53,6
3	85448	48		Máximo:	35
4	56854	54		Mínimo:	77
5	99877	77			
6	26535	35			

Figura 3.51

22 Fazer uma macro em que o usuário entre no *InputBox* com a quantidade n de linhas a serem preenchidas com números reais (positivos ou negativos) na coluna A. Usando *InputBox*, o usuário deverá ler cada número x e colocá-lo na coluna A. Então, o programa deverá transportar para a coluna B os números menores que 2, para a coluna C os números entre 2 (inclusive) e menores que 6, e finalmente para a coluna D os números maiores ou iguais a 6. Não poderão ocorrer buracos entre as células nas colunas. No final, após os últimos dados das colunas B, C e D deverão constar as somas dos elementos das respectivas colunas.

Exemplo para N = 10:

	A	B	C	D
1	7	1	4	7
2	6	-1	2	6
3	4	0	3	8
4	1		3	21
5	2		3	
6	-1		15	
7	3			
8	3			
9	3			
10	8			

Figura 3.52

23 Fazer uma macro em que o usuário entre no *InputBox* com a quantidade n de linhas a serem preenchidas com números reais (positivos ou negativos) na coluna A. Usando *InputBox*, o usuário deverá ler cada número x e colocá-lo na coluna A.

Então, o programa deverá transportar para a coluna B os números menores que 0 para a coluna C os números entre 0 (inclusive) e menores que 10, e finalmente para a coluna D os números maiores ou iguais a 10.

Não poderão ocorrer buracos entre as células nas colunas. No final, após os últimos dados das colunas B, C e D deverão constar as médias dos elementos das respectivas colunas.

Para evitar problemas com a divisão por 0, pode-se supor que nenhuma coluna estará vazia.

Exemplo para N = 10:

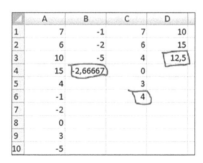

Figura 3.53

24 Fazer uma macro em que o usuário entre no *InputBox* com a quantidade n de linhas a serem preenchidas com números reais (positivos ou negativos) na coluna A. Usando *InputBox*, o usuário deverá ler cada número x e colocá-lo na coluna A. Então, o programa deverá transportar para a coluna B os números que estão nas linhas pares da coluna A e para a coluna C os números que estão nas linhas ímpares da coluna A.

No final, após os últimos dados das colunas B e C, deverão constar as médias dos elementos das respectivas colunas B e C.

Exemplo para N = 10:

	A	B	C
1	7	6	7
2	6	1	4
3	4	-1	2
4	1	3	3
5	2	8	3
6	-1	3,4	3,8
7	3		
8	3		
9	3		
10	8		

Figura 3.54

25 Fazer uma macro em que o usuário entre no *InputBox* com a quantidade *n* de linhas a serem preenchidas com números reais (positivos ou negativos) na coluna A. Usando *InputBox*, o usuário deverá ler cada número *x* e colocá-lo na coluna A.

Então, o programa deverá transportar para a coluna B os números que estão nas linhas ímpares da coluna A e para a coluna C os números que estão nas linhas pares da coluna A.

No final, após os últimos dados da coluna B, deverá constar a média entre o primeiro e o último elemento dessa coluna. E, na coluna C, também após o último dado dessa coluna, deverá constar a média entre o primeiro elemento dessa coluna com seu último elemento.

Exemplo para N = 10:

	A	B	C
1	7	7	6
2	6	4	1
3	4	2	-1
4	1	3	3
5	2	3	8
6	-1	5	7
7	3		
8	3		
9	3		
10	8		

Figura 3.55

26 Fazer uma macro em que o usuário entre no *InputBox* com a quantidade *n* de linhas a serem preenchidas com números inteiros na coluna A e B usando *Do While*. Usando o *InputBox*, o usuário deverá ler cada par de dado (x_1,x_2) onde o primeiro número (x_1) deve ser colocado na coluna A e o segundo (x_2) na coluna B.

Na coluna C, deve ser impressa a soma de cada elemento das colunas A e B. Finalmente, na coluna D, deverá existir uma mensagem dizendo se a soma desses números que está em C é par ou ímpar.

Exemplo para N = 4:

	A	B	C	D
1	2	3	5	soma impar
2	4	2	6	soma par
3	1	1	2	soma par
4	2	5	7	soma impar

Figura 3.56

27 Fazer uma macro em que o usuário entre no *InputBox* com a quantidade *n* de linhas a serem preenchidas com números inteiros (x_1,y_1,x_2,y_2) na colunas A, B, C e D usando *Do While*. No *InputBox*, o usuário deverá ler cada dado e ir preenchendo as colunas colocando x_1 em A, y_1 em B, x_2 em C e y_2 em D.

Os dados das colunas A e B formarão um ponto (x_1,y_1), e os dados das colunas C e D, outro ponto (x_2,y_2). Na coluna E, deve ser impressa a distância entre os pontos (x_1,y_1) e (x_2,y_2) usando a fórmula:

$$dist = \sqrt{(x_1 - x_2)^2 + (y_1 - y_2)^2}$$

Finalmente, na coluna F, deverá existir uma mensagem dizendo se os pontos estão distantes ou não. Se a distância for maior que 5, a mensagem será "muito distante" caso contrário "próximo".

Exemplo para N = 4:

	A	B	C	D	E	F	G
1	2	1	8	9	10	muito distante	
2	1	3	2	3	1	próximo	
3	0	0	7	7	10	muito distante	

Figura 3.57

28 Fazer uma macro usando o *Do While* em que o usuário entre no *InputBox* com a quantidade *n* de números (supor inteiros positivos) desejados, e o programa imprima os elementos na coluna A do Excel. Então, na coluna B, o programa deverá imprimir a raiz quadrada da soma acumulada linha a linha dos elementos que estão na coluna A.

CAPÍTULO 3 | Automatização das operações **111**

Na coluna C, deverá haver uma mensagem com os seguintes critérios: Se o elemento da coluna B estiver abaixo de 10, imprime "barato", entre 10 (inclusive) e 40 (inclusive), imprime "esperado", e acima de 40, imprime a mensagem "muito acima".

	A	B	C
1	20	4,472136	barato
2	28	6,928203	barato
3	150	14,07125	esperado
4	5000	72,09716	muito acima

Figura 3.58

CAPÍTULO 4

ESTRUTURAÇÃO DE DADOS PARA ATUAR DE MANEIRA ESTRATÉGICA

> O mais incompreensível sobre o mundo é que seja compreensível.
> — Albert Einstein

4.1 Manipulação de dados nas planilhas

Com a enorme quantidade de dados em *real time* que são facilmente adquiridos via internet em planilhas automatizadas, há algum tempo são necessários programas de computador ou macro em VBA para a manipulação de dados, como mudança de planilha, cálculos com linhas, cálculos com dados em colunas, troca de posição de células, operações envolvendo várias planilhas ao mesmo tempo, enfim, uma enorme variedade de problemas a serem abordados na programação.

Claro que, quando se possui apenas uma planilha de dados, e ainda poucos dados fazendo parte do trabalho, as funções do Excel desempenham papel importante e rápido sem necessidade da programação em macros. Como visto no Capítulo 3, não haveria necessidade de programar média, somas e desvio-padrão com uma pequena quantidade de dados e para isso é mais fácil usar as funções *MÉDIA( )*, *SOMA( )* e *DESVPAD( )* respectivamente.

Imagine a seguinte planilha:

	A
1	0
2	-1
3	5
4	4
5	3

Figura 4.1

Supondo que se deseje achar o máximo desse pequeno conjunto de dados, o usuário nem precisa de programa ou função do Excel. Basta observar atentamente para ver que o número 5 é o maior desse conjunto. Mesmo assim, pode-se utilizar a função *MÁXIMO( )* do Excel para encontrar o máximo valor se o conjunto de dados fosse, por exemplo, cem vezes maior.

Basta ao usuário escrever na linha 6 do Excel:

$$= MÁXIMO(A1 : A5)$$

Ou então clicar em função f_x na barra de fórmulas e preencher o formulário, como mostra a Figura 4.2.

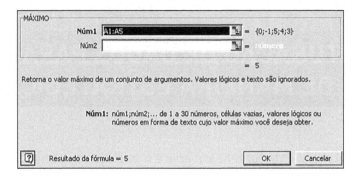

Figura 4.2 Função Máximo do Excel para encontrar o maior valor de um conjunto

Descobrir a maneira como trabalha a função *MÁXIMO( )* do Excel torna-se interessante e importante quando se procura dentre cinquenta planilhas o maior valor de retorno entre elas e se deseja isso instantaneamente. Uma primeira maneira bem simples seria dizer ao computador, por exemplo, que o maior valor desse conjunto de dados é erroneamente −1.000.000. Isso se o programador sabe que o programa nunca atingirá esse valor. Então, o algoritmo para o máximo seria:

- **Passo 1:** máximo é −1.000.000.
- **Passo 2:** fazer um contador percorrer todo o conjunto de dados de 1 até *n* (último dado).
- **Passo 3:** perguntar dentro de cada iteração se o número atual é maior do que a variável Máximo.
- **Passo 4:** se for maior que Máximo, trocar o valor de Máximo pelo valor do dado atual.
- **Passo 5:** caso contrário, não fazer nada e continuar percorrendo o conjunto de dados.

Em termos de VBA, o programa é listado a seguir. Esse programa não é muito eficaz, pois, caso apareça uma planilha em que existam dados negativos e todos menores do que −1.000.000, ele fornece um resultado que não existe na base de dados.

Este é um tipo de algoritmo que se ensina de início apenas para mostrar a troca de um elemento do conjunto de dados em substituição a uma variável, no caso em questão, a variável denominada *max*.

Na verdade, a maneira ideal e o algoritmo mais inteligente é, de início, fazer a suposição errônea não de um valor negativo como antes, mas sim de um valor existente no próprio conjunto de dados. Assim, basta assumir, por exemplo, que a primeira célula é o máximo (não tem problema não ser o máximo) e fazer o programa perguntar se existe alguma maior do que ela.

```vba
Sub prog_maximo()
Dim i As Integer
Dim n As Integer
Dim max As Single

'Supondo que os dados ja estão nas células da coluna A'

n = CInt(InputBox("quantidade de dados n = "))

max = -1000000

For i = 1 To n
   If Cells(i, 1) > max Then
   max = Cells(i, 1)
   End If
Next i

MsgBox ("Máximo Valor = " & max)

End Sub
```

O programa mais inteligente será o seguinte:

```vba
Sub prog_maximo()
Dim i As Integer
Dim n As Integer
Dim max As Single

'Supondo que os dados ja estão nas células da coluna A'

n = CInt(InputBox("quantidade de dados n = "))

max = Cells(1, 1)   ' AQUI SE ASSUME QUE A 1a. CÉLULA
                    ' ESTÁ COM O MAIOR VALOR'

For i = 1 To n
   If Cells(i, 1) > max Then
   max = Cells(i, 1)
   End If
Next i

MsgBox ("Máximo Valor = " & max)

End Sub
```

E o caso do programa do mínimo valor de um conjunto de dados? O Excel também possui uma função pronta para esse caso, e basta inserir na célula:

$$= MÍNIMO( )$$

No entanto, para grandes conjuntos de dados, uma macro facilita bastante o trabalho.

4.1.1 Documentação de algoritmos

Uma observação deve ser feita nos algoritmos anteriores: é muito importante a documentação de um programa, a qual é expressa por meio de comentários que sinalizam os passos que estão sendo desenvolvidos no algoritmo. A forma de fazer um comentário no VBA-Excel é colocando apóstrofo no início da frase para indicar ao compilador que ele deve desconsiderar o que estiver escrito.

O compilador ignora todo e qualquer texto após o apóstrofo, tratando-o apenas como um texto sem ação. Assim, a frase no algoritmo "Supondo que os dados já estão nas células" serve apenas para sinalizar o significado do passo seguinte. A frase "Aqui se assume que a 1ª célula está com o maior valor" também é apenas um comentário sem ação durante a compilação e execução do programa.

 EXEMPLO 4.1

Fazer um programa que peça ao usuário o conjunto de dados e, no final, coloque na célula após o último dado o menor valor desse conjunto de dados.

```
Sub prog_minimo()
Dim i As Integer
Dim n As Integer
Dim min As Single

n = CInt(InputBox("quantidade de dados n = "))
For i = 1 To n
    Cells(i, 1) = CSng(InputBox("valor = "))
Next i

min = Cells(1, 1)

For i = 1 To n
   If Cells(i, 1) < min Then
   min = Cells(i, 1)
   End If
Next i

Cells(n + 1, 1) = min

End Sub
```

Esse programa é bastante parecido com o programa do máximo de um conjunto de dados apresentado anteriormente. Apenas três diferenças fazem parte deste exemplo. A primeira é que o conjunto de dados não está na planilha, mas o usuário deve entrar com os dados. A segunda diferença é a comparação que agora deve ser de sinal invertido em relação ao programa do máximo, pois se deseja verificar quem é menor do que a variável criada artificialmente, denominada *min*. A última diferença é que, agora, a impressão não é mais em *MsgBox*, mas depois do último dado. Por isso a linha *Cells(n+1, 1) = min*, pois, como o último dado está em *n*, então após ele deve entrar a impressão, ou seja, $n + 1$.

Ainda assim, os adeptos do uso das funções pré-prontas poderiam questionar que um *Shift + seta para baixo* resolve a questão, e selecionariam todas as células para as funções *MÁXIMO( )*

e *MÍNIMO( )*. No entanto, e se as células estão na diagonal como resultado de alguma operação anterior? Como fazer com essas técnicas de controle mais setas se os dados fossem dispostos como na Figura 4.3?

	A	B	C	D
1	-2			
2		3		
3			1	
4				0

Figura 4.3

Uma macro bem simples resolve o problema de se encontrar o máximo ou o mínimo de uma diagonal de maneira rápida, como apresentado a seguir.

EXEMPLO 4.2

Fazer uma macro que encontre o valor máximo de um conjunto de dados dispostos na diagonal de uma planilha Excel.

Para os dados da planilha apresentada anteriormente, o resultado é:

Figura 4.4

Com o programa:

```
Sub prog_maximo_diag()
Dim i As Integer
Dim n As Integer
Dim max As Single

n = CInt(InputBox("quantidade de dados n = "))
max = Cells(1, 1)

For i = 1 To n
    If Cells(i, i) > max Then
    max = Cells(i, i)
    End If
Next i

MsgBox ("Máximo Valor = " & max)

End Sub
```

É só perceber que a comparação não é sobre as *Cells(i, 1)*, mas, como os índices das linhas e colunas são iguais para a diagonal, basta manter o programa de antes fazendo a pergunta no *If* em termos de *Cells(i, i)*.

EXEMPLO 4.3

Fazer um programa para encontrar a amplitude de um conjunto com n dados de valores reais.

Nesse caso, a amplitude é definida como a diferença entre o máximo valor de um conjunto de dados e o mínimo valor do conjunto de dados. A solução é a junção dos dois algoritmos de máximo e mínimo num único algoritmo. É fácil observar que, como o máximo e mínimo não interferem em suas definições, ambos podem ser encontrados embaixo do mesmo *For*, mas com o uso de *If* apenas e não de um *ElseIf*. Se o programador colocar o comando *ElseIf*, a pergunta e troca do máximo só iriam ocorrer se o número fosse menor que o mínimo. Os números maiores que a variável mínima não fariam parte da procura pelo máximo, e o resultado do máximo valor seria errado.

```
 Sub prog_amplitude()
Dim i As Integer
Dim n As Integer
Dim min As Single
Dim max As Single
Dim amplitude As Single

n = CInt(InputBox("quantidade de dados n = "))
For i = 1 To n
     Cells(i, 1) = CSng(InputBox("valor = "))
Next i

min = Cells(1, 1)
max = Cells(1, 1)

For i = 1 To n
    If Cells(i, 1) < min Then
    min = Cells(i, 1)
    End If
    If Cells(i, 1) > max Then
    max = Cells(i, 1)
    End If
Next i

amplitude = max - min

Cells(n + 1, 1) = amplitude


End Sub
```

4.2 Migração automática de planilhas

Separar os dados em planilha faz parte da organização de um trabalho e facilita a busca e classificação de informações. No entanto, a procura de dados entre essas planilhas pode ser um trabalho árduo e difícil, principalmente se as planilhas contiverem muitos dados em linhas e colunas.

Selecionar e copiar colunas ou linhas de uma planilha torna-se um ato dispendioso de tempo. Mudar dados contidos nas células de uma planilha para outra é muito fácil, pois basta o uso do comando *worksheets*. Esse comando funciona com um relacionamento entre o nome da planilha e as células selecionadas para a mudança da seguinte forma:

$$Worksheets(``Plan2\text{''}).Cells(i, j) = Worksheets(``Plan1\text{''}).Cells(i, j)$$

Nesse caso, o programa está enviando as células *Cells(i, j)* da planilha 1 para a planilha 2, indicadas dentro dos parênteses. Com esse comando se evita o tradicional selecionar-copiar-colar em troca de um comando *For* para a seleção e cópia de linhas e colunas. Por exemplo, para enviar os dados da planilha 1 para a planilha 2 conforme figura a seguir:

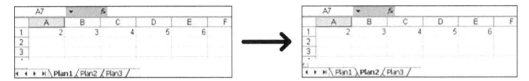

Figura 4.5

O programa fica com a forma:

```
Sub planilha()
Dim i As Integer

For i = 1 To 5
  Worksheets("plan2").Cells(1, i) = Worksheets("plan1").Cells(1, i)
  Next i

End Sub
```

Assim, variações dessas migrações de planilhas podem surgir para não somente copiar dados, mas copiar com operações sendo executadas, permitindo um enorme ganho de tempo.

Na versão do Microsoft Excel 2016, o padrão do nome das planilhas mudou, e originalmente os nomes padrões são: Planilha1, Planilha2 etc.

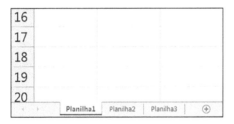

Figura 4.6

O importante é notar que o nome dentro do comando *worksheets* deve ser o nome da planilha, e não apenas o nome padrão do Excel. Assim, se uma planilha se chama Retornos, o nome dentro do comando será *Worksheets("Retornos").cells(i, j)*.

EXEMPLO 4.4

Elaborar uma macro para copiar *n* dados dispostos na coluna A da planilha 1 para a linha 1 da planilha 2 do Excel, utilizando como nomes Planilha1 e Planilha2. Supor que na planilha 1 estão dispostos os dados 2, 3, 5, 4 e 1 na coluna A. Ou seja, nesse caso *n* = 5 números.

```
Sub muda_plan()
Dim i As Integer
Dim n As Integer

n = CInt(InputBox("n="))

For i = 1 To n
  Worksheets("Planilha2").Cells(1, i) = Worksheets("Planilha1").Cells(i, 1)
Next i

End Sub
```

Figura 4.7

As linhas e colunas do Excel têm a forma do tradicional jogo Batalha Naval, cujas linhas são numeradas com números inteiros e as colunas com letras do alfabeto. Após a coluna Z, as outras colunas continuam com as combinações possíveis entre elas. Essa combinação de linhas e colunas forma uma grande matriz, e assim, para cada problema a ser resolvido, o programador deve usar algoritmos para tratamento e operações das submatrizes. Para alimentação automática das células de qualquer planilha, deve-se utilizar comandos *For* para marcação de linhas e colunas.

```
For i = 1 To n
  For j = 1 To n
    cells(i,j)=.....
  Next j
Next i
```

O que se deve notar é que, agora, os comandos *For* funcionam conjuntamente e, assim como o encadeamento dos *If*, todos os *For* utilizados precisam de *Next*. E ainda deve-se notar que o último *For* aberto será o primeiro a ser fechado, e o primeiro *For* aberto será o último a ser fechado.

A noção de dois ou mais *For* encadeados deve ser estudada com cuidado e às vezes confunde os iniciantes em programação. Quando se tem dois comandos *For*, significa que para cada valor de i todos os valores de *j* são percorridos, ou seja:

$i = 1$	$j = 1$
	$j = 2$
	$j = 3$
$i = 2$	$j = 1$
	$j = 2$
	$j = 3$
...	...

Para alimentar uma planilha com nove células dispostas no canto da planilha 1, indo da coluna A para a coluna C e da linha 1 até a linha 3, as simples linhas de código de uma macro ficam como apresentado em seguida.

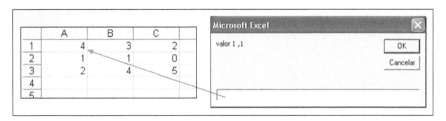

Figura 4.8

```
Sub planilha()
Dim i As Integer
Dim j As Integer

For i = 1 To 3
  For j = 1 To 3
  Cells(i, j) = CDbl(InputBox("valor " & i & "," & j))
  Next j
  Next i

End Sub
```

As variáveis *i* e *j* dentro do *InputBox* separadas por & (E comercial) facilitam a entrada de dados na forma matricial, principalmente quando se trata de grande quantidade de dados a serem inseridos. Essa forma evita, de certo modo, que o usuário se perca na inserção dos dados. O quadro do *InputBox* indica para o usuário qual elemento de linha i e qual elemento de coluna J o computador está pedindo.

Migrar dados em forma de matriz de uma planilha para outra funciona da mesma maneira que para uma única coluna ou uma única linha. Basta usar o *Worksheets*.

O programa da Figura 4.9 mostra como migrar uma matriz quadrada de ordem 3 (3 × 3) já inserida na planilha 1 para a planilha 2.

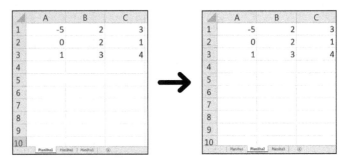

Figura 4.9

A macro para essa migração será:

```
Sub muda_plan2()
Dim i As Integer
Dim n As Integer

n = CInt(InputBox("n="))

For i = 1 To n
  For j = 1 To n
  Worksheets("Planilha2").Cells(i, j) = Worksheets("Planilha1").Cells(i, j)
  Next j
Next i

End Sub
```

EXEMPLO 4.5

Observe a seguinte matriz de dados disposta na planilha.

	A	B	C
1	4	3	2
2	1	1	0
3	2	4	5

Figura 4.10

Criar uma macro em VBA para calcular a média dos elementos da diagonal principal. A diagonal principal da matriz está mostrada na curva em destaque na Figura 4.10.

```
Sub diagonal()
Dim i As Integer
Dim j As Integer
Dim soma As Double
Dim media As Double

soma = 0
For i = 1 To 3
   For j = 1 To 3
        Cells(i, j) = CDbl(InputBox("valor " & i & "," & j))
        If i = j Then
               soma = soma + Cells(i, j)
               End If
       Next j
  Next i
  media = soma / 3
 MsgBox (" média da diagonal = " & media)
End Sub
```

Pode-se perceber como se ganha tempo com a macro, pois com a inserção dos dados o programa já pergunta se uma linha é igual à coluna e, se for verdadeira a afirmação, já realiza a soma dos elementos. Com o término dos últimos valores dos dois contadores, o programa toma a soma da memória e divide pela quantidade dos números da diagonal.

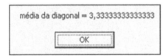

Figura 4.11

EXEMPLO 4.6

Supor que um conjunto de dados já está inserido numa planilha na forma:

Figura 4.12

Fazer um programa em macro para transpor a matriz dentro da mesma planilha. A transposição de uma matriz é a troca de linhas por colunas.

	A	B	C	D	E	F	G	H	I
1	4	3	2			4	1	2	
2	1	1	0			3	1	4	
3	2	4	5			2	0	5	

Figura 4.13

```
Dim i As Integer
Dim j As Integer
Dim soma As Double
Dim media As Double

For i = 1 To 3
    For j = 1 To 3
        Cells(i, 5 + j) = Cells(j, i)
    Next j
Next i

End Sub
```

EXEMPLO 4.7

Fazer um programa para copiar a tabela (Figura 4.14) da planilha 1 para a planilha 2, mas trocando linhas por colunas. Tudo que for linha na planilha 1 será coluna na planilha 2, e tudo que for coluna na planilha 1 será linha na planilha 2.

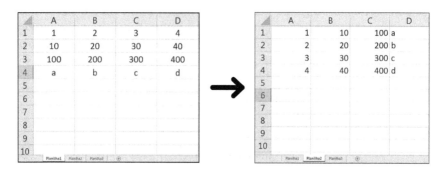

Figura 4.14

O programa será:

```
Sub trocalin()
Dim i As Integer
Dim j As Integer

For i = 1 To 4
    For j = 1 To 4
        Worksheets("Planilha2").Cells(i, j) = Worksheets("Planilha1").Cells(j, i)
    Next j
Next i

End Sub
```

EXEMPLO 4.8

Fazer um algoritmo usando a tabela da Figura 4.14 para inverter e copiar a tabela da planilha 1 para a planilha 3 da seguinte forma:

Figura 4.15

Observando as planilhas, percebe-se que o desejado é inverter as linhas de lugar. A última linha se transforma na primeira, a penúltima na segunda, e assim por diante. A solução desse problema pede o uso de um contador para ir subtraindo as linhas de baixo para cima. Quanto mais o contador aumenta, mais as linhas vão subindo para o rodízio de lugar.

```
Sub trocalin()
Dim i As Integer
Dim j As Integer
Dim cont As Integer

For j = 1 To 4
  cont = 0                                  ──→ ACRESCENTA-SE UM CONTADOR NOVO
  For i = 1 To 4
  Worksheets("Planilha3").Cells(i, j) = Worksheets("Planilha1").Cells(4 - cont, j)
  cont = i
  Next i
Next j

End Sub
```

EXEMPLO 4.9

Um banco de investimentos possui dois tipos de produtos M1 e M2 nos meses de janeiro a dezembro. As rentabilidades em milhões de reais foram registradas na tabela que deve ser inserida na planilha 1 (com nome *plan1*). Na planilha 2 (com nome *plan2*), deve ser inserida a tabela de custos e lucros do banco para cada produto. Fazer um programa em macro para multiplicar a tabela 1 da *plan1* pela tabela da *plan2* e mostrar o resultado dos custos e lucros mensais de cada produto em todos os meses.

As tabelas da rentabilidade, custo e lucro estarão distribuídas da seguinte forma:

	A	B	C
1	Meses	Produtos	
2		M1	M2
3	Janeiro	3	2
4	Fevereiro	5	10
5	Março	7	3
6	Abril	2	5
7	Maio	2	4
8	Junho	3	5
9	Julho	1	1
10	Agosto	2	5
11	Setembro	7	3
12	Outubro	6	8
13	Novembro	2	3
14	Dezembro	1	4

	A	B	C
1		Custo	Lucro
2	M1	10	3
3	M2	15	2

Figura 4.16

Antes da programação, deve-se perceber como os valores serão multiplicados de forma a fornecer os custos e lucros de cada mês. O produto deve ser realizado por cada linha da matriz na *plan1* por cada coluna da *plan2* conforme o esquema a seguir.

A macro do exemplo será:

```
Sub lucprodt()
Dim i As Integer
Dim j As Integer
For i = 1 To 12
For j = 1 To 2
Worksheets("plan3").Cells(i + 1, j + 1) = 0
Worksheets("plan3").Cells(i + 1, j + 1) = Worksheets("plan3").Cells(i + 1, j + 1) + _
            Worksheets("plan1").Cells(i + 2, 2) * Worksheets("plan2").Cells(2, j + 1)
Worksheets("plan3").Cells(i + 1, j + 1) = Worksheets("plan3").Cells(i + 1, j + 1) + _
            Worksheets("plan1").Cells(i + 2, 3) * Worksheets("plan2").Cells(3, j + 1)
Next j
Next i

End Sub
```

O traço de linha após o sinal de soma + é para indicar ao computador que a linha continua embaixo. Nenhuma variável foi usada, e quem está fazendo o papel da variável soma para cada coluna é um *Worksheets(plan3)* que vem logo após o segundo *For*. O programa fica um pouco mais completo se, além da distribuição dos custos e lucros mensais, ele informasse o total anual. Essa modificação é simples, e um trecho a mais no programa para essa soma completa a solução do exemplo.

```
For i = 1 To 12
For j = 1 To 2
Worksheets("plan3").Cells(i + 1, j + 1) = 0
Worksheets("plan3").Cells(i + 1, j + 1) = Worksheets("plan3").Cells(i + 1, j + 1) + _
            Worksheets("plan1").Cells(i + 2, 2) * Worksheets("plan2").Cells(2, j + 1)
Worksheets("plan3").Cells(i + 1, j + 1) = Worksheets("plan3").Cells(i + 1, j + 1) + _
            Worksheets("plan1").Cells(i + 2, 3) * Worksheets("plan2").Cells(3, j + 1)
Next j
Next i
                                       ───────→ ALTERAÇÃO DO ALGORITMO
totalcusto = 0
totallucro = 0

For i = 1 To 12

totalcusto = totalcusto + Worksheets("plan3").Cells(i + 1, 2)
totallucro = totallucro + Worksheets("plan3").Cells(i + 1, 3)
Next i

Worksheets("plan3").Cells(14, 2) = totalcusto
Worksheets("plan3").Cells(14, 3) = totallucro
End Sub
```

4.3 Simplificação de *worksheets*

Na programação, estamos sempre buscando uma simplificação de notação para facilitar um entendimento completo dos programas. Escrever o nome do comando *Worksheets* para cada uso das planilhas torna as linhas grandes demais.

Existe uma maneira de simplificar e utilizar o comando *Worksheets* apenas como se fosse uma variável. Para tanto, basta dimensionar as *Worksheets* que serão usadas como variáveis. Isso transformará as planilhas em variáveis do programa.

Vamos supor que desejássemos multiplicar dados da coluna A da planilha 1 do Excel por 3 e transportar esse produto para a planilha 2.

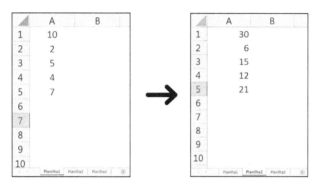

Figura 4.17

Na dimensão das variáveis, informamos ao programa que, por exemplo, as variáveis WP1 e WP2 representarão as planilhas (*Worksheets*). Após essa definição de variáveis, poderemos ajustar com o comando *Set* os nomes e relacionar as planilhas com as devidas variáveis criadas no *Dim*.

Então, a linha *Set WP1 = Worksheets("Planilha1")* define que, em qualquer lugar da programação que se usar WP1 seguido de *Cells*, o programa estará se referindo às células da planilha1. Nesse caso, o programa para multiplicar por 3 e transferir para a planilha 2 seria da seguinte forma:

```
Sub Simplificacao()
Dim i As Integer
Dim n As Integer
Dim WP1 As Worksheet
Dim WP2 As Worksheet

Set WP1 = Worksheets("Planilha1")
Set WP2 = Worksheets("Planilha2")

n = 5

For i = 1 To n
 WP2.Cells(i, 1) = WP1.Cells(i, 1) * 3
Next i

End Sub
```

Da mesma maneira, podemos observar que, ao inés de usar *Worksheets("Planilha2").Cells(i, 1)*, basta apenas relacionar a planilha com a variável WP2 criada exatamente para essa simplificação.

4.4 Ordenação simples de dados em planilhas

Assim como todas as outras funções, também a ordenação de um conjunto de dados possui uma forma especial e rápida no Excel. Os dois botões do Excel fazem a ordenação crescente e decrescente.

Figura 4.18

A programação do algoritmo da ordenação é interessante e envolve a noção de troca de lugar entre dados nas células. Todo algoritmo que possui uma troca de lugar nos dados necessita que o programa tenha uma variável auxiliar para essa troca. Sem essa variável auxiliar, não é possível a mudança de lugar de uma variável por outra sem perda de valor. Assim, por exemplo, para uma variável x trocar de lugar com uma variável y, deve haver uma terceira variável para auxiliar o computador.

$$troca \leftarrow x$$
$$x \leftarrow y$$
$$y \leftarrow troca$$

Sem essa variável *troca* quando x recebe y, x se apaga e perde seu valor. Mas com o uso da variável *troca*, o valor de x se apaga, mas o que tinha em x está em *troca*, que é colocada no antigo y.

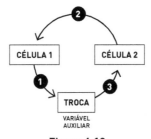

Figura 4.19

O algoritmo para colocar em ordem crescente deve ser criado segundo a regra seguinte:

```
For i = 1 To n - 1
    If Cells(i, 1) >= Cells(i + 1, 1) Then
        troca = Cells(i, 1)
        Cells(i, 1) = Cells(i + 1, 1)
        Cells(i + 1, 1) = troca
        i = 0
    End If
Next i
```

No algoritmo anterior pode-se perceber que, no comando *For*, o contador não vai até o último dado *n*, porque a pergunta realizada no *If* é sempre entre a célula *i* e a célula *i + 1*. Se o contador fosse até o último dado *n*, o programa iria comparar a última célula com uma célula em branco. No Excel, célula em branco assume menor valor dentre todos os números e essa célula seria deslocada para dentro do conjunto de dados até chegar ao primeiro valor. Isso dá a impressão de que todo o conjunto fora deslocado para baixo, mas na verdade é a célula em branco que se deslocou para cima.

Observe o seguinte conjunto de dados disposto na coluna A da planilha do Excel e o programa logo a seguir. O programa está com o contador seguindo até *n* em vez de *n* − 1.

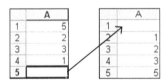

Figura 4.20

```
Sub ordena_1()
Dim i As Integer
Dim n As Integer
Dim troca As Integer

n = CInt(InputBox("n="))

For i = 1 To n
    If Cells(i, 1) > Cells(i + 1, 1) Then
        troca = Cells(i, 1)
        Cells(i, 1) = Cells(i + 1, 1)
        Cells(i + 1, 1) = troca
        i = 0
    End If
Next i

End Sub
```

A segunda noção importante é sobre o contador ser zerado ($i = 0$) dentro do comando *If* do algoritmo. O algoritmo compara dois a dois os elementos e verifica qual deles é maior, mas o contador, quando troca, não volta ao início sozinho para verificar se esses dois números trocados são maiores ou menores do que os anteriores. Ao zerar o contador, obriga-se o comando *For* a reiniciar a busca e as comparações e somente cessar quando não houver nenhum elemento fora de posição. Observe o resultado do algoritmo sem o uso do *i = 0* na figura 4.21.

```
Sub ordena_2 ()
Dim i As Integer
Dim n As Integer
Dim troca As Integer

n = CInt(InputBox("n="))

For i = 1 To n - 1
  If Cells(i, 1) > Cells(i + 1, 1) Then
     troca = Cells(i, 1)
     Cells(i, 1) = Cells(i + 1, 1)
     Cells(i + 1, 1) = troca
  End If
Next i

End Sub
```

	A
1	2
2	3
3	1
4	5

Figura 4.21

O algoritmo correto necessita que o comando *For* percorra os números até o penúltimo elemento e que o contador seja zerado para cada troca, obrigando o computador a comparar os números trocados com todos os anteriores. O algoritmo corrigido é:

```
Sub ordena_crescente()
Dim i As Integer
Dim n As Integer
Dim troca As Integer

n = CInt(InputBox("n="))

For i = 1 To n - 1
  If Cells(i, 1) > Cells(i + 1, 1) Then
     troca = Cells(i, 1)
     Cells(i, 1) = Cells(i + 1, 1)
     Cells(i + 1, 1) = troca
     i = 0
  End If
Next i

End Sub
```

Figura 4.22

A disposição de um conjunto de dados em ordem decrescente apenas necessita de uma troca de sinal (>) por (<) na comparação dentro do *If*.

```
For i = 1 To n - 1
   If Cells(i, 1) < Cells(i + 1, 1) Then
       troca = Cells(i, 1)
       Cells(i, 1) = Cells(i + 1, 1)
       Cells(i + 1, 1) = troca
       i = 0
   End If
Next i
```

EXEMPLO 4.10

Supondo uma planilha com *n* nomes desordenados, fazer um programa para colocá-los em ordem alfabética usando o algoritmo da ordenação.

Figura 4.23

Para colocá-los em ordem alfabética, usa-se o mesmo algoritmo anterior, mas sem uma pequena observação aparece o erro a seguir:

Figura 4.24

O que aconteceu? Se as células recebem tanto textos quanto números, por que haveria de acontecer erro? O problema não está nas células, mas sim na variável *troca*. Ela está dimensionada para receber números inteiros, e não texto. Então, se faz necessária uma redimensão da variável para *Dim troca as String*, uma vez que *String* indica que essa variável receberá texto. O algoritmo corrigido será:

```
Sub ordena_crescente()
Dim i As Integer
Dim n As Integer
Dim troca As String

n = CInt(InputBox("n="))

For i = 1 To n - 1
  If Cells(i, 1) > Cells(i + 1, 1) Then
     troca = Cells(i, 1)
     Cells(i, 1) = Cells(i + 1, 1)
     Cells(i + 1, 1) = troca
     i = 0
  End If
Next i

End Sub
```

E o resultado:

	A
1	Alberto
2	José
3	João
4	Mário

Figura 4.25

No exemplo em questão, foi considerada a hipótese de que os dados já estavam inseridos na planilha, mas é possível inseri-los via *InputBox*. Para tanto, o programador deve trocar a caixa de entrada para *CStr* dentro de um *For*, como apresentado a seguir.

```
Sub ordena_crescente()
Dim i As Integer
Dim n As Integer
Dim troca As String

n = CInt(InputBox("n="))

For i = 1 To n
   Cells(i, 1) = CStr(InputBox("nome?"))
Next i

For i = 1 To n - 1
  If Cells(i, 1) > Cells(i + 1, 1) Then
     troca = Cells(i, 1)
     Cells(i, 1) = Cells(i + 1, 1)
     Cells(i + 1, 1) = troca
     i = 0
  End If
Next i

End Sub
```

132 Mercado Financeiro

**EXEMPLO 4.11**

Uma empresa possui dez funcionários listados conforme a tabela da Figura 4.26. Ordenar os nomes dos funcionários segundo datas de ingresso no emprego, partindo do mais antigo para o mais recente. Não esquecer que, quando trocar a data, deve também trocar o nome relacionado a ela.

	A	B
1	2/2/2007	Silvia
2	1/5/1990	Silva
3	5/2/1987	Carlos
4	3/6/1999	Maria
5	1/10/2001	José

Figura 4.26

O problema é que, quando ocorrer troca das datas, os nomes têm de ser trocados também para não ficar data errada com nome errado. É necessário, então, usar duas variáveis de troca, uma *troca1* para a data e outra *troca2* para o nome dos funcionários. A entrada via *InputBox* deve ser usada numa caixa especial de data com *Cdate*, assim como a dimensão da variável de troca para a data deve ser *Date*.

```
Sub ordena_datas()
Dim i As Integer
Dim n As Integer
Dim troca1 As Date
Dim troca2 As String


n = CInt(InputBox("n="))

For i = 1 To n
   Cells(i, 1) = CDate(InputBox("data?"))
   Cells(i, 2) = CStr(InputBox("nome?"))
Next i

For i = 1 To n - 1
  If Cells(i, 1) > Cells(i + 1, 1) Then

     troca1 = Cells(i, 1)
     Cells(i, 1) = Cells(i + 1, 1)
     Cells(i + 1, 1) = troca1

     troca2 = Cells(i, 2)
     Cells(i, 2) = Cells(i + 1, 2)
     Cells(i + 1, 2) = troca2
     i = 0
  End If
Next i

End Sub
```

4.5 Método da bolha: ganho de tempo

Alguns programadores não gostam de algoritmos que interferem nos contadores quando se usa o *for*. Na verdade, essa é uma maneira deselegante de programação, pois o contador do *for* foi estruturado para trabalhar sozinho sem interferência do algoritmo. Outro motivo para a rejeição do método de ordenação simples é que, para um conjunto de dados com ordem muito grande em uma planilha, a ordenação toma muito tempo de computação. Um método mais rápido é conhecido como método da bolha, em que dois contadores são utilizados no processo de ordenação. Na verdade, é um método mais inteligente, pois ele não compara todos os elementos a cada troca, mas fixa um elemento por vez e verifica esse elemento com todos os que estão à sua frente e o coloca no lugar correto. Estando no lugar correto, ele não é mais comparado com nenhum dado do conjunto. A estrutura dos dois comandos de repetição é:

```
For i = 1 To n - 1
   For j = i + 1 To n
   If Cells(i, 1) > Cells(j, 1) Then
```

Em que o primeiro vai do início do banco de dados até o penúltimo valor, e o segundo vai do próximo elemento desse elemento *i* até o último valor.

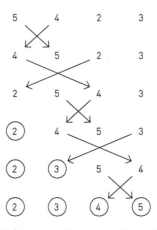

Figura 4.27 Método da bolha para ordenação dos dados.

A Figura 4.27 apresenta um esquema de como funciona o método da bolha para ordenação crescente. Para cada *i*, procuram-se em *j* valores que sejam menores que esse valor *i*. Se ocorrer uma troca, esse novo valor *i*, que é um candidato a ser menor dentre os que faltam ser comparados, é testado para os outros *j* valores à sua frente. Terminado o contador de *j*, marca-se esse valor, e ele não será mais comparado no conjunto de dados, pois ele já é o menor valor (maior valor) do conjunto. Essas marcações com círculos no esquema dão a impressão de bolhas, descendo a cada iteração da variável *i*. Daí o nome de método da bolha.

EXEMPLO 4.12

Fazer uma macro para colocar o conjunto a seguir em ordem crescente usando o método da bolha.

A macro do programa segue o método da bolha usando um contador em *i* e um contador em *j*, como mencionado anteriormente.

	A
1	5
2	4
3	3
4	2

Figura 4.28

```
Sub ordena_bolha()
Dim i As Integer
Dim n As Integer
Dim troca As Integer


n = CInt(InputBox("n="))

For i = 1 To n
   Cells(i, 1) = CInt(InputBox("x ="))
Next i

For i = 1 To n - 1
   For j = i + 1 To n
  If Cells(i, 1) > Cells(j, 1) Then

     troca = Cells(i, 1)
     Cells(i, 1) = Cells(j, 1)
     Cells(j, 1) = troca

   End If
 Next j
Next i

End Sub
```

4.6 Inserção de dados em conjuntos

A inserção é uma operação importante em conjunto de dados e tem seu uso frequente no dia a dia de quem trabalha com dados. A aquisição de novos dados para um conjunto já existente invariavelmente solicita uma inserção. No Excel, é possível fazer inserção abrindo novas linhas, ou excluindo linhas com comandos *inserir* nova linha na barra de tarefas. Todavia, existem algoritmos que podem ser incluídos em programas para automaticamente inserir não uma linha inteira ou coluna, mas apenas um número definido e ainda assim em lugar específico.

Suponha que se tenha um pequeno conjunto de dados como nas células seguintes:

	A
1	1
2	2
3	4
4	5

Figura 4.29

E se deseje inserir um valor qualquer entre o valor 2 e o valor 4 desse conjunto de dados. O índice que deve entrar esse novo valor é 3, ou seja, é onde está o terceiro elemento que deve entrar o novo elemento.

De início, o programa deve pedir ao usuário o tamanho do vetor original, o valor a ser inserido e, finalmente, a localização desse novo número. A variável *índice* nesse programa é a posição onde deve ser colocado o novo número. Então, um contador deve percorrer todo o conjunto de dados e perguntar se o lugar em que o usuário quer colocar o novo dado já chegou ou não.

```
Sub insere()
Dim cont As Integer
Dim i As Integer
Dim n As Integer
Dim indice As Integer
Dim valor As Single

'===============tamanho original do vetor
n = CInt(InputBox("tamanho do conjunto n="))
'===============numero a ser inserido
valor = CInt(InputBox("Novo valor a ser inserido no conjunto"))
'===============indice onde se deseja inserir o número
indice = CInt(InputBox("lugar no conjunto onde o número entrará ="))
i = 1
Do While i <= n
    ' ========= pergunta se o contador é igual ao indice onde deve inserir o número
    If i = indice Then
    ' ======== desloca de todos os valores de baixo para cima ate o indice onde deve entrar
        For k = 1 To (n - indice) + 1
            Cells(n - k + 2, 1) = Cells(n - k + 1, 1)
        Next k
    ' ===================== insere o valor no local correto
        Cells(i, 1) = valor
    ' ========== agora o conjunto original deve ser aumentado pois foi inserido um novo elemento
        n = n + 1
    End If
    i = i + 1
Loop
' caso o indice seja em ultimo lugar no vetor original entra depois da
' ultima célula
If indice > n Then
    Cells(n + 1, 1) = valor
End If

End Sub
```

Caso tenha encontrado o índice, então, de baixo para cima, todos os elementos são deslocados de sua posição, e por isso a existência do *For* a seguir:

```
For k = 1 To (n - indice) + 1
    Cells(n - k + 2, 1) = Cells(n - k + 1, 1)
Next k
```

Depois de deslocar todos os números abaixo do índice em que entrará o novo número, se insere o número desejado do usuário. Após ser inserido esse novo número, o tamanho original n do vetor deve ser aumentado.

O valor que o usuário quer inserir pode ser depois do último valor existente, e então o último *If* do algoritmo é exatamente para esse caso. A sequência de execução do programa é como segue:

- **Passo 1:** o tamanho do vetor original.

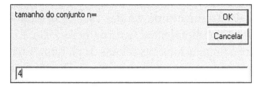

Figura 4.30

- **Passo 2:** o valor a ser inserido.

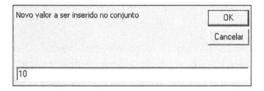

Figura 4.31

- **Passo 3:** o local onde será inserido.

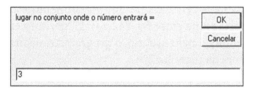

Figura 4.32

- **Passo 4:** o resultado.

	A
1	1
2	2
3	10
4	4
5	5

Figura 4.33

PARA PRATICAR

01 A volatilidade está ligada em econometria a uma matriz conhecida como matriz de covariância. A diagonal dessa matriz representa o risco de um portfólio de ativos. Como os dados às vezes estão em coluna, é interessante repassá-los para a diagonal da planilha. Fazer um algoritmo em que o usuário entre com n termos nas células da coluna A da planilha 1, e o programa transfira os valores para a diagonal da planilha 2.

02 Uma planilha do departamento de vendas está com muitos dados, e separar os melhores clientes dos inadimplentes se torna necessário. Fazer um algoritmo em que o usuário entre com n termos nas células da planilha 1 na linha 1, e o programa transfira os valores para a coluna A da planilha 3. Depois do último dado da planilha 3, o programa deve mostrar a média dos valores transferidos.

03 Dados dos retornos dos títulos da dívida pública do Brasil estão na forma de coluna do Excel. Fazer um algoritmo que calcule a média e o desvio-padrão desses n termos que estão na coluna B da planilha 1 e mostre o resultado nas células A1 e B1 da planilha 3.

04 O departamento de marketing de uma empresa verificou que as linhas pares de uma planilha contêm sites potencialmente melhores para a propaganda do que os que normalmente aparecem nas linhas ímpares. Dados n termos fornecidos pelo departamento de marketing que estejam dispostos na coluna A da planilha 1, fazer um algoritmo que transfira os pares para a coluna A da planilha 2 e os ímpares para a coluna A da planilha 3.

05 Descobrir os ativos mais rentáveis de um investimento é tarefa importante para otimizar os recursos de uma empresa. Fazer um algoritmo em que, dados n termos na coluna A da planilha 1 pelo usuário, o programa transfira os valores em ordem crescente na diagonal da planilha 2.

06 Separar os piores retornos dos investimentos que estão em um fundo de ações. Para isso, fazer um algoritmo que, dados n termos na coluna A da planilha 1, transfira para a linha 1 da planilha 2 os dados em ordem decrescente.

07 Fazer uma sub-rotina em VBA-Excel em que, dado um número inteiro n de uma matriz $N \times N$ pelo usuário via *InputBox*, o programa:

a) Leia os elementos da matriz via *InputBox* e salve na forma de matriz nas células do Excel.

b) Calcule a média dos elementos da diagonal principal dessa matriz e informe via *MsgBox* ao usuário.

c) Copie todas as células da última coluna da matriz para uma outra planilha.

Exemplo: $N = 2$

1   4

-2   3   MÉDIA = 2,0

08 Fazer uma macro em que dado um número inteiro N, produza nas células do Excel uma matriz identidade $N \times N$.

Exemplo: $N = 2$
1   0
0   1

09 Fazer um algoritmo que leia n valores numéricos que estarão inseridos nas células da coluna B do Excel, na planilha 1, e depois copiar esses valores para a linha 10 da planilha 3.

10 Sua empresa possui uma planilha de custos bastante complexa. Algumas médias desses custos são importantes para o planejamento, e outras não. Fazer um algoritmo em que o usuário entre com $n \times n$ dados em uma matriz A quadrada nas células do Excel via comando *InputBox*. O programa deve então calcular a média da linha n e a média da coluna $n - 1$ e mostrar esses resultados via *MsgBox*.

11 Fazer uma sub-rotina em VBA-Excel em que, dado um número inteiro n de uma matriz $N \times N$ pelo usuário via *InputBox*, o programa:

a) Leia os elementos da matriz via *InputBox* e salve na forma de matriz nas células do Excel.

b) Calcule a média dos elementos superior à diagonal principal dessa matriz e informe via *MsgBox* ao usuário. Essa média também inclui os elementos que estão na diagonal.

c) Copie a matriz de uma planilha para outra.

Exemplo: $N = 3$ (elemento superior na diagonal em negrito)
1   4   1
-2   3   2   MÉDIA = (1 + 4 + 1 + 3 + 2 + 5) / 6
0   1   5

12 Para uma apresentação aos executivos da diretoria, um funcionário percebeu que a representação da matriz de oportunidades do mercado seria melhor entendida da maneira inversa à como estava calculada. Ele deseja, então, transpor essa matriz para mostrar os dados de forma mais didática na reunião. Fazer um algoritmo em que o usuário entre com uma matriz com n linhas e M colunas via *InputBox*, e os valores vão sendo salvos na planilha 1. Após digitar o último valor numérico da matriz, o programa copie a matriz digitada, mas na forma transposta para a planilha 2.

Exemplo: a matriz A tem $N = 3$ e $M = 2$:

$$A = \begin{bmatrix} 1 & 2 \\ 3 & 6 \\ 0 & -1 \end{bmatrix} \rightarrow (transposta) \rightarrow A^T = \begin{bmatrix} 1 & 3 & 0 \\ 2 & 6 & -1 \end{bmatrix}$$

CAPÍTULO 4 | Automatização das operações **139**

13 A determinação de pontos de vendas mais lucrativos é interessante para uma grande empresa diante da forte concorrência que sofre. Em alguns lugares, a empresa sabe que a concorrente é mais forte, e que um investimento seria perda de lucratividade. Fazer uma sub-rotina em macro que, dado um número inteiro n via *InputBox*, produza nas células do Excel uma matriz em que a primeira linha seja preenchida com o número 1, que representa ótimo ponto para instalação de um ponto de venda, a primeira coluna preenchida com número 1 e as demais células com zero (não colocar pontos de venda).

Exemplo: $N = 4$

```
1   1   1   1
1   0   0   0
1   0   0   0
1   0   0   0
```

14 Fazer um programa macro em Excel em que o usuário alimente a *plan1* com n elementos inteiros e positivos na coluna A, e o programa transfira os elementos pares para a linha 1 da *plan2* e os ímpares para a linha 3 da *plan3*, elevando cada um desses ímpares ao quadrado.

15 A inserção de um novo cliente na base de dados de qualquer empresa (com códigos de cliente com números inteiros) deve ser feita respeitando as posições dos clientes antigos e já posicionados. Fazer uma macro em que, dado um conjunto com n dados inteiros positivos numa planilha, o programa insira um novo valor solicitado pelo usuário logo após encontrar o primeiro número par.

16 Elaborar um algoritmo e uma macro em que o usuário entre com n dados numa coluna, e o programa imprima em outra coluna todos os ímpares já em ordem decrescente.

17 Fazer um algoritmo para ler n números reais, salvar esses números nas células do Excel e somá-los, fornecendo ao usuário o resultado da soma.

18 Construir um algoritmo para fazer a média de n números reais e mostrar o resultado no *MsgBox* e nas células.

19 Criar um algoritmo para colocar em ordem crescente um conjunto de números reais. No final, o programa deve salvar nas células do Excel o conjunto original e o conjunto ordenado.

20 Um grande banco de investimentos quer fazer um *ranking* dos maiores e menores aplicadores em suas carteiras. Fazer um algoritmo para dizer quais os três maiores clientes, e quais os dois menores aplicadores de um conjunto de dez clientes representados por valores numéricos reais.

21 Fazer um algoritmo para inverter a ordem dos elementos de uma linha do Excel. Ou seja, dados n elementos em uma linha, o último passe a ser o primeiro (coluna A) e o primeiro passe a ser o último.

CAPÍTULO 5

SUB-ROTINAS, *FUNCTIONS* E APLICAÇÕES DE MODELOS DINÂMICOS

> A melhor maneira de ter uma boa ideia é ter muitas ideias.
> — Linus Pauling

5.1 Chamada de sub-rotinas externas

Até o presente capítulo, todas as macros apresentadas trabalhavam com a noção de sub-rotinas, por isso os programas feitos sempre apareceram com a palavra *Sub( )* no cabeçalho. Uma sub-rotina, ou *Subroutine*, é um subprograma que realiza diversas tarefas para cálculos múltiplos com entrada e saída de dados.

A presença dos parênteses na sub-rotina indica que é possível um programa enviar uma informação para outro local da planilha e trazer de volta algum cálculo. Isso ajuda muito na programação, uma vez que o programador pode criar um programa principal apenas para chamar resultados, sem precisar ficar com um programa rebuscado de cálculos. A programação fica mais limpa e é possível uma melhor depuração dos erros do que um programa com muitas informações.

Imagine, por exemplo, que uma corretora possui informações sobre o volume de operações de compra e venda de uma ação durante algum período. Observe a planilha da Figura 5.1:

	A	B
1	Data	Volume de negociação
2	02/fev	2000
3	03/fev	2500
4	04/fev	1800
5	05/fev	1000
6	06/fev	2000
7	07/fev	1750
8	08/fev	1800
9	09/fev	2000
10	10/fev	2500

Figura 5.1

A corretora deseja um programa para todos os dias que, ao ser rodado assim que o mercado abrir, envie uma informação sobre a média e a volatilidade desse volume. Em vez de fazer um único programa, outra forma é construir um programa principal e outro programa para realizar os cálculos. O programa principal, que, no caso, é chamado de gerenciamento, vai chamar outro programa denominado estatística. O programa principal será:

```
Sub gerenciamento()
Dim media As Single
Dim desvio As Single

Call estatistica(media, desvio)

MsgBox (" media= " & media)
MsgBox ("desvio padrão = " & desvio)


End Sub
```

Na quarta linha da programação, existe um comando chamado *Call*. Esse comando manda a sub-rotina gerenciamento acionar a sub-rotina estatística e trazer de volta o cálculo da média e desvio-padrão dos volumes negociados. A variável média deve ser escrita dentro dos parênteses na chamada da *Sub* gerenciamento e na programação da *Sub* estatística. A programação da *Sub* estatística não tem novidades em relação aos programas já apresentados nos capítulos anteriores.

```
Sub estatistica(media As Single, desvio As Single)
Dim n As Integer
Dim i As Integer
Dim soma As Single

n = 9
soma = 0
For i = 1 To n
soma = soma + Cells(i + 1, 2)
Next i
media = soma / n
soma = 0
For i = 1 To n
soma = soma + (Cells(i + 1, 2) - media) ^ 2
Next i
desvio = Sqr(soma / n)

End Sub
```

A única novidade na *Sub* estatística é que dentro dos parênteses é obrigatório colocar a declaração das duas variáveis que vão retornar ao programa gerenciamento. E essas duas variáveis devem ser da mesma categoria, no caso, variáveis do tipo *Single*. A grande vantagem dessa divisão de tarefas fica evidente no Capítulo 8, quando são estudados programas para aquisição de dados on-line diretamente da Bovespa. O programa principal tem a tarefa de apenas acionar os outros programas que farão cálculos e retornarão análises para os investidores. Sem essa separação, além de muito grande, a programação seria difícil de ser acompanhada.

5.2 Noção de *Function*

Além de uma sub-rotina, outra forma de acesso da macro é a *Function* que também é uma macro, sendo mais limitada. Uma *Function* tem como função o retorno de somente um valor de cálculo para seus parâmetros de entrada. Uma sub-rotina chama uma *Function* para a realização de uma tarefa específica, portanto, ao realizá-la, a *Function* retorna apenas um valor de cálculo. A Figura 5.2 apresenta o esquema de funcionamento de uma *Function*.

A *Function*, assim como a sub-rotina, tem um nome depois da palavra *Function* e parênteses com os parâmetros que são recebidos de uma sub-rotina. Quando uma sub-rotina necessita de algum cálculo da *Function*, envia parâmetros que auxiliem o cálculo que, na Figura 5.2, aparecem representados por *Param 1*, *Param 2* etc. Esses parâmetros devem possuir uma declaração do tipo que vão assumir (*Integer*, *Single*, *Double*, *String* etc.). No final da linha de declaração de entrada da função, ela própria também deve receber uma declaração do tipo de valor que retornará para a sub-rotina que a chamou.

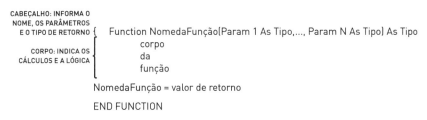

Figura 5.2 Funcionalidades de uma *Function*

Após essa linha, o resto da programação segue a mesma linha dos programas que foram apresentados anteriormente, com um detalhe: não existirá *Input* nem *MsgBox* de saída de valores. Tanto entradas como saídas de uma *Function* são via parâmetros. Finalmente, antes do fechamento de uma *Function* pela palavra *End*, o nome da *Function* deve aparecer para receber o valor final que será enviado à sub-rotina.

Uma simples *Function*, por exemplo, pode ser uma função em que o usuário entra com um parâmetro *a* e o programa retorna o dobro desse valor. A *Function* para isso será:

```
Function dobra(a As Integer) As Integer

dobra = 2 * a
End Function
```

Pode-se observar que o parâmetro a deve ser fornecido pelo usuário e ser um número inteiro, assumindo que o resultado da *Function* será também um número inteiro. No final, o nome da *Function* é repetido como o próprio nome da variável. No entanto, para visualizar o resultado dessa operação, o usuário não deve rodar o programa no módulo de programação como uma sub-rotina, mas seguir diretamente na planilha do Excel e escrever o nome da *Function* na célula, como se ela fosse uma função do Excel, da seguinte forma:

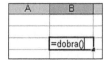

Figura 5.3

Agora, o próximo passo é ir até a barra de fórmulas e clicar em cima da chamada das funções do Excel f_x:

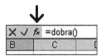

Figura 5.4

Ao clicar em cima de f_x, aparece a tela de interface com o usuário perguntando o valor do parâmetro ou parâmetros desejados na execução da *Function*. O usuário deve preencher o valor desejado desse parâmetro e o valor final da *Function* aparece na parte de baixo da janela.

Para o exemplo em questão, supondo que o usuário entrou com o valor 4, na parte de baixo da janela, aparece o valor dobrado 8, conforme mostrado a seguir. Ao clicar em OK, aparece o valor numérico na célula do Excel, da mesma forma quando se utilizam as funções pré-programadas.

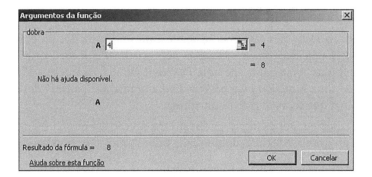

Figura 5.5

Outra maneira de chamar a *Function* é já colocar diretamente na célula a chamada da função com o parâmetro da seguinte forma:

Figura 5.6

O número 2 dentro dos parênteses indica o valor do parâmetro a que é repassado para a *Function*. Nesse caso, o resultado será 4.

EXEMPLO 5.1

Fazer uma *Function* em que o usuário entra com dois valores numéricos reais e o programa retorna a média dos dois valores.

```
Function media(a As Single, b As Single) As Single

media = (a + b) / 2

End Function
```

Nesse caso, a chamada da função no Excel precisa da entrada de dois parâmetros *a* e *b*. O leitor precisa apenas observar que a declaração de variáveis dentro da programação em VBA separa os diversos parâmetros por vírgula, enquanto a chamada na planilha separa os parâmetros por ponto e vírgula.

Figura 5.7

EXEMPLO 5.2

Fazer uma *Function* para calcular os juros simples de um investimento.

```
Function Jsimp(Capital_inicial As Single, taxa As Single, Nmeses As Integer) As Single
Dim capital_acrescido As Single

capital_acrescido = Capital_inicial * (taxa / 100) * Nmeses
Jsimp = Capital_inicial + capital_acrescido

End Function
```

Pode-se observar que essa *Function* possui uma variável local denominada *capital_acrescido*. Essa variável não é vista pelo usuário e apenas auxilia dentro da programação para tornar mais clara a separação entre *Capital_inicial* fornecido pelo usuário e a atualização com os juros e meses.

Para um capital inicial de R$ 100,00 e taxa de 1% ao mês com dez meses de investimento, o resultado será R$ 110,00, conforme mostra a janela de interface da *Function*.

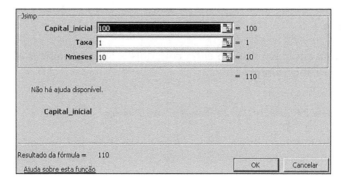

Figura 5.8

EXEMPLO 5.3

Construir uma *Function* para fazer números aleatórios entre 0 e 1 nas células do Excel.

```
Function Aleat()      → NÃO PRECISA DE NENHUM PARÂMETRO EXTERNO
Aleat = Rnd           → NÚMEROS RANDÔMICOS GERADOS PELO EXCEL
End Function
```

Figura 5.9

É dessa forma que está programada a função *ALEATÓRIO( )* do Excel. Dentro de sua formulação, existe a função *Rnd( )* (que significa *random*), que gera automaticamente números aleatórios com distribuição de probabilidade uniforme.

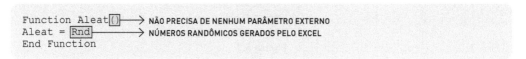

Figura 5.10

Apertando a tecla F9 do computador, é possível rodar a função sem precisar ficar escrevendo o nome da *Function*. Usar para tanto a função *Application.Volatile True* e apertar várias vezes a tecla F9.

```
Function Aleat()
Aleat = Rnd
Application.Volatile True
End Function
```

Ao apertar a tecla F9, números aleatórios começam a aparecer automaticamente na célula, pois o comando *Application.Volatile True* faz com que a célula fique volátil, recebendo a todo instante um novo valor da função só com o apertar da tecla.

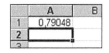 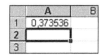

Figura 5.11

EXEMPLO 5.4

Fazer um programa para gerar números aleatórios com distribuição uniforme entre qualquer valor numérico. A fórmula estatística para isso é:

$$x = \text{Início} + (\text{Fim} - \text{Início})*\text{Aleatório}$$

Neste caso, pode-se usar números com dupla precisão, denominados *Double* no VBA, para ter maior precisão. Mas o programa funciona perfeitamente com números reais *Single* também.

```
Function uniforme(inicio As Double, fim As Double) As Double

uniforme = inicio + (fim - inicio) * Rnd
Application.Volatile True

End Function
```

O resultado será:

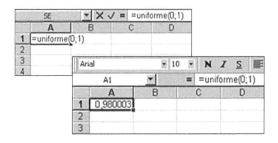

Figura 5.12

EXEMPLO 5.5

Supondo uma função de demanda e reposição de mercadorias na forma:

$$Custo\_total = b + c\mu t + a\mu\frac{t^2}{2}$$

Sendo:

μ: demanda de um produto (unidades/mês)

b: custo de reposição

c: custo proporcional de reposição

a: custo proporcional de armazenagem

t: período de reposição

Fazer uma *Function* para estimar o custo total pela fórmula anterior.

```
Function ctotal(a As Double, b As Double, c As Double, mi As Double, t As Double) As Double

ctotal = b + c * mi * t + a * mi * t * t / 2
Application.Volatile True

End Function
```

No exemplo, pode-se simular a incerteza no custo de reposição, supondo que o tempo de reposição é uma variável na qual não se possui muita certeza. Essa incerteza pode ser simulada acrescentando-se números aleatórios ao tempo estimado de reposição. Isso facilita a criação de cenários para vários tempos estimados.

$$Custo\_total = b + c\mu(t + \varepsilon) + a\mu\,\frac{(t + \varepsilon)^2}{2}$$

Em que ε representa incerteza no tempo de reposição.

```
Function ctotal(a As Double, b As Double, c As Double, mi As Double, t As Double) As Double
Dim epson As Double
Dim tempo As Double

epson = Rnd
tempo = t + epson
ctotal = b + c * mi * tempo + a * mi * tempo * tempo / 2
Application.Volatile True

End Function
```

5.3 Passagem de parâmetros

Uma grande utilidade da *Function* é sua passagem de parâmetros por meio de uma sub-rotina. Uma sub-rotina pode se tornar bem melhor apresentável e legível ao usuário com o uso de uma ou mais *Function*. O programador pode usar uma *Function* para cada cálculo que for repetitivo dentro do programa. No trecho do programa em seguida pode ser observado como um programa que calcula $\sqrt{a^2 + b^2}$ pode poupar o usuário de observar os cálculos e apenas ler a sub-rotina, já sabendo que quando a *Function* cálculo é chamada uma raiz dos dois inteiros é retornada.

Outra parte interessante é que, ao observar a *Function*, o leitor pode reparar que as variáveis de dentro dos parênteses são diferentes (*z* e *w*) das variáveis da sub-rotina (*a* e *b*). Isso é para mostrar que as variáveis podem ser as mesmas como podem ser diferentes. O ponto importante é que a ordem em que as variáveis da sub-rotina são enviadas para a ativação da *Function* deve ser a mesma dentro dos parênteses da *Function*.

```
Sub Passagem_Param()

Dim a As Integer
Dim b As Integer
Dim c As Integer
```

```
a = CInt(InputBox("a="))
b = CInt(InputBox("b="))

c = calculo(a, b)

MsgBox ("c= " & c)

End Sub

Function calculo(z As Integer, w As Integer) As Integer

calculo = Sqr(z ^ 2 + w ^ 2)

End Function
```

Por isso, esse tipo de programação se chama passagem de parâmetros, pois parâmetros ou variáveis são transferidos da sub-rotina principal para suas *Functions* sem a preocupação do nome, apenas obedecendo à regra de respeitarem o mesmo lugar em que partiram de sua fonte dentro da sub-rotina.

5.4 Variáveis públicas

Vimos, nas seções anteriores, que uma sub-rotina ou *Function* pode enviar ou receber valores de variáveis externas. Essas variáveis declaradas em programas externos ao programa que os chama recebem a denominação de variáveis locais. A memória é alocada (ou reservada) para essas variáveis e, uma vez terminado o cálculo da rotina, a memória é limpa para abrir espaço.

No entanto, muitas vezes, os programas precisam rodar diversas vezes cálculos que necessitam de repetidamente das mesmas variáveis. Nesse caso, torna-se interessante a adoção de variáveis conhecidas como públicas ou globais. Uma vez declaradas como públicas, essas variáveis não podem mais ser declaradas no corpo de uma sub-rotina ou de uma *Function*.

A declaração de uma variável pública deve ser antes de qualquer sub-rotina ou qualquer *Function* nos módulos de programação. Sempre podem-se inserir novos módulos de programações dentro do VBA, e uma variável declarada como pública poderá ser acessada por diversos módulos. A inserção ou criação de um novo módulo poderá ser feita dentro do editor de VBA na aba Inserir.

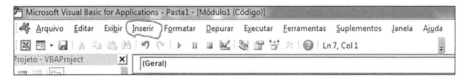

Figura 5.13 Criação de novos módulos

Escolhida a inserção de Módulo, dentro da região conhecida como Projeto-VBAProject, aparecerá como um ramo ou raiz a palavra Módulo1, ou Módulo2, ou qualquer outro módulo com número indicando quantos módulos já foram criados. Na Figura 5.14, pode-se observar que foi criado um módulo e esse recebeu o número 1.

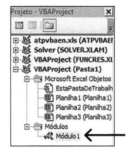

Figura 5.14 Região do Project Explorer mostrando as planilhas e módulos criados no VBA

No caso da declaração de uma variável pública, essa deve ser declarada no início de cada novo módulo inserido. Voltando-se ao início deste capítulo, em que foi discutido o exemplo dos volumes negociados. A sub-rotina gerenciamento possuía duas variáveis locais chamadas de *media* (sem acento) e *desvio*. Ao se colocar essas variáveis como globais, logo no início do módulo, elas devem aparecerem com a palavra *Public*, indicando que não podem mais ser dimensionadas e que todos os programas poderão usá-las.

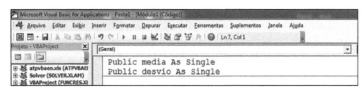

Figura 5.15 Declaração de variáveis públicas no VBA

O programa do gerenciamento, então, ficará da seguinte forma, usando como públicas as variáveis *media* e *desvio*:

Figura 5.16 Programa da corretora com variáveis públicas

150 Mercado Financeiro

A primeira modificação que pode ser notada é que, uma vez usando apenas variáveis públicas, a sub-rotina não precisará mais de *Call*. O comando *Call* deve ser usado quando os parâmetros são passados por meio dos parênteses. Assim, para o exemplo em questão, basta apenas o nome estatística da sub-rotina, sem a utilização do *Call*.

A segunda modificação é que, obrigatoriamente, as declarações de *media* e *desvio* devem sair da *Sub* gerenciamento para não gerar conflito no VBA, visto que elas são públicas nesse exemplo.

A grande vantagem em se ter divisões do programa em diversas sub-rotinas é que para programas com muitas linhas, qualquer que seja o erro, o compilador vai parar na *Sub( )* ou *Function* desse erro. Isso permitirá uma averiguação mais concreta sobre o erro detectado. Outra vantagem é que essas sub-rotinas menores poderão ser separadas em diversos módulos, que poderão ter senhas para evitar acessos de não programadores.

 EXEMPLO 5.6

Um fundo de investimento baixa a cada minuto preços de uma determinada ação na coluna A do Excel. Deseja-se um programa que faça a automação da volatilidade (cálculo do desvio-padrão) e encontre automaticamente o maior preço. Usar variáveis públicas para a média, o desvio-padrão e o preço máximo.

Como exemplo, pode-se supor os seguintes dez dados disponíveis numa planilha do Excel.

	A	B
1	10,4	
2	10,1	
3	10,3	
4	9,8	
5	9,9	
6	10,3	
7	10,5	
8	10,1	
9	9,7	
10	10,1	

Figura 5.17

Nesse caso, o primeiro ponto é declarar *media*, *desvio* e *maximo* como variáveis públicas que poderão ser usadas pelas sub-rotinas. Ao chamar as *Sub*, não precisaremos de *Call*, pois nenhum parâmetro será passado pelos parênteses.

```
Public med As Single
Public desv As Single
Public max As Single
Public n As Integer
Sub Medidas_Est()

n = CInt(InputBox("n="))
media
desvio
maximo
MsgBox ("média = " & med)
MsgBox ("Desvio Padrão = " & desv)
MsgBox ("Maior preço  = " & max)

End Sub
```

Como pode ser notado, o programa principal chamado de *Medidas_Est* fica bastante simples com as chamadas de três rotinas externas que serão responsáveis pelos cálculos da *media*, do desvio-padrão e do preço máximo. As *Sub( )* são *media*, *desvio* e *maximo*. As três sub-rotinas poderão estar no mesmo módulo ou não, e suas programações são as seguintes.

```
Sub media()
Dim s As Single
Dim i As Integer
s = 0
For i = 1 To n
s = s + Cells(i, 1)
Next i
med = s / n
End Sub
Sub desvio()
Dim i As Integer
Dim soma As Single
soma = 0
For i = 1 To n
soma = soma + (Cells(i + 1, 2) - med) ^ 2
Next i
desv = Sqr(soma / n)
End Sub
```

```
Sub maximo()
Dim i As Integer
max = Cells(1, 1)
For i = 1 To n
    If Cells(i, 1) >= max Then
    max = Cells(i, 1)
    End If
Next i

End Sub
```

Pode-se observar que dentro das sub-rotinas ainda é possível ter variáveis locais, sem interferência nenhuma com as variáveis públicas. Elas apenas precisam ter nomes diferentes. Na rotina *media*, as variáveis locais são *i* e *s*. Na sub-rotina *desvio*, são *i* e *soma*. Por fim, na sub-rotina *maximo*, temos apenas a variável local *i*. O resultado é:

Figura 5.18

152 Mercado Financeiro

5.5 Modelos matemáticos dinâmicos com *Function*

Desde os tempos de Isaac Newton e Leibniz, a matemática proporcionou, com o nascimento do cálculo diferencial e integral, a possibilidade de todas as áreas criarem cenários para suas atividades. Esses cenários, no início, eram voltados sempre à área de astronomia, na tentativa de previsão de aparecimento de novos planetas. Foi utilizado, em seguida, pela engenharia, em princípio, para os estudos das ciências mecânicas e hidráulicas e, posteriormente, de eletricidade. Assim, matemática, física e engenharia apresentaram às outras áreas as possibilidades de criação de cenários numéricos, gerados por cálculos e equações com a finalidade de gerar simulações de qualquer tipo de ambiente.

Esses conjuntos de equações chamam-se modelos matemáticos, utilizados para a simulação numérica de eventos relacionados com a realidade em todas as áreas. Desde a física, passando pela astronomia e engenharia e chegando a áreas de economia, finanças e administração, todos os estudos de uma forma ou outra sempre usam como base algum tipo de modelo matemático composto de equações e lógicas.

Quando o modelo prescrito envolve movimento em relação a tempo e espaço, como bolsas de valores, localização de empresas competitivas do mesmo setor, logística para transportes de pessoas e mantimentos, diz-se que o modelo envolvido possui dinâmica, então, possuirá, de alguma forma, equações com derivadas ou equações que precisam de integração.

Nesse aspecto, podemos imaginar uma equação composta de variação de taxas, em que a variável x pode ser o preço de algo, tamanho, volume etc. A diferença entre dois tempos t_1 e t_2 para dois valores dessa variável geralmente é indicada em matemática como:

$$\Delta x = x(t_2) - x(t_1)$$
$$\Delta t = t_2 - t_1$$

Para a medição da taxa de variação de x, a diferença da variável x em dois tempos diferentes deve ser dividida pelo intervalo de tempo da forma:

$$\frac{\Delta x}{\Delta t}$$

Por sua vez, essa taxa obedece a uma determinada regra, observada por alguma repetição do fenômeno estudado. Essa regra é então uma função, que explica como a tal taxa da variável x varia no tempo. Seja essa função de forma proporcional, linear, não linear ou mais complexa possível, ela será representada pela equação de diferenças:

$$\frac{\Delta x}{\Delta t} = f(t, x)$$

caso essa função f tenha o tempo explícito em sua representação. Se o tempo não aparece nessa função de maneira explícita, então a representação dessa taxa passa a ser:

$$\frac{\Delta x}{\Delta t} = f(x)$$

É nesse ponto que entra o cálculo diferencial e integral, que busca representar essa taxa não com uma diferença fixa ou grande do tempo, mas com uma representação chamada infinitesimal. Essa equação passa a receber o nome de equação diferencial com a representação:

$$\frac{dx}{dt} = f(x)$$

A equação diferencial exige, então, que uma integral seja realizada para descobrir qual o valor da variável x, dada essa taxa de variação de x. Por exemplo, se for conhecida a taxa que um preço muda de valor por segundo, é possível descobrir qual é esse valor no segundo seguinte. O mais simples dos métodos numéricos para integrar a equação diferencial é conhecido como método de Euler, que funciona da forma descrita em seguida.

Partindo da taxa discreta:

$$\frac{\Delta x}{\Delta t} = f(x)$$

Então, transfere-se a variação do intervalo de tempo Δt para o lado direito da equação:

$$\Delta x = \Delta t \cdot f(x)$$

usando o fato de que $\Delta x = x(t_2) - x(t_1)$, então $x(t_2) = x(t1) + \Delta t \cdot f(x_1)$.

A antiga equação diferencial agora foi aproximada por outra conhecida como equação de diferenças. O algoritmo para integrar numericamente a equação de diferenças diz que o valor na variável no tempo futuro $x(t_2)$ é o mesmo que se tomar o valor dessa variável no tempo de hoje $x(t_1)$ e somar a ele o intervalo de tempo que se deseja integrar a cada passo, multiplicado pela regra ou função $f(x)$. De maneira mais metodológica, a regra se transforma em:

$$x_{k+1} = x_k + h^* f(x_k)$$

Em que $h = \Delta t$.

Então, um programa de computador que faça integração numérica para criação de cenários precisa de uma *Function,* como visto anteriormente, para facilitar a visualização e entendimento de qual variável está variando na criação e simulação de cenários.

EXEMPLO 5.7

Supondo uma equação diferencial da forma: $\frac{dy}{dt} = 2$

Simular esse modelo e dizer os valores de y para os tempos partindo de $t = 0$ até $t = 10$ com espaçamento entre os tempos de $h = 0.1$. Supor que o primeiro valor de $y(0) = 0$.

```
Sub Integra()
Dim y As Single
Dim h As Single

y = 0
h = 0.1

Cells(1, 1) = 0
Cells(1, 2) = y

For i = 0 To 9

y = y + h * f(y)

Cells(i + 2, 1) = i + 1
Cells(i + 2, 2) = y

Next i
```

```
End Sub
Function f(y As Single) As Single
f = 2
End Function
```

O resultado da simulação é:

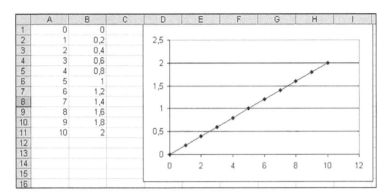

Figura 5.19

 EXEMPLO 5.8: Modelo de crescimento exponencial

O modelo de crescimento exponencial é amplamente usado em todas as áreas. Ele diz que a variável *y* cresce com uma taxa que é proporcional ao valor atual existente. Explosões demográficas de populações são representadas por esse modelo, assim como crescimento de bactérias, vírus, inflação etc. A representação mais simples é do tipo:

$$\frac{dy}{dt} = y$$

Supor que a condição inicial para *y* seja $y(0) = 1$ e o intervalo de tempo $h = 0,1$. Fazer uma simulação para os tempos $t = 0$ até $t = 10$.

```
Sub Integra()
Dim y As Single
Dim h As Single

y = 1
h = 0.1

Cells(1, 1) = 0
Cells(1, 2) = y

For i = 0 To 9

y = y + h * f(y)

Cells(i + 2, 1) = i + 1
Cells(i + 2, 2) = y

Next i

End Sub
```

```
Function f(y As Single) As Single
f = y
End Function
```

É importante observar que o algoritmo da *Sub* ficou o mesmo, e a única alteração foram as condições iniciais e a regra da *Function* em que *f* foi alterado de 2 para *y*, uma vez que o lado direito da equação contém a própria variável *y*. O resultado, nesse caso, como o próprio nome diz, é uma explosão de crescimento exponencial, conforme se pode ver no gráfico da Figura 5.20.

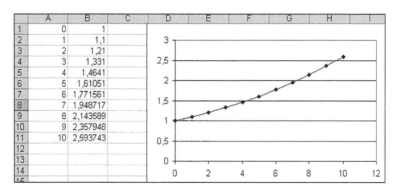

Figura 5.20

 EXEMPLO 5.9: Modelo de decaimento exponencial

O modelo de decaimento exponencial é o oposto ao modelo anterior. Ele representa fenômenos que possuem quedas exponenciais, tais como radiação, curva de juros, controle de doenças, controle de inflação, controle de desempregos etc. A representação mais simples é:

$$\frac{dy}{dt} = -y$$

Supor que a condição inicial para *y* seja *y*(0) =1 e o intervalo de tempo *h* = 0,1. Fazer uma simulação para os tempos *t* = 0 até *t* = 10.

```
Sub Integra()
Dim y As Single
Dim h As Single

y = 1
h = 0.1

Cells(1, 1) = 0
Cells(1, 2) = y

For i = 0 To 9

y = y + h * f(y)

Cells(i + 2, 1) = i + 1
Cells(i + 2, 2) = y
```

```
Next i
End Sub
Function f(y As Single) As Single
f = -y
End Function
```

Nesse caso, a regra da *Function* foi alterada com o sinal negativo na frente da variável *y*. O resultado é apresentado na Figura 5.21. Observe que a queda da variável *y* a partir do tempo 0 é um decaimento e obedece a uma função logarítmica com sinal negativo. Por isso, o nome desse modelo é decaimento exponencial.

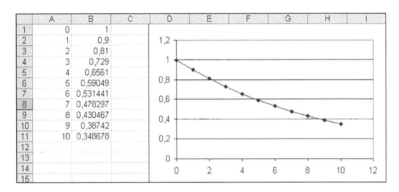

Figura 5.21

5.6 Variável pública em sistemas dinâmicos

Um dos problemas com a passagem de parâmetros na *Function* é seu excessivo número de componentes que deve ser recebido da sub-rotina. Como a ordem dos parâmetros deve ser respeitada tanto na sub-rotina quanto na *Function*, uma distração na programação pode levar a resultados computacionais errados.

Um modelo dinâmico interessante é com relação ao crescimento limitado de uma variável. Isso na prática ocorre em diversos casos, como em empresas, financiamentos e empregos, apenas para citar alguns exemplos dessa dinâmica. Por exemplo, se a emissão de CO_2 por parte de um país necessitar de uma previsão para a futura cobrança de impostos por meio de uma administração pública, o modelo desse crescimento de emissão não pode ser eternamente exponencial. Devido às crises, as emissões podem se estabilizar em determinado patamar. A dinâmica de tal modelo é como segue em termos de equação diferencial:

$$\frac{dy}{dt} = r(k - y)$$

sendo *r* a velocidade de crescimento de *y* e *k* um fator limitante a esse crescimento, representado pela variável *y*. Vamos considerar que a condição inicial é:

$$\frac{dy}{dt} = r(k - y)$$

$$y(0) = 1$$

com $r = 0,1$ e $k = 1,5$ escolhendo um tempo final de integração $t_f = 60$. Se a programação for realizada com a passagem de parâmetro como apresentada até o momento, a resolução será:

```
Sub integra()
Dim i As Integer
Dim y As Single
Dim h As Single
Dim r As Single
Dim k As Single

y = 1
h = 0.5
r = 0.1
k = 1.5
Cells(1, 1) = 0
Cells(1, 2) = y

For i = 1 To 59

   y = y + h * f(y, r, k)

   Cells(i + 1, 1) = i
   Cells(i + 1, 2) = y

Next i

End Sub

Function f(y As Single, r As Single, k As Single) As Single

f = r * (k - y)

End Function
```

Pode ser observado que, nessa simulação, a programação por passagem de parâmetros exigiu que a *Function f* tivesse três parâmetros: y, r e k. Então, mostra-se muito melhor e menos repetitivo em termos de programação a definição já explicada sobre variável pública para determinadas variáveis. Em algumas outras linguagens, esse tipo de declaração é conhecida como variável global. Sua representação no VBA deve ser informada nas linhas superiores antes do início da programação de qualquer macro dentro da área de sub-rotinas do Excel. Deve ser informada por meio do nome *Public* para cada variável, como já foi exemplificado em seções anteriores. No exemplo anterior, escolhendo as variáveis r e k, as declarações devem ser:

```
Public r As Single
Public k As Single
```

A programação para a simulação do modelo deve, então, sofrer algumas alterações. Por exemplo, uma vez definidas como públicas, as variáveis não podem ser definidas no dimensionamento interno (usando *Dim*). E essas variáveis também não podem ser enviadas nos parênteses das *Functions*, pois já são visualizadas pelas *Functions* devido à sua definição global.

O novo programa, então, será:

```
Public r As Single
Public k As Single

Sub integra()
Dim i As Integer
Dim y As Single
Dim h As Single


y = 1
h = 0.5
r = 0.1
k = 1.5
Cells(1, 1) = 0
Cells(1, 2) = y

For i = 1 To 59

    y = y + h * f(y)

    Cells(i + 1, 1) = i
    Cells(i + 1, 2) = y

Next i

End Sub

Function f(y As Single) As Single

f = r * (k - y)

End Function
```

O resultado numérico para os dez primeiros pontos integrados é:

	A	B
1	0	1
2	1	1,025
3	2	1,04875
4	3	1,071312
5	4	1,092747
6	5	1,113109
7	6	1,132454
8	7	1,150831
9	8	1,16829
10	9	1,184875
11	10	1,200631

Figura 5.22

que fornece um resultado para os 60 tempos, apresentado no gráfico da Figura 5.22. É interessante notar que, na simulação, realmente, o valor de y não ultrapassa o fator limitante $k = 1,5$. Cada vez mais próximo de k, o valor de y tende a diminuir sua velocidade e a se estabilizar no fator limitante.

CAPÍTULO 5 | Sub-rotinas, Functions e aplicações de modelos dinâmicos **159**

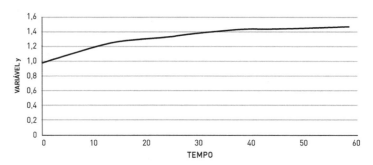

Figura 5.23 Crescimento limitado

Já a velocidade *r* indica quão rápido o fenômeno ocorre e ele depende de ações externas que podem aumentar a velocidade de convergência ao fator limitante ou diminuir.

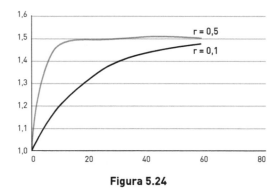

Figura 5.24

Utilizando ainda o exemplo de modelos dinâmicos para uso de *Function*, outro modelo interessante, amplamente utilizado em todas as áreas, é o de crescimento logístico. Sua integração fornece a tradicional forma logística usada para determinação de muitos resultados em matemática e estatística. Na sua forma dinâmica, esse modelo apresenta-se como:

$$\frac{dy}{dt} = ry\left[1 - \frac{y}{k}\right]$$

A diferença em relação ao modelo de crescimento limitado é que a variável *y* é afetada pela velocidade de seu próprio crescimento, diminuindo à medida que o montante *y* aumenta. E diminui quadraticamente, pois o segundo termo do lado direito tem a forma $-y^2$. A programação, adotando as seguintes condições iniciais, será:

$$\frac{dy}{dt} = ry\left[1 - \frac{y}{k}\right]$$

$$y(0) = 0{,}2$$

$$r = 0{,}1$$

$$k = 1{,}5$$

$$h = 0{,}8$$

```
Public r As Single
Public k As Single

Sub integra()
Dim i As Integer
Dim y As Single
Dim h As Single


y = 0.2
h = 0.8
r = 0.1
k = 1.5
Cells(1, 1) = 0
Cells(1, 2) = y

For i = 1 To 59

   y = y + h * f(y)

   Cells(i + 1, 1) = i
   Cells(i + 1, 2) = y

Next i

End Sub

Function f(y As Single) As Single

f = r * y * (1 - y / k)

End Function
```

A integração desse modelo fornece o resultado da curva logística apresentado na Figura 5.25.

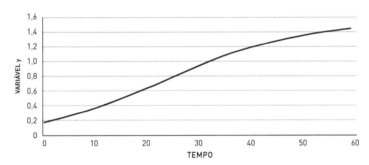

Figura 5.25 Crescimento logístico

5.7 Previsão na Bovespa: Vale do Rio Doce

O Santo Graal de todo analista de mercado é poder prever corretamente o que acontecerá com os preços de um produto no futuro. Em termos de mercado de ações, essa busca é ainda mais estressante, pois um montante muito grande está envolvido na resposta final. Pode significar o crescimento de uma empresa ou sua falência. A Figura 5.26 mostra os dados reais (gráfico cinza) para os dados da Vale do Rio Doce, adquiridos na Bovespa a cada minuto a partir das 13 horas.

Para usar um modelo de previsão de curto período, em que os dados modificam em tempo real, muitos cálculos e estimativas estatísticas devem ser feitos. Para simplificação, vamos supor que o analista crê que os dados descrevem o modelo de decaimento exponencial apresentado anteriormente no Exemplo 5.8. O primeiro passo é encontrar um site que disponibilize esses dados. Uma vez com os dados, deve-se formatá-los para o Excel. Em vez de usar hora ou minutos, o analista pode substituí-los por um contador simples de dados, do tipo 0, 1, 2, 3... etc. Nesse caso, o número 0 significa tempo 0, ou seja, a hora em que os dados começaram a chegar. No caso desse exemplo, tempo 0 significa 13 horas.

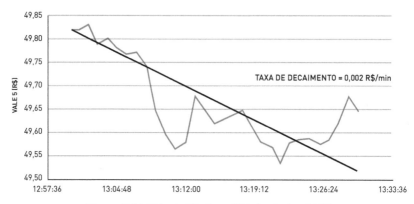

Figura 5.26 Vale do Rio Doce (Vale5 – 9-dez-2010)

Então, ele deve estimar a taxa de decaimento, que na *Function* multiplicara y no Exemplo 5.8. Como o modelo é contínuo, a taxa deve ser a menor possível, pois o integrador pelo método de Euler pode estourar na integração, uma vez que ele não é o melhor integrador numérico. Vamos supor que o analista fez as estimativas e observou que a cada minuto a queda média é de 0,0012, no entanto, quando ele roda a macro, os dados praticamente não saem do lugar. O que aconteceu?

É que a estimativa foi feita para o decaimento a cada minuto, mas o passo de integração é diferente. No Exemplo 5.8, o valor é de $h = 0,1$, ou seja, o futuro na simulação numérica não é a cada minuto, mas a cada 0,1 minuto. Para ajustar satisfatoriamente, existem muitas técnicas estatísticas que podem auxiliar, por exemplo, o método dos mínimos quadrados. Vamos supor que o valor que multiplica y na *Function* ficou correto, mas, mesmo assim, o resultado não ficou bom. Então, o analista deve esquecer o seu modelo, pois ele está errado e não condiz com o mercado.

No caso da Vale, o decaimento usado foi de −0,002, o que mostra uma pequena coerência com os dados reais, mas, ainda assim, muito longe do padrão. Isso acontece porque o modelo de decaimento exponencial não se aplica na Vale para esse período de observação, e outro melhor deve ser tentado. Por isso, muitas corretoras possuem um portfólio de modelos, carregados e rodando o tempo todo para captar algum padrão que se encaixe em suas simulações numéricas. O programa para a simulação numérica (resultado na curva em cor preta na Figura 5.26) da Vale do Rio Doce na Bovespa é:

```
Sub Vale()
Dim y As Single
Dim h As Single

y = 49.82
h = 0.1
```

```
Cells(1, 1) = 0
Cells(1, 2) = y

For i = 0 To 29

y = y + h * f(y)

Cells(i + 2, 1) = i + 1
Cells(i + 2, 2) = y

Next i

End Sub

Function f(y As Single) As Single

f = -0.002 * y

End Function
```

Esse programa pode ainda ser melhorado, somando um ruído aleatório com média e desvio-padrão estimado pelas estatísticas. Por exemplo, pode-se somar *Rnd* no termo *y* da *Function* para uma melhor aproximação com os dados reais.

Figura 5.27 Vale do Rio Doce (Vale5 – 9-dez-2010)

Na Figura 5.27, pode-se perceber uma melhora de previsão com a adição de um ruído (um termo somado) do tipo (–1+2*Rnd*). Esse termo é o mesmo ruído apresentado no programa do Exemplo 5.4. Ele segue a distribuição uniforme em que representa a soma de números entre –1 e +1 de forma aleatória ao integrador. O programa alterado fica como representado a seguir:

```
Sub Vale_ruido()
Dim y As Single
Dim h As Single

y = 49.82
h = 0.1

Cells(1, 1) = 0
Cells(1, 2) = y
```

```
For i = 0 To 29

y = y + h * f(y)

Cells(i + 2, 1) = i + 1
Cells(i + 2, 2) = y

Next i

End Sub

Function f(y As Single) As Single

f = -0.002 * y + (-1 + 2 * Rnd)

End Function
```

PARA PRATICAR

01 Fazer uma *Function* para calcular a raiz quadrada de um número N.

02 Elaborar uma *Function* para encontrar o seno de um número.

03 Construir uma *Function* para calcular a área de um trapézio.

04 Elaborar uma *Function* para elevar um número x numa potência de n dada pelo usuário (x^n).

05 Fazer uma *Function* para calcular a derivada polinomial: $(x^n)' = n.x^{n-1}$.

06 Simular e plotar os itens para o seguinte modelo contínuo:

$$\frac{dx}{dt} = \lambda x(t)\ln\left[\frac{x_\infty}{x}\right]$$

com $t_{final} = 50$; $x(0) = 1$; $\lambda = 0.1$ e $x_\infty = 2$.

07 Simular e plotar o seguinte modelo contínuo:

$$\frac{dx}{dt} = \frac{\lambda x(x_\infty - x)}{(x_\infty + 5x)}$$

com $x(0) = 3$; $\lambda = 0.5$; $x_\infty = 1$; e $t_{final} = 80$.

08 Simular e plotar o seguinte modelo:

$$\frac{dx}{dt} = \alpha x^{2/3} - \beta x$$

Para os casos:

a) O parâmetro $\alpha > \beta$.

b) O parâmetro $\alpha = \beta$.

c) O parâmetro $\alpha < \beta$.

Usando como condição inicial $x(0) = 3$, com $t_{final} = 8$.

09 *Balanço de fluxo de caixa contínuo*

Um modelo para fluxo de caixa, considerando que as transações do processo sejam contínuas no tempo, é:

$$\frac{dx}{dt} = rx - d + u - \alpha|u|$$

em que:

$x(t)$: balanço inicial do caixa em reais

r: taxa de juros adquirida para o balanço de caixa $x(t)$

d: demanda de dinheiro. Valor positivo significa saída de caixa e negativo entrada de caixa

u: controle do dinheiro no caixa (entrada externa)

Considerando $x(0) = 3$ e $t_{final} = 2$, fazer simulações e plotar os resultados para:

a) $r = 1,46$; $d = 1$; $u = -3$; $\alpha = 0,1$

b) Manter os parâmetros anteriores trocando $\alpha = 0,8$.

c) Manter os parâmetros de (a) trocando $u = -1$.

d) Manter os parâmetros de (a) trocando $u = 2$.

10 *Limite do crescimento econômico*

No artigo "Are There Limits to Growth?", do *International Economic Review*, Stokey discute o lado bom e o lado ruim da poluição no que tange ao desenvolvimento econômico de um país. O modelo de poluição total diante da tecnologia de uma região é dado por:

$$\frac{dx}{dt} = Azx - c$$

sendo:

A: retorno de capital

z: índice de tecnologia usado

c: consumo ou reaproveitamento da poluição criada

Considerando:

$A = 1,46$; $z = 0,8$; Tempo final $= 2$ anos

a) Comparar os efeitos do reaproveitamento na poluição total com $c = 0,2$; $c = 0,5$; e $c = 0,9$.

b) Comparar os efeitos do retorno de capital mantendo $z = 0,8$ e $c = 0,9$ para os valores de retorno de capital $A = 1,46$; $A = 1,3$; e $A = 1,2$.

11 *Modelo de PIB com variação da base monetária*

O modelo dinâmico utilizado neste trabalho é baseado em sistema de equações diferenciais apresentados em Shone (1975, 1997). Esse modelo busca descrever a trajetória do produto interno bruto (PIB) e da inflação. No entanto, para um primeiro contato, fizemos simplificações no modelo, que é descrito por:

$$\frac{dx}{dt} = a_1 u - \alpha(a_1 - a_2\beta)\left[\frac{y - y_n}{y_n}\right] - a_1\pi$$

sendo $y(t)$ a variação mensal do PIB do país, $p(t)$ é a inflação esperada mensal e $u(t)$ é a taxa de variação mensal da base monetária. Os parâmetros a_1, a_2, a, b, segundo Shone (1997), são parâmetros de ajuste da estimativa linear expressa usualmente pela curva de demanda agregada com relação a um equilíbrio entre o nível de preço e a variação do PIB. O parâmetro y_n é a variação do PIB nominal esperado depois de controladas as variáveis do modelo. Como usualmente feito na literatura especializada, empregam-se logaritmo e normalização para melhor condicionamento numérico dos valores de y.

Considerando a Tabela 5.1:

Tabela 5.1

a_1	0,10
a_2	0,5
α	0,07
β	−0,04
u	10
y_n	0,03

Simular o modelo e plotar os cenários para $y(t)$ com:

a) $\pi = 2$

b) $\pi = 5$

c) $\pi = 10$

com a condição inicial $y(0) = 7$ e tempo final = 12 (meses).

INDEXAÇÃO DO MERCADO

Erros são, no final das contas, fundamentos da verdade.
— Carl Gustav Jung

6.1 Indexação das variáveis

Imagine a situação em que diversas variáveis fazem parte de um problema que precisa ser modelado e programado. Suponha que se tenha $x_1, x_2, ..., x_n$ variáveis como entrada via *InputBox*. Se toda vez que for usar essas variáveis em determinado modelo o programador tiver que escrever essas variáveis tanto para leitura como para cálculo, os programas seriam de uma monstruosidade tamanha, mesmo para simples cálculos.

Da mesma maneira, podemos imaginar problemas que precisam utilizar muitas linhas das planilhas. Se todos os cálculos são realizados com células nas planilhas, o tempo de processamento após algumas operações começa a se tornar um problema. Nas primeiras versões do Excel, o total de linhas era de 65.536. Na versão Microsoft Excel 2016 passa de 1 milhão.

Essa quantidade parece muita, mas para o mercado financeiro nos atuais dias e no futuro ela é vencida em apenas um dia de negócios. O mercado de ações opera hoje na casa dos milissegundos, o que preenche as planilhas em pouco tempo de acompanhamento dos ativos. Além de aumentar o número de linhas, uma outra solução é sempre útil e necessária, não apenas para o Excel, mas para qualquer linguagem de programação.

Nota-se no Exemplo 6.1 que para 10 variáveis o trabalho de programação já é enorme para calcular uma única fórmula. Agora, se em vez de 10 o problema tivesse 100 variáveis. O tempo e o tamanho do programa seriam grandes e ocupariam uma memória desnecessária para uma única fórmula simples. A solução para isso foi a noção da indexação de variáveis, também conhecida como vetor ou *array*.

EXEMPLO 6.1

```vba
Sub muitas_variaves()
Dim x1 As Single
Dim x2 As Single
Dim x3 As Single
Dim x4 As Single
Dim x5 As Single
Dim x6 As Single
Dim x7 As Single
Dim x8 As Single
Dim x9 As Single
Dim x10 As Single
Dim y As Single


x1 = CSng(InputBox("entre com o valor"))
x2 = CSng(InputBox("entre com o valor"))
x3 = CSng(InputBox("entre com o valor"))
x4 = CSng(InputBox("entre com o valor"))
x5 = CSng(InputBox("entre com o valor"))
x6 = CSng(InputBox("entre com o valor"))
x7 = CSng(InputBox("entre com o valor"))
x8 = CSng(InputBox("entre com o valor"))
x9 = CSng(InputBox("entre com o valor"))
x10 = CSng(InputBox("entre com o valor"))

y = x1 * x2 + x2 * x3 + x4 * x5 + x6 * x7 + x8 * x9 * x10

MsgBox (y)
```

6.2 Variável indexada unidimensional

Um vetor ou variável indexada unidimensional tem por objetivo diminuir o tamanho do programa e aumentar a velocidade dos cálculos. Programas que utilizam vetores, principalmente em VBA-Excel, são mais rápidos do que quando utilizam as células para efetuar cálculos. A forma da utilização de vetores é similar à noção de células, mas sem a representação do número de colunas. Ao contrário da utilização de células, um vetor precisa de declaração de variável via *Dim* da seguinte forma:

Figura 6.1

A declaração anterior diz que o vetor *y* pode ter no máximo 20 posições armazenadas durante os cálculos e todas do tipo *Double*. Isso significa que, ao usar uma iteração via *For* ou *While*, o contador do vetor não pode ultrapassar 20 valores. No entanto, o vetor *y* pode armazenar menos valores e um contador não precisa ir até o máximo valor. No caso da variável indexada *z* a capacidade máxima é de 10 dados na forma de números do tipo *Double*.

O programa a seguir demonstra como a utilização de vetores, mesmo em simples programas, diminui a estrutura de programação e torna fácil a compreensão e visualização. Neste exemplo, o problema é o mesmo do Exemplo 6.1, mas substituindo todas as variáveis por uma única variável indexada *x*.

```
Sub muitas_variaves_vetor()

Dim x(10) As Single
Dim y As Single
Dim i As Integer

For i = 1 To 10
x(i) = CSng(InputBox("entre com o valor"))
Next i

y = 0
For i = 1 To 9
y = y + x(i) * x(i + 1)
Next i

MsgBox (y)
End Sub
```

A declaração de vetores apresentada anteriormente possui um problema que é a não computação de valores com índices nulos, tais como $x(0)$, $y(0)$, etc. Em alguns algoritmos esse tipo de representação é interessante e deve-se então mudar a forma como declarar a variável indexada. Nesse caso, a declaração deve ser:

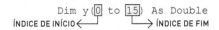

Figura 6.2

 EXEMPLO 6.2: Trabalho com células e vetores

O exemplo a seguir mostra que é possível usar conjuntamente a representação de variáveis indexadas e células sem que uma interfira na outra. As células devem ser vistas sempre como um modo auxiliar de salvar os cálculos, porque o vetor não possui a capacidade de salvar cálculos após o término do programa. Terminado o programa, se os resultados não forem salvos em células, todos os cálculos estarão perdidos.

```
Sub exemplo1()
Dim y(20) As Double          ---> DECLARAÇÃO DO VETOR y
Dim i As Integer
y(1) = 10                    ---> PRIMEIRO ELEMENTO DO VETOR
For i = 1 To 9
y(i + 1) = y(i) * 2          ---> CÁLCULO DAS OUTRAS COMPONENTES
Cells(i, 1) = y(i + 1)
Next i
End Sub
```

EXEMPLO 6.3

Simular a reta $y = 2t + 4$ para t no intervalo $[0, 15]$.

```
Sub exemplo1()
Dim y(20) As Double
Dim i As Integer

For i = 0 To 15
y(i + 1) = 2 * i + 4
Cells(i + 1, 1) = i
Cells(i + 1, 2) = y(i + 1)

Next i
End Sub
```

Pode-se observar que o vetor calcula o valor da posição na reta para cada número da iteração e depois a célula captura esse dado salvando na coluna B. Na coluna A o contador *i* faz o papel dos valores do eixo das abscissas.

O resultado dessa pequena simulação para o desenho de uma reta é mostrado na Figura 6.3.

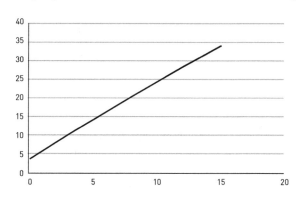

Figura 6.3 Resultado do Exemplo 6.3

EXEMPLO 6.4

Simular a parábola $y = t^2 - 5t + 6$ para t no intervalo $[0, 15]$.

```
Sub exemplo1()
Dim y(20) As Double
Dim i As Integer

For i = 0 To 15
y(i + 1) = i ^ 2 - 5 * i + 6
Cells(i + 1, 1) = i
Cells(i + 1, 2) = y(i + 1)

Next i
End Sub
```

O resultado será:

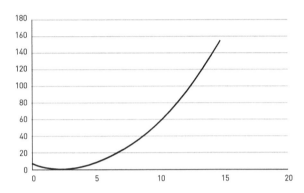

Figura 6.4 Resultado do Exemplo 6.4

Se o programador desejar no programa anterior começar com o índice 0 para mostrar que o índice do vetor está na posição $t = 0$, então deve modificar o programa para:

```
Sub exemplo1()
Dim y(0 To 20) As Double
Dim i As Integer

For i = 0 To 15
y(i) = i ^ 2 - 5 * i + 6
Cells(i + 1, 1) = i
Cells(i + 1, 2) = y(i)

Next i
End Sub
```

EXEMPLO 6.5

Encontrar o máximo elemento de um vetor $\vec{v} = (v_1 \; v_2 \; ... \; v_n)$.

Este é um exercício já comentado e apresentado anteriormente usando células. No caso, a solução é a mesma para vetores.

```
Sub maximo_vetor()
Dim i As Integer
Dim v(20) As Single
Dim n As Integer
Dim max As Single


n = 5
For i = 1 To n
  v(i) = CSng(InputBox("entre com o valor =" & i))
Next i

max = v(1)

For i = 1 To n
  If v(i) > max Then
  max = v(i)
  End If
Next i

MsgBox (" o máximo valor é : " & max)

End Sub
```

EXEMPLO 6.6: Separação de clientes especiais

Figura 6.5 Análise de clientes e investimentos.

Um banco de investimento possui uma carteira com clientes especiais que realizam grandes investimentos financeiros. Ao final do mês, o banco deseja fazer a relação de clientes que movimentaram suas contas. Um mesmo cliente pode movimentar muitas vezes a conta investimento. O banco deseja separar apenas os clientes sem repetir as diversas movimentações. Usando a noção de vetor, fazer um algoritmo que leia dois vetores v_1 e v_2 que representam as movimentações dos clientes. Depois da leitura o programa deve incluir em v_1 os clientes de v_2 que não são iguais aos clientes de v_1.

Apesar de parecer fácil, é um exemplo difícil de programar usando vetor, pois o programa deve comparar os dois vetores e apenas incluir elementos diferentes dos já existentes no primeiro vetor. Vamos tomar como exemplo teste os seguintes dois vetores:

$$\vec{v}_1 = \begin{bmatrix} 1 \\ 2 \\ 3 \end{bmatrix} \qquad \vec{v}_2 = \begin{bmatrix} 1 \\ 4 \\ 5 \end{bmatrix} \qquad \text{O vetor resultante será } \vec{v}_1 = \begin{bmatrix} 1 \\ 2 \\ 3 \\ 4 \\ 5 \end{bmatrix}$$

O programa deve ter uma variável denominada encontrou para descartar os elementos iguais. No final, uma pergunta é feita a essa variável para o programa tomar a decisão se deseja ou não incluir o elemento.

```
Sub inclusao()
Dim v1(15) As Single
Dim v2(15) As Single
Dim i As Integer
Dim j As Integer
Dim tamanho As Integer
Dim n As Integer
Dim encontrou As Integer

n = CInt(InputBox("n="))

For i = 1 To n
        v1(i) = CSng(InputBox("v1="))
        v2(i) = CSng(InputBox("v2="))
   Next i

tamanho = n

For i = 1 To n
    encontrou = 0
     For j = 1 To n
        If v2(i) = v1(j) Then
            encontrou = 0
            j = n + 1
        Else
        encontrou = 1
        End If
     Next j
  If encontrou = 1 Then
        tamanho = tamanho + 1
        v1(tamanho) = v2(i)
   End If
Next i

For i = 1 To tamanho
   Cells(i, 1) = v1(i)
Next i

End Sub
```

A variável tamanho, nesse caso, foi utilizada para o aumento na ordem do primeiro vetor caso um número diferente do segundo vetor tenha sido encontrado. Isso fará esse número entrar depois do último número.

 EXEMPLO 6.7: Codificação de compra e venda on-line

Compras e vendas de produtos on-line são sempre codificadas por números que representam a procedência, o produtor, o local de fabricação entre muitos outros códigos. Uma empresa deseja um programa para ler uma sequência de números inteiros num vetor x (*array*).

A empresa deseja separar essa sequência x em diversas subsequências Y (*array*) sempre começando com números em ordem crescente. Depois, o programa deverá colocar nas células do Excel os respectivos tamanhos das subsequências Y (*array*).

Assim, por exemplo, se x for:

$$X = 1 \quad 10 \quad 2 \quad 3 \quad 4 \quad 2 \quad 5 \quad 90 \quad 100 \quad 5 \quad 6 \quad 7$$

Temos as diversas subsequências em ordem crescente:

$$Y1 = \{1, 10\} \quad Y2 = \{2,3,4\} \quad Y3 = \{2, 5, 90, 100\} \quad Y4 = \{5,6,7\}$$

Cujos tamanhos são: tam($Y1$) = 2; tam($Y2$) = 3; tam($Y3$) = 4; tam($Y4$)=3

O objetivo, então, é ter um programa que adote que x estará digitado na linha 1 de uma planilha e deverá ser lido. O programa deverá adotar que sempre as subsequências já estarão em ordem crescente e o intuito é separá-las e contar seu tamanho. Depois, deverá imprimir na ordem que aparece apenas os tamanhos das subsequências Y nas células do Excel. A Figura 6.6 mostra um exemplo com x estando na primeira linha:

	A	B	C	D	E	F	G	H	I	J	K	L
1	1	10	2	3	4	2	5	90	100	5	6	7
2												
3	Tamanhos											
4	2											
5	3											
6	4											
7	3											

Figura 6.6

O programa precisará no início alimentar o vetor x com os valores contidos nas células da linha 1. Um contador de sequências chamado de cont é introduzido na programação para servir de índice no vetor de tamanhos das sequências y.

Usando-se um *Do While* para iniciar cada nova sequência e outro *Do While* para salvar os valores dentro de cada sequência, o programa terminará quando o início de uma nova sequência se inicia no último dado da linha. Por isso, no programa da solução a seguir após terminar uma sequência o programa recebe $i = j$.

```
Dim i As Integer
Dim j As Integer
Dim n As Integer
Dim x(20) As Integer
Dim y(20) As Integer
Dim cont As Integer

n = 12
For i = 1 To n
   x(i) = Cells(1, i)
Next i

cont = 0
i = 1
Do While i <= n
   cont = cont + 1
   y(cont) = 1
   j = i + 1
   Do While x(j - 1) <= x(j)
      y(cont) = y(cont) + 1
      j = j + 1
   Loop
   i = j
Loop
```

```
Cells(3, 1) = "Tamanhos"
For i = 1 To cont
Cells(i + 3, 1) = y(i)
Next i

End Sub
```

6.3 Variável indexada bidimensional

A variável indexada bidimensional tem a mesma característica da variável unidimensional. Ou seja, esse tipo de variável também conhecida como matriz substitui a utilização de células nos cálculos que envolvam linhas e colunas da planilha. Enquanto um vetor armazena um conjunto de dados em uma única disposição, a matriz armazena informações que se cruzam em linhas e colunas. Esse tipo de armazenamento é apenas na memória RAM e para ser visualizado necessita ser salvo nas células após os cálculos.

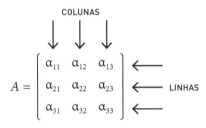

Figura 6.7

A declaração de uma matriz segue as mesmas características da declaração de um vetor, notando apenas que agora o número de dados da segunda dimensão (colunas) também deve ser informado.

```
Dim a(1 To 10, 1 To 10) As Double
```

A entrada ou alimentação por elementos de uma matriz é muito parecida com a realizada para alimentação de dados em células. É necessário o uso de dois contadores, um para linhas e outro para colunas.

```
For i = 1 To 3
    For j = 1 To 3
        a(i, j) = CDbl(InputBox("valor="))
    Next j
Next i
```

Um programa simples de entrada e saída de dados pode ser o apresentado a seguir.

```
Sub teste()
Dim a(1 To 10, 1 To 10) As Double

For i = 1 To 3
   For j = 1 To 3
      a(i, j) = CDbl(InputBox("valor="))
   Next j
Next i

For i = 1 To 3
   For j = 1 To 3
   Cells(i, j) = a(i, j)
   Next j
Next i

End Sub
```

A entrada de uma matriz pode ser melhorada para facilitar ao usuário, visto que ele não consegue visualizar, como na célula, qual elemento ele está inserindo. Uma forma interessante é informar a posição da linha e a posição da coluna para cada novo dado.

```
For i = 1 To 3
   For j = 1 To 3
      a(i, j) = CDbl(InputBox("a[" & i & " , " & j & "]= "))
   Next j
Next i
```

O resultado dessa mensagem fica representado como na forma na Figura 6.8:

Figura 6.8

 **EXEMPLO 6.8**

Fazer um algoritmo para ler e somar duas matrizes, salvando essa soma numa terceira matriz.

Para somar matriz, basta fazer um programa que some elemento a elemento de cada uma das matrizes A e B e salve essa soma no elemento correspondente da matriz resultante.

$$\begin{bmatrix} c_{11} & c_{12} \\ c_{21} & c_{22} \end{bmatrix} = \begin{bmatrix} a_{11} & a_{12} \\ a_{21} & a_{22} \end{bmatrix} + \begin{bmatrix} b_{11} & b_{12} \\ b_{21} & b_{22} \end{bmatrix}$$

Figura 6.9

Em que $c_{11} = a_{11} + b_{11}$ e assim por diante para todos os elementos da matriz C. A programação nesse caso deve ter uma parte que envolva a alimentação das duas matrizes e depois efetivamente o cálculo da matriz resultante. No final do programa, imprime-se o resultado nas células do Excel no formato de matriz.

```
Sub teste()
Dim a(1 To 10, 1 To 10) As Double
Dim b(1 To 10, 1 To 10) As Double
Dim c(1 To 10, 1 To 10) As Double

For i = 1 To 2
    For j = 1 To 2
        a(i, j) = CDbl(InputBox("a[" & i & " , " & j & "]= "))
        Next j
Next i

For i = 1 To 2
    For j = 1 To 2
        b(i, j) = CDbl(InputBox("b[" & i & " , " & j & "]= "))
        Next j
Next i

For i = 1 To 2
    For j = 1 To 2
    c(i, j) = a(i, j) + b(i, j)
    Cells(i, j) = c(i, j)
    Next j
Next i

End Sub
```

EXEMPLO 6.9

Fazer um programa para ler uma matriz de ordem 3×3 e calcular a média da coluna 2 dessa matriz.

$$A = \begin{bmatrix} \alpha_{11} & \alpha_{12} & \alpha_{13} \\ \alpha_{21} & \alpha_{22} & \alpha_{23} \\ \alpha_{31} & \alpha_{32} & \alpha_{33} \end{bmatrix}$$

$$\uparrow$$
$$A(i,2)$$

Figura 6.10

```
Sub teste()
Dim a(1 To 10, 1 To 10) As Double

For i = 1 To 3
    For j = 1 To 3
        a(i, j) = CDbl(InputBox("a[" & i & " , " & j & "]= "))
        Next j
Next i
```

CAPÍTULO 6 | Indexação do mercado **177**

```
soma = 0

For i = 1 To 3
   soma = soma + a(i, 2)
  Next i
media = soma / 3

MsgBox (media)

End Sub
```

EXEMPLO 6.10

Fazer um programa para ler uma matriz de ordem 3×3 e calcular a soma da linha 3 dessa matriz.

$$A = \begin{bmatrix} \alpha_{11} & \alpha_{12} & \alpha_{13} \\ \alpha_{21} & \alpha_{22} & \alpha_{23} \\ \alpha_{31} & \alpha_{32} & \alpha_{33} \end{bmatrix}$$

$A(3,j) \longrightarrow$

Figura 6.11

```
Sub teste()
Dim a(1 To 10, 1 To 10) As Double
Dim soma As Double
For i = 1 To 3
   For j = 1 To 3
      a(i, j) = CDbl(InputBox("a[" & i & " , " & j & "]= "))
      Next j
Next i
soma = 0
For j = 1 To 3
   soma = soma + a(3, j)
  Next j
MsgBox (soma)

End Sub
```

EXEMPLO 6.11

Fazer um programa para ler duas matrizes de ordem 3×3 e calcular o produto dessas matrizes.

O produto de duas matrizes é um problema interessante, pois não se trata apenas de uma multiplicação envolvendo termos correspondentes. Deve-se ter em mente que no produto, pela sua definição, se faz uma soma interna. Além do contador das linhas e colunas da matriz, necessita-se de um contador para a soma existente nesse produto.

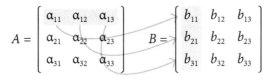

Figura 6.12

A parte principal do algoritmo é:

```
For i = 1 To 3
For j = 1 To 3
 soma = 0
 For k = 1 To 3
    soma = soma + a(i, k) * b(k, j)
    Next k
  c(i, j) = soma
  Next j
  Next i
```

O programa com base nessa parte principal do algoritmo do produto das matrizes é o descrito a seguir.

```
Sub teste()
Dim a(1 To 10, 1 To 10) As Double
Dim b(1 To 10, 1 To 10) As Double
Dim c(1 To 10, 1 To 10) As Double
Dim soma As Double

For i = 1 To 3
   For j = 1 To 3
      a(i, j) = CDbl(InputBox("a[" & i & " , " & j & "]= "))
      Next j
Next i
For i = 1 To 3
   For j = 1 To 3
      b(i, j) = CDbl(InputBox("b[" & i & " , " & j & "]= "))
      Next j
Next i

For i = 1 To 3
For j = 1 To 3
 soma = 0
 For k = 1 To 3
    soma = soma + a(i, k) * b(k, j)
    Next k
  c(i, j) = soma
  Next j
  Next i
```

```
For i = 1 To 3
  For j = 1 To 3
    Cells(i, j) = c(i, j)
  Next j
Next i

End Sub
```

 EXEMPLO 6.12: Contabilização de negócios de alta frequência em corretora de valores

Figura 6.13 Ações de alta frequência.

Uma corretora opera com ações em canal de alta frequência. A corretora contabiliza os negócios salvando nas linhas o tipo de ação de mercado que seus clientes possuem e nas colunas o período dos negócios. Assim, a linha 1 seria a primeira ação (por exemplo PETR4, ou VALE5, ou USIM5 etc.) e a coluna 1 poderia ser um microssegundo de negociação, a coluna 2 poderia ser dois microssegundos e assim sucessivamente.

Os elementos representam o número de negócios ou contratos fechados. Na forma de matrizes, o exercício seria fazer um algoritmo em VBA-Excel em que o usuário entra com a ordem n de uma matriz quadrada $A_{n \times n}$ e com os próprios elementos da matriz (os negócios realizados). O programa deve fazer a soma de todos os elementos de cada linha e de todos os elementos de cada coluna. Esses resultados devem ser salvos em vetor e no final impressos nas células da coluna A da planilha do Excel. Exemplo:

$$A = \begin{bmatrix} 1 & 3 & 5 \\ 0 & 2 & 4 \\ 6 & 1 & -3 \end{bmatrix}$$

Figura 6.14

Linha 1 = 9 negócios para ação 1 Coluna 1 = 7 negócios no primeiro período

Linha 2 = 6 negócios para ação 2 Coluna 2 = 6 negócios no segundo período

Linha 3 = 4 negócios para ação 3 Coluna 3 = 6 negócios no terceiro período

```
Sub q2()
Dim a(10, 10) As Single
Dim v(10) As Single
Dim n As Integer
Dim i As Integer
Dim j As Integer
```

```
n = CInt(InputBox("n="))
For i = 1 To 2 * n
      v(i) = 0
 Next i
 For i = 1 To n
    For j = 1 To n
        a(i, j) = CSng(InputBox("a="))
        v(i) = v(i) + a(i, j)
    Next j
 Next i
 For j = 1 To n
    For i = 1 To n
       v(n + j) = v(n + j) + a(i, j)
      Next i
 Next j
 For i = 1 To 2 * n
 Cells(i, 1) = v(i)
 Next i

 End Sub
```

EXEMPLO 6.13

Fazer um algoritmo em que o usuário entra com o tamanho n de um vetor $V1$ e insere os elementos desse vetor. O programa deve salvar em outro vetor $V2$ os elementos em ordem crescente do vetor $V1$. No final, o programa deve salvar nas células da coluna A da planilha, em cada linha, a diferença entre cada elemento dos vetores $V1$ em relação ao vetor $V2$, ou seja, $(V1 - V2)$. Exemplo:

$$V1 = \begin{bmatrix} 3 \\ 0 \\ 6 \\ -1 \end{bmatrix} \qquad \text{vetor ordenado} \quad V2 = \begin{bmatrix} -1 \\ 0 \\ 3 \\ 6 \end{bmatrix} \qquad \text{Resultado na planilha} \begin{bmatrix} 4 \\ 0 \\ 3 \\ -7 \end{bmatrix}$$

```
Sub q3()
Dim v1(10) As Single
Dim v2(10) As Single
Dim i As Integer
Dim n As Integer
Dim troca As Single

n = CInt(InputBox("n="))
For i = 1 To n
    v1(i) = CSng(InputBox("v=").
    v2(i) = v1(i)
Next i
```

CAPÍTULO 6 | Indexação do mercado **181**

```
For i = 1 To n - 1
   If v2(i) > v2(i + 1) Then
      troca = v2(i)
      v2(i) = v2(i + 1)
      v2(i + 1) = troca
      i = 0
   End If
Next i
For i = 1 To n
   Cells(i, 1) = v1(i) - v2(i)
Next i

End Sub
```

EXEMPLO 6.14: Padronização para fiscalização em bolsas de valores

Uma bolsa de valores deseja padronizar o nível das negociações com valores entre 0 e 1. Esse tipo de padronização visa verificar negócios que estejam ocorrendo muito fora da normalidade e que precisam de uma investigação mais cuidadosa. A forma de realizar essa padronização é dividir todos os negócios (volumes, por exemplo) pelo maior número encontrado na mesa de negociação. Usando a definição de matriz, o problema poderia se transformar em escrever um algoritmo que leia uma matriz A de números inteiros (positivos e negativos) de ordem $A_{12\times13}$.

O programa deve dividir os 13 elementos de cada uma das 12 linhas de A pelo valor do maior elemento em módulo (valor absoluto) daquela linha e salvar em outra matriz B. No final, o programa deve imprimir apenas nova matriz $B_{12\times13}$ modificada nas células do Excel.

! ATENÇÃO

Não será aceita a programação em células, apenas em matrizes. Somente a impressão deve ser em células.

! LEMBRETE

Em VBA o comando de valor absoluto é *Abs()*. Exemplo: Abs(–5) = 5.

```
Sub q2()
Dim A(15, 15) As Single
Dim B(15, 15) As Single
Dim V(15) As Single
Dim i As Integer
Dim j As Integer
Dim max As Single

For i = 1 To 12
    For j = 1 To 13
       A(i, j) = CSng(InputBox("valor="))
    Next j
Next i

For i = 1 To 12
    max = -1
    For j = 1 To 13
        If Abs(A(i, j)) > max Then
            max = Abs(A(i, j))
```

```
            End If
        Next j
        V(i) = max
    Next i
    For i = 1 To 12
       For j = 1 To 13
          B(i, j) = A(i, j) / V(i)
          Cells(i, j) = B(i, j)
       Next j
    Next i

End Sub
```

 EXEMPLO 6.15: Busca de possíveis clonagens em cartão de crédito

Uma bandeira de cartão de crédito separa os clientes com compras suspeitas para evitar fraudes em cartões clonados. A empresa separa os cartões com maior probabilidade de clonagem na coluna 6 de uma matriz que possui 100 cartões monitorados. Fazer um algoritmo para ler uma matriz A de ordem 10×10. Após a leitura, o programa deve colocar a coluna 6 inteira em ordem crescente e apenas imprimir o maior elemento dessa coluna em *MsgBox*. Esse maior elemento indica para a empresa de cartão de crédito o cartão que tem movimento muito fora de seus padrões normais.

Figura 6.15 Transtorno causado pela clonagem de cartão.

```
Sub q3()
Dim A(15, 15) As Single
Dim i As Integer
Dim j As Integer
Dim troca As Single

For i = 1 To 10
    For j = 1 To 10
       A(i, j) = CSng(InputBox("valor="))
    Next j
Next i
For i = 1 To 9
    If A(i, 6) > A(i + 1, 6) Then
       troca = A(i, 6)
       A(i, 6) = A(i + 1, 6)
       A(i + 1, 6) = troca
       i = 0
    End If
Next i
MsgBox ("maior elemento" & A(10, 6))

End Sub
```

EXEMPLO 6.16

Fazer uma macro em que o usuário entra com a ordem n e os valores de uma matriz quadrada $A_{n \times n}$. Então, o programa deve verificar dentre os elementos positivos (e somente os positivos), quantos elementos dessa matriz são pares e quantos são ímpares. Uma *MsgBox* deve ser enviada ao usuário dizendo quantos pares e ímpares o programa achou.

Exemplo:

$A = \begin{bmatrix} 0 & 1 \\ -1 & 2 \end{bmatrix}$ Existe 1 elemento par e 1 elemento ímpar nessa matriz.

```
Sub Matriz()
Dim a(10, 10) As Single
Dim n As Integer
Dim i As Integer
Dim j As Integer
Dim par As Single
Dim impar As Single

n = CDbl(InputBox("n="))
For i = 1 To n
 For j = 1 To n
   a(i, j) = CDbl(InputBox("valor="))
   Next j
Next i

par = 0
impar = 0

For i = 1 To n
    For j = 1 To n
      If a(i, j) > 0 Then
        If a(i, j) Mod 2 = 0 Then
            par = par + 1
        Else
            impar = impar + 1
          End If
      End If
    Next j
Next i

MsgBox ("pares = " & par & "   impares = " & impar)
End Sub
```

EXEMPLO 6.17

Fazer um algoritmo para programação macro em VBA-Excel em que o usuário entra com dois vetores de tamanhos iguais a n V_1 e V_2. No final, o programa deve criar um terceiro vetor V_3 no qual serão armazenados os valores inversos de V_2 elevados ao quadrado. Ou seja, o último elemento de V_2 passa a ser o primeiro e elevado ao quadrado, o penúltimo elemento o segundo e elevado ao quadrado e assim por diante. O vetor V_3 deve ser salvo nas células da coluna A de qualquer planilha.

Exemplo: supondo a ordem $n = 4$:

$$V_1 = \begin{bmatrix} 2 \\ -4 \\ 1 \\ 10 \end{bmatrix} \quad e \quad V_2 = \begin{bmatrix} 1 \\ 0 \\ 2 \\ 5 \end{bmatrix} \quad \text{Então:} \quad V_3 = \begin{bmatrix} 5^2 \\ 2^2 \\ 0^2 \\ 1^2 \end{bmatrix} \quad \rightarrow \text{Resposta: } V_3 = \begin{bmatrix} 25 \\ 4 \\ 0 \\ 1 \end{bmatrix}$$

```
Sub Vetor()
Dim v1(10) As Single
Dim v2(10) As Single
Dim v3(10) As Single
Dim inv(10) As Single
Dim n As Integer
Dim i As Integer
Dim cont As Integer

n = CDbl(InputBox("n="))

For i = 1 To n
    v1(i) = CDbl(InputBox("v1="))
    Next i
cont = n
For i = 1 To n
    v2(i) = CDbl(InputBox("v2="))
    inv(cont) = v2(i)
    cont = cont - 1
    Next i
For i = 1 To n
v3(i) = inv(i) ^ 2
Cells(i, 1) = v3(i)
Next i

End Sub
```

EXEMPLO 6.18

Fazer uma macro na qual o usuário entra com a ordem n e os valores de uma matriz quadrada $A_{n \times n}$. Então, o programa deve verificar dentre os elementos positivos (e somente os positivos), quantos elementos dessa matriz são divisíveis por 5. Uma *MsgBox* deve ser enviada ao usuário dizendo quantos divisíveis por 5 o programa achou.

Exemplo:

$$A = \begin{bmatrix} 100 & 25 \\ -1 & 2 \end{bmatrix} \quad \text{Existem 0 elementos divisíveis por 5.}$$

```
Sub Matriz()
Dim a(10, 10) As Single
Dim n As Integer
Dim i As Integer
Dim j As Integer
Dim divp5 As Single

n = CDbl(InputBox("n="))
For i = 1 To n
 For j = 1 To n
   a(i, j) = CDbl(InputBox("valor="))
   Next j
Next i

divp5 = 0

For i = 1 To n
    For j = 1 To n
     If a(i, j) > 0 Then
         If a(i, j) Mod 5 = 0 Then
             divp5 = divp5 + 1
           End If
       End If
      Next j
Next i

MsgBox (" numeros divisiveis por 5 = " & divp5)
End Sub
```

 EXEMPLO 6.19

Uma matriz A de ordem $m \times n$ é dita ordenada se os elementos de cada linha estão em ordem crescente da esquerda para a direita e os elementos de cada coluna estão em ordem crescente de cima para baixo na matriz. Fazer um algoritmo que leia a ordem m e n da matriz via *InputBox* e que o usuário também entre com esses elementos via *InputBox*. No final, o algoritmo deve emitir uma mensagem *MsgBox* dizendo se a matriz é ordenada ou não.

Exemplo:

$$A = \begin{bmatrix} 5 & 9 & 10 \\ 6 & 10 & 12 \\ 9 & 15 & 16 \end{bmatrix} \qquad A = \begin{bmatrix} 5 & 6 & 8 \\ 6 & 7 & 9 \\ 12 & 8 & 11 \end{bmatrix}$$

Matriz ordenada   Matriz não ordenada

```
Sub exemplo()
Dim a(10, 10) As Single
Dim i As Integer
Dim j As Integer
Dim m As Integer
Dim n As Integer
Dim ord As Integer
```

```
m = CInt(InputBox("m="))
n = CInt(InputBox("n="))
For i = 1 To m
  For j = 1 To n
    a(i, j) = CSng(InputBox("a[" & i & "," & j & "]="))
  Next j
Next i
ord = 0
For i = 1 To m
  For j = 1 To n - 1
    If a(i, j) > a(i, j + 1) Then
      j = n + 1
      i = n + 1
      ord = 1
    End If
  Next j
Next i
For j = 1 To n
  For i = 1 To m - 1
    If a(i, j) > a(i + 1, j) Then
      j = n + 1
      i = n + 1
      ord = 1
    End If
  Next i
Next j
If ord = 0 Then
  MsgBox ("ORDENADA")
Else
  MsgBox ("NÃO ORDENADA")
End If
End Sub
```

EXEMPLO 6.20

Um analista percebe que, ao baixar da Internet um conjunto de dados, os dados que ele deseja estão em ordem inversa de data. Ele precisa colocar na ordem correta para suas projeções. Fazer um programa que leia um vetor A com n elementos e coloque seus elementos em ordem inversa em um outro vetor B. No final o programa mostra cada elemento do vetor B, um a um, em *MsgBox*.

Exemplo:

$A = (5, 4, 2, 1, 1, 3, 6)$ $B = (6, 3, 1, 1, 2, 4, 5)$

Figura 6.16 Organização de arquivo em ordem alfabética.

```
Sub ex4()
Dim n As Integer
Dim i As Integer
Dim a(20) As Single
Dim b(20) As Single

n = CInt(InputBox("n="))
For i = 1 To n
    a(i) = CInt(InputBox("valor="))
    b(n - i + 1) = a(i)
Next i

For i = 1 To n
    MsgBox (b(i))
Next i

End Sub
```

EXEMPLO 6.21: Detecção do melhor cliente

Figura 6.17 Análise de clientes.

Uma empresa recebe constantemente planilhas com os investimentos dos clientes na forma de matriz com 12 linhas e 12 colunas. A empresa identificou que os melhores clientes estão sempre na área hachurada da matriz da Figura 6.18. Fazer um algoritmo para encontrar o máximo valor das células dentro da área hachurada e a linha e coluna correspondentes desse elemento máximo.

	A	B	C	D	E	F	G	H	I	J	K	L
1	7	x	x	x	x	x	x	x	x	x	x	14
2	6	2	x	x	x	x	x	x	x	x	1	10
3	5	18	12	x	x	x	x	x	x	9	20	3
4	19	13	7	3	x	x	x	x	1	7	11	19
5	11	9	17	17	14	x	x	7	10	9	14	4
6	9	11	17	11	9	11	5	13	10	14	18	8
7	7	6	4	11	5	12	8	18	10	4	14	15
8	13	16	4	17	5	x	x	2	16	8	10	3
9	3	4	1	15	x	x	x	x	15	16	8	19
10	15	2	13	x	x	x	x	x	x	17	14	9
11	15	6	x	x	x	x	x	x	x	x	2	9
12	20	x	x	x	x	x	x	x	x	x	x	20

Figura 6.18

```
Sub teste()
Dim i As Integer
For i = 1 To 12
    For j = 1 To 12
        Cells(i, j) = Int(1 + 20 * Rnd)
    Next j
Next i
Max = -1
For i = 1 To 5
    For j = i + 1 To 12 - i
        If Cells(i, j) > Max Then
```

```
    Next j
  Next i
  Max = -1
  For i = 1 To 5
    For j = i + 1 To 12 - i
      If Cells(i, j) > Max Then
        Max = Cells(i, j)
        linha = i
        col = j
      End If
    Next j
  Next i
  For i = 8 To 12
    For j = 12 - i + 2 To i - 1
    If Cells(i, j) > Max Then
    Max = Cells(i, j)
    linha = i
    col = j
    End If
    Next j
  Next i

  MsgBox ("n= " & Max & " " & linha & " " & col)

End Sub
```

EXEMPLO 6.22 Triângulo Pascal

Fazer um algoritmo usando matriz quadrada $n \times n$, em que o usuário escolhe a ordem n via *InputBox* e o programa gera automaticamente a matriz $A_{n \times n}$ do Triângulo de Pascal e imprime em seguida nas células do Excel.

Exemplo: $n = 4$

$$A = \begin{bmatrix} 1 & 0 & 0 & 0 \\ 1 & 1 & 0 & 0 \\ 1 & 2 & 1 & 0 \\ 1 & 3 & 3 & 1 \end{bmatrix}$$

```
Sub quiz3A()
Dim A(10, 10) As Single
Dim n As Integer
Dim i As Integer
Dim j As Integer

n = CInt(InputBox("n="))
For i = 1 To n
  For j = 1 To n
    A(i, j) = 0
  Next j
Next i

If n = 1 Then
  A(1, 1) = 1
```

```
Else
   A(1, 1) = 1
   For i = 2 To n
   A(i, 1) = 1
     For j = 2 To n
        If i = j Then
           A(i, j) = 1
        Else
           A(i, j) = A(i - 1, j - 1) + A(i - 1, j)
        End If
     Next j
   Next i
End If

For i = 1 To n
  For j = 1 To n
  Cells(i, j) = A(i, j)
  Next j
Next i

End Sub
```

EXEMPLO 6.23

Fazer um algoritmo em que o usuário entra com n e com uma matriz quadrada $A_{n \times n}$ via *InputBox* e o programa imprime a média dos elementos abaixo da diagonal secundária.

! OBSERVAÇÃO

A diagonal secundária é definida conforme a figura seguinte.

$$A = \begin{bmatrix} x & x & x \\ x & x & x \\ x & x & x \end{bmatrix} \longrightarrow \begin{array}{l} \text{ABAIXO DA} \\ \text{DIAGONAL} \\ \text{SECUNDÁRIA} \end{array}$$

```
Sub quizB()
Dim A(10, 10) As Single
Dim n As Integer
Dim i As Integer
Dim j As Integer
Dim soma As Single
Dim cont As Integer
Dim media As Single

n = CInt(InputBox("n="))
For i = 1 To n
  For j = 1 To n
    A(i, j) = CInt(InputBox("valor="))
    Next j
Next i
soma = 0
```

190 Mercado Financeiro

```
cont = 0
For i = 1 To n
  For j = 1 To n
    If j > n - (i - 1) Then
      soma = soma + A(i, j)
      cont = cont + 1
    End If
  Next j
Next i
media = soma / cont
MsgBox (media)

End Sub
```

EXEMPLO 6.24: Compactação de dados

A compactação é uma ferramenta poderosa da computação, principalmente no que se refere a guardar grandes quantidades de dados em pouco espaço. Por exemplo, o WinZip é uma ferramenta de compactação. Grandes corretoras com aquisição de dados on-line se preocupam com o espaço para armazenamento de seus dados de clientes. Pede-se, então, que se faça um algoritmo para compactar um vetor $V1$ em um vetor $V2$ e no fim imprima somente o vetor $V2$ nas células da coluna A. Para compactar, é preciso seguir as seguintes regras:

Figura 6.19 Transferência de dados.

- O primeiro elemento do vetor $V2$ é o número de algarismos 0 que o vetor $V1$ contém, a partir do seu início, até o primeiro algarismo 1.
- O próximo elemento do vetor $V2$ é o número de algarismos 0 que o vetor $V1$ contém, a partir do último algarismo 1 encontrado, até o próximo algarismo 1.

Exemplo: para um vetor digitado $V1 = (0, 0, 0, 1, 1, 0, 1, 0, 1, 1, 0, 0)$ obtém-se o vetor compactado $V2 = (3, 1, 1, 2)$.

```
Sub compacta()
Dim v1(30) As Integer
Dim v2(30) As Integer
Dim i As Integer
Dim n As Integer
Dim cont As Integer

n = CInt(InputBox("n="))
For i = 1 To n
    v1(i) = CInt(InputBox("valor="))
Next i
k = 0
cont = 0
```

```
    For i = 1 To n
      If v1(i) = 0 Then
          cont = cont + 1
          If i = n Then
              k = k + 1
              v2(k) = cont
          End If
      Else
          If i <> 1 And v1(i - 1) = 0 Then
              k = k + 1
              v2(k) = cont
              cont = 0
          End If
      End If
    Next i
    For i = 1 To k
      Cells(i, 1) = v2(i)
    Next i

End Sub
```

EXEMPLO 6.25: Jogo batalha naval

O jogo batalha naval é simples e composto de duas matrizes $n \times n$. Para simplificar o problema, criar um algoritmo com uma matriz $A_{10 \times 10}$ para o jogo só ter um barco. Essa matriz deve ser preenchida totalmente com zeros e escolher onde o barco será colocado usando *InputBox*. Escolhida a posição do barco na matriz *A* (elemento *a(i, j)*), preencher o correspondente elemento com o algarismo 1. A seguir, ler outra matriz *B* (do atacante) composta de dez linhas e duas colunas. Os elementos de B indicarão onde o atacante está atirando na sua matriz *A*.

Por exemplo, se $B(3, 1) = 1$ e $B(3, 2) = 4$, o ataque é no elemento $A(1, 4)$. Depois de lidos todos os tiros do ataque, o programa deve percorrer os dados da matriz *B* e quando um desses dados acertar onde está seu número 1 escondido na matriz *A*, seu programa deve interromper o jogo e dizer que ele é o vencedor numa caixa de mensagem. Caso contrário, se o atacante não acertar, deve aparecer uma mensagem dizendo que você é o vencedor.

```
Sub batalha_naval()
Dim a(20, 20) As Integer
Dim b(20, 20) As Integer
Dim linha_barco As Integer
Dim col_barco As Integer
Dim linha_tiro As Integer
Dim col_tiro As Integer
Dim i As Integer
Dim j As Integer
Dim ganhou As Integer

For i = 1 To 10
    For j = 1 To 10
      a(i, j) = 0
    Next j
Next i

linha_barco = CInt(InputBox("escolha linha do barco"))
col_barco = CInt(InputBox("escolha coluna do barco"))

a(linha_barco, col_barco) = 1

For i = 1 To 10
      b(i, 1) = CInt(InputBox("linha do tiro"))
```

```
        b(i, 2) = CInt(InputBox("coluna do tiro"))
Next i

ganhou = 0

For i = 1 To 10
        linha_tiro = b(i, 1)
        col_tiro = b(i, 2)

            If a(linha_tiro, col_tiro) = 1 Then
                ganhou = 1
                i = 11
            End If
Next i
If ganhou = 0 Then
        MsgBox ("eu ganhei")
Else
        MsgBox ("voce ganhou")
End If
End Sub
```

6.4 *Flash crash* no Dow Jones

Após a crise financeira de 2008 os mercados mundiais se tornaram instáveis e qualquer evento surpresa cria uma corrida dos investidores para se desfazerem de suas posições em ações nas bolsas de valores. As bolsas do mundo estão bastante informatizadas e a grande maioria das negociações é realizada pelos conhecidos robôs algorítmicos ou simplesmente robô *trader*. Esses robôs são programas ou macros preparadas para atuarem no mercado automaticamente, sem a presença do investidor, apenas seguindo regras lógicas pré-instaladas. As regras lógicas são criadas pelos investidores e isso pode ser um problema.

Figura 6.20 Análise de índices da bolsa de valores.

No dia 6 de maio de 2010, a partir das 14 horas, o índice americano Dow Jones começou a registrar uma série de vendas. Essas vendas foram aumentando e isso ativou alguns robôs preparados para comprar. Essas compras foram realizadas até certo ponto, mas como o índice continuou a cair, seguindo ordens lógicas dos clientes os robôs começaram a vender.

Essas regras lógicas podem ser colocadas pelos investidores, por exemplo, mandando os robôs venderem todas as posições caso o índice esteja abaixo de certo suporte seguro. Por exemplo, é possível programar seu robô para vender tudo caso o índice caia mais de 2% ou 3%. Esse tipo de negociação hoje em dia é conhecido como negócios de alta frequência.

Após o índice Dow Jones atingir um patamar de queda, todos os robôs que compravam reverteram suas ordens para vendas das ações. O que se viu foi o *crash* mais rápido do mundo em bolsas de valores, levando todas as bolsas a caírem. Em 15 minutos o índice Dow Jones caiu quase 10%, gerando pânico em todo o mundo. O evento ficou conhecido como *flash crash*.

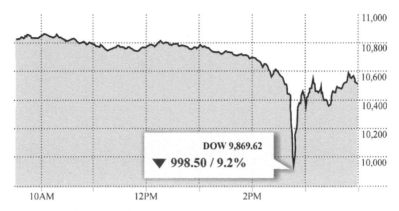

Figura 6.21 *Flash crash* no Dow Jones: dados reais

Para simular o *flash crash*, a programação não precisa mais do que já foi estudado neste capítulo e nos anteriores. O valor do índice Dow Jones será colocado num vetor dimensionado como *Single*. Pode-se partir do patamar de 10.000 pontos para o Dow Jones. Para fazer o Dow Jones subir representado pelo vetor $x(i)$, pode-se colocar uma tendência em seu movimento. Por exemplo, pode-se dizer que a cada minuto ele cresce 2% em relação ao minuto anterior. Isso seria simplesmente dizer que o futuro é igual ao passado acrescido de 1,02 do tempo percorrido. É a equação da reta:

$$x(i + 1) = x(i) + 1{,}02 * t$$

Mas apenas esse termo não ajuda na simulação, pois uma bolsa de valores não é uma reta. Às vezes ela segue o que se chama de tendência, mas seus valores oscilam o tempo todo. Para acrescentar uma flutuação, pode-se usar o artifício apresentado no Exemplo 5.4 do Capítulo 5. O uso da distribuição uniforme ajuda a corrigir essa tendência, fazendo nossa bolsa digital subir e cair em torno da tendência. Supondo que o Dow Jones oscile 100 pontos em torno dessa tendência, a equação anterior fica alterada como:

$$x(i + 1) = x(i) + 1{,}02 * t + (-100 + 200 * aleatorio)$$

Esse novo termo acrescentou uma flutuação na reta de 100 pontos para cima e para baixo. É preciso lembrar que a distribuição de probabilidade uniforme garante que os números gerados como *inicio+(fim-inicio)*aleatorio* terão a mesma probabilidade de ocorrência. O termo aleatório, conforme visto no Capítulo 5 em VBA, é *Rnd*, ou seja,

$$x(i + 1) = x(i) + 1{,}02 * t + (-100 + 200 * Rnd)$$

E a queda? Como um robô sairia vendendo? Basta colocar um comando lógico *If* para simular essa fuga em manada. Por exemplo, pode-se dar a ordem à macro que quando o índice Dow Jones passar de 10.500 está na hora de vender e embolsar os lucros. Em tempos de crise, qualquer lucro é bem-vindo mesmo que pequeno.

A simulação pode ser programada alterando o valor do Dow Jones para 90% do atual valor caso ele ultrapasse esse patamar de 10.500 pontos. Por exemplo, a programação do *If* seria:

```
If x(i + 1) > 10500 Then
    x(i + 1) = x(i + 1) * 0.9
End If
```

No dia 6 de maio, uma vez atingindo quase 10% de queda, todos perceberam que não havia crise e que foi alguma ordem errada de algum robô. Rapidamente todos ordenaram compras realizando os maiores e mais rápidos lucros da história (posteriormente foram anulados pela SEC, agência reguladora do mercado financeiro americano). Essa parte do programa fica:

```
If x(i + 1) < 9500 Then
    x(i + 1) = x(1)
End If
```

Se o programa percebe que o índice caiu abaixo de 9.500 pontos, ele ajusta o valor do Dow Jones artificial para o valor inicial de 10.000 pontos. A programação completa fica conforme a seguir e rodando o programa diversas vezes, muitos cenários diferentes ocorrem, imitando o comportamento de desespero dos investidores.

O resultado de uma das simulações da macro é apresentado no próximo gráfico. Muitas outras alterações podem ser realizadas na macro para criar cenários de indecisão ou cenários de pânico. Existem diversas áreas da computação estudando o comportamento humano por meio desse tipo de simulação numérica. Algumas universidades americanas criaram departamentos multidisciplinares envolvendo economistas, administradores, cientistas da computação, matemáticos, biólogos e psicólogos para entender o comportamento humano nas situações de desespero. Essas situações são simuladas por programas de computador e analisadas posteriormente para entender o que se deve fazer quando um evento catastrófico ocorre.

```
Sub flashcrash()
Dim i As Integer
Dim n As Integer
Dim x(100) As Single

n = 50
x(1) = 10000
Cells(1, 1) = 1
Cells(1, 2) = x(1)

For i = 1 To n - 1

 x(i + 1) = x(i) + 1.02 * i + (-100 + 200 * Rnd)

   If x(i + 1) > 10500 Then
       x(i + 1) = x(i + 1) * 0.9
   End If
   If x(i + 1) < 9500 Then
       x(i + 1) = x(1)
   End If

 Cells(i + 1, 1) = i
 Cells(i + 1, 2) = x(i + 1)

Next i

End Sub
```

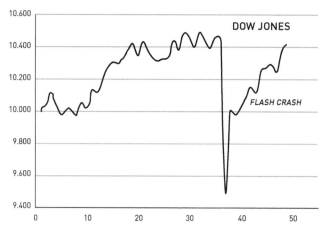

Figura 6.22 Simulação numérica do *flash crash* no Dow Jones usando vetores

6.5 Uso de *ReDim*

O *ReDim* permite dimensionar ou adequar vetores e matrizes para uma quantidade de dados específica em problemas em que o tamanho desejado é incerto. Por exemplo, quando fixamos $X(20)$ ou $A(10,10)$ não sabemos ao certo se a reserva desses *arrays* atenderá ao cliente e sua planilha. O cliente poderá ter em alguns casos mais de 20 valores para o vetor X, ou mais colunas para a matriz A.

O que se deve fazer, nesse caso, é usar uma estrutura conhecida como ponteiros, deixando livre a memória de um *array*, mas reestruturando conforme a necessidade de uso de dados que o cliente escolheu.

Suponha que um cliente deseja a soma de seus retornos ao longo de um dia de negócios. Mas como esses negócios variam de dia para dia, não sabemos ao certo quanto deveria ser um valor padrão de *n*, ou seja, quantidade de células preenchidas. Não podemos dimensionar um vetor com uma quantidade muito grande, pois poderemos alocar muita memória para pouco cálculo.

Suponhamos a seguinte planilha de retornos desse cliente.

	A	B
1	2	
2	-1	
3	5	
4	8	
5	9	
6	2	
7	3	
8	4	
9	0	
10	1	

Figura 6.23

Primeiro deve-se dimensionar um vetor *x* como ponteiro de memória, deixando um parêntesis em branco da seguinte forma *x( )*. Em seguida, uma vez o usuário preenchendo quantas linhas ele deseja calcular a soma dos retornos, utiliza-se *ReDim* da maneira abaixo:

```
n = CInt(InputBox("entre com o número de dados"))

ReDim x(n) As Single
```

Uma vez lido o valor de *n*, o programa da soma calcula o valor total dos retornos, mas agora otimizando o tamanho da memória para o valor de dados especificado. Veja o programa completo com o *ReDim* como se comporta para *n* = 10 com os dados da planilha anterior.

```
Sub Ex_redim()
Dim i As Integer
Dim n As Integer
Dim x() As Single
Dim s As Single

n = CInt(InputBox("entre com o número de dados"))

ReDim x(n) As Single

s = 0
For i = 1 To 10
    x(i) = Cells(i, 1)
    s = s + x(i)
Next i
MsgBox ("A soma total é = " & s)

End Sub
```

Figura 6.24

 EXEMPLO 6.26: Uso do *ReDim* com matriz

Faça uma *Sub* que leia as dimensões de uma matriz quadrada bem como todos os seus elementos por *Inputbox* e os armazene na matriz *A* interna do VBA *(array)*. Em seguida, o programa deve informar por *MsgBox* a média de todos os elementos não pertencentes às diagonais da matriz *A*.

Exemplo com *n* = 5.

CAPÍTULO 6 | Indexação do mercado **197**

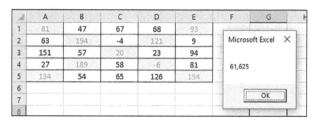

Figura 6.25

Como essa matriz poderá mudar de quantidade de elementos, é mais interessante usar o *ReDim* para dimensionar a memória exatamente para a quantidade desejada pelo usuário. Então, na declaração de variável colocamos a matriz como ponteiro $A(\ )$ e então pedimos ao usuário qual a ordem quadrada da matriz que ele deseja entrar. Uma vez sabendo o valor correto, redimensiona-se essa matriz com

$$ReDim\ A(1\ to\ n,\ 1\ to\ n)\ as\ Single$$

```
Sub PSUBQ4()
Dim i As Integer, j As Integer, n As Integer
Dim A() As Single, media As Single, cont As Integer
n = CInt(InputBox("Anxn -> n?"))
ReDim A(1 To n, 1 To n) As Single
media = 0
cont = 0
For i = 1 To n
For j = 1 To n
A(i, j) = CSng(InputBox("A(" & i & " , " & j & ")=?"))
If i <> j And (i + j) <> (n + 1) Then
cont = cont + 1
media = media + A(i, j)
End If
Next j
Next i
MsgBox (media / cont)
End Sub
```

PARA PRATICAR

01 Fazer um algoritmo que leia dois vetores de aplicações de clientes (números inteiros, por exemplo) v_1 e v_2 e criar um terceiro vetor v_3 incluindo todos os elementos de v_1 e v_2.

02 Fazer um algoritmo que leia dois vetores de quantidade de vendas (números inteiros) de um departamento representados por v_1 e v_2 e criar um terceiro vetor v_3 incluindo somente os elementos em comum aos vetores v_1 e v_2.

03 Um empresário deseja colocar sua base de clientes na ordem crescente de participação na empresa. Fazer um algoritmo que leia um vetor e colocar os elementos em ordem crescente.

04 Um departamento financeiro montou uma planilha de clientes com códigos representados por números inteiros (positivos como bons clientes e negativos como inadimplentes). O departamento descobriu um padrão de comportamento entre esses clientes, separando-os em números de códigos pares e ímpares. Fazer uma macro em que o usuário entra com a ordem n e os valores de uma matriz quadrada $A_{n \times n}$. Então, o programa deve verificar, dentre os elementos positivos (e somente os positivos), quantos elementos dessa matriz são pares e quantos são ímpares. Uma *MsgBox* deve ser enviada ao usuário dizendo quantos pares e ímpares o programa achou.

Exemplo:

$A = \begin{bmatrix} 0 & 1 \\ -1 & 2 \end{bmatrix}$ Existe 1 elemento par e 1 elemento ímpar nessa matriz.

05 Fazer uma macro em que o usuário entra com a ordem n e os valores de uma matriz quadrada $A_{n \times n}$. Então, o programa deve verificar, dentre os elementos positivos (e somente os positivos), quantos elementos dessa matriz são divisíveis por 5. Uma *MsgBox* deve ser enviada ao usuário dizendo quantos divisíveis por 5 o programa achou.

Exemplo:

$A = \begin{bmatrix} -3 & -1 & 5 \\ 7 & 3 & 10 \\ 5 & 1 & 2 \end{bmatrix}$ Existem 3 elementos divisíveis por 5.

06 Saber o pior ponto de venda numa região ótima com alta lucratividade ajuda as empresas a focar no ponto falho e reverter essas vendas para colocar no padrão das outras filiais. Em teoria de sistemas, define-se isso como elemento Minimax de uma matriz, ou seja, menor elemento da linha que se encontra o maior elemento (o maior número) contido na matriz.

Exemplo:

$A = \begin{bmatrix} -3 & -1 & 5 \\ 7 & 3 & 10 \\ 5 & 1 & 2 \end{bmatrix}$ Minimax = 3

Fazer um algoritmo em VBA-Excel para entrar com uma matriz quadrada de ordem n via *InputBox* e dizer qual o Minimax.

07 Fazer o mesmo exercício anterior, mas, agora, para Maxmin de uma matriz, o maior elemento da linha que se encontra o menor elemento (o menor número) contido na matriz.

Exemplo:

$$A = \begin{bmatrix} -3 & -1 & 5 \\ 7 & 3 & 10 \\ 5 & 1 & 2 \end{bmatrix} \quad \text{Maxmin} = 2$$

Fazer um algoritmo em VBA-Excel para entrar com uma matriz quadrada de ordem n via *InputBox* e dizer qual o Maxmin.

08 Os obesos anônimos estão conduzindo um estudo da efetividade de seus programas de redução de peso. Para tanto, um instituto tomou um número n de pesos dos obesos e criou uma matriz de pesos em quilo. Fazer um algoritmo em VBA-Excel que leia essa matriz de n pesos e imprima numa *MsgBox* no final a média de pesos e quantos obesos ultrapassaram a média dos pesos dessa matriz.

Exemplo:

$n = 3$

$$Pesos = \begin{bmatrix} 80 & 60 & 50 \\ 50 & 70 & 90 \\ 70 & 50 & 50 \end{bmatrix}$$

Média = 63,33 Kg   Número de obesos que ultrapassaram a média = 4

09 Uma empresa de análise de mercado possui uma matriz preenchida com números que representam a volatilidade de todos os seus ativos. A volatilidade serve para essa empresa como uma medida de risco dos investimentos. Encontrar os ativos de maior e menor risco é uma investigação importante. Fazer um algoritmo que leia a ordem n de uma matriz quadrada e, em seguida, a própria matriz. O algoritmo, então, deve procurar o máximo e o mínimo valor dessa matriz. Em seguida, deve mostrar em *MsgBox* esses valores para o usuário.

10 O cliente que mais está devendo a uma empresa deve ser contatado para saber o que está ocorrendo, a fim de verificar seu perfil e possivelmente excluí-lo de novas compras. Fazer um algoritmo que leia um vetor x. Em seguida, encontrar o menor elemento do vetor x e a sua posição dentro do vetor, mostrando: "O menor elemento de x é M e sua posição dentro do vetor é P".

11 Duas bases de dados compõem dados que, ao serem colocados numa fórmula, indicam possíveis novos valores para a taxa de juros futura. Escrever um algoritmo que leia dois vetores v_1 e v_2 de dez posições cada e fazer a multiplicação dos elementos de mesmo índice, colocando o resultado em um terceiro vetor. Mostrar o vetor resultante.

12 Fazer um algoritmo que leia um vetor V. Trocar, em seguida, todos os elementos de ordem ímpar do vetor com os elementos de ordem par imediatamente posteriores. Exemplo: $V = (2, 3, 6, 7)$ depois das trocas $V = (3, 2, 7, 6)$.

13 O aumento de salários de um grande banco se dá pela multiplicação do fator de correção estabelecido entre o sindicato e o banco. Definido o fator de correção constante A, deve-se fazer o produto dele pelo vetor de salários dos funcionários. Fazer um algoritmo que leia um vetor S (salários) e uma variável A (fator de correção). Em seguida, mostrar o produto da variável A pelo vetor.

14 Escrever um algoritmo que leia 50 valores para um vetor de 50 posições. Mostrar depois somente os positivos nas células do Excel.

15 Ativos que tiveram rentabilidade nula em um mês devem ser excluídos e substituídos em um portfólio. Escrever um algoritmo que leia um vetor inteiro de 30 posições e criar um segundo vetor, substituindo os valores nulos (se existirem) por 1. Mostrar os dois vetores.

16 Contar quantas vezes o cliente acessou sua conta de investimentos é uma forma do gerente saber qual tipo de cliente ele tem em sua base. Normalmente, os clientes são separados em arrojados e tradicionais. Escrever um algoritmo que leia um vetor x de clientes representados por números inteiros de seus códigos. O programa deve imprimir, a seguir, cada um dos valores distintos que aparecem em X, dizendo quantas vezes cada valor aparece em X.

17 Uma corretora quer separar sua base de dados apenas em clientes que compraram ativos e ganharam em seus investimentos. Para isso, deseja excluir os clientes com rentabilidade nula ou negativa. Faça um algoritmo que leia um vetor (A) de n posições. Em seguida, compacte o vetor, retirando os valores nulos e negativos, colocando o resultado em um vetor (B).

18 Elaborar um algoritmo que lê uma matriz M e um valor A e multiplica a matriz M pelo valor A. O programa coloca os valores da matriz multiplicados por A em um vetor de V, seguindo a variação das colunas. As primeiras posições estão na primeira linha, depois as posições da segunda linha, e assim sucessivamente. Mostrar no final o vetor V nas células do Excel.

19 Um analista deseja identificar os ativos do portfólio pelo risco. O risco em sua empresa tem classificação de zero a dez e preenchem uma matriz V. Escreva um algoritmo que leia um número inteiro A (um determinado risco) e uma matriz V de ordem $n \times n$ de códigos de risco. O programa deve contar quantos valores iguais a A estão na matriz. O programa deve, em seguida, criar uma matriz x contendo todos os elementos de V que são diferentes de A, colocando 0 nos elementos iguais a A. O programa deve imprimir a matriz x nas células do Excel e enviar uma *MsgBox* ao usuário dizendo quantos elementos A existiam na matriz original.

20 Escrever um algoritmo que leia uma matriz $M_{6\times6}$. Em seguida, trocar os elementos da primeira coluna com os da segunda coluna, os da terceira com os da quarta e os elementos da quinta com os da sexta coluna.

21 A lista de ações da Bovespa é classificada em um fundo pelos números 1, 2 e 3. Todo final de mês a empresa gera um relatório baseado em sua matriz de ações que possui sempre o mesmo formato, como mostrado a seguir. Fazer um algoritmo que gere a seguinte matriz:

$$\begin{matrix} 1 & 1 & 1 & 1 & 1 & 1 \\ 1 & 2 & 2 & 2 & 2 & 1 \\ 1 & 2 & 3 & 3 & 2 & 1 \\ 1 & 2 & 3 & 3 & 2 & 1 \\ 1 & 2 & 2 & 2 & 2 & 1 \\ 1 & 1 & 1 & 1 & 1 & 1 \end{matrix}$$

22 As piores metas inflacionárias do governo em suas simulações numéricas estão abaixo da diagonal secundária de uma matriz. Fazer um algoritmo que leia uma matriz numérica 15 × 15 e calcular a soma dos elementos da diagonal secundária.

23 Fazer um programa que leia uma matriz 12 × 12, calcular e escrever a soma dos elementos da área hachurada na letra a) e o maior elemento da área hachurada na letra b), em seguida:

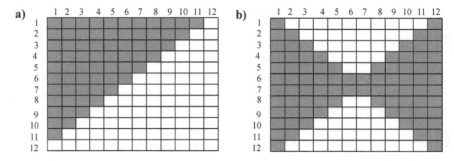

Figura 6.26

24 Imaginar que a planilha 1 do Excel tenha na coluna A n dados. Eles já estão inseridos nas células. Elaborar um algoritmo que faça a aquisição desses dados e guardar em um vetor Y. Depois, o algoritmo deve colocar os dados do vetor Y em ordem decrescente e salvá-los nas células diagonais da planilha 2 (A1, B2, C3 etc.). Observar que é para colocar o vetor Y em ordem decrescente.

25 Ao final do mês, um cliente percorre sua matriz de dados que representam retornos das ações. Nas que deram prejuízo, ele coloca 0; naquelas que deram lucro, ele coloca 1. Primeiramente, o usuário deve entrar com a matriz. Fazer um algoritmo em que o cliente entre com uma matriz quadrada $A_{n\times n}$ e, em, cada elemento, ele digite apenas 1 ou 0.

Exemplo:

$$A = \begin{bmatrix} 0 & 1 & 0 & 0 \\ 0 & 0 & 1 & 0 \\ 1 & 0 & 0 & 0 \\ 0 & 0 & 0 & 1 \end{bmatrix}$$

Fazer um programa macro que leia uma matriz de ordem $n \times n$ e, no final, imprima por meio de um *MsgBox* uma mensagem dizendo quantos números 0 e quantos números 1 existem.

26 Fazer um algoritmo em que o usuário entre com duas matrizes quadradas de ordem N, $A_{n\times n}$ e $B_{n\times n}$ e o programa imprima o resultado da matriz resultante $X_{n\times n}$ nas células do Excel para a equação matricial:

$$X = (A * B^T) * (A^T * B)$$

27 Em uma matriz de ações da Bovespa, quando a ação sobe, um usuário digita 1. Quando a ação cai, ele digita 0. Um usuário entra com uma matriz quadrada $A_{n\times n}$ e, em cada elemento, ele digita apenas elemento igual a 1 ou elementos nulos.

Exemplo:

$$A = \begin{bmatrix} 0 & 1 & 0 & 0 \\ 0 & 0 & 1 & 0 \\ 1 & 0 & 0 & 0 \\ 0 & 0 & 0 & 1 \end{bmatrix}$$

Fazer um programa macro que leia uma matriz de ordem $n \times n$ e no final, imprima por meio de um *MsgBox* uma mensagem dizendo se o resultado da soma total de números uns dessa matriz é um número par ou ímpar.

28 Uma tesouraria de um grande banco descobriu uma fórmula de previsão dos preços de uma cesta de moedas internacionais. Duas cestas básicas compõem moedas de países desenvolvidos (matriz A) e em desenvolvimento (matriz B). Fazer um algoritmo em que o usuário entre com as duas matrizes quadradas de ordem N, $A_{n\times n}$ e $B_{n\times n}$, e o programa imprima o resultado da matriz resultante $X_{n\times n}$ nas células do Excel para a equação matricial:

$$X = (A - B^T) * (A^T + B)$$

29 Dado um vetor A contendo n elementos, chama-se de inversão de elementos de A quando para $i < i + 1$ acontece que o elemento $A(i) > A(i + 1)$. Escrever um algoritmo que peça ao usuário os n números do vetor A e leia o vetor via *InputBox*. Considerar a hipótese de que o usuário sempre entrará com números inteiros e todos distintos. O algoritmo deve imprimir em *MsgBox* quantas inversões existem no vetor A. Por fim, se o número de inversões for par, o programa deve encontrar o máximo valor e imprimir em outro *MsgBox*.

Exemplo: $(4, 3, 2, 1, 5, 6, 2)$ *número de inversões: 4*   *Máximo = 6*

30 Fazer um algoritmo para ler duas matrizes quadradas de ordem $n \times n$ A e B. O programa deve calcular o resultado da fórmula matricial:

$$C = A * B + B^T * A$$

Em que B^T é matriz transposta de B. No fim, o programa deve imprimir nas células do Excel apenas a matriz resultante C.

31 Padronizar os valores de um conjunto de dados é um recurso bastante importante na análise e projeção de ativos no mercado financeiro. A padronização acaba com as grandes diferenças existentes entre diversos tipos de dados, tais como uma comparação entre valor do dólar e valor do PIB de um país. Fazer um programa em VBA-Excel em que o usuário entre com o tamanho de um vetor $V1$ e com os valores desse vetor composto de números positivos via *InputBox*. O programa deve padronizar os números desse vetor e salvar os novos números em outro vetor $V2$. A padronização deve ser feita tomando o número de maior valor do vetor $V1$ e dividindo todos os outros por ele.

Exemplo:

$n = 4$

Seja $V1 = \begin{bmatrix} 2 \\ 1 \\ 3 \\ 5 \end{bmatrix}$. O maior número é 5. Então, $V2 = \begin{bmatrix} 2/5 \\ 1/5 \\ 3/5 \\ 5/5 \end{bmatrix} = \begin{bmatrix} 0,4 \\ 0,2 \\ 0,6 \\ 1 \end{bmatrix}$

32 Uma empresa recebeu de suas três filiais três vetores contendo dados de prejuízos mês a mês. A empresa deseja colocar todos esses dados juntos numa matriz A. Fazer um algoritmo em VBA-Excel em que o usuário entre com os elementos de três vetores de mesmo tamanho n, e o programa transfira esses valores para uma matriz com três colunas e número de linhas iguais ao tamanho n dos vetores.

Exemplo em que $n = 5$:

$$x = \begin{bmatrix} 3 \\ 2 \\ 4 \\ 1 \\ 8 \end{bmatrix} \quad y = \begin{bmatrix} 2 \\ 1 \\ 1 \\ 0 \\ 9 \end{bmatrix} \quad z = \begin{bmatrix} 5 \\ 5 \\ 1 \\ 2 \\ 5 \end{bmatrix} \longrightarrow A = \begin{bmatrix} 3 & 2 & 5 \\ 2 & 1 & 5 \\ 4 & 1 & 1 \\ 1 & 0 & 2 \\ 8 & 9 & 5 \end{bmatrix}$$

33 Fazer um algoritmo em que o usuário entre com a ordem n de uma matriz quadrada $A_{n \times n}$, e o programa cria uma matriz A com números 1 na diagonal principal, números 1 na diagonal secundária e 0 nas demais posições. No final, o programa mostra essa matriz A criada nas células do Excel.

Exemplo: Se $n = 4$

DIAGONAL PRINCIPAL $\longleftarrow$ ⌐ $\longrightarrow$ DIAGONAL SECUNDÁRIA

$$A = \begin{bmatrix} 1 & 0 & 0 & 1 \\ 0 & 1 & 1 & 0 \\ 0 & 1 & 1 & 0 \\ 1 & 0 & 0 & 1 \end{bmatrix}$$

34 Fazer um programa em VBA-Excel no qual o usuário entre com o tamanho de um vetor $V1$ e com os valores desse vetor composto de números inteiros positivos via *InputBox* e o programa diga qual é o maior número par desse vetor.

Exemplo:

$n = 4$

Seja o vetor $\begin{bmatrix} 1 \\ 20 \\ 33 \\ 12 \end{bmatrix}$, o maior número par é 20.

35 A definição do tipo de cliente de um banco de investimento se dá pela performance de suas aplicações, as quais sempre são analisadas dentro de um intervalo de confiança com um mínimo de a e máximo de b em termos de aplicações. Fazer um programa em VBA-Excel em que o usuário entre com o tamanho de um vetor V1 e com os valores desse vetor composto de números inteiros positivos via *InputBox* e o programa diga em *MsgBox* o número que está entre os limites de um intervalo $[a, b]$, em que a e b são fornecidos pelo usuário. Caso não haja nenhum, o programa deve dizer que não há nenhum número.

Exemplo:

$n = 4$

CAPÍTULO 6 | Indexação do mercado **205**

$A = 30$; $b = 35$; ----- intervalo ---- [30,35]

Seja o vetor $\begin{bmatrix} 1 \\ 20 \\ 33 \\ 12 \end{bmatrix}$, o número dentro do intervalo é 33.

36 A análise de tendências é a ferramenta mais usada no mercado financeiro. Ao analisar a tendência, o investidor toma a decisão de seguir a corrente de investimento de outros investidores ou não. A tendência é medida pela média dos retornos, ou média de volumes aplicados, ou média de investidores comprando a mesma ação etc. Fazer um algoritmo em VBA-Excel para ler um vetor com n números inteiros fornecidos pelo usuário e dizer em *MsgBox* qual dos números está mais longe da média em valor absoluto (módulo).

Exemplo: $v = (\,1, 1, 5, 2, 3)$ > média = 2,4 > número mais longe = 5.

37 Diz-se que uma matriz quadrada $A_{n \times n}$ é uma matriz de permutação se em cada linha houver um único elemento igual a 1 e os demais nulos. Para facilitar, suponha que sempre o usuário irá preencher a matriz apenas com números 0 e 1.

Exemplo:

$A = \begin{bmatrix} 0 & 1 & 0 & 0 \\ 0 & 0 & 1 & 0 \\ 1 & 0 & 0 & 0 \\ 0 & 0 & 0 & 1 \end{bmatrix}$ Esta é uma matriz de permutação.

Fazer um programa macro que leia uma matriz de ordem $n \times n$ e, no final, imprima por meio de um *MsgBox* uma mensagem dizendo se a matriz é ou não de permutação.

38 Um analista de mercado internacional deseja olhar para uma matriz e observar a maior inflação (número positivo) e a maior deflação (número negativo) para criar seus cenários de análise. Dada uma matriz quadrada $A_{n \times n}$, fazer uma macro que leia a ordem n da matriz, leia a matriz do usuário e encontre o elemento máximo e o elemento mínimo dessa matriz. O programa envia uma *MsgBox* ao usuário informando esses elementos.

Exemplo: $n = 4$

$A = \begin{bmatrix} 0 & 1 & 2 & 3 \\ 5 & 0 & 11 & -3 \\ -2 & 12 & 2 & 4 \\ 1 & 0 & 4 & -2 \end{bmatrix}$ Elemento máximo é 12 e mínimo é −3

39 Dada uma matriz quadrada $A_{n \times n}$, fazer uma macro que leia a ordem n da matriz e leia a matriz do usuário. O programa deve perguntar ao usuário qual coluna ele deseja escolher. Lida a coluna escolhida pelo usuário, o programa deve fazer o produto de todos os elementos da coluna escolhida e enviar uma *MsgBox* para o usuário.

Exemplo: $n = 4$ :::::::::::: Col = 2

$$A = \begin{bmatrix} 0 & 1 & 2 & 3 \\ 5 & 0 & 11 & -3 \\ -2 & 12 & 2 & 4 \\ 1 & 0 & 4 & -2 \end{bmatrix} \quad \text{Produtório} = 72$$

40 Fazer um programa em VBA em que o usuário informe a dimensão n da matriz quadrada $A(n \times n)$ via *InputBox* e lê a matriz A a partir das células de uma planilha do Excel (começando da célula A1). Deve-se salvar as células na matriz e usar a matriz nos cálculos. O algoritmo deverá informar para o usuário, via caixa de mensagem *MsgBox*, o resultado da divisão da soma de todos os elementos da matriz acima da diagonal principal (não inclui a diagonal) pela soma de todos os elementos da matriz abaixo da diagonal principal (não inclui a diagonal).

Figura 6.27

41 A Caixa Econômica Federal realiza o sorteio de seis números da Mega-Sena e armazena num vetor. Uma lotérica possui na planilha 1 do Excel n apostas em linhas e seis colunas (adote que ninguém faz mais do que seis apostas). Fazer um algoritmo que leia o número n de apostas via *InputBox* e jogar os dados da planilha numa matriz A com n linhas e seis colunas. O programa deverá ler via *InputBox* o vetor dos seis números sorteados da Caixa Econômica. Então, o programa deverá contar o número de acertos de cada linha da matriz A com os números sorteados da caixa. O número de acertos deve ser colocado na coluna 7 da matriz A. No final, o programa deverá imprimir na planilha 2 do Excel a matriz A completa, agora com sete colunas para as n apostas.

Exemplo:

$$A = \begin{bmatrix} 6 & 12 & 23 & 33 & 34 & 42 \\ 3 & 7 & 8 & 51 & 55 & 60 \\ 15 & 22 & 28 & 34 & 41 & 49 \\ 12 & 15 & 28 & 31 & 34 & 47 \end{bmatrix} \quad \text{Caixa} = (6 \ 21 \ 25 \ 27 \ 31 \ 42)$$

Resultado

$$A = \begin{bmatrix} 6 & 12 & 23 & 33 & 34 & 42 & 2 \\ 3 & 7 & 8 & 51 & 55 & 60 & 0 \\ 15 & 22 & 28 & 34 & 41 & 49 & 0 \\ 12 & 21 & 25 & 27 & 31 & 47 & 4 \end{bmatrix}$$

42 Fazer um programa em VBA que leia os retornos de nove ações de uma carteira de investimentos que estão nas células da *Plan1* e colocar no vetor R. Depois, o algoritmo deverá ler os nove pesos das ações na carteira da *Plan2* e colocar no vetor P. O objetivo é calcular o Retorno Total da carteira de ações usando o vetor R e o vetor P. Se usar células, o exercício será considerado errado. A fórmula para o cálculo do Retorno Total da carteira é apresentada abaixo, ao lado das ilustrações das Planilhas, onde x representa o produto de R por P. O programa deverá informar ao usuário, na célula B10 da *Plan1*, o retorno total da carteira.

Figura 6.28

43 Uma corretora recebeu de um cliente uma reclamação que suas ordens de compra e venda de ações não foram atendidas. O cliente passou ao *trader* os códigos das ações que ele negociou em forma de vetor. O *trader* tem em suas mãos um vetor de ordem de negociações, mas não tem certeza se é do mesmo cliente. O que ele deseja é fazer um programa que identifique se os dois vetores (o dele e do cliente) possuem os mesmos elementos, mesmo que estejam em posições diferentes. Sendo assim, fazer um algoritmo para comparar dois vetores de tamanho n, que sejam lidos por *InputBox* e no final apresentar em *MsgBox* uma mensagem "vetores iguais" ou "vetores diferentes". Para facilitar, adote a hipótese que os vetores não possuem ordens repetidas, ou seja, todos os elementos são diferentes.

Exemplo: $n = 6$

$$trader = \begin{bmatrix} 5 \\ 1 \\ 3 \\ 7 \\ 4 \\ 8 \end{bmatrix} \qquad cliente = \begin{bmatrix} 3 \\ 4 \\ 8 \\ 5 \\ 7 \\ 1 \end{bmatrix} \qquad \text{RESULTADO = vetores iguais}$$

44 Fazer um programa em VBA em que o usuário informa a dimensão n da matriz quadrada $A(n \times n)$ via *InputBox* e lê a matriz A que já está nas células de uma planilha do Excel (a partir da célula A1). Deve-se salvar as células na matriz e usar a matriz nos cálculos. O algoritmo deverá descobrir o maior e o menor elemento da matriz. Deverá salvar em um vetor x a soma dos índices da localização desses dois elementos na matriz. Por exemplo, se o elemento máximo estiver na posição a_{14}, deverá ser salvo no vetor x o número 5. Imprimir nas células ao lado da matriz original (uma coluna após a última coluna da matriz) apenas esse vetor x de dois elementos.

Exemplo para $n = 3$:

A =		A	B	C		vetor X =	D
	1	5	4	2			3
	2	10	0	1			4
	3	3	6	8			

Figura 6.29

45 Fazer uma macro no VBA em que o usuário entra via *InputBox* com o número de linhas m e de colunas n de uma matriz A (interna do VBA, não use *Cells*), e, em seguida, os elementos desta matriz são carregados via *Inputbox*. Sempre usando matrizes internas do VBA, calcular a matriz B, que é a transposta de A, e, finalmente, a matriz C que é resultado da multiplicação: $A \times B$. Retornar às células da planilha, a partir de A1, a matriz C e informar via caixa de mensagem a média de todos os termos da matriz C.

Exemplo com $m = 4$ e $n = 3$

A:	1	2	3	C:	14	32	50	68
	4	5	6		32	77	122	167
	7	8	9		50	122	194	266
	10	11	12		68	167	266	365

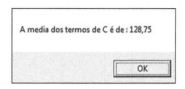

Figura 6.30

46 Fazer um programa em VBA em que o usuário forneça as dimensões de uma matriz. Sem usar as células do Excel, portanto, usando apenas matrizes internas do VBA, o programa deverá pedir ao usuário os elementos da matriz (admitir somente números inteiros). Em seguida, o programa deverá ordenar as colunas ímpares da matriz em ordem crescente e as colunas pares em ordem decrescente. Poderá ser usado qualquer um dos dois métodos de ordenação ensinados no livro. A matriz resultante deverá ser impressa nas células da planilha a partir de A1.

47 Fazer um algoritmo para ler dois vetores $V1$ e $V2$ de mesmo tamanho n. O programa deverá encontrar o maior elemento dos dois vetores e imprimi-lo em *MsgBox*, imprimindo também nessa forma se ele pertence ao vetor $V1$ ou vetor $V2$. Pode-se admitir que não existem elementos repetidos e não é necessário imprimir os dois vetores nas células.

Exemplo:

$$V1 = \begin{bmatrix} 4 \\ -1 \\ 7 \\ 6 \end{bmatrix} \quad V2 = \begin{bmatrix} -3 \\ -2 \\ 10 \\ 5 \end{bmatrix} \quad \text{Máximo} = 10 \text{ Pertence ao Vetor 2}$$

48 Fazer um algoritmo para ler uma matriz quadrada de ordem n $A_{n \times n}$, formada apenas pelos elementos 0 e 1. Admitir que o usuário somente entre com esses dois números. O algoritmo deverá, depois de lida a matriz, percorrer todos os elementos e contar quantos números 0 e quantos números 1 existem. Depois de contados, essas duas somas deverão fazer parte de um novo vetor de ordem 2, em que o primeiro elemento é a contagem de 0 e o segundo elemento, a de 1. Não é necessário imprimir a matriz A, mas, sim, o vetor ao final.

Exemplo:

$$A = \begin{bmatrix} 1 & 1 & 0 \\ 0 & 1 & 0 \\ 1 & 1 & 1 \end{bmatrix} \quad \text{números de zero} = 3 \quad \text{números de 1} = 6 \quad V = \begin{bmatrix} 3 \\ 6 \end{bmatrix}$$

49 Um economista entregou sua monografia cujo tema era tentar encontrar um padrão de fluxo de moeda estrangeira entre os principais países do mundo. Um dos passos foi criar dezenas de matrizes desde 1960 compostas por diversos países, nas quais as linhas significam os países de onde se partiu o investimento em moeda estrangeira, e as colunas, para onde o investimento chegou. Como os valores são sempre altos, uma metodologia foi calcular a média global desses investimentos. Os elementos acima da diagonal principal das matrizes indicam quanto chegou de investimento nos países que estão nas colunas (Figura 6.31).

1994

	BRA	CAN	CHN	IND	JAP	MEX	RUS	SGP	USA	SAF	HOL	AUS	GER	SPA	FRA	GBR
BRA	1	-0.0272	0.3365	0.2203	-0.0710	0.3135	-0.9365	0.1164	-0.1556	0.2748	-0.1732	-0.1589	-0.0851	-0.1434	-0.0283	-0.2237
CAN	-0.0272	1	0.4115	0.5376	0.1464	0.4158	-0.9968	0.6188	0.6593	-0.1444	0.6519	0.5801	0.3891	0.5406	0.5110	0.6227
CHN	0.3365	0.4115	1	0.9445	0.1279	0.8623	-0.6505	0.7437	0.2678	0.2532	0.4139	0.1143	0.2543	0.4184	0.6917	0.0459
IND	0.2203	0.5376	0.9445	1	0.2183	0.8932	-0.8834	0.8409	0.5604	0.2079	0.6240	0.4589	0.4836	0.5613	0.6924	0.3447
JAP	-0.0710	0.1464	0.1279	0.2183	1	0.3121	0.1392	0.2917	-0.1218	0.0598	0.2982	0.2244	-0.2194	0.5473	0.4962	0.1431
MEX	0.3135	0.4158	0.8623	0.8932	0.3121	1	-0.9963	0.8729	0.5054	0.1228	0.6345	0.4973	0.4804	0.6594	0.7298	0.3707
RUS	-0.9365	-0.9968	-0.6505	-0.8834	0.1392	-0.9963	1	-0.8844	-0.2770	-0.9944	-0.9601	-0.0803	-0.9398	0.5154	0.9673	0.9957
SGP	0.1164	0.6188	0.7437	0.8409	0.2917	0.8729	-0.8844	1	0.7384	0.0754	0.8345	0.7285	0.5614	0.8167	0.7813	0.6601
USA	-0.1556	0.6593	0.2678	0.5604	-0.1218	0.5054	-0.2770	0.7384	1	-0.2001	0.7891	0.8631	0.4271	0.6766	0.6030	0.8195
SAF	0.2748	-0.1444	0.2532	0.2079	0.0598	0.1228	-0.9944	0.0754	-0.2001	1	-0.1140	-0.1944	0.0741	-0.0686	-0.0280	-0.2613
HOL	-0.1732	0.6519	0.4139	0.6240	0.2982	0.6345	-0.9601	0.8345	0.7891	-0.1140	1	0.8764	0.4737	0.9312	0.8393	0.9136
AUS	-0.1589	0.5801	0.1143	0.4589	0.2244	0.4973	-0.0803	0.7285	0.8631	-0.1944	0.8764	1	0.3698	0.8326	0.6976	0.9203
GER	-0.0851	0.3891	0.2543	0.4836	-0.2194	0.4804	-0.9398	0.5614	0.4271	0.0741	0.4737	0.3698	1	0.3028	0.1929	0.3877
SPA	-0.1434	0.5406	0.4184	0.5613	0.5473	0.6594	0.5154	0.8167	0.6766	-0.0686	0.9312	0.8326	0.3028	1	0.9344	0.8289
FRA	-0.0283	0.5110	0.6917	0.6924	0.4962	0.7298	0.9673	0.7813	0.6030	-0.0280	0.8393	0.6976	0.1929	0.9344	1	0.6834
GBR	-0.2237	0.6227	0.0459	0.3447	0.1431	0.3707	0.9957	0.6601	0.8195	-0.2613	0.9136	0.9203	0.3877	0.8289	0.6834	1

2012

	BRA	CAN	CHN	IND	JAP	MEX	RUS	SGP	USA	SAF	HOL	AUS	GER	SPA	FRA	GBR
BRA	1	0.7046	0.9158	0.8261	0.4632	0.6857	0.7930	0.8829	0.8236	0.6897	0.3326	0.8322	0.4147	0.7316	0.6701	0.4792
CAN	0.7046	1	0.6613	0.6826	0.6196	0.7257	0.6538	0.7035	0.8675	0.6173	0.7740	0.6391	0.5701	0.8925	0.8179	0.7989
CHN	0.9158	0.6613	1	0.8971	0.3711	0.6881	0.8917	0.9158	0.7721	0.6453	0.2309	0.8086	0.2953	0.7330	0.6686	0.4967
IND	0.8261	0.6826	0.8971	1	0.6009	0.6619	0.9544	0.7606	0.7287	0.7455	0.2714	0.8191	0.2258	0.7724	0.6318	0.5510
JAP	0.4632	0.6196	0.3711	0.6009	1	0.6381	0.4646	0.2387	0.5898	0.6878	0.5872	0.3959	0.2541	0.7412	0.5151	0.5802
MEX	0.6857	0.7257	0.6881	0.6619	0.6381	1	0.5068	0.6915	0.8216	0.7457	0.6514	0.5870	0.4694	0.8722	0.8847	0.7192
RUS	0.7930	0.6538	0.8917	0.9544	0.4646	0.5068	1	0.7361	0.6656	0.6195	0.0672	0.8152	-0.0455	0.7685	0.5622	0.5178
SGP	0.8829	0.7035	0.9158	0.7606	0.2387	0.6915	0.7361	1	0.7776	0.5471	0.3722	0.8248	0.3558	0.7067	0.7336	0.4866
USA	0.8236	0.8675	0.7721	0.7287	0.5898	0.8216	0.6656	0.7776	1	0.6257	0.6203	0.6887	0.6280	0.8682	0.8326	0.7774
SAF	0.6897	0.6173	0.6453	0.7455	0.6878	0.7457	0.6195	0.5471	0.6257	1	0.4858	0.5091	0.2276	0.7012	0.6789	0.6195
HOL	0.3326	0.7740	0.2309	0.2714	0.5872	0.6514	0.0672	0.3722	0.6203	0.4858	1	0.2113	0.5268	0.6350	0.6584	0.6230
AUS	0.8322	0.6391	0.8086	0.8191	0.3959	0.5870	0.8152	0.8248	0.6887	0.5091	0.2113	1	0.2144	0.6980	0.5339	0.3449
GER	0.4147	0.5701	0.2953	0.2258	0.2541	0.4694	-0.0455	0.3558	0.6280	0.2276	0.5268	0.2144	1	0.4557	0.4843	0.4176
SPA	0.7316	0.8925	0.7330	0.7724	0.7412	0.8722	0.7685	0.7067	0.8682	0.7012	0.6350	0.6980	0.4557	1	0.8751	0.8217
FRA	0.6701	0.8179	0.6686	0.6318	0.5151	0.8847	0.5622	0.7336	0.8326	0.6789	0.6584	0.5339	0.4843	0.8751	1	0.8613
GBR	0.4792	0.7989	0.4967	0.5510	0.5802	0.7192	0.5178	0.4866	0.7774	0.6195	0.6230	0.3449	0.4176	0.8217	0.8613	1

Figura 6.31

Dependendo do resultado (positivo ou negativo), os elementos das matrizes eram pintados de verde ou de vermelho e impressos nas células ao final de todos os cálculos.

Assim, para testar a capacidade de solução, fazer um algoritmo para ler uma matriz quadrada A de ordem n usando *InputBox*. A tabela não está na planilha. O algoritmo deverá, então, encontrar o valor médio dentre todos os elementos da matriz. Depois, o algoritmo deverá dividir todos os elementos da matriz por essa média. No final, usando *MsgBox*, o algoritmo deverá dizer qual país recebeu o maior fluxo médio de investimento (o valor da matriz padronizada) para um país escolhido pelo usuário no *InputBox*. Ou seja, o programa deverá encontrar o máximo de uma linha escolhida pelo usuário no *InputBox* para a matriz A e dizer seu valor e a coluna em que ele está usando *MsgBox*.

CAPÍTULO 6 | Indexação do mercado **211**

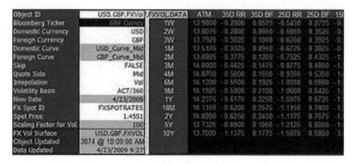

Figura 6.32

A planilha da Figura 6.32 é parte da tela de uma corretora. Suponha que a tela seja de dados sobre as taxas de juros de n países. Descobriu-se que a coluna 6 é a de maior interesse, pois contém dados dos países mais ricos do mundo. Deseja-se, então, automatizar essa busca pela coluna 6. Vamos supor que estamos analisando na tela apenas 10 países.

Fazer um algoritmo para ler uma matriz A de ordem 10×10 cujos dados já estão na planilha. Após o programa ler direto da planilha, ele deverá colocar a coluna 6 inteira em ordem crescente usando o método da bolha. O programa deverá imprimir apenas o elemento dessa coluna 6 ordenada que está na última posição depois da ordenação usando *MsgBox*. É importante lembrar que se trata de uma matriz e não de células.

51 Fazer um algoritmo para gerar automaticamente uma matriz quadrada A 3×3, sem trabalhar com células, mas com números aleatórios inteiros entre um e nove. Essa matriz deverá ser impressa nas células do Excel (apenas usando as células para a impressão). Então, o programa deverá procurar se existe algum número quadrado perfeito.

Um número é dito quadrado perfeito se sua raiz quadrada fornece como resultado um número inteiro. Por exemplo, se $x = 25$, e como $\sqrt{25} = 5$, então, diz que $n = 25$ é quadrado perfeito. O mesmo pode-se afirmar de $x = 9$, pois é raiz do número inteiro 3.

O algoritmo deverá, então, depois de imprimir a matriz nas células, mostrar em *MsgBox* quantos quadrados perfeitos existem na matriz e, ao mesmo tempo, imprimir na coluna E um vetor Y contendo todos os números da matriz que são quadrados perfeitos. Veja o exemplo na Figura 6.33.

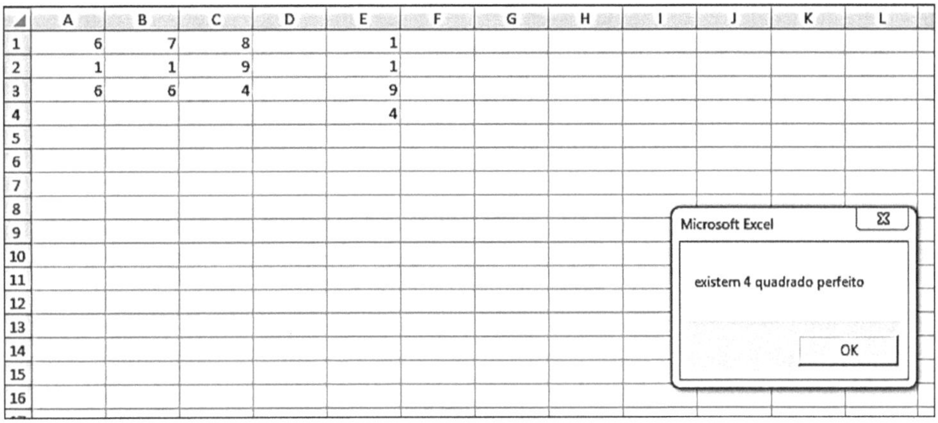

◢	A	B	C	D	E	F	G	H	I	J	K	L
1	6	7	8		1							
2	1	1	9		1							
3	6	6	4		9							
4					4							
5												
6												
7												
8												
9												
10												
11												
12												
13												
14												
15												
16												

Microsoft Excel

existem 4 quadrado perfeito

OK

Figura 6.33

52 Elaborar um programa utilizando a estrutura de vetor (não de célula) que implemente um jogo em que o jogador lança n vezes um dado com seis números. O usuário escolhe n por meio de *InputBox*, e os números são sorteados aleatoriamente no intervalo [1, 6], salvos no vetor. Se saírem dois valores iguais consecutivos, os lançamentos terminam antes do fim e o jogador fica com os pontos que tem, mas negativos. Se não sair nenhum número repetido consecutivo, o jogador recebe a soma real dos valores. O valor final dos pontos deverá aparecer em *MsgBox* e o vetor de resultados, impressos na coluna A do Excel.

Exemplo de jogos:

Lançamentos: $n = 4$

jogo1: 3 1 6 5 → +15

jogo2: 3 4 4 → –11

53 Fazer um programa que leia a quantidade n de elementos de um vetor x e que leia depois o vetor utilizando *InputBox*. Após a leitura do vetor x, o programa deverá dividir o vetor em duas metades (supondo que n é sempre par), cada metade sendo outros vetores diferentes y e z. O vetor y receberá os números da primeira metade de x e z os demais.

Cada metade deverá ser ordenada separadamente em ordem decrescente. Pode-se utilizar qualquer um dos dois métodos de ordenação. Depois, o programa deverá juntar ambas as metades ordenadas y e z, colocando primeiro os elementos de y e depois os elementos de z no mesmo vetor x original, substituindo os elementos iniciais. O resultado deverá ser impresso nas células da coluna A do Excel.

Exemplo para $N = 10$:

$X = (10 -1 \ 5 \ 2 \ -7 \ 3 \ 9 \ 8 \ 1 \ 0)$ então $Y = (10 -1 \ 5 \ 2 \ -7)$ e $Z = (3 \ 9 \ 8 \ 1 \ 0)$

Vetor x ordenado pelas duas metades (Y e Z): $X = (10 \ 5 \ 2 \ -1 \ -7 \ 9 \ 8 \ 3 \ 1 \ 0)$

54 Uma indústria de refrigerantes enviou uma planilha com n dados na coluna A e na coluna B. Os dados da coluna A são os preços de caixas de refrigerantes e os dados da coluna B são quantidades vendidas. A empresa descobriu que a planilha estava toda errada e que precisava ordenar a coluna A em ordem crescente e inverter a ordem dos elementos da coluna B. Na coluna B, o correto para a indústria é o último ser o primeiro, o penúltimo ser o segundo, o antepenúltimo ser o terceiro e assim por diante.

Fazer um algoritmo que leia os dados da coluna A já inseridos na planilha e salvar em um vetor x, e os dados da coluna B, em um vetor y. Usando x, fazer a ordenação em ordem crescente utilizando o método da bolha. Para o vetor y, o programa deve fazer a inversão. O programa, então, deverá criar um vetor z que será o produto de x já ordenado e y já invertido. O vetor x já ordenado deverá ser colocado na mesma coluna A, o vetor y já invertido na mesma coluna B e o novo vetor z na coluna C. Esses valores devem estar na mesma planilha original.

Exemplo:

	A	B
1	11,7	3
2	10,9	2
3	15,8	7
4	9,1	4
5	12	6
6	10,1	8
7	20	5

Figura 6.34 Planilha original

	A	B	C
1	9,1	5	45,5
2	10,1	8	80,8
3	10,9	6	65,4
4	11,7	4	46,8
5	12	7	84
6	15,8	2	31,6
7	20	3	60

Figura 6.35 Planilha com os vetores x ordenado, y invertido e o produto z

55 O banco XYZ tem n clientes com n aplicações, cada qual distribuído na forma de matriz na planilha do Excel. As linhas são clientes e as colunas são aplicações. O banco deseja saber qual cliente teve a maior média de investimentos. Ou seja, o banco quer saber a linha da maior média dentro de uma matriz quadrada. Para tanto, fazer um algoritmo que leia a ordem n da matriz no *InputBox* e depois leia da planilha os dados já inseridos e colocá-los nos na matriz A. Com essa matriz $A_{n \times n}$ (e não com as células), o algoritmo deverá salvar a média de cada linha da matriz em um novo vetor x. Então, o programa deverá descobrir qual a linha do vetor x (não usar células) em que está a maior média e imprimir o resultado desta linha usando um *MsgBox*. O vetor com as médias também deverá ser impresso nas células do Excel, uma coluna após a coluna com os últimos dados da planilha.

Exemplo considerando o programa $A_{n \times n}$:

	A	B	C	D
1	10	3	5	6
2	5	6	8	6
3	6	0	-1	7
4	-3	4	5	1

	A	B	C	D	E
1	10	3	5	6	6
2	5	6	8	6	6,25
3	6	0	-1	7	3
4	-3	4	5	1	1,75
5					médias

PLANILHA COM MATRIZ INICIAL A   **PLANILHA DEPOIS QUE O PROGRAMA RODOU**

Figura 6.36

MENSAGEM FINAL

Figura 6.37

56 Uma empresa deseja fazer uma filtragem de dados para clientes e meses. Ela tem milhões de clientes em diversas planilhas que foram compactadas em uma única planilha. No estágio de um aluno, foi proposto uma filtragem que não dava para fazer somente via comandos do Excel

MESES	JAN	FEV	MAR	....
Clientes	x	x	x	
001	x	x	x	
002	x	x	x	
003	x	x	x	
004	x	x	x	
::::::::				

A empresa deseja agrupar a soma das compras por meses (colunas), e a soma das compras por clientes (linhas), conforme proposto a seguir.

A empresa pede para fazer um algoritmo para ler a ordem n dessa matriz quadrada $A_{n \times n}$ usando *InputBox* e depois a própria matriz A também por *InputBox*. O programa deverá criar um vetor com as somas das linhas e colunas, nessa ordem: Os primeiros elementos do vetor serão as somas das linhas. Terminado esse estágio, os próximos elementos do vetor serão as somas das colunas. Apenas a impressão do vetor é permitida em células. No final, o programa deverá imprimir apenas o vetor em linhas nas células da coluna A da Planilha 1 começando pela linha 1 e coluna 1.

Exemplo:

$$A = \begin{bmatrix} 6 & 3 & -1 \\ 1 & 2 & 5 \\ 7 & 8 & 4 \end{bmatrix} \qquad \text{Resultado: } x = \begin{bmatrix} 8 \\ 8 \\ 19 \\ 14 \\ 13 \\ 8 \end{bmatrix}$$

No Excel ficaria assim:

	A
1	8
2	8
3	19
4	14
5	13
6	8

Figura 6.38

57 Uma empresa pretende usar um sistema de registros por meio de uma matriz. Nesse caso, cada linha servirá para guardar registros de rentabilidades conseguidas por cada um dos seus corretores de valores.

Optou-se por iniciar cada linha da matriz por um número inteiro que representa o código do corretor, seguido pelas suas rentabilidades também aproximadas para números inteiros. Por exemplo, na matriz inicial, o elemento $A(1,1) = 81$ é o código do primeiro corretor, o elemento $A(2,1) = 37$ o código do segundo corretor, e assim por diante.

Já o elemento $A(1,2) = 15$ é a primeira rentabilidade do primeiro corretor, $A(1,3) = 18$ a segunda rentabilidade do primeiro corretor, e assim por diante.

Fazer uma macro em que o usuário entra com a ordem da matriz não quadrada, onde n é o número de linhas, e m, o número de colunas. Em seguida, o usuário passa a entrar com os registros da matriz, isto é, códigos na primeira coluna e rentabilidades nas colunas subsequentes, tudo por *InputBox*.

O programa deverá armazenar esses dados em uma matriz $A_{N \times M}$ interna do VBA(*array*). No caso de corretores com códigos pares (primeira coluna), é esperado que suas rentabilidades (as outras colunas diferentes da primeira) sejam ordenadas em ordem crescente e, no caso de corretores com códigos ímpares, é esperado que suas rentabilidades sejam ordenadas em ordem decrescente. Todas as ordenações devem ser pelo método da bolha. A matriz ordenada deve ser impressa nas células da planilha a partir de A1.

Exemplo para Matriz[7 × 5], isto é, sete corretores, cada um com quatro rentabilidades.

Matriz original:

81	15	18	81	-64
37	-10	-78	8	-42
9	-19	95	-89	-19
66	38	-75	-22	-100
55	-82	41	-73	-30
94	64	29	69	-62
91	-8	82	-97	92

Figura 6.39

Matriz final:

81	81	18	15	-64
37	8	-10	-42	-78
9	95	-19	-19	-89
66	-100	-75	-22	38
55	41	-30	-73	-82
94	-62	29	64	69
91	92	82	-8	-97

Figura 6.40

	A	B	C	D	E	F	G	H	I
1	Loja \ Dia	1	2	3	4	5	6	7	8
2	São Paulo	352	451	719	186	577	473	761	837
3	Guarulhos	650	587	654	480	743	507	142	994
4	Campinas	895	62	170	603	309	368	655	722
5	São Bernardo do Campo	948	790	429	573	768	522	114	545
6	Santo André	582	718	619	182	260	572	921	838
7	Osasco	395	726	386	596	287	448	646	88
8	São José dos Campos	318	899	764	425	802	738	63	606
9	Ribeirão Preto	536	378	825	323	336	524	378	327
10	Sorocaba	768	189	304	655	921	577	413	614
11	Santos	275	834	387	976	478	982	382	123

Figura 6.41

A Figura 6.41 apresenta uma fotografia de parte de um banco de dados com a quantidade de vendas diárias de uma rede de lojas por cada município em que está presente. Esse é apenas um exemplo. O banco de dados real pode ter muito mais municípios e dias registrados. Deve-se supor que esses dados já estejam digitados nas células.

Supondo que esse banco de dados esteja na Planilha1 em uma pasta Excel, fazer uma macro na qual o usuário determina os n primeiros municípios onde ele deseja consultar, começando pela linha 2 (São Paulo), e qual o dia de consulta.

Para esse dia escolhido, o programa deve colocar todas as vendas em vetor e imprimir em *MsgBox* a maior quantidade vendida, em que município ela ocorreu e a média de vendas entre os municípios pesquisados naquele específico dia. Por questões de segurança, a macro não deverá modificar nenhuma célula da pasta Excel.

CAPÍTULO 6 | Indexação do mercado   **217**

59 Fazer um algoritmo para gerar automaticamente uma matriz quadrada $n \times n$ de números inteiros. O usuário deverá entrar apenas com a ordem n via *InputBox* e o programa deverá gerar os elementos da matriz automaticamente e depois imprimir nas células, respeitando a lógica abaixo para cada tamanho n escolhido. Nas diagonais, os números são repetidos e iguais.

Exemplo:

$$n = 4 \quad A = \begin{bmatrix} 5 & 4 & 4 & 3 \\ 4 & 5 & 3 & 4 \\ 4 & 3 & 5 & 4 \\ 3 & 4 & 4 & 5 \end{bmatrix} \qquad n = 5 \quad A = \begin{bmatrix} 5 & 4 & 4 & 4 & 3 \\ 4 & 5 & 4 & 3 & 4 \\ 4 & 4 & 5 & 4 & 4 \\ 4 & 3 & 4 & 5 & 4 \\ 3 & 4 & 4 & 4 & 5 \end{bmatrix}$$

60 Na *Planilha3* de uma pasta, a partir da célula A1, já está digitada uma matriz quadrada de tamanho n, à qual chamamos de A. Fazer uma macro que leia via *InputBox* o tamanho n dessa matriz e criar uma matriz B que contenha os termos da diagonal principal de A, ordenados do menor para o maior, de cima para baixo (ver exemplo) na sua diagonal secundária. As demais posições de B e seus respectivos valores serão exatamente iguais às de A. É obrigatório que a macro crie a matriz B como uma matriz em VBA. A saída de impressão da macro deverá ser a matriz B resultante na *Planilha4*, a partir da célula A1.

Exemplo do caso $n = 6$:

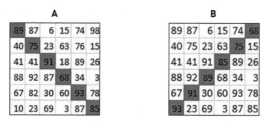

Figura 6.42

61 Fazer um algoritmo para ler a ordem n de uma matriz quadrada e seus respectivos elementos inteiros usando *InputBox*. O programa dever girar a matriz de 90° no sentido anti-horário conforme mostrado no exemplo abaixo. Em seguida, a macro deve salvar em um vetor todos os elementos que estão acima da diagonal principal dessa matriz que foi girada. Por fim, deve-se imprimir nas células do Excel apenas o vetor encontrado.

$$A = \begin{bmatrix} 2 & 1 & 5 \\ 4 & 2 & -1 \\ 0 & 3 & 1 \end{bmatrix} \longrightarrow \text{rotação 90°} \quad A = \begin{bmatrix} 5 & -1 & 1 \\ 1 & 2 & 3 \\ 2 & 4 & 0 \end{bmatrix} \quad \text{vetor} = \begin{bmatrix} -1 \\ 1 \\ 3 \end{bmatrix}$$

62 Fazer uma macro em VBA em que o usuário entra com a ordem da matriz *A* (matriz interna do VBA) e com todos os seus elementos. O programa retornará a matriz *A* nas células da planilha *Plan1* a partir da célula A1 da seguinte forma: as linhas da matriz *A* que forem ímpares, terão seus elementos ordenados de forma crescente; as demais linhas não se alteram, portanto, linhas pares ficam como o original.

Exemplo:

MATRIZ A

4	7	7	7	2	6
9	3	2	9	2	10
3	1	3	9	8	1
2	4	5	10	3	1
1	2	9	10	5	9

RESULTADO

2	4	6	7	7	7
9	3	2	9	2	10
1	1	3	3	8	9
2	4	5	10	3	1
1	2	5	9	9	10

Figura 6.43

63 Fazer um algoritmo que leia a ordem *n* de uma matriz quadrada e seus elementos usando *InputBox*. Admitir que todos os elementos serão distintos entre si. Essa é uma matriz e não células. O programa deverá encontrar o maior elemento da matriz (maior número digitado). Então, o programa deverá dividir todos os elementos da linha e da coluna desse maior elemento por ele. Isso se chama padronização, ou seja, quando os elementos são divididos por um fator único. Observar o seguinte exemplo:

$$\begin{bmatrix} 4 & 3 & 2 \\ -1 & 0 & -10 \\ 5 & 6 & -7 \end{bmatrix}$$

Nesse exemplo, $n = 3$ com o maior elemento sendo 6 que está na linha 3 e coluna 2. O resultado, então, deverá ser impresso nas células (apenas o resultado) e, nesse exemplo, ficará assim:

$$\begin{bmatrix} 4 & \mathbf{0,5} & 2 \\ -1 & \mathbf{0} & -10 \\ \mathbf{0,83} & \mathbf{1} & \mathbf{-1,16} \end{bmatrix}$$

64 Fazer um algoritmo para gerar aleatoriamente números inteiros no intervalo [15, 75] e inseri-los em uma matriz *A* quadrada com ordem *n* (usuário escolhe *n* pelo *InputBox*). A inserção será por linha, ou seja, o primeiro número gerado será o $a(1, 1)$, o segundo $a(1, 2)$ até o último elemento da linha, quando, então, continua inserindo na linha de baixo com $a(2, 1)$, $a(2, 2)$, e assim sucessivamente. Depois de preencher a matriz, o algoritmo deverá colocar apenas os elementos pares dessa matriz *A* num vetor *V*. No final, o programa deverá imprimir essa matriz *A* e esse vetor *v* nas células do Excel, um ao lado do outro.

CAPÍTULO 6 | Indexação do mercado **219**

Exemplo para o caso $n = 3$:

	A	B	C	D
1	72	37	46	72
2	61	18	51	46
3	43	33	52	18
4				52
5	Matriz A			Vetor V

Figura 6.44

65 Fazer um algoritmo para ler n números inteiros de 2 dígitos com *InputBox*. Adotar a hipótese que sempre o usuário vai entrar corretamente com número de 2 dígitos. Para cada número lido, o algoritmo deverá escolher apenas o primeiro dígito e salvá-lo como elemento de um vetor v. Após preencher as n posições do vetor, o algoritmo deverá colocar esse vetor v em ordem decrescente pelo método da bolha e imprimir esse vetor ordenado nas células do Excel.

Exemplo para $n = 4$:

Números = 20, 37, 41, 10

Resultado:

	A
1	4
2	3
3	2
4	1

Figura 6.45

66 Fazer um algoritmo para ler dois vetores $V1$ e $V2$ de mesmo tamanho n com elementos fornecidos pelo usuário por meio do *InputBox*. O programa deverá somar os elementos em ordem inversa e salvar essa soma num terceiro vetor $V3$. Ou seja, o primeiro elemento de $V1$ soma com o último de $V2$, o segundo de $V1$ com o penúltimo de $V2$, e assim por diante. No final, o algoritmo deverá imprimir os três vetores $V1$, $V2$ e $V3$ nas células do Excel um ao lado do outro.

Exemplo para $n = 4$:

	A	B	C
1	5	5	13
2	2	4	4
3	1	2	5
4	7	8	12
5	V1	V2	V3

Figura 6.46

67 Fazer um algoritmo para ler a dimensão n de uma matriz quadrada $A_{n \times n}$ e depois ler seus elementos como números inteiros usando *InputBox*. O programa deverá imprimir a matriz nas células do Excel. O programa também deverá fazer o produto de todos os elementos acima da diagonal principal e salvar esse produto como primeiro elemento de um vetor V. Depois, o programa deverá fazer o produto de todos elementos acima da diagonal secundária e salvar esse valor como segundo elemento do mesmo vetor V. O vetor com dois elementos deverá ser impresso nas células do Excel ao lado da matriz, com um espaço em branco separando os números.

Acima da diagonal principal:

◢	A	B	C	D
1		X	X	X
2			X	X
3				X
4				

Figura 6.47

Acima da secundária:

◢	A	B	C	D
1	X	X	X	
2	X	X		
3	X			
4				

Figura 6.48

Veja no exemplo, quando $n = 4$, como deverá ficar o resultado:

◢	A	B	C	D	E	F
1	1	2	-1	4		-168
2	3	1	1	7		-30
3	5	-2	1	3		
4	3	2	1	8		

Figura 6.49

68 Uma editora de jornais deseja automatizar o cálculo dos custos da entrega de jornais em bancas da cidade usando um programa em VBA-Excel. Os elementos a_{ij} de uma matriz inteira $A_{n\times n}$ representam os custos de transporte do local i para o local j. Dado um itinerário, na forma de vetor de tamanho k, o programa deverá emitir um *MsgBox* dizendo o custo total da entrega. O vetor de itinerário deverá ser lido por *InputBox* e a matriz A deverá ler das células do Excel que já estão preenchidas. Exemplo para essa matriz A:

$$A = \begin{bmatrix} 10 & 1 & 3 \\ 5 & 300 & 200 \\ 140 & 120 & 8 \end{bmatrix}$$

Figura 6.50

Sempre o custo total deverá ser calculado somando-se os custos da partida do local i para a chegada ao local j.

Para entender esse cálculo, ver, por exemplo, se o itinerário é $V = (1\ 3\ 2\ 1\ 2\ 2)$. Assim, o Custo Total será:

$CT = a_{13} + a_{32} + a_{21} + a_{12} + a_{22}$ ou seja, $CT = 3 + 120 + 5 + 1 + 300 = 429$ reais

69 Uma empresa de vendas de produtos pela internet recebe dados a cada 1 minuto e deseja sempre fazer uma fiscalização para os últimos 10 dados. Fazer um algoritmo para ler sempre automaticamente a última linha preenchida (com o comando automático do Excel, não se deve ler n com *InputBox*) e armazenar os últimos dez dados em um vetor x, como deseja a empresa. Com o vetor x, usar o método da bolha para colocar em ordem decrescente. O vetor ordenado deve ser impresso em uma planilha diferente de onde os dados são baixados, começando sempre pela célula A1 (não tem problema se a cada vez a impressão apaga a anterior).

No final, após a impressão nas células, o programa deverá mostrar em *MsgBox* a média de x, o maior valor de x e o menor valor de x.

Exemplo da receita minuto a minuto:

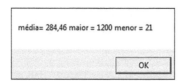

70 Uma empresa de análise de risco faz uso de uma planilha chamada análise de correlação, onde as células são simétricas em relação à diagonal principal.

Por exemplo, se $n = 4$ (ordem da planilha)

	A	B	C	D
1	0,8	0,9	0,5	0,7
2	0,9	0,2	0,11	0,67
3	0,5	0,11	0,4	0,33
4	0,7	0,67	0,33	0,98

Figura 6.52

Essa planilha de análise de correlação só tem números positivos e com valores menores do que 1,0. Fazer, então, um programa que leia a ordem *n* da planilha e leia todos os dados acima da diagonal principal para um vetor *x*, incluindo a diagonal também. Pode supor que não existirá nenhum valor repetido para a área hachurada correspondente aos elementos acima e na diagonal principal. Pode-se usar a estrutura de matriz ou apenas células, pode ficar à vontade para escolher como programar essa parte. Apenas o vetor *x* é obrigatório.

O programa deverá encontrar no vetor *x*, qual o número mais próximo de 1,0 em valor absoluto (módulo). Esse valor deverá ser impresso em *MsgBox*. Para o exemplo, anterior a resposta é

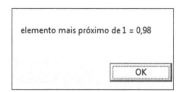

Figura 6.53

71 Uma empresa contatou um *freelancer* que desenvolveu uma macro para montar uma matriz de transformação. A macro é utilizada apenas nas células e a saída dela tem sempre tamanho fixo 3 × 3. Para descobrir se a Macro tem resultado correto, a *matriz de transformação* possui uma característica bem peculiar: a multiplicação dela pela sua transposta deve ser a matriz identidade.

Exemplo: Se a matriz de transformação é *A*, então deve-se verificar se $A*A^T = I$, onde *I* é a matriz identidade.

Fazer uma *Sub* que teste se a Macro desenvolvida foi feita corretamente, ou seja, o problema é: ler o conteúdo das células em uma matriz 3 × 3, calcular a transposta, multiplicá-las e, ao final, verificar se a matriz resultante é a identidade. Se o resultado for identidade, um *MsgBox* deve aparecer com a palavra "sucesso", caso contrário "falha".

72 Uma empresa de hospedagem de sites comercializa diversos produtos entre websites, blogs, espaço em servidores e aplicativos em web. Secretamente, ela codifica os melhores clientes com números pares e os clientes que gastam menos com produtos, com números ímpares. Veja o exemplo das faturas que estão na *Planilha1*.

Como os dados caem o tempo todo a cada minuto, a empresa está interessada sempre na avaliação dos últimos dez dados (no exemplo, estes registros estão na área acinzentada). Mas ela deseja sempre separar, dentre os dez últimos dados, as faturas (coluna B) dos clientes com códigos pares e transportá-las (somente as faturas com códigos pares) para a Planilha.

	A	B
1	**Código Cliente**	**Fatura Mensal**
2	123	1200
3	215	1100
4	468	5400
5	249	234,5
6	226	3678
7	128	4050
8	113	1050,75
9	322	1000
10	126	2500
11	234	2790
12	231	117
13	235	235
14	127	435
15	119	455,79
16	175	98,76
17	548	4678
18	568	6789
19	992	10457
20	984	2467
21	917	25,8
22	873	65,78
23	875	56,89
24	655	91,6
25	668	4589,45

Figura 6.54 Planilha1

No final, a *Planilha2* poderá ter zero faturas, uma fatura com código par, duas faturas com códigos pares etc. até dez faturas com códigos pares. Nesse exemplo, para o minuto observado, só existiam cinco códigos com números pares e, por isso, apenas cinco faturas foram transportadas para a *Planilha2*:

	A	B
1	4589	
2	2467	
3	10457	
4	6789	
5	4678	
6	média=	5796
7	máximo=	10457

Figura 6.55

Fazer um programa que não leia n, ou seja, o programa deverá usar o comando automático para descobrir na *Planilha1* qual a última linha que está preenchida com o último dado de cliente que caiu na planilha. Depois, o programa deverá salvar em um vetor x as faturas com códigos pares. O vetor x deverá ser impresso nas células da *Planilha2*.

224 Mercado Financeiro

Dica: Pode-se usar *Step –1* no *For* para pegar dados de baixo para cima e colocar no vetor x.

73 Fazer um programa onde sempre lhe será fornecida uma planilha com 10×10 células já preenchidas com números inteiros e o objetivo é encontrar o maior produto de 4 números adjacentes. Por exemplo, suponha o quadro a seguir com 100 elementos:

◢	A	B	C	D	E	F	G	H	I
1	38	22	98	33	43	40	89	37	19
2	51	100	33	57	88	99	35	13	51
3	66	13	20	26	1	57	91	20	58
4	53	18	88	54	70	100	31	82	44
5	84	30	96	72	46	11	96	87	94
6	29	53	36	62	51	42	95	57	21
7	28	88	65	41	83	14	66	24	22
8	6	90	37	1	4	27	49	81	71
9	68	46	6	9	52	56	5	12	54
10	8	54	57	45	25	39	62	64	29
11									
12	Linha =	4							
13	88								
14	54								
15	70								
16	100								

Figura 6.56

Na primeira linha tem-se os produtos adjacentes $38 \times 22 \times 98 \times 33 = 2703624$; depois $22 \times 98 \times 33 \times 43 = 3059364$; e assim por diante na linha até o último desta linha $40 \times 89 \times 37 \times 19 = 2502680$.

O programa deverá percorrer todas as linhas e calcular os produtos sempre com 4 números adjacentes começando da esquerda para a direita, linha por linha. Ao final, na linha 12 deverá aparecer qual a linha onde se encontra o maior produto de números adjacentes e logo em seguida na coluna A quais são esses números.

No exemplo em questão, a linha foi 4 e os números com maior produto foram: 88, 54, 70 e 100. Pode-se usar matriz ou não nesse exercício.

74 Fazer um programa em VBA em que o usuário fornece o valor inicial de uma ação (S), e também fornece uma rentabilidade meta total para esta ação (R). Sem o uso de qualquer célula do Excel, o programa deverá considerar variações mensais (ret_m) do valor de S como um número aleatório entre 0 e 0,2 (0% e 20%). Finalmente, o programa deverá informar quantos meses após o mês inicial de obtenção do valor de S é atingida rentabilidade total igual à rentabilidade meta (R). Se R não for atingida em 5 anos, o programa deverá retornar a rentabilidade total atingida conjuntamente a uma mensagem informando que não foi possível atingir R.

Equações:

Cálculo de S em qualquer mês t: $St = S_{t-1} * (1 + ret_m)$

Onde: t é mês e $t - 1$ o mês anterior.

CAPÍTULO 6 | Indexação do mercado **225**

Cálculo da rentabilidade: $R_t = \dfrac{S_t}{S_n} - 1$

Onde: t é o mês e 0 se refere ao mês do valor inicial.

75 Fazer um programa em VBA que informa o desvio-padrão populacional dos elementos da área hachurada da matriz quadrada de ordem n (conforme a Figura 6.57). A ordem da matriz deverá ser informada pelo usuário. A matriz já está carregada nas células da *Plan2*, a partir de A1.

Equação do Desvio-padrão populacional: $D.P. = \sqrt{\dfrac{1}{N} \sum_{i=1}^{N} (x_i - x_M)^2}$

Onde: x_i é o iésimo elemento da área hachurada da matriz;

E x_M é a média de todos os elementos da área hachurada da matriz.

Exemplo para $n = 10$

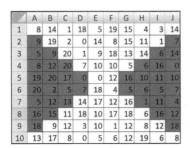
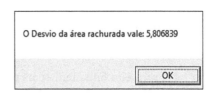

Figura 6.57

76 Dado um vetor composto de n números somente de zeros e uns fornecidos pelo usuário, fazer um algoritmo em VBA-Excel para determinar quantas cadeias de números 1 existem e imprimir o resultado em *MsgBox*. Uma cadeia é formada de no mínimo dois números 1. Admitir que os dados já estão digitados nas células da linha 1 do Excel. As células servem apenas para alimentar o vetor.

Exemplo:

Resposta: 3 cadeias.

A	B	C	D	E	F	G	H	I	J	K	L	M	N	O	P	Q	R
1	0	0	1	1	0	0	1	1	1	1	0	0	0	1	1	1	0	1

Figura 6.58

77 Fazer um programa em VBA em que o usuário informa o trimestre de interesse. O programa lê uma matriz *A* com os dados de custos fixos das fábricas nos trimestres do ano conforme a Figura 6.59 (supor que esta tabela de custos sempre esteja na *Planilha1* do Excel). O programa deverá fornecer na *Planilha2* uma saída similar a do exemplo da Figura 6.60, isto é, para o trimestre de interesse do usuário, as fábricas classificadas decrescentemente em termos de custo fixo.

1		Tri.1	Tri.2	Tri.3	Tri.4
2	Fab. 1	100	156	122	130
3	Fab. 2	150,2	112	102	99
4	Fab. 3	144	113	108	110
5	Fab. 4	98	115,5	135	112
6	Fab. 5	99,5	94,5	105	120

Figura 6.59

	A	B
1		Tri.1
2	Fab. 2	150,2
3	Fab. 3	144
4	Fab. 1	100
5	Fab. 5	99,5
6	Fab. 4	98

Figura 6.60

78 Intervalo de confiança é uma técnica estatística que apresenta a variabilidade (ou volatilidade) dos dados amostrados dentro de um intervalo que depende da média e do desvio-padrão. O intervalo sempre vai mostrar o mínimo de variabilidade e o máximo de variabilidade baseado numa probabilidade de confiança desejada. Sabendo-se então que

M = média dos dados.

DP = desvio-padrão populacional dos dados.

Z = nível de confiança do intervalo dado pelo usuário.

n = quantidade total de dados.

As fórmulas para o IC_min e IC_max do intervalo são:

$$IC\_min = M - \frac{Z \times DP}{\sqrt{n}}$$

$$IC\_max = M + \frac{Z \times DP}{\sqrt{n}}$$

Observar a planilha do Excel:

	A	B	C
1	Z=	1,96	dados
2	n=	7	2,5
3	IC_min=		1
4	IC_max=		-3
5			-0,5
6			4
7			2
8			3,5

Figura 6.61

Supondo que somente são fornecidos os parâmetros z e n nas células B1 e B2 (conforme a Figura 6.61) e que os n dados já estão digitados na coluna C, fazer um programa em VBA para calcular valor IC_min da fórmula acima e colocar na célula B3 e valor IC_max da fórmula na célula B4.

79 Fazer um algoritmo para ler uma matriz quadrada $A_{n \times n}$ somente com elementos inteiros e positivos e encontrar o maior elemento $xmaior$. Depois de encontrar o $xmaior$ de $A_{n \times n}$, o programa deve criar uma segunda matriz B com todos os elementos da linha de $xmaior$ sendo a primeira coluna de B e todos os elementos da coluna de $xmaior$ sendo a segunda coluna B, conforme o esquema abaixo. Imprimir a matriz B nas células do Excel.

Exemplo:

$$
A = \begin{bmatrix} 0 & 0 & Y & 0 \\ X & X & xmaior & X \\ 0 & 0 & Y & 0 \\ 0 & 0 & Y & 0 \end{bmatrix}
\qquad
B = \begin{bmatrix} X & Y \\ X & xmaior \\ xmaior & Y \\ X & Y \end{bmatrix}
$$

80 Fazer um algoritmo para ler um número inteiro n de qualquer tamanho e transformá-lo em número binário. Lembre-se que o número binário é formado pelo resto da divisão de n por 2 até o último quociente ser 1. Então, partindo-se do último quociente e tomando-se todos os restos do último para o primeiro, o número resultante é a representação binária do número n original. Veja os exemplos para $n = 7$ e $n = 8$.

8	2
0	4	2
	0	2	2
		0	1

N = 8
BINÁRIO = 1000

7	2
1	3	2
	1	1

N = 7
BINÁRIO = 111

81 Fazer uma *Sub* em que o programa leia as dimensões de uma matriz (ordem das linhas e colunas, $n \times m$) por *InputBox*. A matriz já está preenchida nas células de uma planilha a partir de A1. O programa deverá devolver a mesma matriz abaixo da matriz original, deixando uma linha em branco entre elas, com todos os termos da matriz ordenados decrescentemente, da esquerda para a direita e de cima para baixo.

228 Mercado Financeiro

Exemplo:

	A	B	C	D	E
1	4	2	-2	6	1
2	8	-7	10	-1	6
3	-7	-7	3	-7	8
4	-2	-2	3	-10	2
5					
6	10	8	8	6	6
7	4	3	3	2	2
8	1	-1	-2	-2	-2
9	-7	-7	-7	-7	-10

Figura 6.62

82 Fazer um algoritmo para ler a ordem n de uma matriz quadrada $A_{n \times n}$. O algoritmo deverá gerar seus elementos, somando os índices de cada elemento da matriz e calculando seu fatorial. Por exemplo, o elemento $a_{11} = 2!$, o elemento $a_{34} = 7!$ e assim por diante.

A matriz no caso de $n = 3$ seria:

$$A = \begin{bmatrix} 2! & 3! & 4! \\ 3! & 4! & 5! \\ 4! & 5! & 6! \end{bmatrix}$$

Depois de gerar a matriz, o programa deverá imprimi-la nas células do Excel.

83 Fazer um algoritmo para ler um vetor de tamanho n com números 0 e 1, formando um número binário. O algoritmo deverá então transformar esses dígitos do vetor num único número decimal. Por exemplo, se o usuário preencher um vetor V da seguinte forma:

$$V = (1 \ \ 1 \ \ 0 \ \ 1 \ \ 0 \ \ 1)$$

O número decimal é calculado como:

$$d = 1 \times 2^5 + 1 \times 2^4 + 0 \times 2^3 + 1 \times 2^2 + 0 \times 2^1 + 1 \times 2^0 = 53$$

Ao final, usando *MsgBox* o programa deverá mostrar o número decimal d e dizer se ele é par ou ímpar.

84 Fazer um algoritmo para ler uma matriz quadrada $A_{n \times n}$ composta de nomes. O programa deverá passar todos esses nomes para um vetor v, começando por a_{11}, depois a_{12}, depois a_{13} e depois que esgotar a coluna, mudar de linha e continuar salvando os nomes no mesmo vetor. Depois que os nomes estiverem em vetor, o programa deverá ordenar esse vetor em ordem alfabética usando o método da bolha e imprimir esses nomes ordenados nas células da coluna A.

CAPÍTULO 6 | Indexação do mercado **229**

Exemplo:

$$A = \begin{bmatrix} jose & maria & silvia \\ alex & carlos & sofia \\ cassio & bruna & gabi \end{bmatrix}$$

O vetor v ficará:

$$V = (jose, maria, silvia, alex, carlos, sofia, cassio, bruna, gabi).$$

Nas células ficarão:

◢	A
1	alex
2	bruna
3	carlos
4	cassio
5	gabi
6	jose
7	maria
8	silvia
9	sofia

Figura 6.63

85 Fazer um algoritmo para ler a ordem n de uma matriz $A_{n \times n}$ usando *InputBox*. O programa deverá gerar os números de $A_{n \times n}$ de forma aleatória com números inteiros entre 10 e 30. Depois o programa deverá descobrir a linha com maior elemento. Nessa linha o programa deverá salvar o menor elemento na variável x_{min}. O programa deverá também salvar toda essa linha num vetor x e imprimir esse vetor na coluna A da planilha. Em *MsgBox* o programa deverá imprimir a operação:

$$y = x_{min} + x_{min}^{3}$$

Exemplo:

$$A = \begin{bmatrix} 16 & 12 & 11 & 25 \\ 24 & 11 & 10 & 28 \\ 11 & 12 & 18 & 29 \\ 12 & 23 & 22 & 21 \end{bmatrix} \longrightarrow$$ A LINHA COM MAIOR ELEMENTO É A 3.
O MENOR ELEMENTO DESSA LINHA É 11.

O vetor será:

$$X = \begin{bmatrix} 11 \\ 12 \\ 18 \\ 29 \end{bmatrix} \text{ e } y = 11 + 11^3$$

86 Uma empresa deseja esconder os dados sigilosos de espiões industriais para proteger seus produtos. Existe uma planilha com $N \times N$ elementos já digitados no Excel. O algoritmo deverá ler a ordem N usando *InputBox*. A planilha é formada apenas por números 0, 1, 2, ..., 9. O algoritmo deverá encontrar onde estão os números 1 e 2 da planilha e salvá-los num vetor X. No lugar dos números 1 e 2 deverá aparecer a letra R. O vetor x deverá ser impresso após a última coluna da matriz, tendo um espaço em branco entre a última coluna e x.

Exemplo:

ANTES DE RODAR O PROGRAMA				APÓS RODAR O PROGRAMA				
	A	B	C		A	B	C	D	E
1	2	3	7	1	R		3	7		2
2	0	1	9	2		0	R		9		1
3	1	8	2	3	R		8	R		1
				4						2

Figura 6.64

87 Fazer um algoritmo para ler a ordem N de uma matriz quadrada. Depois ler com *InputBox* a matriz $A_{n \times n}$ entrando apenas com zeros e uns. Supor que o usuário sempre entrará com zero e um. O programa deverá contar quantos elementos 1 existem acima da diagonal SECUNDARIA e imprimir no final a matriz $A_{n \times n}$ nas células e a quantidade de 1 em *MsgBox*. Veja o exemplo abaixo para $n = 3$. A região hachurada mostra onde estão os elementos acima da diagonal secundária.

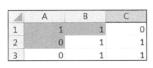

Figura 6.65

88 Fazer um algoritmo para ler a ordem n de uma matriz quadrada. Depois, ler com *InputBox* a matriz $A_{n \times n}$ entrando apenas letras. Supor que o usuário sempre entrará com uma única letra. O programa deverá salvar num vetor x apenas a última linha dessa matriz. Depois o programa deverá usar o método da bolha para ordenar em ordem decrescente as letras do vetor x Uma vez ordenado, o vetor x deverá substituir a última linha da matriz $A_{n \times n}$ e então salvar a matriz toda nas células.

Observe como fica para o exemplo com $n = 3$.

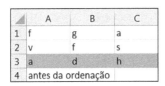

Figura 6.66

89 Fazer um algoritmo para ler n a ordem de uma matriz quadrada $A_{n \times n}$. Depois, o algoritmo deverá ler a matriz com *InputBox* e deverá descobrir qual o maior elemento dessa matriz. Uma vez descoberto o maior elemento, o programa deverá trocar de lugar esse elemento com o elemento $A(n, n)$ da matriz. Por fim o programa deverá imprimir nas células a matriz já com a troca dos dois elementos.

	A	B	C
1	2	20	1
2	5	1	3
3	4	7	10
4	maior elemento		

	A	B	C
1	2	10	1
2	5	1	3
3	4	7	20
4	elementos trocados		

Figura 6.67

90 Fazer um algoritmo para ler n números inteiros e salvá-los num vetor x. Os números devem ser transformados em binários. Essa transformação ocorre tomando-se o resto da divisão de um número x pelo número 2. O programa deverá então salvar os números zeros num outro vetor y e os números 1 em outro vetor z. Os vetores x(normal), x(em binário), y e z deverão ser impressos nas células das colunas A, B, C e D respectivamente do Excel ao final do programa.

Exemplo:

$N = 9$

Vetor X: $(5, 7, 9, 8, 6, 5, 3, 4, 10)$

Vetor X em binário: $(1, 1, 1, 0, 0, 1, 1, 0, 0)$

Vetor Y: $(0, 0, 0, 0)$

Vetor Z: $(1, 1, 1, 1, 1)$

91 Fazer um algoritmo para gerar um vetor x com n números aleatórios inteiros entre 20 e 28. O programa deverá gerar outro vetor y de mesmo tamanho n de números aleatórios inteiros entre 20 e 40. O programa deverá fazer a soma s dos produtos pareados dos elementos x e y e dividir essa soma por n. Ao final todos os elementos dos dois vetores deverão ser divididos por essa soma S. O resultado dessa soma S deverá ser impresso em *MsgBox* e os vetores x e y (já divididos por s) impressos nas células das colunas A e B do Excel.

Exemplo:

$N = 5$

$X = (22, 26, 23, 27, 21)$

$Y = (23, 38, 34, 25, 25)$

$$S = \frac{22 \times 23 + 26 \times 38 + 23 \times 34 + 27 \times 25 + 21 \times 24}{5} = 695{,}2$$

$X = (0{,}031 \quad 0{,}037 \quad 0{,}033 \quad 0{,}038 \quad 0{,}030) \rightarrow$ à coluna A do Excel

$Y = (0{,}033 \quad 0{,}054 \quad 0{,}048 \quad 0{,}035 \quad 0{,}035) \rightarrow$ à coluna B do Excel

92 Fazer um algoritmo que leia a ordem n de uma matriz quadrada e posteriormente gere os números da matriz aleatoriamente somente com 0 e 1. Depois o programa deverá substituir os elementos com número 1 pela soma de seus índices na matriz. Ou seja, se $a_{12} = 1$, o elemento da matriz deverá ser trocado para 3, se $a_{45} = 1$ o elemento será 9 e assim por diante. No final a matriz deverá ser impressa nas células do Excel. Olhe o exemplo:

$$A = \begin{bmatrix} 0 & 0 & 1 \\ 1 & 1 & 0 \\ 1 & 0 & 0 \end{bmatrix}$$

Onde os números 1 correspondem aos índices $\{A(1, 3), A(2, 1), A(2, 2), A(3, 1)\}$.

A nova matriz modificada e impressa nas células será:

$$A = \begin{bmatrix} 0 & 0 & 4 \\ 3 & 4 & 0 \\ 4 & 0 & 0 \end{bmatrix}$$

93 A compressão de dados é uma ferramenta importante para aumentar a velocidade de transmissão. Por exemplo, imagens em jpeg foram um grande avanço da internet, pois imagens puderam a partir dessa técnica serem transmitidas sem problemas de armazenamento.

```
001100010000010100000101
101000101010101100011000
001010000010010001000101
001010110000100110010111
010010010010010100010101
010000101000100101010101010
001010000010101011101001
100001001010110001001001
011000010110101010100010
```

Figura 6.68

Comprimir dados equivale a transformar números decimais em formato binário (usam apenas 0 e 1). Fazer um algoritmo que leia um vetor x com qualquer número. O programa deverá calcular o resto da divisão de cada número por 2 (que sempre retornam ou 0 ou 1).

Assim, por exemplo, o número 56 teria resto 0; o 37, resto 1 e assim sucessivamente. Criar, então, um novo vetor y, onde cada número de x é transformado em binário.

No final, além de imprimir x na coluna A do Excel e y na coluna B, o programa deverá dizer em *MsgBox* quantos números 1 tem o vetor y. Deve-se usar vetor e não células.

Exemplo: para $n = 5$

	A	B	
1	23	1	
2	54	0	POSSUI 2 NÚMEROS 1
3	67	1	
4	56	0	
5	12	0	
	X	Y	

Figura 6.69

CAPÍTULO 7

INTERAÇÃO COM O MERCADO: PROGRAMAÇÃO DE *USERFORM*

> A ausência de evidência não significa evidência de ausência.
> — Carl Sagan

7.1 Interação com o cliente

Os programas e as técnicas apresentados nos capítulos anteriores são direcionados a um público que deseja ter uma noção de programação. Para isso, todos os programas, para sua execução do ponto de vista operacional, exigem do usuário que ele entre no módulo de macros e que saiba rodar um programa em macro.

A interação com o usuário, no entanto, é o principal foco da atualidade, no que se refere à utilização de programas computacionais. Um usuário de Excel, sendo esse aplicativo amplamente difundido no mundo, precisa de telas interativas e direcionadas para seu uso correto. Não se pode esperar que todo usuário do Excel tenha a noção de macros e que precise aprender sobre elas para utilizar todo o potencial do Excel.

Uma forma de tornar a interação com usuário mais refinada e atrativa no aspecto da apresentação é usar uma forma de programação no VBA denominada "formulário do usuário", ou *UserForm*, em inglês. Esse tipo de formulário utiliza todas as técnicas de programação vistas e treinadas até este capítulo e outras ainda não apresentadas dentro de botões de chamadas e caixas de texto.

A programação de um *UserForm* deixa o programa mais prático para um usuário interessado apenas em utilizar um determinado cálculo, sem ter de aprender como o cálculo está sendo realizado ou que tipo de linguagem está sendo utilizada.

7.2 Ferramentas básicas do *UserForm*

O *UserForm* tem como ponto atrativo a possibilidade de criação de botões para orientação do usuário. As entradas e saídas de dados por meio de *InputBox* e *MsgBox* são eliminadas com a utilização de caixas de texto, conhecidas como *TextBox*.

A Figura 7.1 apresenta o caminho no qual se deve iniciar a programação de um formulário com *UserForm*, dentro do módulo de macros do VBA na versão MS Excel-2016. Após clicar em Inserir, basta escolher o rótulo *UserForm*, que a programação automaticamente será levada para o menu da Figura 7.2.

Na Figura 7.2, do lado esquerdo existem duas janelas chamadas de VBAProject e Propriedades. A janela VBAProject apresenta as pastas em que os módulos e a programação estão sendo elaborados. Também apresenta se um programa está sendo feito apenas para uma determinada planilha ou para todo o arquivo aberto no Excel (usando a pasta Módulo).

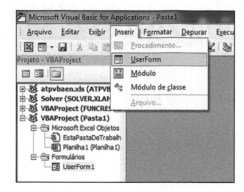

Figura 7.1 Caminho para início da programação *UserForm*

A segunda janela, chamada de Propriedades, indica as propriedades que estão como padrão do *UserForm*, tais como cor de fundo de botões, texto, caixas, bordas etc.

Para iniciar um programa no *UserForm*, primeiramente é preciso lembrar que a geração de resultados é, principalmente, produzida pelos botões de ações, tais como *CommandButton*, *Checkbox*, *Listbox* e *OptionButton*. São esses botões de escolha do usuário que permitem que o formulário funcione e rode a macro ou macros que estão na área de programação. Todos os botões e as caixas de entradas e saídas são apresentados na Caixa de ferramentas de controle, na Figura 7.3.

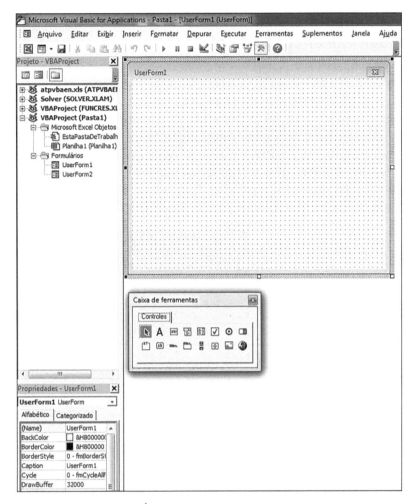

Figura 7.2 Área de programação de um *UserForm*

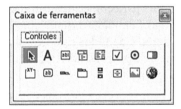

Figura 7.3 Caixa de ferramentas de controle

7.3 Aumento da funcionalidade das macros: melhora do poder das análises de Mercado

Duas ferramentas iniciais que podem ser utilizadas em qualquer programa são a caixa de texto, ou *TextBox*, e o botão de comando, ou *CommandButton*. A caixa de entrada de texto ou *TextBox* aparece na caixa de ferramentas como *ab*. Ela produz um resultado diferente da caixa de rótulo nomeada como *A*. O rótulo é apenas um texto informativo, enquanto um *TextBox* é um substituto do *InputBox* que foi utilizado nas programações anteriores.

Para escrever um programa que faça a soma de conteúdos de duas caixas de texto e imprima a resposta em uma terceira, é preciso ter as introduções de três caixas de textos e um *CommandButton*, como mostra a Figura 7.4. Para colocar o botão e as caixas dentro do *UserForm*, basta arrastá-los com o mouse para dentro da área de programação.

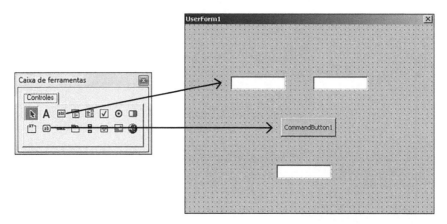

Figura 7.4 *UserForm* da soma de dois conteúdos

O nome *CommandButton*, por exemplo, pode ser alterado na janela de propriedades na caixa *Caption* ou mesmo escrevendo diretamente dentro do botão, em cima da palavra *CommandButton*. Os rótulos de textos para cada caixa podem ser incluídos, arrastando com o mouse para a área do *UserForm*.

A programação, então, está pronta para começar. Basta clicar duas vezes em cima do botão agora nomeado como Soma (antigo *CommandButton*), com o nome alterado nas propriedades do botão. A alteração desse botão e de todos os outros, bem como do próprio *UserForm*, sempre pode ser realizada na janela de propriedades. Clicando no botão Soma, a área de programação aparece, conforme a Figura 7.6.

A programação deve começar com as declarações das variáveis que vão receber texto ou números em suas caixas *TextBox*. O próprio VBA identifica cada caixa instalada com um número, o que facilita identificar qual caixa deve ser usada como entrada ou saída de valores.

As antigas entradas via *InputBox* são agora substituídas pelas caixas *TextBox1* e *TextBox2*, e as saídas que se utilizavam com *MsgBox* agora são substituídas também pelas caixas de texto, mas como recepção de valores do lado esquerdo da igualdade. No caso desse exemplo, a caixa será a *TextBox3*.

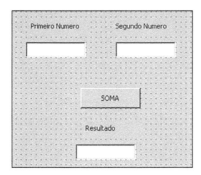

Figura 7.5 *UserForm* modificado

```
Private Sub CommandButton1_Click()
End Sub
```

Figura 7.6 Área para programação do botão de ação do *UserForm*

Salienta-se que o programa do botão Soma recebe o nome original do comando *CommandButton1_Click( )*, pois na propriedade apenas se altera o nome de visualização para o usuário na propriedade *Caption*, mas a propriedade *Name* continua com o nome original. O nome original pode ser alterado também, mas o usual é deixá-lo para evitar esquecimentos em programas longos ou mesmo algum tipo de incompatibilidade com o Excel.

```
Private Sub CommandButton1_Click()
Dim x As Single
Dim y As Single
Dim z As Single

x = TextBox1.Value
y = TextBox2.Value
z = x + y
TextBox3.Value = z

End Sub
```

O resultado na planilha do Excel é apresentado na Figura 7.7, com um exemplo de entrada na *TextBox1* com o valor 2, na *TextBox2* com o valor 3 e na *TextBox3* o resultado com o valor obtido no programa como 5. Pode-se notar que as caixas *TextBox* estão com a extensão *Value* no seu nome. Isso significa que o programa está sendo orientado a assumir o texto preenchido na caixa como valor numérico.

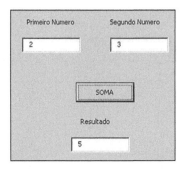

Figura 7.7 Resultado na planilha do usuário

Caso não se use a extensão *Value* e, ainda, o programador se esqueça de declarar as variáveis, o resultado produzido será um texto, ou seja, uma mera junção de caracteres. O programa a seguir ilustra isso. A extensão foi retirada do programa anterior para todas as caixas de texto.

```
Private Sub CommandButton1_Click()
x = TextBox1
y = TextBox2
z = x + y
TextBox3 = z
End Sub
```

O resultado da mesma operação agora é 23, ou seja, a junção do texto 2 mais o texto 3 forneceu o texto 23, mostrado na Figura 7.8.

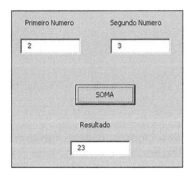

Figura 7.8 Resultado na planilha do usuário

O mesmo programa tem também sua utilidade, podendo ser utilizado para gerar uma mensagem, alterar alguma mensagem ou criar outra. Uma aplicação é criar mensagens cifradas para enviar com segurança para um receptor. A Figura 7.9 ilustra este caso. Na *TextBox1* foi gerada a frase "A tarde está" e a *TextBox2* "muito bonita", gerando um resultado na *TextBox3* "a tarde está muito bonita".

Figura 7.9 Geração de frase

 EXEMPLO 7.1: O botão de opções ou *OptionButton*

Neste exemplo, deseja-se fazer um programa em que o usuário terá a condição de escolher o cálculo da média e desvio-padrão dos valores de novembro de 2007 do índice Ibovespa. Assim, dada a planilha a seguir, deve-se programar o *OptionButton* da média e do desvio-padrão do índice.

O projeto do *UserForm* será o seguinte:

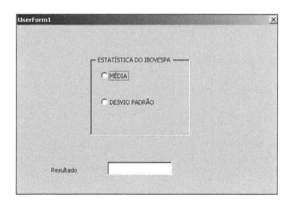

Figura 7.10 Projeto do *UserForm*

O botão de opções está na caixa de ferramentas, e basta arrastá-lo com o mouse para dentro do *UserForm*. Os nomes "média" e "desvio-padrão" podem ser alterados nas propriedades no campo *Caption*. O retângulo projetado que fornece a impressão de rebaixamento de tela se chama quadro, e também basta arrastá-lo diretamente da caixa de ferramentas.

Seu aspecto é de um quadro com nome fictício XYZ, cujo desenho é [˟ʸ]. Para o efeito de rebaixamento, é só ir até a caixa de propriedades e, no campo *SpecialEffect*, escolher o tipo 2. A caixa denominada resultado é um *TextBox* dentro do *UserForm*. Projetado o *UserForm*, deve-se programar os dois botões de opções (*OptionButton*). Clicando duas vezes no botão Média, pode-se programar a média da forma já vista anteriormente nos capítulos iniciais. Como novembro teve apenas 19 dias, a média para a coluna B da planilha possuirá 19 dados.

```
Private Sub OptionButton1_Click()
Dim soma As Single
Dim i As Integer
Dim media As Single

soma = 0

For i = 1 To 19

soma = soma + Cells(i + 1, 2)

Next i

media = soma / 19

TextBox1.Value = media

End Sub
```

Para o desvio-padrão, o segundo botão terá a programação a seguir:

```
Private Sub OptionButton2_Click()
Dim soma As Single
Dim i As Integer
Dim media As Single
Dim desv As Single

soma = 0
For i = 1 To 19
soma = soma + Cells(i + 1, 2)
Next i

media = soma / 19
soma = 0
For i = 1 To 19
soma = soma + (Cells(i + 1, 2) - media) ^ 2
Next i

desv = Sqr(soma / 19)

TextBox1.Value = desv


End Sub
```

No programa do desvio-padrão, pode-se perceber que houve uma repetição da programação da média dentro do botão do desvio-padrão. Da forma como está, seria necessária essa repetição, pois o nome da sub-rotina é *Private*, o que significa que os valores calculados não podem sair de dentro dela. Uma forma de otimizar o programa anterior é declarar o cálculo da média como variável pública, como visto anteriormente.

```
Public media As Single

Private Sub OptionButton1_Click()
Dim soma As Single
Dim i As Integer

soma = 0

For i = 1 To 19
```

```
soma = soma + Cells(i + 1, 2)
Next i
media = soma / 19
TextBox1.Value = media
End Sub
```

Uma vez declarada como pública, uma variável pode ser utilizada em qualquer outra sub-rotina, desde que ela tenha sido calculada e contenha um valor numérico em sua memória. Quando o usuário clicar em "desvio-padrão antes da média", o programa procurará onde essa média é calculada, calculará seu valor e utilizará no desvio-padrão sem o usuário perceber que o botão de média foi usado. Então, usando como variável pública, o botão de desvio-padrão será programado da seguinte forma:

```
Private Sub OptionButton2_Click()
Dim soma As Single
Dim i As Integer
Dim desv As Single

soma = 0
For i = 1 To 19
soma = soma + (Cells(i + 1, 2) - media) ^ 2
Next i

desv = Sqr(soma / 19)

TextBox1.Value = desv


End Sub
```

Deve-se perceber que, como a variável média foi declarada como pública, ela não deve ser inserida nas declarações *Dim* dentro das sub-rotinas *Private*. Se isso for feito, a média de dentro do programa do botão Desvio padrão será 0, pois, como variável privada do programa, ela é zerada, e o resultado estará todo errado. O resultado do programa no *UserForm* é apresentado na Figura 7.11.

Figura 7.11 Resultado

O projeto pode ser modificado para duas caixas de texto, pois o usuário pode querer visualizar os dois resultados ao mesmo tempo e fazer suas anotações. No caso, basta inserir outra caixa *TextBox* e apenas trocar o nome de *TextBox1* para *TextBox2* no botão de desvio-padrão. O novo projeto com duas *TextBox* fica como na Figura 7.12.

Figura 7.12 Resultado com duas caixas de texto

EXEMPLO 7.2

Suponha que um pesquisador descobriu uma maneira de prevenir o mercado financeiro de um *crash* nas bolsas de valores.

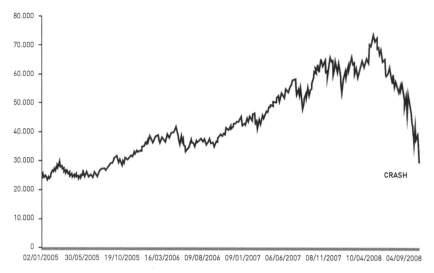

Figura 7.13 Bovespa – Crise financeira de 2008

Segundo ele, se for tomada a amplitude (subtração Máximo – Mínimo) de uma amostra de pontos de índice de uma bolsa e dividi-la pelo máximo, pode-se criar a seguinte regra:

$$\text{Se} \begin{cases} S < 0{,}5 & \text{"TRANQUILIDADE"} \\ S > 0{,}5 & \text{"PERIGO DE CRASH"} \end{cases}$$

Em que S é o valor da amplitude da amostra dividido pelo máximo.

Sabendo disso, a ideia é elaborar um *UserForm* conforme o projeto da Figura 7.13. Quando o usuário clica no botão Ordenar, o programa adquire *n* dados (*TextBox1*) que estão nas células da coluna A da *planilha1* do Excel e coloca em ordem crescente nas células da coluna B.

Quando o usuário clica em Amplitude, o programa calcula a amplitude da amostra de tamanho *n* da coluna B e calcula o valor de *S*. Ao mesmo tempo, deve emitir mensagem na caixa de texto (*TextBox2*) dentro do *Frame1*, se existe tranquilidade ou perigo de *crash*, conforme a regra apresentada anteriormente.

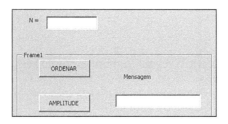

Figura 7.14 Projeto do Exemplo 7.2

{BOTÃO ORDENAR}

```
Private Sub CommandButton1_Click()
Dim n As Integer
Dim troca As Single
n = TextBox1.Value
For i = 1 To n
    Cells(i, 2) = Cells(i, 1)
  Next i
For i = 1 To n - 1
  If Cells(i, 2) > Cells(i + 1, 2) Then
        troca = Cells(i, 2)
        Cells(i, 2) = Cells(i + 1, 2)
        Cells(i + 1, 2) = troca
        i = 0
  End If
Next i

End Sub
```

{BOTÃO AMPLITUDE}

```
Private Sub CommandButton2_Click()
Dim n As Integer
Dim max As Single
Dim min As Single
Dim amplitude As Single
Dim s As Single
n = TextBox1.Value
min = Cells(1, 2)
max = Cells(n, 2)
amplitude = max - min
s = amplitude / max
If s < 0.5 Then
    TextBox2 = "tranquilidade"
  Else
```

```
    TextBox2 = "perigo"
End If

End Sub
```

 EXEMPLO 7.3

Observar o projeto de formulário a seguir com um exemplo preenchendo as caixas:

Figura 7.15 Projeto do Exemplo 7.3

Neste exemplo, deseja-se que o *UserForm* projetado funcione da seguinte maneira: ao entrar com os preços de cinco ações de empresas diferentes, quando clicar no botão Coef. Variação, o programa deve apresentar na caixa de texto ao lado o valor do coeficiente de variação dos preços inseridos. Lembrar que o coeficiente de variação é o desvio-padrão dividido pela média. Esse coeficiente é uma medida que diz se os dados estão muito dispersos da média ou próximos dela. É também usado para calcular o que se chama de volatilidade do mercado.

$$Coef.\,Var = \frac{desvio\text{-}padrão}{média}$$

```
Private Sub CommandButton1_Click()
Dim x(5) As Single
Dim i As Integer
Dim med As Single
Dim dp As Single
Dim cv As Single
Dim soma As Single

x(1) = TextBox1.Value
x(2) = TextBox2.Value
x(3) = TextBox3.Value
x(4) = TextBox4.Value
x(5) = TextBox5.Value

soma = 0
```

```
For i = 1 To 5
   soma = soma + x(i)
Next i

med = soma / 5
soma = 0

For i = 1 To 5
soma = soma + (x(i) - med) ^ 2
Next i

dp = Sqr(soma / 5)
cv = dp / med

TextBox6.Value = cv

End Sub
```

EXEMPLO 7.4

Observe o *UserForm* a seguir:

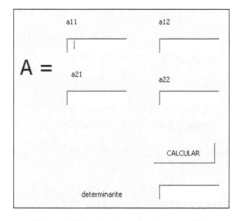

Figura 7.16 Projeto do Exemplo 7.4

O exemplo deseja mostrar um projeto de uma macro com um botão Calcular que fornece, na caixa "determinante", o determinante da matriz 2 × 2 que o usuário deve preencher nas caixas *a11*, *a12*, *a21* e *a22*.

```
Private Sub CommandButton1_Click()
Dim a11 As Single
Dim a12 As Single
Dim a21 As Single
Dim a22 As Single
Dim det As Single

a11 = TextBox1
a12 = TextBox2
a21 = TextBox3
a22 = TextBox4
```

```
det = a11 * a22 - a12 * a21
TextBox5.Value = det

End Sub
```

EXEMPLO 7.5

Um número é dito de Amstrong se a soma dos cubos de seus dígitos é igual ao próprio número. Por exemplo, 407 é Amstrong porque $4^3 + 0^3 + 7^3 = 407$. O projeto deste exemplo será um *UserForm* de acordo com a Figura 7.16. O usuário entra com um número de três dígitos na primeira caixa. Ao apertar o botão Verificação, o número é decomposto em outras três caixas: centena, dezena, unidade. Na última caixa deve aparecer uma mensagem dizendo "Amstrong" quando o número obedecer à regra e "Não Amstrong" quando não obedecer à regra.

Figura 7.17 Projeto do Exemplo 7.5

Então, o programa do botão Verificação será:

```
Private Sub CommandButton1_Click()
Dim x As Single
Dim x1 As Integer
Dim x2 As Integer
Dim x3 As Integer
Dim y As Integer

x = TextBox1.Value

x1 = Int(x / 100)
x2 = Int((x - x1 * 100) / 10)
x3 = (x / 10 - Int(x / 10)) * 10
y = x3 * 100 + x2 * 10 + x1
TextBox2.Value = x1
TextBox3.Value = x2
TextBox4.Value = x3

If (x1 ^ 3 + x2 ^ 3 + x3 ^ 3) = x Then
    TextBox5 = "Amstrong"
Else
    TextBox5 = "Não"
End If

End Sub
```

7.4 Funções para caracteres

O uso do *TextBox* no *Userform* proporciona a manipulação de letras com o dimensionamento do tipo *string*. Algumas funções específicas do VBA para selecionar e contar letras tornam-se muito úteis nesse tipo de programas. As funções *Left*, *Right* e *Mid$* são essenciais para o uso de caracteres do tipo *string*.

7.4.1 *Left* (texto, número de caracteres)

Essa função precisa que um texto seja informado como variável nos parêntesis e saber quantos caracteres deverão ser selecionados.

Por exemplo, se a variável texto for a frase: "hoje vai chover" e se queira apenas selecionar os dois caracteres começando-se pela esquerda. O resultado obviamente será "ho". O programa para isso terá a seguinte forma.

```
Sub comando()
Dim x As String
Dim y As String


x = "hoje vai chover"

y = Left(x, 2)

MsgBox (y)

End Sub
```

Devemos lembrar que variável do tipo *string* precisará de aspas para assumir o valor como texto. Por isso, a variável *x* recebe a frase com aspas na linha de programação.

7.4.2 *Right* (texto, número de caracteres)

Assim como a *Left*, essa função toma caracteres, mas a contagem começa à direita do texto informado. Nesse caso, o programa será:

```
Sub comando()
Dim x As String
Dim y As String


x = "hoje vai chover"

y = Right(x, 2)

MsgBox (y)

End Sub
```

CAPÍTULO 7 | Interação com o mercado: programação de *UserForm*

Cujo resultado em *MsgBox* será:

Figura 7.18

7.4.3 *Mid$* (texto, caractere de início, quantidade de caracteres)

Essa função retornará caracteres centrais, definidos por dois números, um primeiro número indicando o caractere de início da seleção e outro indicando o final. Por exemplo, na frase anterior "hoje vai chover", se escolhermos começar pela terceira letra (a letra *j*) e desejarmos 9 letras, o resultado será "je vai ch". Os espaços em brancos também são contados como caracteres da frase. A programação para essa função é a seguinte.

```
Sub comando()
Dim x As String
Dim y As String

x = "hoje vai chover"

y = Mid$(x, 3, 9)

MsgBox (y)

End Sub
```

Cuja resposta será no *MsgBox*:

Figura 7.19

7.5 Programação de Botão_Clique

Até aqui, os usuários foram induzidos a ter que entrar no modo de programação VBA-Excel para rodar os programas. Na maioria dos casos, são eles que compram planilhas, contratam consultorias ou pagam para alguém desenvolver uma determinada automatização de suas planilhas, pois não têm intimidade com linhas de programação.

Uma maneira de facilitar a integração dos usuários com a programação é a criação de botões dentro da própria planilha, para que os usuários rodem os programas para seus propósitos sem a necessidade de ver os códigos.

Esses botões são conhecidos como *Botão_Clique* e, quando são clicados pelos usuários, remetem o programa diretamente para o *Userform*.

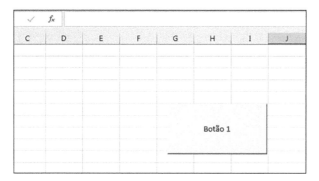

Figura 7.20 Botão_Clique dentro da planilha do Excel

Para programar esse botão na planilha, primeiramente deveremos habilitar uma caixa Controle dentro da planilha. Essa caixa deve ser adicionada nos Suplementos. No Iniciar do Microsoft Excel 2016, deve-se escolher *Opções* conforme a Figura 7.21.

Figura 7.21 Primeiro passo para adicionar controles

Ao clicar em *Opções*, deve-se escolher no lado esquerdo *Barra de Ferramentas de Acesso Rápido*.

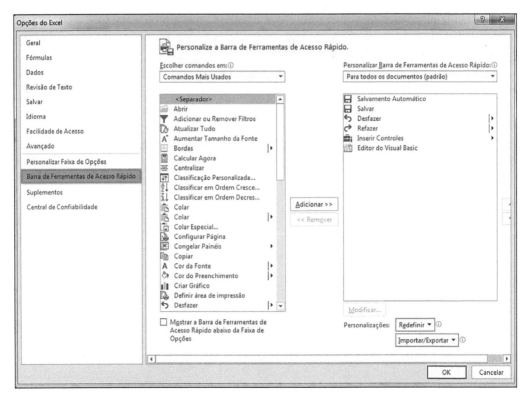

Figura 7.22 Segundo passo para adicionar controles

Na caixa Escolher comandos em, conforme Figura 7.23, deve-se escolher *Guia desenvolvedor* na janela logo abaixo.

Figura 7.23 Terceiro passo para adicionar controles

Dentro da janela logo abaixo, é possível ver uma figura imitando uma pasta, com o nome *Inserir Controles*. Ela deve ser selecionada, e então o botão *Adicionar* deverá ser clicado. Os controles serão transferidos para o lado esquerdo da janela.

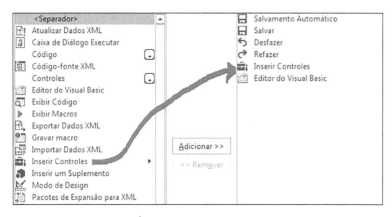

Figura 7.24 Último passo para adicionar controles

Ao terminar esse passo, na aba superior do Excel, nas planilhas, aparecerá a caixa controle já adicionada.

Figura 7.25 Caixa Controle

Essa Caixa Controle possui os mesmos botões e funções da *Caixa de Ferramentas* do *UserForm*. Duas caixas são apresentadas, e o *botão_clique* a ser usado para acionar o *UserForm* é o botão da caixa *Controles de Formulário*, e não da caixa *Controles ActiveX*.

Figura 7.26 Controles de Formulário

CAPÍTULO 7 | Interação com o mercado: programação de *UserForm*   253

Para programar o *botão_clique*, basta arrastá-lo e adaptar seu tamanho e nomes desejados por meio das propriedades. Quando terminar de arrastar o botão, automaticamente a Figura 7.27 aparecerá.

Figura 7.27 Atribuição de Macro no *Botão_Clique*

Clicando no botão Novo na caixa de atribuição da Figura 7.27, o Excel levará para a área de programação em VBA. O nome da sub-rotina será o nome do botão escolhido na planilha. Se for *Botão1_Clique*, esse será o nome da *Sub*, como pode ser visto na Figura 7.28.

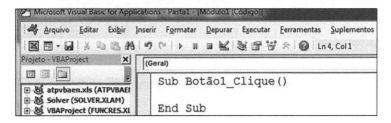

Figura 7.28 Programação da Sub-rotina do botão

Se já existir um *UserForm* projetado e pronto para funcionar, o comando que acionará o *UserForm* é Show. Para tanto, basta usar o nome do *UserForm* projetado com a extensão .*Show* como na figura 7.29.

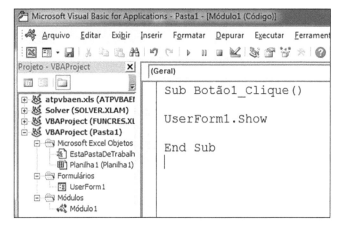

Figura 7.29 Acionando o *UserForm1*

7.6 Função para o número de células preenchidas

Nos programas de algoritmos básicos, sempre precisávamos da caixa *InputBox* para solicitar o tamanho ou quantidade dos dados que seriam adquiridos pelos programas. Com esses dados, os programas armazenavam na memória de vetores, matrizes ou usavam as próprias células com *For* ou *Do While*. Usando as caixas de texto do *UserForm*, não é interessante nem muito funcional perguntar ao usuário quantos dados existem na planilha.

Uma forma interessante é usar a função *End(xlUp).Row*:

```
Sub teste()

n = Cells(500, 1).End(xlUp).Row

End Sub
```

Essa função, como está na *Sub* teste anterior, faz o Excel subir da linha 500 na coluna A da planilha usando as linhas (por isso *Row* no final da programação). Quando o Excel encontrar a primeira linha preenchida, depois de percorrer todas as vazias de baixo para cima a partir da 500, ele para.

O número *n* que o Excel descobriu será a quantidade de linhas preenchidas na planilha do usuário. Se, por exemplo, temos uma planilha como a da Figura 7.30, em que o preenchimento das linhas tem um último número na linha 6, com essa função o Excel saberá que existem 6 dados para seu uso.

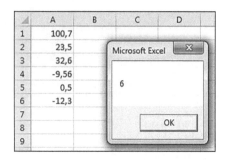

```
Sub teste()
n = Cells(500, 1).End(xlUp).Row
MsgBox (n)
End Sub
```

Figura 7.30

7.7 Modelos de projetos

7.7.1 Projeto 1: Fortaleza digital

a) **Problema**

A criptografia é uma ciência muito antiga, datada de anos antes de Cristo. Conta-se que os faraós já utilizavam esse artifício com a finalidade de esconder informações preciosas. Nos dias de hoje, a criptografia é fundamental para a segurança na transação de dados bancários, na transação de negócios por meio de *e-commerce* e *e-business*, na segurança para declarações da Receita Federal etc. O método mais antigo é conhecido como código de *Caesar*, atribuído ao imperador Júlio César.

b) **O que se deseja**

A programação em *UserForm* do método de criptografia do código de *Caesar*. O programa deve permitir encriptar e desencriptar informações (textos) conforme a Figura 7.31.

Esse projeto imita a segurança de mensagens secretas ou códigos de vendas dos cartões de crédito. Sem um algoritmo de encriptação, compras da internet seriam totalmente inseguras para os clientes. O código consiste na criação de um alfabeto auxiliar que faça correspondência com o alfabeto em seu padrão normal. Se o usuário possuir a chave de encriptação, o programa percorre o alfabeto auxiliar e começa a fazer correspondência de cada letra da mensagem original com a letra correspondente pela chave. A chave é o deslocamento de um cursor imaginário sobre o alfabeto. Por exemplo, se a chave for 2, cada letra do alfabeto original terá correspondência com duas letras à frente. A letra A deveria, neste caso, ser trocada por C. Nesse alfabeto ainda podem ser incluídos espaços em branco, sinais de pontuação, matemáticos etc.

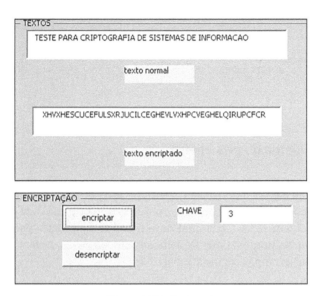

Figura 7.31 Projeto 1

A programação do botão de encriptar um texto é apresentada na macro a seguir.

```
Private Sub CommandButton2_Click()
Dim car As String
Dim textnor As String
Dim alfabet(80) As String
Dim textn(80) As String
Dim textenc(80) As String
Dim letra As String
Dim chave As Integer
Dim lugar As Integer
car = "AB CDEFGHIJKLMNOPQRSTUVXWYZ"
pos = 1
Do While pos <= Len(car)
alfabet(pos) = Mid$(car, pos, 1)
pos = pos + 1
Loop
texto = UCase(TextBox1)
chave = TextBox3.Value
i = 1
Do While i <= Len(texto)
textn(i) = Mid$(texto, i, 1)
i = i + 1
Loop
i = 1
Do While i <= Len(texto)
  j = 1
  Do While j <= Len(car)
    If textn(i) = alfabet(j) Then
        If j <= chave Then
           lugar = 27 + (j - chave)
           Else
           lugar = (j - chave) Mod 27
           End If
        textenc(i) = alfabet(lugar)
        j = Len(car) + 1
        Else
        j = j + 1
        End If
    Loop
i = i + 1
```

```
Loop
    letra = " "
    For i = 1 To Len(texto)
        letra = letra & textenc(i)
    Next i
TextBox2 = letra
End Sub
```

7.7.2 Projeto 2: Dilema do prisioneiro

a) Problema

Uma forma de analisar a competição entre empresas é por meio do algoritmo na teoria de jogos, conhecido como dilema do prisioneiro. Sua versão original trata de dois prisioneiros cúmplices, isolados em celas. Cada qual deve escolher uma regra para se livrar da pena máxima sem saber da proposta que foi feita ao seu comparsa. A versão econômica entre empresas pode, por exemplo, seguir a Tabela 7.1:

Tabela 7.1

	B *coopera*	B *trai*
A *coopera*	2,00 para A 3,00 para B	Nada para A 4,00 para B
A *trai*	3,00 para A 1,00 para B	1,00 para A 2,00 para B

b) O que se deseja

1. Programar o algoritmo para o jogo conforme a Tabela 7.1.
2. A programação em *UserForm* do método para permitir dois tipos de jogada: um primeiro jogo entre Jogador A × Jogador B ou Jogador A × Computador.

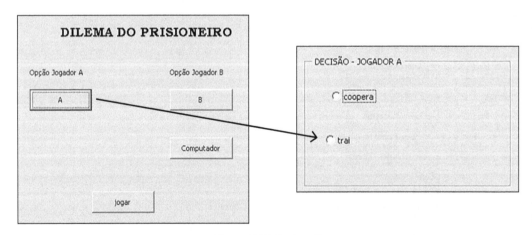

Figura 7.32 Projeto 2

A planilha para o usuário será criada da seguinte forma:

	A	B	C	D	E	F	G
1	A	B					
2	0	0					
3							
4					Jogo - Dilema do Prisioneiro		
5							
6							

Figura 7.33

Ao clicar no botão *Jogo - Dilema do Prisioneiro*, o usuário é então lançado ao *UserForm* da Figura 7.32. O programa do botão *Jogar* será:

```
Private Sub CommandButton1_Click()
UserForm2.Show

End Sub

Private Sub CommandButton2_Click()
UserForm3.Show
End Sub
Private Sub CommandButton3_Click()
Dim ultima As Double

ultima = Worksheets("Plan1").Cells(65536, 1).End(xlUp).Row

If Worksheets("Plan2").Cells(2, 3) = 1 And Worksheets("plan2").Cells(2, 5) = 1 Then

    Cells(ultima + 1, 1) = Cells(ultima, 1) + 2
    Cells(ultima + 1, 2) = Cells(ultima, 2) + 3
ElseIf Worksheets("Plan2").Cells(2, 3) = 1 And Worksheets("Plan2").Cells(2, 6) = 1 Then
        Cells(ultima + 1, 1) = Cells(ultima, 1) + 0
        Cells(ultima + 1, 2) = Cells(ultima, 2) + 4
ElseIf Worksheets("Plan2").Cells(2, 4) = 1 And Worksheets("Plan2").Cells(2, 5) = 1 Then
        Cells(ultima + 1, 1) = Cells(ultima, 1) + 3
        Cells(ultima + 1, 2) = Cells(ultima, 2) + 1
ElseIf Worksheets("Plan2").Cells(2, 4) = 1 And Worksheets("Plan2").Cells(2, 6) = 1 Then
        Cells(ultima + 1, 1) = Cells(ultima, 1) + 1
        Cells(ultima + 1, 2) = Cells(ultima, 2) + 2
        End If

End Sub

Private Sub CommandButton4_Click()
Dim gerador As Single

gerador = Rnd
If gerador < 0.5 Then
    Worksheets("plan2").Cells(2, 5) = 0
    Worksheets("plan2").Cells(2, 6) = 1
    Else
    Worksheets("plan2").Cells(2, 5) = 1
    Worksheets("plan2").Cells(2, 6) = 0
End If

End Sub
```

7.7.3 Projeto 3: Cálculo de integrais

O projeto consiste em descobrir a integral definida de uma função, usando o método dos trapézios. Por exemplo, para a integral seguinte, um *UserForm* pode ser projetado para o cálculo da integral.

$$Int = \int_{t0}^{tf} e^x \, dx$$

CAPÍTULO 7 | Interação com o mercado: programação de *UserForm* **259**

O projeto pode ter o seguinte *UserForm*:

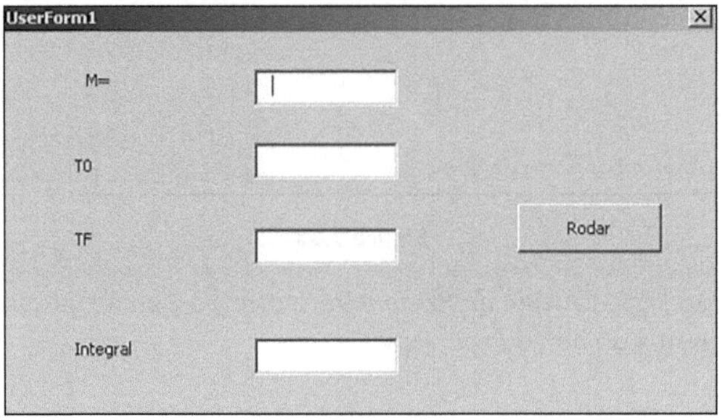

Figura 7.34

Em que o botão *Rodar* terá o programa a seguir.

```
Private Sub CommandButton1_Click()
Dim m As Single
Dim t0 As Single
Dim tF As Single
Dim soma As Single

m = TextBox1.Value
t0 = TextBox2.Value
tF = TextBox3.Value
Call integra(m, t0, tF, soma)

TextBox4.Value = soma

End Sub
```

A função *Call* é acionada para chamar uma sub-rotina que está programada em outro módulo. No caso, a *Call* está chamando a *Sub* integra, que possui o programa a seguir.

```
Sub integra(m As Single, t0 As Single, tF As Single, soma As Single)

Dim h As Single
Dim i As Single


h = (tF - t0) / m


soma = f(t0) + f(tF)
i = t0 + h

Do While i < tF
integ = f(i)

soma = soma + 2 * integ

i = i + h
Loop
```

260 Mercado Financeiro

```
    soma = soma * h / 2

End Sub
Function f(i As Single) As Single
f = Exp(i)

End Function
```

Essa rotina integra chama então uma *Function f*, em que é inserida a função a ser integrada. A que está dentro da *Function f* é a função exponencial. Qualquer outra função matemática pode ser colocada nessa *Function*, como senos, cossenos, polinômios, retas ou mesmo combinações não lineares de variáveis. Como se sabe, a integral definida sob uma função contínua fornece a área.

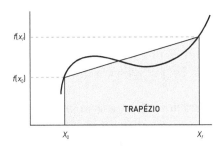

Figura 7.35 Projeto 3

A regra do trapézio, como o próprio nome diz, usa a regra da área do trapézio para calcular a área abaixo da função $f(x)$. Então, o problema é resolver a integração de uma função $f(x)$:

$$I = \int_{x_0}^{xf} f(x)dx$$

Em vez de usar os métodos de cálculo, usa-se a relação de área do trapézio:

$$I = \frac{h}{2}\left(f(x_0) + f(x_f)\right)$$

Em que a altura do trapézio é h, a base menor $f(x_0)$ e a base maior $f(x_f)$.

A altura, nesse caso, é o tamanho do intervalo entre os pontos do intervalo, ou seja, $h = x_f - x_0$. A Figura 7.36 mostra a área hachurada representando a integral. No entanto, pode-se reparar que existe um erro no cálculo da área de $f(x)$, ficando uma parte da função descoberta do cálculo. Usando a ideia da integral de Riemann, divide-se o problema do trapézio em m trapézios, justapostos dentro do intervalo, e aplica-se a regra somando todas as áreas menores. Quanto mais trapézios, melhor o cálculo da área. Por isso, no *UserForm*, existe uma caixa para entrada de m, fazendo o usuário fornecer o número de trapézios que deseja.

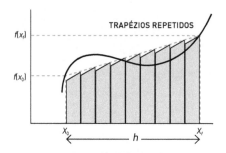

Figura 7.36 Projeto 3

O *UserForm* do Projeto 3 usa a fórmula dos trapézios repetidos para encontrar a área de uma função $f(x)$ conforme o somatório a seguir:

$$I = \frac{h}{2}\left(f(x_0) + 2\left(f(x_1) + f(x_2) + f(x_3) + \ldots + f(x_{m-1})\right) + f(x_f)\right)$$

A integral da função exponencial pelas regras de cálculo é:

$$I = \int_0^1 e^x\,dx = e^1 - e^0 = 1.7182$$

O resultado do programa para um único trapézio ($m = 1$) é 1,859, como indica o *UserForm*.

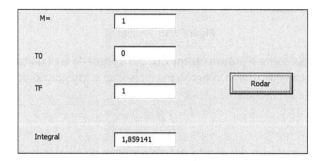

Figura 7.37

Um resultado nada bom, perto da solução encontrada pelas regras de cálculos, as quais fornecem a solução exata. Contudo, quando se aumenta o número de trapézios para o valor de $m = 10$, a solução aproxima-se bastante da solução exata, para o valor 1,7197.

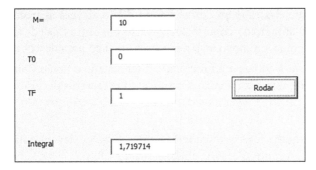

Figura 7.38

E, para $m = 10000$ trapézios o erro fica além da quarta casa decimal.

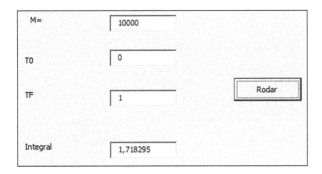

Figura 7.39

7.7.4 Projeto 4: Algoritmo da força bruta

John Thomas Draper foi o primeiro e mais famoso hacker nos anos 1960, quando inventou uma caixa (box) para invadir companhias telefônicas nos Estados Unidos e fazer ligações de graça. Em 1964, ele invadiu a Força Aérea dos Estados Unidos e ficou famoso entre os jovens, ganhando o apelido de Capitão Crunch. Esse apelido veio porque sua caixa, ao fazer conexões, emitia um som de apito parecido com apitos que vinham de brindes em caixas de cereais.

Basicamente, seu sistema usava algo parecido com o que é conhecido hoje como o algoritmo da força bruta, usado por hackers para invadir sistemas computacionais mais frágeis. Depois desse algoritmo, todas as companhias redobraram as atenções nas seguranças, colocando senhas, contra-senhas, palavras-chaves, chaveiros com números aleatórios, entre outros bloqueios.

O algoritmo da força bruta consiste em testar todas as combinações possíveis, testando uma a uma (por isso o nome de força bruta). Devem-se testar os números usando certo número de *For* ou *DoWhile*, um para cada dígito secreto.

a) **Objetivo**

Fazer um *UserForm* com 3 *TextBox* com dígitos secretos. Três *For* ou três *Do While* deverão ser feitos separadamente, um para cada teste de *TextBox*, variando de 0 a 9, para testar os dígitos. Quando um desses *loops* descobrir um dígito, deverá aparecer na caixa de texto correspondente ao número descoberto; logo abaixo, em outra caixa de texto, a palavra "acertou", e, logo em seguida, um novo *loop* deverá ser iniciado para descobrir o próximo dígito.

O programa deverá começar a funcionar ao ser clicado o botão *CommandButton1* apenas uma vez, como mostrado abaixo. Os três dígitos secretos deverão estar num vetor de 3 posições $x(1)$, $x(2)$, $x(3)$ e gerados de forma aleatória no intervalo $(0,9)$, somente com números inteiros.

Quando os 3 dígitos forem descobertos, uma *MsgBox* deverá emitir uma mensagem "Senha Quebrada". A senha aleatória abaixo foi $x(1) = 8$, $x(2) = 5$ e $x(3) = 0$.

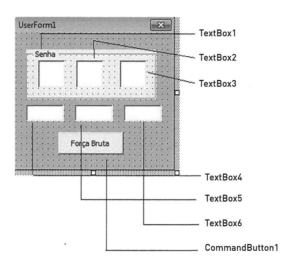

Figura 7.40

b) Solução

Interpretando o problema da quebra de senha, o algoritmo deverá ir quebrando, passo a passo, cada dígito. Por isso se pedem três *loops* separados. Obviamente, apenas um *loop* gerado três vezes também fornecerá o resultado. Da maneira como o projeto está colocado, o efeito visual seria o seguinte.

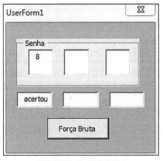
PRIMEIRO *For* (OU *While*)

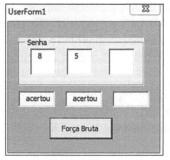
SEGUNDO *For* (OU *While*)

TERCEIRO *For* (OU *While*)
ALERTA FINAL

Figura 7.41

Depois que todos os dígitos forem quebrados, um *MsgBox* aparecerá com a mensagem a seguir.

Figura 7.42

A senha secreta poderá mudar para cada vez que um clique for dado no botão *CommandButton1*. Para gerar os números aleatórios entre 0 e 9, podemos declarar uma variável *array* como inteira e depois colocar o comando *Rnd* multiplicado por 10. Como ainda temos o comando *Int*, mesmo que no arredondamento o número passe de 10, apenas o número 1 truncado será selecionado.

```
Dim i As Integer
Dim x(3) As Integer
Randomize
x(1) = Int(10 * Rnd)
x(2) = Int(10 * Rnd)
x(3) = Int(10 * Rnd)
```

Os testes poderão ser realizados com a comparação do *For* com as respectivas caixas onde os dígitos aparecerão. Para tanto, basta repetir, nesse caso, três vezes as seguintes linhas de programação.

```
For i = 0 To 9
TextBox1.Value = i
If i = x(1) Then
    i = 11
TextBox4 = "acertou"
End If
Next i
```

Mas por que a linha $i = 11$? Isso se chama estouro de *loop*, pois, ao forçar a variável de contagem *i* a assumir um número maior do que o limite (no caso 9), o programa interrompe os testes e passa para outras linhas após o *next i*.

Dessa forma, o algoritmo completo para o força bruta terá a seguinte solução:

```
Private Sub CommandButton1_Click()
Dim i As Integer
Dim x(3) As Integer
Randomize
x(1) = Int(10 * Rnd)
x(2) = Int(10 * Rnd)
x(3) = Int(10 * Rnd)
```

```
For i = 0 To 9
TextBox1.Value = i
If i = x(1) Then
    i = 11
TextBox4 = "acertou"
End If
Next i

For i = 0 To 9
TextBox2.Value = i
If i = x(2) Then
    i = 11
End If
TextBox5 = "acertou"
Next i

For i = 0 To 9
TextBox3.Value = i
If i = x(3) Then
    i = 11
End If
TextBox6 = "acertou"
Next i

If TextBox4 = "acertou" And TextBox5 = "acertou" And TextBox6 = "acertou" Then
    MsgBox ("senha quebrada")
End If
End Sub
```

PARA PRATICAR

01 A Figura 7.43 mostra um *UserForm* e, ao lado dela, o que se espera em cada caixa de texto. Qual deve ser a programação na *Private Sub CommandButton1_Click()*, para que uma vez fornecidos os valores de *x* e *n*, a macro retorne ao usuário o valor de *S*? Como usar a série de acordo com a fórmula do *UserForm*?

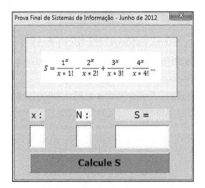

Figura 7.43

266 Mercado Financeiro

02 Uma planilha está preenchida na coluna A com os nomes dos clientes, e na coluna B com seus respectivos salários. Qual programação em VBA pode ser escrita para que a *UserForm*1 a seguir, quando clicado em seu botão de comando, retorne o salário do Cliente na *TextBox*3, cujo nome foi inserido na *TextBox*2? A *TextBox*1 receberá do usuário o número de clientes presentes na *Planilha1* conforme o esquema da figura acima. Se o usuário tentar pesquisar o salário de um cliente que não está na Planilha, a resposta em *TextBox*3 deverá ser "Não Encontrado".

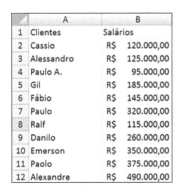
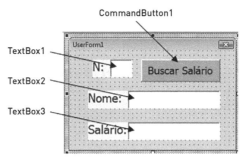

Figura 7.44

03 A tela da Figura 7.45 é de uma plataforma de negociação em alta frequência (em milissegundos) durante 1 segundo de visualização. A HFT, como é conhecida, opera observando o volume de negócios e apostando contra ou a favor de uma ação.

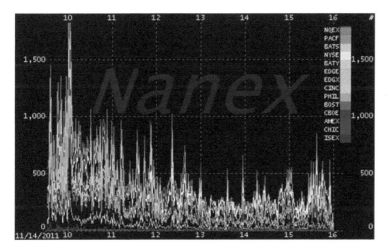

Figura 7.45

A melhor média para se calcular valores com intervalos fixos e seguidos de observação é a conhecida média harmônica. Sua fórmula é:

CAPÍTULO 7 | Interação com o mercado: programação de *UserForm*   **267**

$$media = \frac{3}{\frac{1}{a}+\frac{1}{b}+\frac{1}{c}}$$

Você foi contratado para fazer um *UserForm* de observação de 3 volumes (*a*, *b*, *c*) negociados com o mesmo intervalo de tempo de 100 milissegundos entre cada observação. O que se deseja é que, dentro do *CommandButton1( )*, chamado de resultado, seu *UserForm1* chame duas funções (*Function*).

A primeira *Function* vai descobrir quais são os dois maiores valores dentre (*a*, *b*, *c*) e somá-los. O resultado deve ser enviado pelo *CommandButton* para a *TextBox1*, com a *Label* soma.

A segunda *Function* deverá calcular a média harmônica dada pela fórmula acima. O *CommandButton1* envia esse resultado para a *Textbox2* com a *Label* Média Harmônica. Cuidado com a passagem dos parâmetros do *CommandButton* para a *Function*.

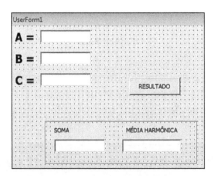

Figura 7.46

04 Uma empresa está preocupada com a corrupção e contratou serviços de programação para preenchimento de uma planilha, em que os salários são calculados em função das horas extras. A planilha que a empresa passou para testes de programação foi:

	A	B	C	D	E	F	G
1		Salário CATEGORIA A	>>>>>>>	1000			
2		Salário CATEGORIA B	>>>>>>>	1500			
3		Salário CATEGORIA C	>>>>>>>	2000		Atualizar Funcionário	
4							
5							
6	CÓDIGO	NOME		CATEGORIA	Salário	Horas Extras	Valor por hora extra	TOTAL
7	1	JULIANA	A	1000	2	10	1020
8	2	JOÃO	B	1500	1	15	1515
9	3	PEDRO	C	2000	10	20	2200
10	4	CLARA	B	1500	1	15	1515

Figura 7.47

A empresa quer que, ao clicar no botão Atualizar Funcionário, abra-se um *UserForm* da seguinte forma:

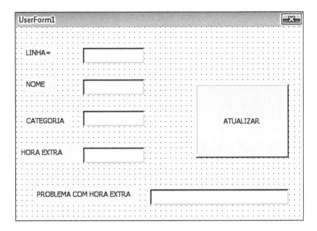

Figura 7.48

O projeto deverá fazer o botão Atualizar Funcionário abrir o *UserForm1*. As caixas de texto linha, nome, categoria e hora extra, quando preenchidas, terão os valores transferidos para as linhas da planilha da empresa. A caixa linha é para dizer a partir de que linha os dados serão colocados. Assumir que o usuário digitará uma linha maior ou igual a 7. O código é sempre crescente e aumentado de 1 automaticamente a cada nova inserção.

O salário deve respeitar os valores da coluna D do Excel para as 3 primeiras linhas, de acordo com a categoria inserida na caixa. O valor da hora extra é 1% do salário base do funcionário na categoria dele. Contudo, existe um limite: nenhum funcionário poderá ter mais do que 20 horas extras. Se as horas extras do funcionário forem menores ou iguais a 20, deverá preencher a caixa de texto abaixo do botão atualizar no *UserForm* com a seguinte mensagem: "Sem problemas com esse funcionário".

Caso contrário, deverá aparecer uma mensagem "Horas extras do funcionário fora do limite". Ao final, deve-se preencher também o total na última coluna, somando-se os valores da coluna Salário com os da coluna Horas Extras, multiplicados pelo Valor por hora extra, ou seja, coluna $D + (E*F)$.

Deseja-se um projeto em que estejam programados o botão na planilha Atualizar funcionário que vai abrir o *UserForm* e também o programa do *UserForm* todo, com o *CommandButton1* Atualizar conforme mostrado anteriormente.

05 A prefeitura de São Paulo quer construir um App usando o *UserForm* do Excel para ajudar aos usuários de fora da capital paulista, informando quais os dias em que seus carros poderão circular na cidade. O programa deverá seguir o padrão do *UserForm* e ser construído no *CommandButton* do *UserForm* nomeado Analisar (na página seguinte). O usuário entrará com a placa de um veículo contendo exatamente sete caracteres (Padrão Brasil: AAA0000) no *Textbox1*, com 3 letras no início e 4 números sem espaços. O programa deve, então, escrever no campo do *Textbox2* qual é o dia do rodízio do veículo no município de São Paulo. A regra é:

- Segundas: restrição com placas com final 1 e 2.
- Terças: restrição com placas com final 3 e 4.
- Quartas: restrição com placas com final 5 e 6.
- Quintas: restrição com placas com final 7 e 8.
- Sextas: restrição com placas com final 9 e 0.

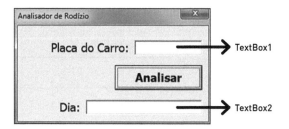

Figura 7.49

06 Fazer um algoritmo para ler uma frase usando *InputBox*. O programa deverá, então, trocar todas as letras *a* pela letra *b* e contar quantas alterações foram feitas. No fim, deverá aparecer em *MsgBox* a frase inicial com as letras alteradas e depois o número de trocas ocorridas.

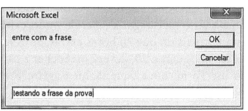

FRASE INICIAL

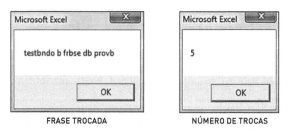

FRASE TROCADA   NÚMERO DE TROCAS

Figura 7.50

07 Uma empresa deseja criar um *UserForm* para cadastrar os veículos da sua frota. Segue a Figura 7.51 com o design do *UserForm* que a empresa deseja:

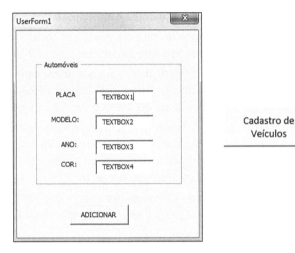

Figura 7.51

O nome do *UserForm* é *UserForm*1, e existe um botão na planilha que acionará este *Userform1* com quatro *TextBox* e um *CommandButton* chamado de Adicionar, para adicionar um veículo novo na planilha. Quando esse botão na planilha Cadastro de veículos é clicado, ele faz aparecer o *UserForm* anterior. Então pede-se:

Fazer o código do botão Cadastrar veículos na planilha para que quando acionado, abra o *UserForm1*.

Fazer abaixo o código do botão Adicionar. Ele deverá adicionar um novo carro no final da *Planilha1*. O programa deverá ser hábil em verificar se a placa já existe nas linhas anteriores. Se a placa já estiver cadastrada, o programa deverá cadastrar, mas na coluna E e deverá constar uma mensagem dizendo em qual linha está a placa repetida. Por exemplo, se já existir uma placa na linha 4, a mensagem seguinte deverá aparecer: Veículo já cadastrado na linha 4.

O programa deverá obter a última linha, de forma automática (não pedir via *InputBox*). Segue um exemplo da Planilha:

	A	B	C	D	E
1	Placa	Modelo	Ano	Cor	
2	AAA-1111	Fiat	2012	branca	
3	BBB-2222	Ford	2012	prata	
4	CCC-3333	GM	2011	preta	
5	DDD-4444	Honda	2013	cinza	
6	EEE-5555	GM	2016	branca	
7	CCC-3333	GM	2011	preta	veículo já cadastrado na linha 4

Figura 7.52

08 A Figura 7.53 mostra um exemplo de interação entre Planilha e *UserForm*. Nesse caso, os dados de receitas de uma rede de lojas são salvos em uma Planilha conforme a figura. A rede possui 10 lojas distribuídas nas linhas, e, à medida que os dias de um mês vão sendo completados, a planilha é alimentada nas colunas.

No exemplo, já existem os dados de receitas dos 10 primeiros dias de um mês qualquer nas colunas. O *UserForm* tem funcionamento bastante simples:

O usuário preenche a *TextBox1* (nº de dias) com o número de dias para os quais pretende fazer a análise a partir do dia 1 com dias consecutivos. Por exemplo, se o usuário escolher 4, a análise deverá ser do dia 1 ao dia 4, que estará na coluna F.

Assim que o usuário aperta o botão de comando OK, o *UserForm* retorna o nome da loja com a melhor média diária de receita entre o dia 1 e o dia escolhido no *Textobox1*, bem como o valor dessa melhor média. Ainda, o programa deve calcular a pior loja com média diária e dizer seu nome.

Qual a programação por trás de *CommandButton1_Click()*? Os dados já estão na Planilha, mas nenhuma célula da Planilha pode ser modificada, apenas lida.

Descrição dos controles do *UserForm*:

TextBox1 : Nº de dias;

TextBox2 : Média diária da Melhor Loja;

TextBox3 : Melhor Loja;

TextBox4 : Pior Loja;

TextBox5 : Média diária da Pior Loja;

CommandButton1 : OK

Exemplo de utilização com n = 6 dias de análise para 10 dias e 10 lojas.

	A	B	C	D	E	F	G	H	I	J	K	L
1	Loja\Dia	1	2	3	4	5	6	7	8	9	10	
2	Brás	5.403,61	19.230,08	7.507,37	14.347,44	12.639,02	2.795,50	6.892,14	13.122,56	12.184,32	19.747,89	
3	Belém	15.183,24	12.223,37	15.855,70	6.978,45	8.420,38	14.728,21	6.127,64				
4	Sé	12.410,41	15.113,45	6.762,46	3.955,90	10.384,71	11.681,68	5.153,59				
5	Sto Amaro I	10.284,57	8.861,76	12.233,21	12.956,64	4.705,18	4.723,47	9.131,27				
6	Sto Amaro II	7.020,37	18.578,63	10.178,01	10.406,21	5.427,06	11.391,92	6.643,61				
7	Interlagos	5.307,28	4.102,35	6.337,62	6.398,10	18.674,55	9.810,03	7.876,03				
8	Moema	5.395,04	8.855,91	4.108,48	5.250,26	6.517,29	6.168,95	14.828,85				
9	Ipiranga	7.691,51	18.585,56	15.953,87	13.888,50	2.535,26	8.871,87	12.861,41				
10	Pinheiros	19.934,19	2.436,42	18.792,62	15.777,45	17.405,83	8.333,32	16.417,55				
11	Morumbi	18.368,76	6.186,30	15.809,14	4.704,56	1.539,90	6.256,01	14.106,82				
12												
13												
14												
15												
16												
17												
18												

Quiz-5

Nº de dias: 6 — OK

Melhor Loja: Pinheiros — Média diária: 13779,9716

Pior Loja: Moema — 6049,32166

Figura 7.53

09 Espera-se que o *UserForm1* calcule o seguinte somatório para n termos:

$$S = 1 - \frac{2}{2!} + \frac{3}{3!} - \frac{4}{4!} \ldots$$

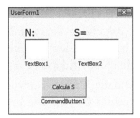

Figura 7.54

Fazer a programação em VBA que deverá ser colocada em *Private Sub CommandButton1_Click()*.

10 A tela a seguir é de uma plataforma central de vendas de uma empresa. O analista sabe que dois produtos têm suas vendas variáveis conforme a época do ano. Isso recebe o nome de sazonalidade. A empresa compra dois produtos para revendê-los ao mercado. As sazonalidades dos dois produtos dependem de duas funções, uma com cosseno e outra com seno, conforme fórmula abaixo:

$$Sazonalidade\_1 = A_1 Cos(w_1 + f_1)$$
$$Sazonalidade\_2 = A_2 Cos(w_2 + f_2)$$

No *UserForm*, A_1 está na *TextBox1*, w_1 na *TextBox2* e f_1 na *TextBox3*. Da mesma forma, A_2 está na *TextBox4*, w_2 na *TextBox5* e f_2 na *TextBox6*.

Uma empresa de consultoria foi contratada para fazer um *UserForm* para a central de vendas, em que o usuário fornecerá as constantes A_1, w_1 e f_1 da *Sazonalidade*_1 que representam o produto 1.

Figura 7.55

O usuário também fornecerá as constantes da *Sazonalidade_2* (A_2, w_2 e f_2) que representam o produto 2. O que se quer é que, dentro do *CommandButton1()* chamado de recomendação, seu *UserForm1* chame duas funções (*Function*).

A primeira função vai calcular a *Sazonalidade_1* conforme a fórmula do cosseno anterior. O resultado deve ser enviado para o *CommandButton*.

A segunda *Function* vai calcular a *Sazonalidade_2* com a fórmula do seno. Deve-se ter cuidado com a passagem dos parâmetros do *CommandButton* para a *Function*. Dentro do botão de recomendação, a regra deverá ser:

- Se o resultado da sazonalidade-1 for maior ou igual à sazonalidade-2, a recomendação será vender produto-1 e comprar produto-2.

- Caso contrário, se a sazonalidade-1 for menor que sazonalidade-2, a recomendação é comprar produto-1 vender produto-2.

- As recomendações deverão aparecer nas duas *Textbox* (7 e 8) ao lado das *Labels* produto 1 e produto 2 no *UserForm* anterior.

11 O campeonato brasileiro de basquete (NBB) tem 10 times com 10 jogadores cadastrados de cada time para jogar o campeonato inteiro. O NBB contratou uma empresa para criar um programa que leia uma matriz $A_{10 \times 10}$ de dados das pontuações dos jogadores direto da planilha do Excel. Seu programa deverá descobrir qual jogador fez cestas.

Sabendo que a linha da matriz é o número do jogador e coluna é o time (por exemplo, $A(3, 2)$ significa jogador 3 do time 2), fazer um *UserForm* como mostrado a seguir. Ao clicar no botão *CommandButton* (botão Buscar), o *UserForm* deverá mostrar em caixa de texto qual a pontuação máxima, qual o número do jogador e qual o time a que ele pertence.

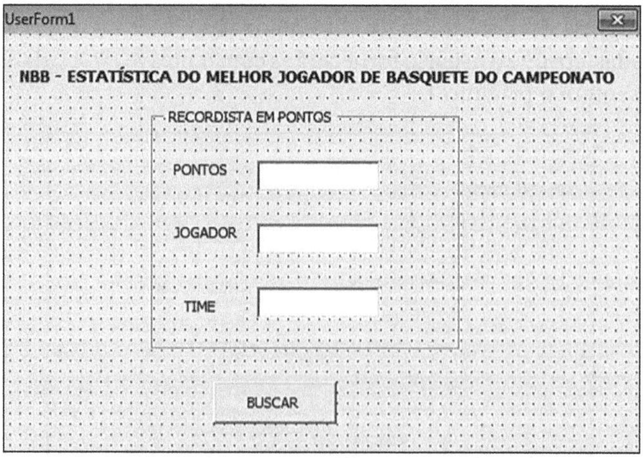

Figura 7.56

274 Mercado Financeiro

12 A análise combinatória estuda dois tipos de agrupamentos: Arranjos e combinações. Arranjos são agrupamentos nos quais a ordem dos seus elementos faz a diferença. Por exemplo, os números de três algarismos formados pelos elementos {1, 2 e 3} são:

$$312, 321, 132, 123, 213, 231$$

Esses números são arranjo simples, pois as posições desses elementos diferem. E é considerado simples, pois os elementos não se repetem. A fórmula geral utilizada no cálculo da quantidade de arranjos simples é:

$$A_{n,p} = \frac{n!}{(n-p)!}$$

Veja o seguinte *UserForm*:

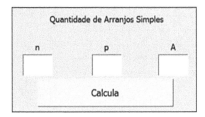

Figura 7.57

Onde as caixas são:

TextBox1: n

TextBox2: p

TextBox3: A (quantidade de arranjos simples)

Fazer uma *Function* que calcule a quantidade de arranjos simples. Escrever também qual programação estará no clique no *CommandButton1*, com nome Calcula no *UserForm* anterior, e que usará a *Function* para retornar a quantidade de arranjos simples na *TextBox3*.

13 Fazer um algoritmo para um simples jogo de caça-palavras. A palavra "hoje" está escondida dentro da matriz de letras já digitada nas células do Excel. Usando matriz e vetor, o programa deverá ler a palavra "hoje" em um vetor de caracteres e, ao final, exibir uma mensagem se achou ou não a palavra. O programa também deverá dizer em qual linha da matriz está a palavra "hoje".

A matriz já nas células é a seguinte:

$$A = \begin{array}{|c|c|c|c|c|c|} \hline & A & B & C & D & E & F \\ \hline 1 & v & d & a & f & g & l \\ \hline 2 & o & n & m & h & j & k \\ \hline 3 & p & t & y & u & e & r \\ \hline 4 & j & h & o & j & e & n \\ \hline 5 & k & j & l & o & t & a \\ \hline \end{array}$$

Figura 7.58

O vetor que deverá ser lido por *InputBox* será:

$$V = (h\ o\ j\ e)$$

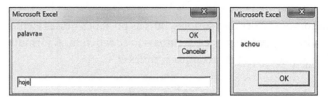

Figura 7.59 *InputBox* de leitura

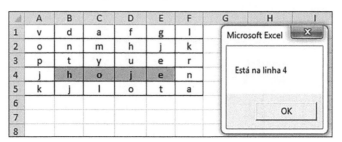

Figura 7.60

14 Usando o *UserForm*, fazer uma calculadora científica com *TextBox* e *CommandButton* conforme Figura 7.61.

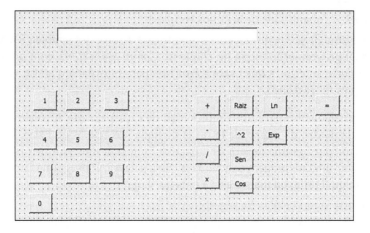

Figura 7.61

15 Construir um jogo da forca usando um *UserForm*. O jogo consiste, nesse primeiro experimento de programação, em adotar que a palavra terá apenas 5 letras, com uma pontuação que se inicia em 10. Também nesse primeiro experimento, as palavras ainda serão visíveis ao jogador, visto que serão utilizadas as células do Excel para salvar os resultados. O jogador terá uma caixa de chute e observará seus acertos ou erros em outra caixa chamada de "pontos". Por fim, ao terminar suas chances, o jogador receberá em outra caixa de texto o resultado "venceu" ou "perdeu".

Estrutura

O projeto consiste em um *UserForm* e caixas de texto para entrada das letras. Para cada novo jogo, o usuário deverá clicar na caixa de *Commandbutton* chamada *Jogo Novo*.

Figura 7.62

Planilha

Nesse primeiro experimento, a planilha estará com as palavras e pontuação total e número de acertos na linha 1. A palavra "secreta" será "teste".

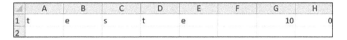

Figura 7.63

Botão Jogo Novo

Esse botão é necessário para o programa reiniciar a contagem e zerar todas as chances de jogos anteriores. Quando selecionado pelo usuário, a célula G torna-se 10 e a célula H torna-se zero. A célula G vai armazenar o total de pontos, e a célula H o número de acertos do jogador.

Botão Verifica

É aqui que se desenrola o programa principal do jogo. O programa começa fazendo aquisição das contagens. A variável *acertou* significa quantas letras já foram acertadas pelo jogador. A variável *pontos* significa o total de pontos que ainda restam. Ela sempre começa com 10 a cada novo jogo. A variável *chute* é a letra colocada pelo jogador a cada nova rodada depois que ele clicou no botão Verifica.

A cada rodada, a letra de chute do jogador é verificada com cada letra que está arquivada nas células do Excel. A cada acerto, a letra é transportada para a caixa de texto correspondente, e calculado o número de acertos.

No fim do programa, verifica-se se o número de acertos é igual ao número de letras (5 nesse caso) ou se a pontuação final é 0 (o jogador perdeu, nesse caso). Então, o resultado é colocado na caixa para mensagem do final do jogo.

Questões em aberto para pensar sobre esse jogo:

1) Como esconder a palavra e a pontuação do jogador em vez de usar as células?
2) Como criar um jogo com palavras maiores?
3) Como criar diversas palavras aleatórias a cada novo jogo?
4) Como evitar que o usuário tenha acesso ao programa codificado no VBA? Ou seja, como criar um botão na planilha para abrir diretamente o jogo?

16 Fazer um algoritmo usando *UserForm* para transformar um número decimal em número binário.

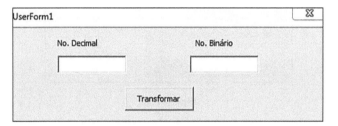

Figura 7.64

17 Fazer o projeto do *jogo de adivinhação*, com a configuração do *UserForm* da Figura 7.65.

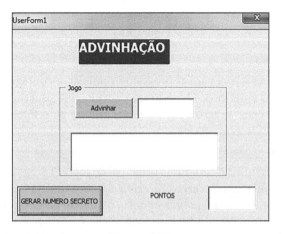

Figura 7.65

278   Mercado Financeiro

O jogo consiste em adivinhar um número inteiro de 0 a 100, gerado de forma aleatória no computador. O usuário primeiro clica no botão Gerar número secreto e depois preenche a caixa de texto na frente do botão Adivinhar com um número. Ao clicar no botão Adivinhar, o computador verifica o quanto o número está correto. A pontuação máxima (igual a 10) aparece na caixa de texto "pontos". Cada erro desconta 1 ponto até 0

A caixa central deverá aparecer as seguintes mensagens a cada vez que o usuário clicar no botão Adivinhar:

- "Alto! Muito Longe": quando o número chutado está acima e mais de 50% distante do número gerado no computador.

- "Alto, mas perto": quando o número chutado está acima de 5% e menos do que 50% distante do número gerado no computador.

- "Acertou em cheio!": quando o número do chute acertou o número gerado.

- "Baixo! Muito Longe": quando o número chutado é menor, mas está mais próximo do que 50% do número gerado no computador.

- "Baixo, mas perto": quando o número chutado é menor, mas está mais próximo do que 5% do número gerado no computador.

- "Perdeu!": quando as 10 rodadas de chute terminaram e o usuário errou todos os chutes.

CAPÍTULO 8

ATUAÇÃO FORTE NO MERCADO COM SINAL ON-LINE E DISPOSITIVOS GRÁFICOS

> A educação é aquilo que permanece quando alguém esquece tudo que aprendeu no colégio.
> — Albert Einstein

8.1 Fazendo o VBA trabalhar a seu favor

A grande motivação para usar o Excel é a possibilidade de realização de macros que automatizem as planilhas e façam o usuário ganhar tempo para outras tarefas. A programação de macros não tem apenas como objetivo programas interessantes, com boa interface, mas que continue fazendo com que o usuário tenha um dispêndio de tempo menor para inserção de dados, de gráficos, de tabelas etc. Quando se programa uma macro do Excel, deve-se imaginar que o tempo é a grande preciosidade de seu trabalho. Quanto menor o tempo que se gasta para preparar planilhas, mais se ganha em planejamento de estratégias em seu ambiente de trabalho.

Para fazer o VBA trabalhar na planilha de forma adequada, um grande período de tempo é despendido lendo manual e ajuda do VBA ou do Excel. Uma forma interessante para ver como funcionam os detalhes de inserção e formatação de tabelas e gráficos é a técnica de gravação de macros, disponível em todas as versões do Excel. Com ela, depois que certa ação ou conjunto de ações for gravado, é possível observar detalhes do funcionamento do Excel no editor do VBA. Criando scripts padrão, sempre que necessário, é só copiar o formato que se deseja para a tabela e gráfico em qualquer programa, sem a necessidade de refazer todo o processo.

A Figura 8.1 mostra o caminho para a gravação de uma macro na versão *Office* do Excel 2016. A gravação de macros dos programas é feita via janela de macros que está na aba *Exibir*. Após escolher a gravação de macros, todas as atividades começam a ser gravadas, possibilitando visualizar, na janela de macros, os comandos e os nomes dos scripts gerados para o funcionamento das funções.

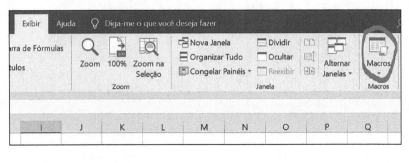

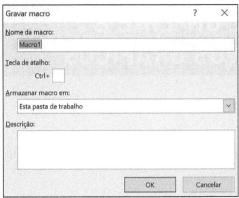

Figura 8.1 Gravação de macros na versão Office Excel 2016

8.2 Automatização da construção de gráficos

Uma ferramenta que sempre toma tempo para sua formatação é a construção de gráficos padronizados para uma apresentação ou relatórios de empresas. Com uma forma padrão, é possível sua replicação para todas as macros do trabalho, apenas com uma cópia simples dos comandos e propriedades desejados para o gráfico em questão.

 EXEMPLO 8.1: Gravação de um simples gráfico

Neste exemplo, vamos supor que se deseja fazer um gráfico das opções de uma empresa na Bovespa, como a Petrobrás. O nome da opção é *Petrd30* e seus preços estão listados na coluna B. Na coluna A, está o horário da aquisição dessa opção.

O usuário deseja descobrir como funciona a macro que faz o gráfico quando ele executa os passos de criação de um gráfico de linha. Seguindo, então, após ligar o gravador da macro, os passos da construção no Excel do gráfico de linhas da *Petrd30*, obtém-se o gráfico indicado na Figura 8.3.

	A	B
1	PETRD30	PREÇO
2	10:07:00	0,8
3	10:08:00	0,8
4	10:09:00	0,81
5	10:10:00	0,78
6	10:11:00	0,79
7	10:12:00	0,78
8	10:13:00	0,77
9	10:14:00	0,78
10	10:15:00	0,78
11	10:16:00	0,78
12	10:17:00	0,77
13	10:18:00	0,78
14	10:19:00	0,78
15	10:20:00	0,78
16	10:21:00	0,77
17	10:22:00	0,76
18	10:23:00	0,75
19	10:24:00	0,74
20	10:25:00	0,73
21	10:26:00	0,71
22	10:27:00	0,73
23	10:28:00	0,7

Figura 8.2 Dados para gravar um gráfico

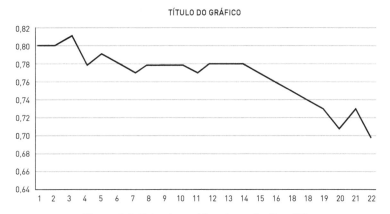

Figura 8.3 Primeiro gráfico da opção *Petrd30*

Depois de parar a gravação no botão *Stop* (■):

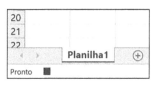

Figura 8.4

o usuário pode ir até a macro e verificar como o Excel constrói um gráfico. Nesse caso, a macro para o simples gráfico da Figura 8.3 é a seguinte:

```
Sub Macro1()
'
' Macro1 Macro
'

'
    Range("B2:B23").Select
    ActiveSheet.Shapes.AddChart2(227, xlLine).Select
    ActiveChart.SetSourceData Source:=Range("Planilha1!$B$2:$B$23")
End Sub
```

Apesar de parecer complicado, seu funcionamento é simples. O gráfico começa pela seleção dos dados da célula B2 até a célula B23, usando o mouse. Quando termina de selecionar as células traduzidas para o VBA com o comando *Range( ).select*, o Excel disponibiliza uma região denominada *Charts*. O comando *AddChart2* indica que um gráfico será adicionado a essa região. Quando o usuário escolheu o gráfico de linhas, este foi informado ao Excel via VBA por meio do parêntesis (227, xlLine).*Select*. Então, o Excel seleciona os dados da planilha 1 (*Range("Planilha1!$B$2:$B$23")*), as células desejadas no *Range* e faz um gráfico como o tipo linhas. Por último, a localização é salva para a planilha ativa, no caso a planilha 1.

Às vezes, um comando de linha é muito extenso e não cabe na linha de programação. Quando gravado, um comando poderá observar que no fim da linha de um comando existe um espaço em branco e "_" que indica continuação da linha de programação. Esse é um artifício bastante usado em VBA para que os comandos que ocupam uma extensão muito grande se tornem legíveis nas linhas subsequentes. Assim, por exemplo, se um comando terminar com *PlotBy:=__*, está indicando que a continuação dessa ordem está na linha abaixo com a escolha de um gráfico.

O interessante dessa gravação é saber que, como o comando *Range* também aceita a nomenclatura de células do VBA, é possível gerar dados por meio de qualquer programa e salvá-los nas células para depois usar esse script padrão para fazer o gráfico. Por exemplo, em vez de usar *Range ("B2:B23")*, pode ser usado *Range (Cells(2, 2),Cells(23, 2))* e definir essas células como variáveis. É necessário usar essa nova definição tanto na seleção quanto no *Source* onde será feito o gráfico. O programa modificado é da seguinte forma:

```
Sub Macro1()
'
' Macro1 Macro
'

'
    Range(Cells(2, 2), Cells(23, 2)).Select
    ActiveSheet.Shapes.AddChart2(227, xlLine).Select
    ActiveChart.SetSourceData Source:=Range(Cells(2, 2), Cells(23, 2))
End Sub
```

Basta executar a qualquer momento esse programa que um gráfico das células do *Range* é gerado na planilha 1. Para melhorar o gráfico, é possível gravar novas alterações e verificar o que muda na macro. Assim, de passo em passo, o programador terá um script padrão de geração de gráficos sem precisar acessar todos os passos do Excel. Por exemplo, na modificação da macro, pode-se retirar as linhas de grade. Essa modificação gravada gerou linhas adicionais na macro.

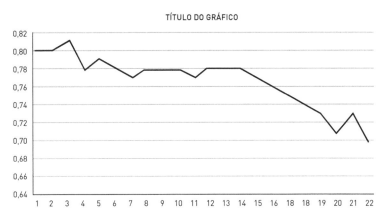

Figura 8.5 Gráfico modificado da opção *Petrd30*

A macro alterada é a apresentada a seguir. Pode-se observar que novas propriedades apareceram no gráfico junto com novos comandos ou objetos de construção. Por exemplo, o objeto *Axes(xvalue).MajorGridlines.Select* indica que as linhas de grades principais foram selecionadas. No comando seguinte, aparece um *Delete* indicando que foram apagadas. O importante desse passo é que no gráfico padrão, quando se desejar colocar linhas principais automáticas, basta usar o objeto *Axes*. Essa é a dica que a gravação forneceu.

```
Sub Macro2()
'
' Macro2 Macro
'

    Range("B2:B23").Select
    ActiveSheet.Shapes.AddChart2(227, xlLine).Select
    ActiveChart.SetSourceData Source:=Range("Planilha1!$B$2:$B$23")
    ActiveChart.Axes(xlValue).Select
    ActiveChart.Axes(xlValue).MajorGridlines.Select
    Selection.Delete
End Sub
```

8.3 Web Aliada: aquisição de dados on-line diretamente das bolsas

Atualmente, a mudança na performance das empresas depende de como elas estão conectadas ao mundo *www*. Toda empresa que se deseja manter atualizada necessita de uma boa conexão e ferramenta de análise de dados com a internet. Torna-se indispensável o uso de ferramentas que analisam informações ditas em tempo real ou on-line. Com a velocidade com que as informações são divulgadas no mundo, ter apenas análises estáticas, ao final de um dia de serviço pode significar perdas de capital e de excelentes oportunidades de negócios.

O Microsoft Excel 2016, assim como nas versões anteriores, possui uma ferramenta para aquisição de dados on-line diretamente conectados em algum site. A ferramenta chamada Obter Dados da Web consegue baixar dados sempre que uma indicação por flecha estiver habilitada nos sites. Assim, tabelas de dados podem ser adquiridas e colocadas diretamente na planilha. Após escolher a ferramenta Da Web, a janela para selecionar o site se abrirá conforme a Figura 8.6. Nessa figura, foi escolhido o site da Bovespa, agora com o nome B3, representando a bolsa de valores de São Paulo. O caminho da janela que leva o Excel diretamente para as tabelas com os preços das ações é: <https://bit.ly/2xm7ZyK>. Acesso em: 15 fev. 2019.

Na hora de escolher os parâmetros dessa importação, o usuário pode notar que nessa ferramenta existem algumas limitações.

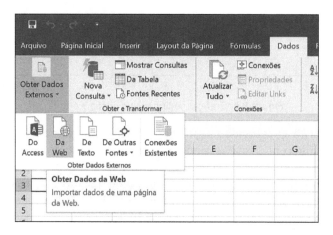

Figura 8.6 Ferramenta de consulta à web do Excel

Primeiro, o usuário terá que clicar na tabela desejada no site para habilitar com as setas o download até a planilha. Após esse passo, será necessário clicar no botão Importar, que fica na parte de baixo da janela de importação.

Figura 8.7 Botão Importar

No entanto, por motivo de segurança ou comercialização dos dados, muitos sites estão bloqueando esse tipo de acesso. Por exemplo, no caminho para a B3 (Bovespa) colocado na Figura 8.6, ao clicar nas setas, as tabelas não baixam com precisão ou, em muitos casos, erros são acusados.

Assim, o usuário terá que buscar sites que permitam, mesmo que de maneira limitada, usar os dados em formato de tabelas disponíveis em *html*. Como exemplo, ao acessar outro site, tal como <http:www.advfn.com.br>, é possível baixar todas as tabelas relacionadas ao mercado financeiro.

Nas figuras 8.8 e 8.9, pode-se ver o acesso ao site e as setas indicando que as tabelas são públicas e podem ser baixadas no Excel. Ao clicar na seta indicada na figura, as tabelas existentes no site são baixadas diretamente para a planilha.

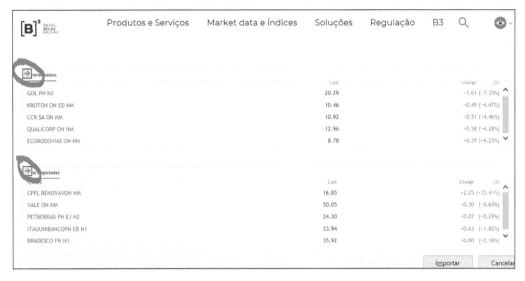

Figura 8.8 Ferramenta de consulta à web do Excel na B3 (Brasil, Bolsa, Balcão)

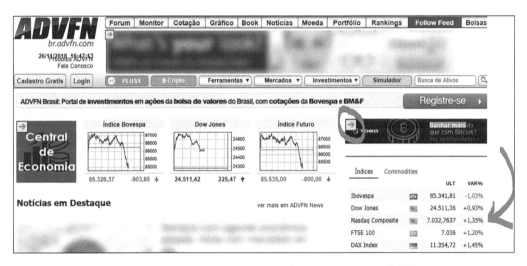

Figura 8.9 Ferramenta de consulta à web do Excel no ADVFN

No momento de baixar as informações, o Excel pergunta sobre a célula que deseja inserir as tabelas e a localização inicial das tabelas (Figura 8.10). Um fator importante na aquisição dos dados é o tempo que se quer para a atualização. Essa e outras informações estão disponíveis na tela de propriedades (Figura 8.11). Uma limitação, por exemplo, pode ser vista no tempo de aquisição. A propriedade Atualizar a cada permite baixar dados em minutos somente, sendo seu limite inferior a um minuto.

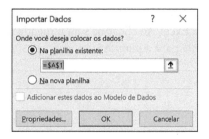

Figura 8.10 Início da importação dos dados

Em alguns casos, como ações, 1 minuto é um bom tempo e permite o desenvolvimento de várias análises. Mas, por exemplo, no caso de opções do mercado de ações, 1 minuto é um tempo de espera demasiadamente alto, pois transações em *home broker* se realizam a cada segundo. Ou mesmo nos dias mais recentes, 1 minuto é um tempo demasiadamente alto, pois os canais de alta frequência permitem negócios em microssegundos. A espera de um 1 minuto pode significar passar de um lucro a um prejuízo durante uma ordem de compra ou venda.

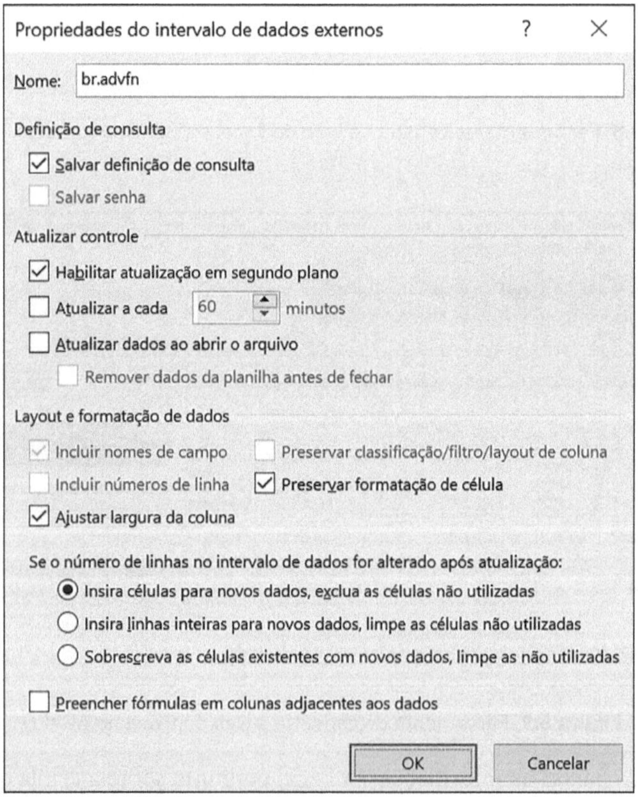

Figura 8.11 Janela de propriedades de importação

Uma vez ajustados os parâmetros necessários para o formato das tabelas, suas disposições, o tempo de atualização e outras informações, o Excel baixa os dados públicos que estão no site desejado.

O resultado do site ADVFN apresentado anteriormente é possível de ser verificado na Figura 8.12, em que aparece a disposição dos ativos na coluna A e seus valores que serão atualizados via site na coluna C. A coluna D mostra a variação em porcentual que o site disponibiliza.

	A	B	C	D
133	Índices			
134	Commodities			
135			ULT	VAR%
136	Ibovespa		85.103,05	-1,31%
137	Dow Jones		24.509,94	0,92%
138	Nasdaq Composite		7.035,64	1,39%
139	FTSE 100		7.036	1,20%
140	DAX Index		11.354,72	1,45%
141			ULT.	VAR%
142	Ouro		1.222,10	-0,09%
143	Prata		14,2	-0,30%
144	Cobre		2,75	-0,43%
145	Petróleo		51,72	2,58%
146	Petróleo Brent Crude		60,72	3,27%

Figura 8.12 Tabelas baixadas do site pela função *Da Web*

Muitas outras tabelas fazem parte dessa planilha, pois a seta permitida pelo site baixava automaticamente todas as tabelas públicas. Muitas delas são compostas apenas de propagandas ou anúncios que nada se relacionam com os preços ou ativos do mercado financeiro.

Na versão Microsoft Excel 2016, é possível escolher, após baixar diversas tabelas, qual realmente é a de interesse para atualização automática. Para isso, conforme a Figura 8.13, o usuário deverá escolher Nova Consulta, em seguida escolher De Outras Fontes e finalmente a função Da Web.

Figura 8.13 Consulta à tabela específica do site

Uma vez seguidos esses passos, uma tela de navegador se abrirá, como apresentado na Figura 8.14. Do lado esquerdo, estão as tabelas do site e, do direito, uma visão das tabelas como são apresentadas no site. Com essa ferramenta, é possível escolher e visualizar qual tabela de interesse deverá ser atualizada.

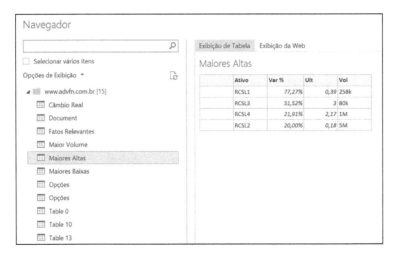

Figura 8.14 Escolhendo uma tabela específica para atualização

Para o tipo de restrição em relação ao tempo, a programação em VBA auxilia bastante o programador que tem a liberdade de construir uma programação mais abrangente em termos de aquisição de dados e análise em tempo real. À medida que dados são salvos na planilha, um programa já pode atualizar as tabelas, os gráficos e as estatísticas sem a necessidade de copiar, clicar ou arrastar células.

Uma ferramenta bastante interessante do VBA é a que se utiliza do comando *Connection*. Pode-se observar essa parte de um programa para aquisição de dados on-line:

```
connectstring = "URL;https://br.advfn.com/bolsa-de-valores/bovespa/petrobras-" & WSD.Cells(2, 1).Text & "/cotacao"

For Each QT In WSW.QueryTables
    QT.Delete
Next QT

Set QT = WSW.QueryTables.Add(Connection:=connectstring, Destination:=WSW.Range("A1"))

With QT
    .Name = WSD.Cells(2, 1).Text
    .FieldNames = True
    .RowNumbers = False
    .FillAdjacentFormulas = False
```

Com uma variável definida como *connectstring*, o programa salva como texto a URL (endereço) do site desejado para fazer a aquisição de dados. Pode-se observar que no fim dessa linha de comando existe uma célula definida como texto, *Text*. Nesse caso, se o campo em que se deseja fazer a aquisição tiver um nome, é possível inseri-lo em uma célula e o programa com esse nome vai diretamente ao site, buscando a coluna ou o dado referente ao nome em questão. No caso de ações, por exemplo, pode-se colocar o símbolo referente à ação (por exemplo, Petr4, Usim5, Csan3 etc.). Novamente, no fim da linha, usou-se o artifício de "_" para mostrar a continuação do comando na linha seguinte.

Com a inserção de tabelas (*QueryTables*), o VBA busca a conexão com o site definido na variável criada *connectstring*. Essa informação, bem como o destino do dado, são colocados nos parênteses que se referem ao *QueryTables.add* via propriedades *Connection* e *Destination*. No exemplo, o dado baixado vai diretamente para a célula A1.

Quando um dado é baixado, ele sempre é colocado numa célula fixa, mas para fazer um gráfico ou estatística, faz-se necessária uma coleção de dados. Para transformar esses dados em coleção, deve-se jogar cada dado novo embaixo do dado antigo ou transportá-lo para outra coluna ou linha. Um comando bem interessante do VBA, já mencionado no Capítulo 7, é o *End(xlUp).Row*, que faz o cursor vir de uma determinada linha muito abaixo de onde o dado está sendo colocado e para exatamente na linha do último dado. Com isso, o programa entende e reconhece a última linha preenchida com dados. Então, com uma ordem simples, do tipo $n = n + 1$, pode-se jogar o novo dado para a linha seguinte. Por exemplo, o comando a seguir verifica, subindo a partir da linha 65536 até a última preenchida. A variável *linhafinal* é a última linha com dado. Para o dado seguinte, é feito *linhafinal + 1* e o novo dado será inserido abaixo do anterior.

```
linhafinal = WSD.Cells(65536, 1).End(xlUp).Row
proxlinha = linhafinal + 1
```

A palavra WSD na frente das células no comando anterior serve para designar alguma planilha específica do Excel em que se deseja tomar ou devolver algum dado. Por exemplo:

```
Set WSD = Worksheets("portfolio")
Set WSW = Worksheets("workspace")
```

Nas linhas de comando anterior, foi definido que sempre que a sigla WSD vier na frente do comando *Cells*, ela se refere à planilha denominada portfólio, assim como Planilha1, Planilha2 etc. Sempre que aparecer a sigla WSW, será da planilha denominada *workspace*. As siglas WSD e WSW são como se transformassem toda uma planilha como variável do VBA e, por isso, em vez de usar *Dim* para a dimensão, usa-se *Set*.

Como dito antes, o tempo entre uma conexão e outra é o limitante na pesquisa à web do Excel. No caso do VBA, um comando importante é o *TimeSerial*. Ele sintoniza o programa com o relógio interno do computador e volta, por exemplo, apenas os segundos se sua formatação for *TimeSerial (0, 0, WaitSec)*. A variável *WaitSec* pode ser definida pelo usuário como o tempo de espera entre uma conexão e outra. Então, por fim, o comando *Application.OnTime* obriga o programa a fazer um novo *loop* e começar novamente do início, repetindo todos os comandos de aquisição de dados, inserção de dados na planilha, gráficos, estatísticas etc. no tempo *WaitSec* desejado.

```
Application.OnTime earliesttime:=NextTime, procedure:=NameProc
Application.Wait (Now + TimeValue("0:00:05"))
```

Um interessante programa para aquisição de dados on-line pode acompanhar os seguintes passos:

1. Escolher o site para os dados.
2. Definir o tempo de aquisição entre um dado e outro.
3. Fazer a conexão.
4. Salvar os dados diretamente do site em uma planilha rascunho.
5. Transferir apenas o dado necessário dessa planilha rascunho para a planilha na qual o usuário verá o dado.
6. Limpar a planilha rascunho para o usuário não ver a tabela toda.
7. Salvar o dado novo desejado embaixo do dado antigo na planilha principal.
8. Fazer nova conexão.
9. Criar um comando de parada na conexão.

Suponha-se que se deseja baixar o dado da ação da Petrobrás que está listada na Bovespa com a sigla *Petr4*. O caminho para a disposição dos dados depende do site e ainda pode se modificar de tempos em tempos. No caso da Bovespa, podemos usar o link de qualquer site, desde que permita os dados da tabela como público, por exemplo, no site ADVFN: <https://bit.ly/2UoYFXV>. Acesso em: 15 fev. 2019.

Mas, quando os dados são baixados dos sites, aparecem da forma a seguir:

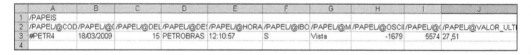

Figura 8.15

Por isso, é interessante salvar os dados baixados em outra planilha e estruturar uma planilha principal apenas com as informações que são importantes. Um simples comando usando *For* para limpar linhas e colunas é suficiente para deixar a planilha rascunho limpa. Por exemplo:

```
For i = 1 To linharesfinal
    For j = 1 To 10
        WSW.Cells(i, j).EntireRow.Delete
    Next j
Next i
```

A finalidade do comando *EntireRow.Delete* é a exclusão das linhas e colunas, pois deletar apenas deixa a planilha com a formatação que foi oriunda do site. Por fim, é necessário programar o algoritmo para a interrupção da conexão. Uma maneira bem simples é alterar uma determinada célula que em um primeiro momento de conexão tem certo valor e na hora da parada, outro valor. Por exemplo, quando se inicia o programa, a célula pode começar com o número 1 e quando se deseja parar, coloca-se o número 0. Com a utilização de um *UserForm* fica mais interessante colocando um botão Rodar para começar e outro Parar. Na maneira mais simples a interrupção pode ser:

```
If Cells(2, 6) = 1 Then

NextTime = Time + TimeSerial(0, 0, WaitSec)

Application.OnTime earliesttime:=NextTime, procedure:=NameProc
Application.Wait (Now + TimeValue("0:00:05"))

ElseIf Cells(2, 6) = 0 Then

On Error Resume Next

End If
```

Nesse caso, a célula F2 começa com o número 1 e, quando o usuário desejar interromper o programa, basta substitui-lo pelo número 0. A parada se faz no caso contrário do comando *If* usando *On Error Resume Next*. Essa instrução é uma rotina dentro do VBA para tratamento de erro. Normalmente, é usada para interromper um programa quando um erro acontece, a fim de tentar tratá-lo. No caso em questão, não há erro, mas a instrução obriga o programa a parar a conexão. Sem as linhas de comando, a conexão estabelecida não se fecha, mesmo fechando o programa. O Excel entende que a conexão deve permanecer aberta e o programa continua rodando. O programa completo é apresentado nas linhas a seguir na subseção 8.3.1 e sua reprodução traz uma manifestação de liberdade ao programador. A tela principal desse programa deve ficar conforme a Figura 8.16.

	A	B	C	D	E	F
1	ação-1					
2	Petr4				Parada	1
3	27,15					
4	27,18				rodar = 1	
5	27,20				parar = 0	
6						

Figura 8.16 Tela do programa de aquisição de dados on-line

Como já foi mencionado, o local em que os dados das ações ficam armazenados muda de tempos em tempos em diversos sites, mas a ideia é sempre a mesma na busca do local mais adequado e rápido. Por exemplo, o programa a seguir simula a planilha anterior, colocando o site ADVFN na variável *connectstring*.

8.3.1 Programa completo

```
Sub CapturaDados()
Dim WSD As Worksheet
Dim WSW As Worksheet
Dim connectstring As String
Dim linhafinal As Long
Dim proxlinha As Long
Dim linharesfinal As Long
Dim i As Integer
Dim j As Integer
Set WSD = Worksheets("portfolio")
Set WSW = Worksheets("workspace")
```

```
WaitSec = 30
NameProc = "Capturadados"
linhafinal = WSD.Cells(65536, 1).End(xlUp).Row
proxlinha = linhafinal + 1
Cells(2, 1) = "PETR4"
connectstring="URL;https://br.advfn.com/bolsa-de-valores/bovespa/
    Petrobras-"& WSD.Cells(2, 1).Text & "/cotacao"
For Each QT In WSW.QueryTables
    QT.Delete
Next QT
Set QT=WSW.QueryTables.Add(Connection:=connectstring,Destination:
    =WSW.Range("A1"))
With QT
      .Name = WSD.Cells(2, 1).Text
      .FieldNames = True
      .RowNumbers = False
      .FillAdjacentFormulas = False
      .PreserveFormatting = True
      .RefreshOnFileOpen = False
      .BackgroundQuery = True
      .RefreshStyle = xlInsertDeleteCells
      .SavePassword = False
      .SaveData = True
      .AdjustColumnWidth = True
      .RefreshPeriod = 0
      .WebSelectionType = xlSpecifiedTables
      .WebFormatting = xlWebFormattingNone
      .WebTables = "3"
      .WebPreFormattedTextToColumns = True
      .WebConsecutiveDelimitersAsOne = True
      .WebSingleBlockTextImport = False
      .WebDisableDateRecognition = False
      .WebDisableRedirections = False
      .Refresh BackgroundQuery:=False
   End With
   WSD.Cells(proxlinha, 1) = WSW.Cells(2, 4).Value
      linharesfinal = WSW.Cells(65536, 1).End(xlUp).Row
For i = 1 To linharesfinal
   For j = 1 To 15
      WSW.Cells(i, j).EntireRow.Delete
         Next j
   Next i
'+++++++++++++++++++++++++++++++ programa funcionando ++++++++++++++
If Cells(2, 6) = 1 Then
NextTime = Time + TimeSerial(0, 0, WaitSec)
'++++++++++++++++++++++++++++++roda o relógio a cada próxima atualização
Application.OnTime earliesttime:=NextTime, procedure:=NameProc
Application.Wait (Now + TimeValue("0:00:05"))
'+++++++++++++++++++++++++++++++ parada do programa ++++++++++++++++
ElseIf Cells(2, 6) = 0 Then
On Error Resume Next
End If
End Sub
```

8.4 Elementos geométricos na guerra dos modelos

A geração de um desenho é bastante interessante no Excel e permite que o usuário diferencie suas apresentações em reuniões ou apresentações com a construção de figuras. As figuras geométricas também podem ser programadas no VBA e seu uso pode ser desde uma prática de simulação interessante até uma diversão na criação de movimentos de figuras. Por exemplo, a geração de uma figura (ou figuras) pode ser feita em um *UserForm* construído pelo programador para permitir ao usuário escolher a figura a gerar.

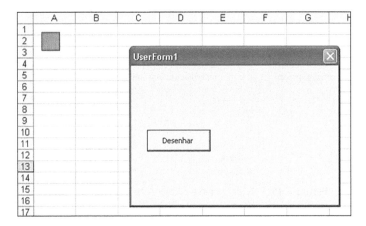

Figura 8.17 Programa para construção de figuras básicas

O botão Desenhar da Figura 8.17 pode ser programado conforme a formatação a seguir.

```
Private Sub CommandButton1_Click()

Set tela = Worksheets(1)

With tela.Shapes.AddShape(msoShapeRectangle, 10, 10, 50, 20)
    .Fill.ForeColor.RGB = RGB(255, 0, 0)
End With

End Sub
```

O tipo de figura que se quer adicionar deve ser colocado no objeto para adição gráfica *Shapes.AddShape*, em que tanto a forma quanto seu preenchimento com cor têm os formatos definidos pelo VBA por meio de parâmetros de entrada. Os números da dimensão do retângulo informam ao VBA a distância à esquerda da margem da planilha, do topo, sua largura e altura. O formato original é *AddShape (msoShapeRectangle, left, top, width, height)*, apresentado na Figura 8.18.

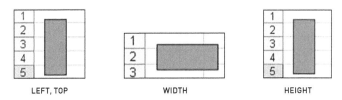

Figura 8.18 Definição dos parâmetros para AddShape

Algumas outras formas alternativas de figuras básicas são apresentadas na Figura 8.19 e muitas outras podem ser encontradas na ferramenta Ajuda do VBA.

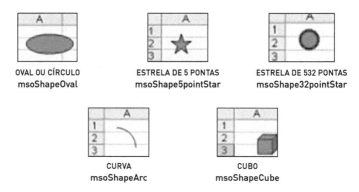

Figura 8.19 Programa para construção de figuras básicas

EXEMPLO 8.2

É possível gerar figuras nas células e incluir todos os comandos de programação estudados até o momento. Por exemplo, se quer colocar um círculo dentro de um quadrado com cor amarela no canto da planilha, conforme a Figura 8.20.

O comando *Range* pode ser usado com um objeto informando a cor da região selecionada por ele.

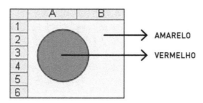

Figura 8.20 Tela do Exemplo 8.2

O programa para esse exemplo deve ser feito como segue. Pode-se observar que a planilha foi tomada como uma variável pela definição em *Set* e depois foi usado o objeto para gerar a forma básica.

```
Private Sub CommandButton1_Click()
Range(Cells(1, 1), Cells(10, 5)).Interior.Color = vbYellow

Set tela = Worksheets(1)

With tela.Shapes.AddShape(msoShapeOval, 10, 10, 50, 50)
    .Fill.ForeColor.RGB = RGB(255, 0, 0)
End With

End Sub
```

EXEMPLO 8.3: Geração de população de pontos aleatórios na tela

Para gerar pontos aleatórios na tela, conforme a Figura 8.21, basta utilizar os pontos como se fossem círculos pequenos juntos com a definição de aleatório *Rnd*. No entanto, deve-se ter cuidado, pois a localização na tela deve ser sempre com números inteiros, pois é baseada em pixels, que são números inteiros.

Deseja-se, então, um *UserForm* que gere um universo de pontos na planilha, tal como a Figura 8.21.

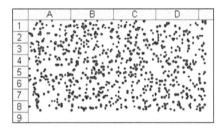

Figura 8.21 Tela do Exemplo 8.3

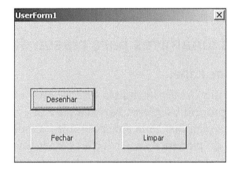

Figura 8.22 Tela do *UserForm* do Exemplo 8.3

O programa do exemplo para o botão Desenhar é:

```
Private Sub CommandButton1_Click()
Range(Cells(1, 1), Cells(10, 5)).Interior.Color = vbYellow

Set tela = Worksheets(1)
For i = 1 To 200
posX = Int(200 * Rnd)
posY = Int(100 * Rnd)

With tela.Shapes.AddShape(msoShapeOval, posX, posY, 2, 2)
     .Fill.ForeColor.RGB = RGB(255, 0, 0)
End With
Next i
End Sub
```

O comando *Int* garante o número inteiro gerado pelo *Rnd* e devolve ao programa um número de localização para linhas e colunas na planilha. As variáveis criadas *posX* e *posY* são multiplicadas por 200 e 100, pois os números aleatórios *Rnd*, como já visto, retornam sempre valores uniformes entre 0 e 1. Para apagar a figura depois de gerada, deve-se ter o comando seguinte no botão Limpar.

```
Private Sub CommandButton3_Click()

Range(Cells(1, 1), Cells(10, 10)).Delete

End Sub
```

Para o botão Fechar, é interessante usar o comando *Unload me*, que fecha o programa e volta ao VBA.

```
Private Sub CommandButton2_Click()
Unload Me

End Sub
```

8.5 Procedimentos dinâmicos para classe de eventos

8.5.1 Adição dinâmica de Label

Quando se está projetando um *UserForm*, muitas vezes se quer rodar os eventos que acontecem na planilha dentro do próprio *UserForm*. No exemplo 8.3, a geração de pontos aleatórios foi realizada diretamente na planilha. Uma aplicação útil é simular comportamento de empresas em diversas regiões do planeta e suas relações comerciais. Outra aplicação pode ser para descrever graficamente a relação entre os diversos índices de bolsas de valores ou mesmo entre ações para diversos mercados internacionais.

Mas gerar pontos coloridos na planilha tem um custo computacional alto. Após algumas simulações, o cache de memória fica lotado e o programa começa a ficar lento. Uma solução, nesse caso, é a utilização de matrizes dinâmicas para figuras dentro do próprio *UserForm*.

Vamos supor que se quer mostrar um *UserForm* com uma região colorida ou toda branca e, quando um *CommandButton* é acionado, uma cor se altera, ou, ainda, em determinada região, uma palavra aparece.

Eventos que surgem assim que o *UserForm* é acionado são considerados dinâmicos e a programação será feita dentro da própria *Sub UserForm*. Para tanto, deve-se clicar no *Userform* para ser levado ao editor de VBA. O nome da *Sub* do *UserForm* é *Initialize*, que iniciará os procedimentos programados assim que o *UserForm* for acionado.

A cor branca em formato de retângulo na Figura 8.23 vem de colorir as caixas de *Label* com fundo branco. Mas como criar tantas caixas pequenas de forma automática e que tenham cores ou mensagens? Para tanto, precisamos fazer uso de ferramentas do VBA conhecida como classes. São nessas classes que os controles da Caixa de Ferramentas do *UserForm* são acessados.

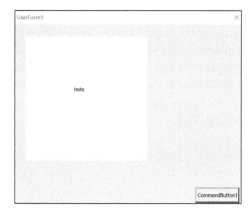

Figura 8.23 *UserForm* com matriz dinâmica

Se desejar acessar qualquer ferramenta de controle, precisa-se usar a classe conhecida como *MSForms* seguida do controle a ser colocado na programação. Assim, *MSForms.TextBox* servirá para usar as caixas de texto; *MSForms.Label*, as caixas de rótulos; *MSForms.CommandButton*, os botões de comandos; e assim para todas as outras formas de controle. No caso da Figura 8.23, usa-se diversos *Label* com a classe *MSForms.Label*.

Uma matriz (*array*) privada é dimensionada para ser usada a todo instante por qualquer botão de controle ou qualquer *Sub* programada no *UserForm*.

```
Private m() As MSForms.Label
```

Declarada, então, a matriz *m( )*, ela é dimensionada com dez linhas e dez colunas, usando-se o *ReDim*, informando que essa matriz será formada por *Label* ao invés de números. Cada elemento dessa matriz receberá da caixa de controle um *Label* usando o comando *Me.Controls. Add*, onde se coloca como parâmetros (Nome, Caption, Índice), em que Índice deve ser *True* ou *False* (*True* é para criar).

```
Private Sub UserForm_Initialize()

  ReDim m(1 To 10, 1 To 10) As MSForms.Label

  For i = 1 To 10
    For j = 1 To 10

      Set m(i, j) = Me.Controls.Add("Forms.Label.1", "label", True)
      m(i, j).Top = i * 20
      m(i, j).Left = j * 20
      m(i, j).Width = 20
      m(i, j).Height = 20
      m(i, j).BackColor = vbWhite

    Next j
  Next i

End Sub
```

Para deixar os *Labels* com cor branca e dar a impressão de um grande retângulo, basta colocar em cada componente da matriz o *BackColor* como branco usando *vbWhite*. Se quiser colocar outras cores, basta inserir a sigla *vb* seguida da cor em inglês. As extensões *Top*, *Left*, *Width* e *Height*, na programação anterior, definem propriedades do *Label*, sendo, respectivamente, a distância do topo do *UserForm* a distância à esquerda, a largura e altura.

O texto "teste" que aparece no *UserForm* é uma palavra inserida em qualquer *Label*, no caso do exemplo escolhido na posição (5,5).

```
Private Sub CommandButton1_Click()
  m(5, 5) = "teste"
End Sub
```

O programa completo para a matriz de *Label* fica da seguinte forma:

```
Private m() As MSForms.Label

Private Sub CommandButton1_Click()
  m(5, 5) = "teste"
End Sub

Private Sub UserForm_Initialize()

  ReDim m(1 To 10, 1 To 10) As MSForms.Label

  For i = 1 To 10
    For j = 1 To 10

      Set m(i, j) = Me.Controls.Add("Forms.Label.1", "label", True)
      m(i, j).Top = i * 20
      m(i, j).Left = j * 20
      m(i, j).Width = 20
      m(i, j).Height = 20
      m(i, j).BackColor = vbWhite

    Next j
  Next i

End Sub
```

8.5.2 Adição dinâmica de *CommandButton*

Como mencionado anteriormente, qualquer controle da caixa de ferramentas do *UserForm* poderá ser adicionado de forma dinâmica, assim que o projeto for executado, com a inclusão feita por *MSForms*. Anteriormente, incluímos uma matriz de *Label* com cor de fundo branca. Podemos criar uma matriz de *CommandButton*, em que ao clicar uma mensagem ou cálculos poderão ser apresentados ao usuário. O resultado seria algo como o da Figura 8.24.

Cada retângulo no *UserForm* da Figura 8.24 é um *CommandButton* que quando clicado apresenta uma caixa de mensagem indicando sua localização. O VBA permite que os programas possuam suas próprias e particulares classes. Isso facilita bastante, pois uma vez criada uma classe, ela poderá ser utilizada em outras sub-rotinas, apenas com a declaração como se fosse um tipo de variável.

300 Mercado Financeiro

Podemos criar uma classe chamada Quadrado e, sempre que algum quadrado no formato de matriz for necessário, basta acionar a classe. Nesse caso, ao invés de programarmos em módulo, fazemos a inserção do algoritmo em Módulo de classe, como apresentado na Figura 8.25.

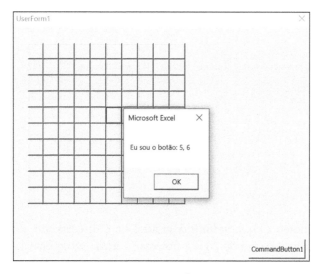

Figura 8.24 *UserForm* com matriz dinâmica para *CommandButton*

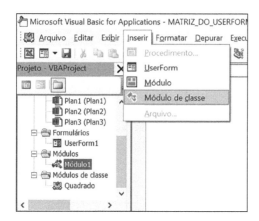

Figura 8.25 Criação de classe

Primeiro, devemos programar o *UserForm* clicando duas vezes no projeto e inserir o código correspondente, como visto anteriormente. Mas agora vamos declarar a matriz m (*array*) como um Quadrado, em que ele será uma classe ainda a ser programada.

```
Private m() As Quadrado

Private Sub UserForm_Initialize()

  ReDim m(1 To 10, 1 To 10) As Quadrado

  For i = 1 To 10
    For j = 1 To 10

      Set m(i, j) = New Quadrado
      Set m(i, j).botao = Me.Controls.Add("Forms.CommandButton.1", "botao", True)
      m(i, j).linha = i
      m(i, j).coluna = j
      m(i, j).botao.Top = i * 20
      m(i, j).botao.Left = j * 20
      m(i, j).botao.Width = 20
      m(i, j).botao.Height = 20

    Next j
  Next i

End Sub
```

Para cada novo botão *CommandButton* criado, ele é direcionado para funcionar como uma classe Quadrado. O comando *New* é necessário nessa programação para definir que o elemento de *m( )* seja pertencente a essa nova classe. Da mesma forma que para o controle *Label*, em que se usa *MSForms*, precisa-se dele para criar *CommandButton*. Mas, diferente do *Label*, coloca-se a criação do botão dentro da programação da classe Quadrado (Figura 8.26) como um evento público usando *WithEvents*.

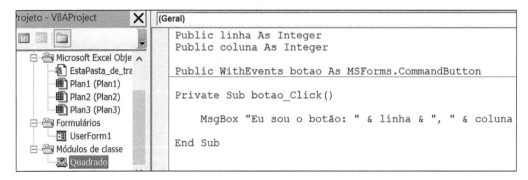

Figura 8.26 Programação dentro da classe Quadrado

Assim sendo, dentro da classe Quadrado, existe uma *Sub* privada chamada *botão_Click( )* que mostrará uma mensagem ao usuário sempre que um dos elementos da matriz *m* for pressionado. Esse botão é definido como *MSForms.CommandButton*, que, por sua vez, é inserido no *Userform Initalize* com *m(i,j).botao* dentro do *loop* dos dois *For*. Usando *Me.Controls.Add*, novos botões pertencentes à classe Quadrado são inseridos como elementos de *m* toda vez que o *UserForm* for executado.

EXEMPLO 8.4: Jogo da centopeia simples

Um jogo existente nos celulares mais antigos era o da centopeia, que andava pela tela e crescia à medida que encontrava mais obstáculos, sendo que o objetivo era torná-la cada vez maior antes de um tempo limite. A centopeia não podia encostar nas bordas, o que tornava as manobras ainda mais difíceis.

O jogo proposto aqui serve apenas para apresentar como a solução dinâmica funciona no *UserForm*. A virada dessa centopeia muito simples é apenas para a direita, mas uma vez compreendida a lógica, pode-se completá-la para torná-la mais complexa.

O jogo começa com o *UserForm* todo em branco e apenas um traço preenchido quando se clica no botão Iniciar. O primeiro passo é criar a matriz de *Label* com cor de fundo em branco. Então, para cada novo quadro avançado, a cor da *Label* deverá mudar.

Figura 8.27

Os botões do *UserForm* chamam as sub-rotinas que estão em módulo. Para ativar vários botões durante o jogo, é necessário usar o *Application.Ontime* para ler as atividades e valores das variáveis em paralelo.

```
Private m() As MSForms.Label
Public inicio As Integer
Public linha As Integer

Sub restart()
ReDim m(20, 20) As MSForms.Label

For i = 1 To 19
   For j = 1 To 19
   Set m(i, j) = UserForm1.Controls.Add("forms.label.1", "botao", True)
   m(i, j).Top = i * 10
```

```
    m(i, j).Top = i * 10
    m(i, j).Left = j * 10
    m(i, j).BackColor = vbWhite
  Next j
Next i

Cells(1, 1) = 0
Cells(1, 2) = 1
inicio = 2
End Sub
```

```
Sub comeca()
Dim i As Integer
Dim j As Integer

If Cells(1, 2) = 1 And inicio <= 18 Then

            m(inicio, 1).BackColor = vbBlack
            linha = inicio
End If
If Cells(1, 2) = 2 And inicio <= 18 Then

            m(linha, inicio).BackColor = vbBlack
End If

 inicio = inicio + 1

If Cells(1, 1) = 0 Then

nexttime = Time + TimeSerial(0, 0, 3)
Application.OnTime earliesttime:=nexttime, procedure:="comeca"
            Application.Wait Now + TimeValue("0:0:1")

Else

On Error Resume Next

End If

End Sub
```

```
Sub vira()
Cells(1, 2) = 2
inicio = 2
End Sub
Sub parar()
Cells(1, 1) = 1
End Sub
```

304 Mercado Financeiro

Chamada dos botões do *Userform*

```
Private Sub CommandButton1_Click()
Call restart
End Sub
Private Sub CommandButton2_Click()
Call comeca
End Sub


Private Sub CommandButton3_Click()
Call vira
End Sub
Private Sub CommandButton4_Click()
Call parar
End Sub
```

EXEMPLO 8.5: Jogo da Fórmula 1 simples

Jogos que parecem bem complicados podem ser programados usando a estrutura dinâmica do *UserForm*, e um exemplo disso é uma corrida bem simples de Fórmula 1. Um circuito mais próximo do real nos atuais jogos nada lembra os primeiros jogos desse tipo, em que a paisagem era fixa e apenas um *loop* fazia os carros mudarem quando as setas eram usadas para acelerar ou mudar de direção na ultrapassagem.

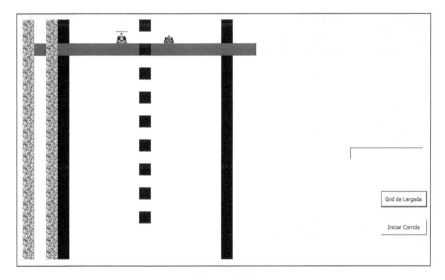

Figura 8.28

Obviamente, o objetivo neste exemplo não é a criação de um jogo complexo, mas apenas mostrar como podemos usar uma matriz dinâmica de *Labels* para criar cenários interessantes para o usuário. A arquibancada e os dois carros são imagens que deverão ser importadas para o VBA. O comando para importação de imagens é: *LoadPicture(ThisWorkbook.Path &* "\F1_1.jpg")

Onde *F1_1.jpg* é um dos carros na imagem do *UserForm* anterior.

Uma vez clicado o botão Iniciar Corrida, os elementos da matriz de *Label* vão avançando de forma aleatória para cada um dos carros. O primeiro a chegar aparecerá no *TextBox* como vencedor.

```
Private m() As msforms.Label

Private Sub CommandButton1_Click()
ReDim m(1 To 20, 1 To 20) As msforms.Label

  For i = 1 To 20
    For j = 1 To 20
    Set m(i, j) = Me.Controls.Add("Forms.Label.1", "botao", True)
      m(i, j).Top = i * 18
      m(i, j).Left = j * 18
      m(i, j).Width = 18
      m(i, j).Height = 18
      m(i, j).BackColor = vbWhite
    Next j
  Next i
m(2, 9).Picture = LoadPicture(ThisWorkbook.Path & "\F1_1.jpg")
m(2, 13).Picture = LoadPicture(ThisWorkbook.Path & "\F1_2.jpg")

For i = 1 To 20
m(3, i).BackColor = vbBlue
m(i, 4).BackColor = vbBlack
m(i, 18).BackColor = vbBlack
m(i, 1).Picture = LoadPicture(ThisWorkbook.Path & "\arquibancada.jpg")
m(i, 3).Picture = m(i, 1).Picture
Next i

For i = 1 To 18 Step 2
m(i, 11).BackColor = vbBlack
Next i

TextBox1 = ""

End Sub
```

```
Private Sub CommandButton2_Click()
Dim i As Integer
Dim aleat As Integer
Dim aleat2 As Integer
Randomize
passo1_antigo = 2
passo2_antigo = 2

For i = 2 To 17
aleat = 3 * Rnd
aleat2 = 3 * Rnd
```

```
passo1 = passo1 + 1 + aleat
passo2 = passo2 + 1 + aleat2

If (passo1 < 17) And (passo2 < 17) Then
m(passo1_antigo, 9).Picture = Nothing
m(passo1, 9).Picture = LoadPicture(ThisWorkbook.Path & "\F1_1.jpg")

m(passo2_antigo, 13).Picture = Nothing
m(passo2, 13).Picture = LoadPicture(ThisWorkbook.Path & "\F1_2.jpg")

ElseIf passo1 >= 17 Then
    m(passo1_antigo, 9).Picture = Nothing
    m(passo1, 9).Picture = LoadPicture(ThisWorkbook.Path & "\F1_1.jpg")

    TextBox1 = "AMARELO VENCEU!"
     i = 20

ElseIf passo2 >= 17 Then
    m(passo2_antigo, 13).Picture = Nothing
    m(passo2, 13).Picture = LoadPicture(ThisWorkbook.Path & "\F1_2.jpg")

    TextBox1 = "VERMELHO VENCEU!"
    i = 20


End If
passo1_antigo = passo1
passo2_antigo = passo2
Application.Wait (Now + TimeValue("0:00:01"))
Me.Repaint
Next i

Application.Wait (Now + TimeValue("0:00:01"))
Unload Me

End Sub
```

8.6 Guerra empresarial: aplicação do dispositivo gráfico

Uma empresa deseja investir em um país e abrir muitas filiais. Ela possui informações privilegiadas sobre os concorrentes e suas regiões de atuação. Deseja literalmente armar um esquema de concorrência para tentar aniquilar os adversários e ocupar a máxima área possível de atuação.

O trabalho é fazer um programa usando *UserForm* e apresentar uma resposta gráfica em forma de desenho de formas para simular gerações de concorrências e localizações futuras de suas filiais. Depois de um tempo, pode-se perceber certa estabilização da abertura de novas filiais, representando o equilíbrio de mercado.

A tela do programa pode conter os botões:

1. População inicial de filiais.
2. Simulação de novas aberturas e fechamentos.
3. Limpar a planilha do desenho.
4. Fechar o *UserForm*.

5. Caixa de texto com o número de filiais abertas.
6. Caixa de texto com o número de filiais fechadas.

8.6.1 Lógica das firmas

Este é um tipo de simulação computacional para estudo de estratégia de distribuição de filiais. É conhecido como método de Monte Carlo e ajuda a empresa a simular diversas situações da concorrência antes de colocar uma filial na região estudada. É uma opção para verificar a viabilidade ou não de logística e vendas. Esse tipo de técnica tem como base o Jogo da Vida, publicado nos anos de 1970, no qual autômatos celulares se desenvolviam sozinhos em um jogo em que ocorriam nascimentos e mortes, criando um padrão interessante. A lógica adaptada é a seguinte:

- Se uma filial está rodeada por outras filiais na região, ela desaparece, pois não existe mercado para todas. Ou seja:

$$a_{i-1,j}$$
$$a_{i,j-1} \quad a_{i,j} \quad a_{i,j+1}$$
$$a_{i+1,j}$$

- Se uma filial só tem uma única outra filial ao seu lado (em cima, embaixo, do lado direito ou do lado esquerdo), ela desaparece, pois o esquema de logística e suprimentos fica pobre.
- Por outro lado, se existe um buraco na região preenchida por quatro filiais, a empresa gananciosa deseja colocar uma filial no centro para poder dominar o mercado.
- Por fim, se existe uma região toda vazia (em cima, embaixo, dos dois lados), em torno de um vazio, a empresa cria uma filial.

$$vazio$$
$$vazio \quad a_{i,j} \quad vazio$$
$$vazio$$

A análise final contém exemplos e gráficos do desempenho das simulações para o número de empresas filiais criadas e fechadas. A tela seguinte é um exemplo de como pode ficar o resultado do *UserForm*.

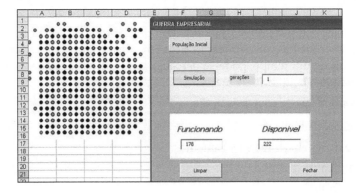

Figura 8.29

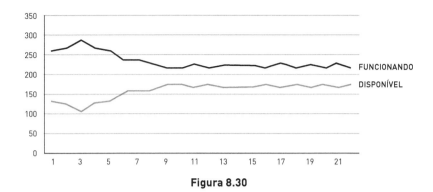

Figura 8.30

O programa completo, seguindo a lógica e comportamento das firmas, é apresentado a seguir, incluindo as ações sobre os botões do *UserForm*. Os pontos da série marcada como Disponível no gráfico são os locais disponíveis para as filiais, e os pontos em nomeados como Funcionamento são os já ocupados pelos concorrentes. Em uma economia de mercado aberto, pode-se reparar que, depois de certo intervalo de tempo, as curvas se estabilizam, mostrando em um cenário de guerra empresarial quais empresas sobreviveriam e quais faliriam.

```
Public maxlin As Single
Public maxcol As Single
' -------------------------------------------------------------
Private Sub CommandButton1_Click()
Dim posX As Single
Dim posY As Single
Dim a(0 To 20, 0 To 20) As Single
Range(Cells(1, 1), Cells(16, 10)).Interior.Color = vbWhite
For i = 1 To 20
   For j = 1 To 20
      a(i, j) = Worksheets("Plan2").Cells(i, j)
      Next j
Next i

Set tela = Worksheets(1)
For i = 1 To 50
posX = Int(20 * Rnd)
posY = Int(20 * Rnd)
a(posX, posY) = 1
If posX > maxlin Then
    maxlin = posX
End If
If posY > maxcol Then
    maxcol = posY
End If
With tela.Shapes.AddShape (msoShapeOval, 10 * posX, 10 * posY, 5, 5)
    .Fill.ForeColor.RGB = RGB(255, 0, 0)
End With
Next i
For i = 1 To 20
   For j = 1 To 20
      Worksheets("Plan2").Cells(i, j) = a(i, j)
      Next j
```

```vba
Next i
End Sub
'-------------------------------------------------------------------
Private Sub CommandButton2_Click()
Unload Me
End Sub
'-------------------------------------------------------------------
Private Sub CommandButton3_Click()
Range(Cells(1, 1), Cells(16, 10)).Delete
For i = 1 To 20
    For j = 1 To 20
        Worksheets("Plan2").Cells(i, j) = 0
    Next j
Next i
End Sub
'-------------------------------------------------------------------
Private Sub CommandButton4_Click()
Dim a(0 To 20, 0 To 20) As Single
Dim nger As Single
Dim contger As Single
Dim falen As Single
Dim abert As Single
nger = TextBox1.Value
For i = 1 To 20
    For j = 1 To 20
        a(i, j) = Worksheets("Plan2").Cells(i, j)
    Next j
Next i
Set tela = Worksheets(1)
For contger = 1 To nger
For i = 1 To 19
    For j = 1 To 19
    If i > 1 And j > 1 Then
    If a(i, j) = 1 Then
        If a(i, j) = a(i + 1, j) And a(i, j) = a(i - 1, j) And _
        a(i, j) = a(i, j - 1) And a(i, j) = a(i, j + 1) Then
        a(i, j) = 0
        Worksheets("Plan2").Cells(i, j) = a(i, j)
            With tela.Shapes.AddShape(msoShapeOval, 10 * i, 10 * j, 5, 5)
                .Fill.ForeColor.RGB = RGB(0, 0, 0)
                End With
            ElseIf a(i, j) = a(i + 1, j) Or a(i, j) = a(i - 1, j) Or _
                a(i, j) = a(i, j - 1) Or a(i, j) = a(i, j + 1) Then
            a(i, j) = 0
            Worksheets("Plan2").Cells(i, j) = a(i, j)
        With tela.Shapes.AddShape (msoShapeOval, 10 * i, 10 * j, 5, 5)
            .Fill.ForeColor.RGB = RGB(0, 0, 0)
            End With
        End If
    Else
        If a(i, j) <> a(i + 1, j) And a(i, j) <> a(i - 1, j) And _
        a(i, j) <> a(i, j - 1) And a(i, j) <> a(i, j + 1) Then
    a(i, j) = 1
        Worksheets("Plan2").Cells(i, j) = a(i, j)
        With tela.Shapes.AddShape(msoShapeOval, 10 * i, 10 * j, 5, 5)
            .Fill.ForeColor.RGB = RGB(255, 0, 0)
            End With
        ElseIf a(i, j) = a(i + 1, j) And a(i, j) = a(i - 1, j) And _
        a(i, j) = a(i, j - 1) And a(i, j) = a(i, j + 1) Then
        a(i, j) = 1
        Worksheets("Plan2").Cells(i, j) = a(i, j)
```

```
           With tela.Shapes.AddShape(msoShapeOval, 10 * i, 10 * j, 5, 5)
              .Fill.ForeColor.RGB = RGB(255, 0, 0)
                End With
         End If
      End If
      End If

      Next j
      Next i
   Next contger
   abert = 0
   falen = 0
   For i = 1 To 20
      For j = 1 To 20
      If a(i, j) = 1 Then
         abert = abert + 1
         Else
         falen = falen + 1
         End If
      Next j
      Next i
   TextBox2.Value = abert
   TextBox3.Value = fallen
   linhafinal = Worksheets("Plan3").Cells(65536, 1).End(xlUp).Row
   Worksheets("Plan3").Cells(linhafinal + 1, 1) = abert
   Worksheets("Plan3").Cells(linhafinal + 1, 2) = fallen
   End Sub
```

De uma forma mais complexa, mas usando o mesmo princípio, é que são construídas as *Functions* do Excel para execução de gráficos. Por exemplo, usando a ferramenta dos desenhos geométricos, como se faz para gerar gráficos de funções?

EXEMPLO 8.6: Simulação de desempenho de funções

É possível fazer um programa usando *UserForm* para desenhar o gráfico da função seno, ou seja, $f(x) = sen(x)$.

O exemplo é bastante parecido com 8.5, mas alguns detalhes devem ser observados. Primeiramente, a parte gráfica do Excel gera gráficos em pixels e não em centímetros. Isso significa que os valores de uma função real devem ser sempre inteiros para serem plotados na tela. A segunda observação é que o eixo do desenho (0, 0) é no canto da célula A1, o eixo x das abscissas corre nas colunas e o eixo das y das ordenadas corre nas linhas para baixo. A terceira observação é que se deve lembrar a fórmula completa da função seno que possui amplitude, frequência e fase. A fórmula é:

$$y = Asen(x*f) + p$$

em que A é amplitude, f a frequência e p a fase.

O programa deve ficar como a solução a seguir e seu resultado gráfico.

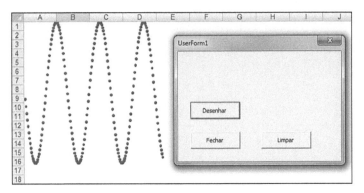

Figura 8.31

O botão Desenhar tem a seguinte sub-rotina interna:

```
Private Sub CommandButton1_Click()
Range(Cells(1, 1), Cells(20, 10)).Interior.Color = vbWhite

Set tela = Worksheets(1)
For i = 1 To 200
posX = i
posY = Int(100 * Sin(posX * 0.1) + 100)

With tela.Shapes.AddShape(msoShapeOval, posX, posY, 2, 2)
    .Fill.ForeColor.RGB = RGB(255, 0, 0)
End With
Next i
End Sub
```

A linha do comando *Range* serve para colorir de branco as células e dar destaque no gráfico do seno. São gerados 200 valores que vão fazer parte do eixo das abscissas (x) e, então, serão salvos na variável *posX*. A variável *posY* não pode incorporar diretamente o valor do seno, pois o resultado deve ser em pixel, ou seja, um número inteiro. Por isso, o comando *Int* na frente da fórmula. O valor da amplitude usado para aumentar o gráfico foi 100, o valor da frequência foi 0,1 e foi somada uma fase de 100, fazendo o gráfico se espaçar mais pelas colunas do Excel. A amplitude faz o gráfico descer pelas linhas da planilha.

A variável *Tela* serve para nomear a *plan1* e se torna a partir de então uma variável do VBA. Com o comando *With*, plota-se o seno na tela do Excel pelos formatos geométricos *Oval* de tamanho 2×2.

O botão *Fechar* é programado a seguir:

```
Private Sub CommandButton2_Click()
Unload Me

End Sub
```

O botão para limpar os gráficos serve para excluir todas as linhas que estão com o desenho na planilha. Esse botão é importante, caso contrário, haveria um acúmulo de memória que torna o programa mais lento a cada novo gráfico.

```
Private Sub CommandButton3_Click()
Range(Cells(1, 1), Cells(10, 10)).Delete
End Sub
```

O programa completo é:

```
Private Sub CommandButton1_Click()
Range(Cells(1, 1), Cells(20, 10)).Interior.Color = vbWhite

Set tela = Worksheets(1)
For i = 1 To 200
posX = i
posY = Int(100 * Sin(posX * 0.1) + 100)

With tela.Shapes.AddShape(msoShapeOval, posX, posY, 2, 2)
     .Fill.ForeColor.RGB = RGB(255, 0, 0)
End With
Next i
End Sub


Private Sub CommandButton2_Click()
Unload Me

End Sub

Private Sub CommandButton3_Click()
Range(Cells(1, 1), Cells(10, 10)).Delete
End Sub
```

PARTE II

PROGRAMAÇÃO AVANÇADA E MODELOS

CAPÍTULO 9

ANTECIPAÇÃO DO FUTURO DAS ESTRATÉGIAS DO MERCADO

Não penso no futuro, pois ele chegará em seu momento.

— **Albert Einstein**

9.1 Previsões no mercado financeiro

Existe um provérbio que diz: "Aquele que prevê o futuro mente mesmo se ele diz a verdade."

É da natureza humana tentar descobrir primeiro do que seus pares o que acontecerá à frente. O sentido de previsão em termos quantitativos nada tem de previsão do futuro como se imagina. A previsão dos acontecimentos no mercado financeiro tem muito de achismo, é verdade, mas no mundo acadêmico as ferramentas existentes são mais para avaliações de tendências do que se prever algo. Tudo gira em torno da probabilidade de sucesso das predições. Todos os números encontrados para uma determinada predição devem sempre vir seguidos de "se". Então, nunca se deve afirmar que um ativo terá preço "x". O sentido da previsão em métodos quantitativos é "se esse evento acontecer, a probabilidade desse outro evento ocorrer é x". Ou, então, sempre afirmar que existe uma possibilidade de tal evento ocorrer se um conjunto de variáveis for, em média, semelhante aos valores históricos observados.

Imagine a seguinte situação: um fundo de investimento acompanha um índice e deseja fazer uma previsão para um período de 30 dias à frente. A planilha em Excel possui na coluna A numeração 1,2,3,4... para n dias, sendo esse n dias passados e arquivados pela empresa. Na coluna B estão os valores reais do índice acompanhado pela empresa para cada dia da coluna A. A empresa quer gerar uma previsão usando um modelo *random walk* (passeio aleatório). Ela deseja uma simulação para esses 30 dias à frente, mas, além disso, quer as curvas limites obtidas pelo intervalo de confiança com nível de 95% para cada dia k simulado. O modelo de *random walk* que a empresa deseja é:

$$x_{k+1} = x_k + \varepsilon_k$$

em que x_k é o índice simulado no dia k. O ruído ε possui distribuição gaussiana (distribuição de probabilidade normal) com média 0 e desvio-padrão:

$$\frac{\sigma_x}{\sqrt{n}}$$

Medido sobre o índice acompanhado pela empresa nos dias anteriores à simulação.

O intervalo de confiança muda para cada dia k à frente com 95% de confiança, cujas bandas de confiança podem ser calculadas como:

Limite superior no dia $k = x^u + \dfrac{(1{,}96)(\sigma_x)\sqrt{k}}{\sqrt{n}}$

Limite inferior no dia $k = x^u - \dfrac{(1{,}96)(\sigma_x)\sqrt{k}}{\sqrt{n}}$

Sendo x^u o último dado passado do índice.

Uma solução para automatizar a planilha e sempre realizar previsões apenas com alterações de parâmetros é fazer um programa em VBA-Excel e simular esse índice para 30 dias à frente, salvando o resultado automaticamente na coluna C.

Também automaticamente, na coluna D, deve ser colocado o limite superior e na coluna E o limite inferior. A arte de simular numericamente um fenômeno remonta à década de 1960, quando físicos e engenheiros que trabalhavam tanto em projeto nuclear quanto espacial perceberam a poderosa ferramenta numérica. A simulação de Monte Carlo, criada a partir da ideia da roleta dos cassinos para geração de números aleatórios, começou a fazer parte dos projetos, pois diversos cenários podiam ser simulados com certa margem de segurança.

No caso em questão, o primeiro passo do analista é a criação de dados aleatórios para fazerem o papel de dados reais. Uma simulação dos dados reais (também conhecidos em algumas áreas como dados sintéticos), por exemplo, pode ser realizada com ruídos aleatórios criados com distribuição uniforme e usar um *random walk* para simular o índice tal como:

$$xreal(i+1) = xreal(i) + \phi(i) \text{ em que } \phi \approx U[-1,1]$$

A Figura 9.1 mostra como seriam os dados sintéticos que imitam uma situação real.

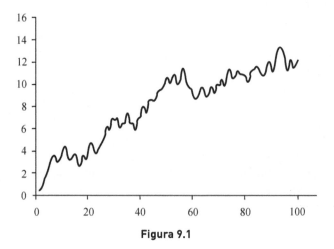

Figura 9.1

O programa para esses ruídos aleatórios neste caso seria:

```
Randomize
soma = 0
Cells(1, 2) = Rnd
'==================================================
' Amostragem de pontos seguindo no dist uniforme
'==================================================
For i = 2 To 100
      Cells(i, 1) = i
      x = -1 + 2 * Rnd
         Cells(i, 2) = Cells(i - 1, 2) + x
      soma = soma + Cells(i, 2)
Next i
'==================================================
media = soma / 100
soma = 0
```

Foram gerados 100 dados para fazer parte da amostra de dados imitando dados reais. Na coluna A, estão os contadores dos dados e, na coluna B, os dados reais (simulados pelo programa). Os dados do ruído com distribuição uniforme utilizam a fórmula, vista no Capítulo 5, para geração de números entre –1 e 1. Por isso utiliza-se $x = -1 + 2*Rnd$ na programação. O próximo passo é fazer uma estatística dessa amostra de dados. Nesse caso, é preciso apenas a média e o desvio-padrão.

Essa parte do programa fica sendo:

```
media = soma / 100
soma = 0

For i = 1 To 100
soma = soma + (Cells(i, 2) - media) ^ 2
Next i
desv = Sqr(soma / 100)
```

Deve ser observado que o desvio-padrão é o desvio-padrão populacional, ou seja, a raiz da soma dos desvios em relação à média dividida por $\sqrt{n}$, uma vez que se supõe que todos os dados da população estão disponíveis.

No caso de séries temporais, e mais especificamente em *Forecasting*, o intervalo de confiança não é fixo como em estatística descritiva. O intervalo de previsão vai aumentando com a incerteza do futuro, e aumenta com a raiz quadrada do tempo futuro. Por isso, as fórmulas dos limites superior e inferior em torno do último termo dos dados sintéticos são:

$$LS = x^u + \frac{(1{,}96)(\sigma_x)\sqrt{k}}{\sqrt{n}}$$

$$LI = x^u - \frac{(1{,}96)(\sigma_x)\sqrt{k}}{\sqrt{n}}$$

O valor de n desse intervalo será 30, pois o problema pede projeção para 30 dados à frente. A programação desse trecho do intervalo de confiança fica:

```
Cells(100, 3) = Cells(100, 2)
Cells(100, 4) = Cells(100, 2)

For i = 1 To 30
Cells(100 + i, 1) = 100 + i
Cells(100 + i, 3) = Cells(100, 2) + 1.96 * desv * Sqr(i) / Sqr(30)
Cells(100 + i, 4) = Cells(100, 2) - 1.96 * desv * Sqr(i) / Sqr(30)
Next i
End Sub
```

A variável *desv* nesse caso é o desvio-padrão dos 100 dados passados. Uma vez construídos os limites de confiança, conforme a Figura 9.2, será que as simulações farão parte do intervalo?

Figura 9.2

O problema exige que os dados do *random walk* no futuro sigam uma distribuição gaussiana (ou distribuição normal). Nesse caso, é necessário usar o teorema da média que diz que um número gaussiano com média μ e desvio-padrão σ pode ser obtido pela soma de 12 números uniformemente distribuídos no intervalo [0,1] e substituídos na fórmula:

$$\varepsilon(i) = \left[\sum_{i=1}^{12} \phi(i) - 6 \right] \times \sigma_p + \mu_p$$

Nessa formulação, sigma e mi são, respectivamente, o desvio-padrão e a média desejada para os números gerados ε. Para manter sempre o mesmo sinal sintético que simula os dados reais, pode-se programar o *random walk* da projeção em outra sub-rotina. A média, nesse caso, deve ser nula para ser coerente com o ruído de um *random walk*. É o que segue nessa fase do programa:

```
Sub simula()
Dim epson As Single

Randomize
For i = 1 To 30
  epson = 0
  For k = 1 To 12
  epson = epson + Rnd
  Next k
epson = (epson - 6) * desv / Sqr(30)
Cells(100 + i, 2) = Cells(100 + i - 1, 2) + epson
Next i
End Sub
```

Na última fórmula apresentada, pode-se ver o somatório dos 12 números aleatórios dentro do comando *For* com variação em *k*. O desvio-padrão no programa é dividido por $\sqrt{30}$, pois se adotou amostragem com reposição, o que leva a um tipo de distribuição de probabilidade conhecida como distribuição amostral das médias. Nesse caso, para esse tipo de distribuição, o desvio-padrão de cada simulação deve ser corrigido, dividindo-o pela raiz quadrada das amostras realizadas. A amostra será de 30 dados para o futuro, e o intervalo de confiança, criado no gráfico da Figura 9.2, garante que apenas 5% dessas simulações não pertencerão ao intervalo.

Agora o programa está pronto para a arte da simulação *random walk*. Uma simples iteração completa o programa, pois ele diz que o melhor modelo é que o futuro será o passado somado a uma incerteza representada por ε:

$$x_{k+1} = x_k + \varepsilon_k$$

No programa, assume-se a fórmula nas células da coluna B com os dados começando depois dos primeiros 100 dados simulados. Por isso, a linha final ficou sendo *Cells*(100 + *i*, 2) na sub-rotina simula.

Com quatro simulações computacionais, o gráfico resultante é o mostrado na Figura 9.3. Pode-se observar que alguns trechos de algumas simulações sairão do intervalo, pois a garantia é apenas que cinco em cada 100 trechos não estarão no intervalo no tempo futuro depois do tempo final de amostragem 100.

Na hora de repetir o experimento, deve-se ter cuidado para não apagar as linhas da geração dos 100 dados sintéticos que simulam os dados reais. Caso isso seja feito, a todo instante novos dados reais serão gerados, com outras médias e desvios, o que provoca limites diferentes. Se repetidas simulações forem realizadas, elas cairão fora do intervalo, pois a população muda a cada vez que o programa roda.

O programa completo para a previsão dos índices futuros para o fundo de investimento é apresentado a seguir. Pode-se observar a utilização da variável pública chamada *desv*. É que o desvio-padrão calculado para os 100 dados passados fica disponível para a sub-rotina simula usar quantas vezes se quiser. Essa variável pública não muda de valor, o que permite o intervalo de confiança também não se alterar para cada nova simulação.

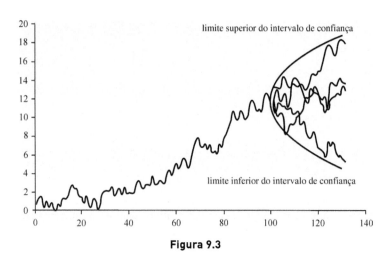

Figura 9.3

```
Public desv As Single
Sub teste()
Dim soma As Single
Dim media As Single

Randomize
soma = 0
Cells(1, 2) = Rnd
'=====================================================
' Amostragem de pontos seguindo no dist uniforme
'=====================================================
For i = 2 To 100
    Cells(i, 1) = i
    x = -1 + 2 * Rnd
        Cells(i, 2) = Cells(i - 1, 2) + x
    soma = soma + Cells(i, 2)
Next i
'=====================================================
media = soma / 100
soma = 0

For i = 1 To 100
soma = soma + (Cells(i, 2) - media) ^ 2
Next i
desv = Sqr(soma / 100)
Cells(100, 3) = Cells(100, 2)
Cells(100, 4) = Cells(100, 2)
For i = 1 To 30
Cells(100 + i, 1) = 100 + i
Cells(100 + i, 3) = Cells(100, 2) + 1.96 * desv * Sqr(i) / Sqr(30)
Cells(100 + i, 4) = Cells(100, 2) - 1.96 * desv * Sqr(i) / Sqr(30)
Next i
End Sub
```

```
Sub simula()
Dim epson As Single

Randomize
For i = 1 To 30
  epson = 0
  For k = 1 To 12
  epson = epson + Rnd
  Next k
epson = (epson - 6) * desv / Sqr(30)
Cells(100 + i, 2) = Cells(100 + i - 1, 2) + epson
Next i
End Sub
```

9.2 Informações reveladas na análise de sinal

Desde os tempos primórdios dos ensinos Fundamental e Médio, o aluno sempre olha para dados em que uma abscissa representa o eixo do tempo. Mas muitos eventos que parecem sem sentido, ou completamente aleatórios, possuem certo sentido quando observados por uma técnica em um painel conhecido como espectro de frequências. Foi o que descobriu Jean Baptiste Joseph Fourier (1768-1830), matemático francês da época de Napoleão Bonaparte. Sua metodologia é hoje conhecida como Transformada de Fourier, ou *Fast Fourier Transform* (FFT) em inglês.

Suponha que temos uma série de dados distribuídos no tempo, representada por uma função $x(t)$. Não sabemos, por exemplo, que a série é da forma:

$$x(t) = sen(2\pi ft)$$

em que se deseja conhecer as frequências com que o sinal $x(t)$ retorna para a mesma posição inicial já assumida no passado.

Ao calcular a frequência com que o sinal retorna para o mesmo valor anterior, implicitamente se obtém o período T em que esse fenômeno se repete. O primeiro passo é lembrar que a frequência fundamental desse sinal é dada em ciclos por unidade de tempo (segundos, minutos, horas, dias, meses, anos). Ou seja:

$$f = \frac{1}{T}$$

sendo T o período.

Na maioria dos casos, não conhecemos o exato período, mas podemos fazer uma amostragem com n dados. Então, a frequência pode ser estimada pelo número de pontos amostrados de $x(t)$ com medidas feitas em $t_k = k.\Delta t$ $k = 0, 1, 2, ..., N$ pontos. Para esses pontos amostrados, a variação da frequência pode ser calculada por:

$$\Delta f = \frac{1}{T}$$

A correspondente frequência angular, por exemplo, em radianos, pode ser determinada pela fórmula:

$$\omega = 2\pi f$$

CAPÍTULO 9 | Antecipação do futuro das estratégias do mercado **323**

É claro que, nesse caso, é interessante descobrir o período correspondente para cada frequência (ciclos ou angular). Por exemplo, para ciclos, conseguimos descobrir o período usando:

$$T = \frac{1}{f}$$

Se f é ciclos/seg, então o período T será dado em segundos. Se for ciclos/mês, o período será mês, e assim sucessivamente.

9.2.1 Algoritmo para FFT no Excel

Para usar esse tipo de método em série de dados, alguns passos são necessários para o uso da ferramenta adequada no Excel.

a) Passo 1
Fazer a aquisição de n pontos de $x(t)$ e colocar na coluna B, com o tempo de amostragem (t) na coluna A.

	A	B
1	tempo	x(t)
2		
3		
4		
5		
6	0	1
7	0,1	0,309017
8	0,2	-0,80902
9	0,3	-0,80902
10	0,4	0,309017

Figura 9.4

No caso do exemplo anterior, utilizou-se a série $x(t) = cos(2\pi f t)$ com o valor da frequência $f = 2$ Hz (ciclos/seg). Aqui cabe um parêntese, pois (ciclos/seg) tem como unidade hertz, ou Hz. Ou seja, a série será $x(t) = cos(4\pi f t)$.

b) Passo 2
Deve-se, então, descobrir o incremento da frequência em ciclos usando $\Delta f = \dfrac{1}{Nt_k}$, em que n deve ser o valor mais próximo de 2^N e t_k na forma definida antes.

c) Passo 3
Usar a ferramenta do Excel para fazer a FFT da coluna B. Colocar o resultado na coluna C. A ferramenta está no caminho Dados – Análise de dados – Análise de Fourier. A tela de uso é mostrada na Figura 9.5.

A entrada é a coluna em que está $x(t)$ e a saída uma coluna qualquer. No caso do exemplo, a entrada é a coluna B e a saída será a coluna C.

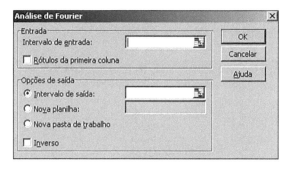

Figura 9.5

	A	B	C
1	tempo	x(t)	FFT
2			
3			
4			
5			
6	0	1	-0,309016994374918
7	0,1	0,309017	-0,313610094809409+4,93524943245246E-002i
8	0,2	-0,80902	-0,327738028857723+0,10033526431566i
9	0,3	-0,80902	-0,352514294673256+0,154788202533349i
10	0,4	0,309017	-0,390045662883922+0,215029971658421i

Figura 9.6

Com o resultado, pode-se observar que os coeficientes da transformada aparecem com números complexos na forma $y = a + b$. Neste caso, a letra i significa um número imaginário. Para descobrir a magnitude dos coeficientes, deve-se tomar o módulo do número complexo obtido por $||y|| = \sqrt{a^2 + b^2}$.

d) Passo 4

Para obter o módulo, usar a função *IMABS( )* do Excel. Essa função está na aba Inserir função – Engenharia, como mostrado na Figura 9.7:

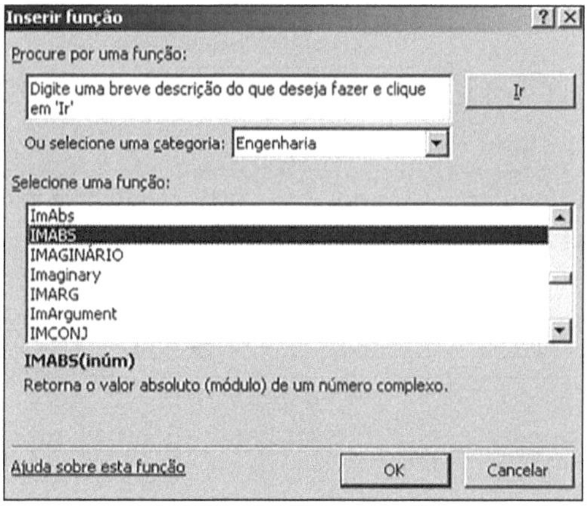

Figura 9.7

Para o exemplo, o resultado de *IMABS( )* deve ser colocado na coluna D, mostrando a magnitude dos coeficientes.

	A	B	C	D
1	*tempo*	*x(t)*	*FFT*	*Modulo*
2				sendo y=a+bi
3				raizq(a^2+b^2)
4				
5				
6	0	1	-0,309016994374918	0,309016994
7	0,1	0,309017	-0,313610094809409+4,93524943245246E-002i	0,317469621
8	0,2	-0,80902	-0,327738028857723+0,10033526431566i	0,342752653
9	0,3	-0,80902	-0,352514294673256+0,154788202533349i	0,385000929
10	0,4	0,309017	-0,390045662883922+0,215029971658421i	0,44539141
11	0,5	1	0,44391481216351+0,284277104505619i	0,527137304

Figura 9.8

e) **Passo 5**

Para preparar o eixo x, deve-se descobrir as frequências em ciclos. Para criar tal eixo, utiliza-se a regra:

$$f_1 = f_0 + \frac{1}{N.t_0}$$

$$f_2 = f_1 + \frac{1}{N.t_1}$$

$$f_3 = f_2 + \frac{1}{N.t_2}$$

...

em que t_0, t_1, t_2... etc., são os tempos de amostragem.

Para o exemplo, pode-se reparar que os tempos são 0,1; 0,2; 0,3 etc., ou seja, um intervalo de 0,1 segundo. Cada frequência f_0, f_1, f_2 etc. deve ser colocada na coluna E e será o eixo x do gráfico FFT, como indica a célula a seguir:

> *fx* =E6+1/(64*($A$8-$A$7))

f) **Passo 6**

Achar as frequências angulares usando, $\omega = 2\pi ft$, sendo f calculada no passo anterior. Colocar o resultado na coluna F.

0,00	0,00
0,16	=2*PI()*E7
0,31	1,96

326 Mercado Financeiro

g) **Passo 7**

É importante encontrar o período de repetição dos eventos. O período com maior magnitude de FFT é o dominante do evento. Obtém-se o período por:

$$T = \frac{1}{f}$$

f estando na coluna E já calculada.

94	0,00	0,00	0,00
21	0,16	0,98	=1/E7
53	0,31	1,96	3,20

Como resultado obtêm-se as Figuras 9.9, 9.10, 9.11 e 9.12:

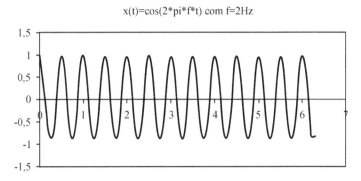

Figura 9.9

Sendo a série $x(t) = cos(2\pi.2.t)$, sabe-se que $f = 2$ e então o gráfico de FFT deve dar um valor mais frequente e expressivo para essa frequência.

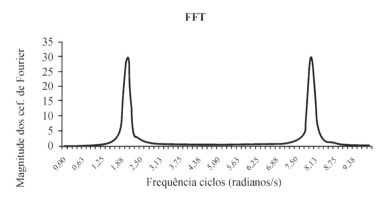

Figura 9.10

Pode-se reparar no gráfico da Figura 9.10 que existe um pico exatamente no valor dois na coluna da frequência em ciclos. Se não se souber que a frequência seria de $f = 2$, pelo gráfico, há condições de saber que esse fenômeno se repete com essa frequência.

A frequência angular aparece no gráfico da mesma forma, mas com o eixo agora em radianos e não mais em rad/s.

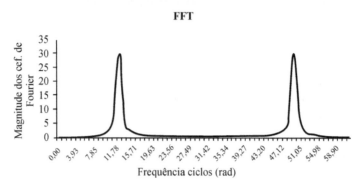

Figura 9.11

Nesse caso, o valor de pico no eixo é de $\omega = 2.\pi.2 = 4\pi \approx 12{,}56$. Por fim, para encontrar o período que domina a repetição do evento, o gráfico da Figura 9.11 mostra o mesmo pico, mas agora aparecendo no eixo x como $T = \dfrac{1}{f} = \dfrac{1}{2} = 0{,}5$ segundo. Ou seja, uma frequência de 2 ciclos/seg significa que esse fenômeno se repete a cada 0,5 segundo. Se o ciclo fosse amostrado em minutos, a resposta para o período seria em minutos.

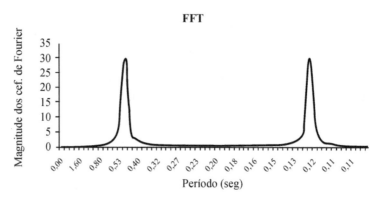

Figura 9.12

9.2.2 A programação em VBA

No caso da programação em VBA, os passos anteriores devem ser repetidos criando cada coluna automaticamente na macro. O passo mais difícil é encontrar a ferramenta do VBA que possibilita a transformada de Fourier e que calcula o valor absoluto dentro da macro nomeada de *IMABS( )*.

O primeiro passo é habilitar os suplementos das análises em VBA.

a) **Passo 1**

Buscar os suplementos não instalados.

Na versão Microsoft Office 2010, primeiramente, deve-se acessar a aba Arquivo – Opções.

Após clicar em Opções, deve-se escolher a aba Suplementos e procurar a instalação de Ferramentas de Análise – VBA.

Figura 9.13

b) **Passo 2**

Instalar ferramentas de análise – VBA.

Figura 9.14

Então, se escolhe o botão *Ir...*

Figura 9.15

Finalmente, escolhe-se a mesma opção Ferramentas de Análise – VBA.

Na versão Microsoft Office 2016, primeiramente deve-se acessar a aba Arquivo – Opções.

Após clicar em Opções, deve-se escolher a aba Suplementos e procurar a instalação de Ferramentas de Análise – VBA.

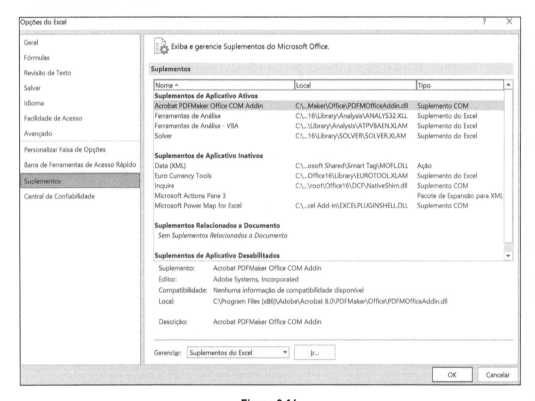

Figura 9.16

Então, escolhe-se o botão Ir.

Figura 9.17

Assim como nas versões anteriores, escolher a mesma opção Ferramentas de Análise – VBA.

c) **Passo 3**

Se as células do sinal $x(t)$ estiverem na segunda coluna, a transformada de Fourier está no suplemento chamado *ATPVBAEN.XLA!* (Office 2003). Logo, basta fazer com que as células sejam ativadas pela transformada de Fourier.

Na versão 2007 e 2010, a extensão do programa mudou para: *ATPVBAEN.XLAM!* Ou seja, tem-se, nessas versões, um M no fim do comando.

Para a versão 2003 do VBA, o programa fica:

```
'++++++++++++++++  Fourier +++++++++++++++++++++++++++++
Application.Run "ATPVBAEN.XLA!Fourier", ActiveSheet.Range(Cells(1, 2), Cells(64, 2)), _
ActiveSheet.Range(Cells(1, 3), Cells(64, 3)), False, False
```

Para a versão 2007, 2010 2016 do VBA o programa fica:

```
'++++++++++++++++  Fourier +++++++++++++++++++++++++++++
Application.Run "ATPVBAEN.XLAM!Fourier", ActiveSheet.Range(Cells(1, 2), Cells(64, 2)), _
ActiveSheet.Range(Cells(1, 3), Cells(64, 3)), False, False
```

d) **Passo 4**

O valor absoluto precisa ser ativado pelo comando do VBA, que usa suas fórmulas-padrão (*FórmulaR1C1=*). É com ele que a mesma fórmula do Excel pode ser usada pelo VBA, mas necessita de autopreenchimento para a execução de todas as células da FFT. Então, é necessário o uso do *Range*. O programa completo para análise de Fourier em VBA será:

```
' +++++++++++++++++++++++++++++++++++++++++++++++++++++++++++++++++++
Sub FFT()
Dim i As Single
Dim j As Integer
j = 1
For i = 0 To 6.3 Step 0.1
Cells(j, 1) = i
Cells(j, 2) = Cos(2 * 3.1421 * 2 * Cells(j, 1)) + (-1 + 2 * Rnd) * 0
'++++++++++++++++++++++++++ frequência em ciclos (hertz) ++++++++
If j = 1 Then
    Cells(1, 5) = Cells(1, 1)
Else
    Cells(j, 5) = Cells(j - 1, 5) + 1 / (64 * (Cells(j, 1) - Cells(j - 1, 1)))
End If
'++++++++++++++++++++++++++ frequência angular (radianos) +++++++++
    Cells(j, 6) = 2 * 3.1421 * Cells(j, 5)
'+++++++++++++++++++++++++++período +++++++++++++++++++++++++++++++++
If j = 1 Then
    Cells(1, 7) = Cells(1, 5)
Else
    Cells(j, 7) = 1 / Cells(j, 5)
End If
'+++++++++++++++++++++++++++++++++++++++++++++++++++++++++++++++++++
j = j + 1
Next i
'+++++++++++++++++   Fourier +++++++++++++++++++++++++++++++++++++++++
Application.Run "ATPVBAEN.XLAM!Fourier", ActiveSheet.Range_
    (Cells(1, 2),Cells(64,_ 2)), ActiveSheet.Range(Cells(1, 3),_
    Cells(64, 3)), False, False
'+++++++++++++++++ Valor Absoluto ++++++++++++++++++++++++++++++++++
Range(Cells(1, 4), Cells(1, 4)).Select
ActiveCell.FormulaR1C1 = "=IMABS(RC[-1])"
Selection.AutoFill Destination:=Range(Cells(1, 4), Cells(64, 4))
End Sub
+++++++++++++++++++ FIM DO PROGRAMA +++++++++++++++++++++++++++++++
```

9.3 Análise on-line para vencer o mercado

A análise técnica do mercado financeiro é bastante usada tanto por investidores pequenos como por grandes corporações. Diversas técnicas podem ser encontradas na literatura especializada, bem como sites e cursos para investidores em bolsas de valores. Hoje, com a presença massiva dos *home brokers*, mais pessoas têm acesso à bolsa de valores e necessitam de implementação de ferramentas próprias para suas análises.

9.3.1 Suporte e resistência

Uma tradicional técnica é o cálculo de suporte e resistência do preço de uma ação na Bovespa. Para calcular o suporte, utiliza-se, como regra bastante simplificada, o valor de 30% da diferença entre o máximo e mínimo da ação durante o pregão, conhecido como preço *intraday*. Para a resistência, pode-se utilizar 60% da diferença entre o máximo e o mínimo. Isso serve como recomendação de compra e venda e risco para o investidor.

O uso do *UserForm* visto nos capítulos anteriores, e do comando de conectividade com a bolsa, ou qualquer site que contenha o preço das ações, pode ser útil no armazenamento de dados para análise de pequenos investidores. Um possível algoritmo para a programação do *UserForm* pode ser:

1. O usuário escolhe de quantos em quantos segundos ele deseja capturar os dados em um *TextBox*.
2. O usuário deve ter a liberdade de entrar com o nome da ação no *TextBox*.
3. Com os segundos escolhidos pelo usuário e a ação digitada no *TextBox*, o programa deve acrescentar à planilha 1 todos os dados, um embaixo do outro, e, ao mesmo tempo, mostrar no *UserForm* o máximo valor desde o começo, o mínimo, a média, o desvio-padrão, o valor de suporte da ação e o valor da resistência da ação.
4. O website de onde os dados virão fica a critério do programador. Pode ser Bovespa, Investshop, Fatorcorretora, Easyinvest. Basta seguir o Capítulo 8 do livro, onde foi usado o site da ADVFN.
5. Como sugestão de layout, fica a tela seguinte:

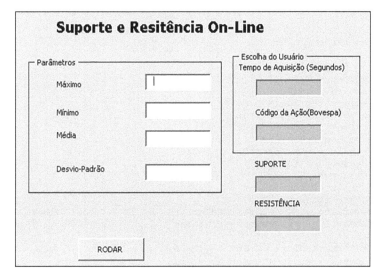

Figura 9.18

O programa para esse *UserForm*, inserido no botão Rodar, é:

```vba
'++++++++++++++++++++++++++++++++++++++++++++++++++++++++
Public Sub CapturaDados()
Dim WSD As Worksheet
Dim WSW As Worksheet
Dim connectstring As String
Dim linhafinal As Long
Dim proxlinha As Long
Dim linharesfinal As Long
Dim i As Integer
Dim j As Integer
Dim n As Integer
Dim min As Single
Dim max As Single
Set WSD = Worksheets("portfolio")
Set WSW = Worksheets("workspace")
WaitSec = WSD.Cells(60000, 25)
NameProc = "Capturadados"
linhafinal = WSD.Cells(65536, 2).End(xlUp).Row
proxlinha = linhafinal + 1
connectstring = "URL;http://www.investshop.com.br/aspx/PopUpQuotes.aspx?_
Papel=" & WSD.Cells(2, 1).Text
For Each QT In WSW.QueryTables
    QT.Delete
Next QT
Set QT = WSW.QueryTables.Add(Connection:=connectstring, _
Destination:=WSW.Range("A1"))
   With QT
      .Name = "portfolio"
      .FieldNames = True
      .RowNumbers = False
      .FillAdjacentFormulas = False
      .PreserveFormatting = True
      .RefreshOnFileOpen = False
      .BackgroundQuery = True
      .RefreshStyle = xlInsertDeleteCells
      .SavePassword = False
      .SaveData = True
      .AdjustColumnWidth = True
      .RefreshPeriod = 0
      .WebSelectionType = xlSpecifiedTables
      .WebFormatting = xlWebFormattingNone
      .WebTables = "2"
      .WebPreFormattedTextToColumns = True
      .WebConsecutiveDelimitersAsOne = True
      .WebSingleBlockTextImport = False
      .WebDisableDateRecognition = False
      .WebDisableRedirections = False
      .Refresh BackgroundQuery:=False
      End With
    WSD.Cells(proxlinha, 2) = WSW.Cells(3, 10).Value * 1
    linharesfinal = WSW.Cells(65536, 1).End(xlUp).Row
For i = 1 To linharesfinal
    For j = 1 To 10
        WSW.Cells(i, j).EntireRow.Delete
    Next j
Next i
n = WSD.Cells(65536, 2).End(xlUp).Row
max = WSD.Cells(2, 2).Value
min = WSD.Cells(2, 2).Value
WSD.Cells(2, 3) = min * 1.3
WSD.Cells(2, 4) = min * 1.6
```

```
For i = 3 To n
    If WSD.Cells(i, 2) > max Then
        max = WSD.Cells(i, 2).Value
    End If

    If WSD.Cells(i, 2) < min Then
        min = WSD.Cells(i, 2).Value
    End If

    UserForm1.TextBox1.Value = max
    UserForm1.TextBox2.Value = min
    UserForm1.TextBox3.Value = Round(min * 1.3, 2)
    UserForm1.TextBox4.Value = Round(min * 1.6, 2)
Next i

For i = 2 To n
    WSD.Cells(i, 3) = min * 1.3
    WSD.Cells(i, 4) = min * 1.6
Next i

For i = 3 To n
    WSD.Cells(i, 1) = WSD.Cells(i - 1, 1) + WSD.Cells(60000, 25)
Next i

If n > 3 Then
    If WSD.Cells(n, 5) > WSD.Cells(n - 1, 2) And _
        WSD.Cells(n, 5) > WSD.Cells(n - 1, 4) Then
            UserForm1.TextBox6 = "vender"
    ElseIf WSD.Cells(n, 5) < WSD.Cells(n - 1, 2) And _
        WSD.Cells(n, 5) < WSD.Cells(n - 1, 3) Then
            UserForm1.TextBox6 = "comprar"
    Else
            UserForm1.TextBox6 = "manter"
    End If
End If

If WSD.Cells(60000, 26) = "atualizar" Then
    NextTime = Time + TimeSerial(0, 0, WaitSec)
    Application.OnTime earliesttime:=NextTime, Procedure:=NameProc
    Application.Wait (Now + TimeValue("0:00:05"))
End If

If WSD.Cells(60000, 26) = "parar" Then
    For i = 1 To 5
        WSD.Cells(n + 1, i) = Null
    Next i
End If

End Sub
'++++++++++++++++++++ FIM DO PROGRAMA++++++++++++++++++++++
```

No programa, podem ser observados os algoritmos de máximo e mínimo, vistos nos capítulos de programação básica. As recomendações de comprar e vender baseadas nas linhas de suporte e resistências são analisadas com os comandos *If* e *ElseIf*. Nas últimas linhas da macro, coloca-se uma lógica de parada para o programa. Isso é necessário, como já se comentou, para a parada completa da aquisição dos dados. As linhas de suporte e resistência são multiplicadas por 1,3 e 1,6 para o valor do mínimo, representando 30% e 60% na criação dessas linhas. No programa anterior, não estão contemplados os cálculos da média e desvio-padrão apresentados no *UserForm*, que podem perfeitamente fazer parte do programa com a programação básica vista, nos capítulos iniciais.

9.3.2 Filtro vertical horizontal (VHF)

O sensor Filtro Vertical Horizontal, do inglês *Vertical Horizontal Filter* (VHF), serve para indicar aos investidores do mercado de ação mudança ou reforço de tendências dos preços de ativos. As Figuras 9.19 e 9.20 mostram o VHF para as ações da Usiminas.

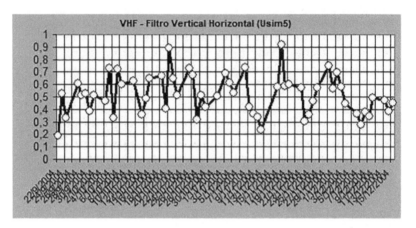

Figura 9.19

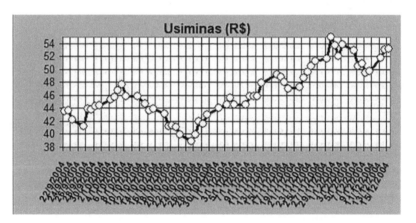

Figura 9.20

A fórmula básica para o VHF para sete dias é (módulo no somatório):

$$VHF = \frac{Max(7dias) - Min(7dias)}{\sum_{i=1}^{7} |Fech_i - Fech_{i-1}|}$$

336 Mercado Financeiro

Conforme o exemplo feito para a ação da Usiminas (USIM5), o VHF mostra confirmação de tendência ou mudança forte da tendência. Quando o valor do VHF está igual ou acima de 70% (0,7), indica aos *traders* que ocorrerá, em breve, mudança da tendência (de alta ou de baixa). Quando está abaixo de 70%, indica que a tendência do movimento do preço da ação continuará.

Um possível algoritmo para orientar a programação do VHF poderia ser:

1. Escolher duas ações pelo período de minutos, com preços do último negócio (troque o fechamento pelo preço do último negócio).
2. Fazer um programa em VBA com *UserForm*, cujos dados são capturados on-line (vide Capítulo 8) e, além de salvar nas células, mostrar na tela do *UserForm* o valor máximo do período escolhido para o VHF.
3. Mostrar o valor mínimo.
4. Mostrar o valor do VHF e o preço das ações naquele momento de aquisição em caixas *TextBox*.
5. O *UserForm* deve mostrar também em *TextBox* se o operador deve vender, comprar ou manter posição nas duas ações.
6. O *UserForm* deve ter um botão no qual, ao clicar, o usuário visualiza os gráficos das ações e os gráficos do VHF.

Um *UserForm* padrão poderia ser um básico com as caixas de entrada e botões para rodar, como no caso do programa anterior. Por exemplo, um projeto como o da Figura 9.21 pode ser usado para a programação.

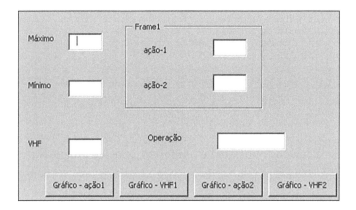

Figura 9.21

A tarefa de aquisição de dados segue os mesmos passos do programa anterior e do Capítulo 8, basta usar a conexão de internet de preferência. Após esse botão estar programado, para o cálculo do VHF, é necessário, primeiramente, o cálculo do máximo e do mínimo do período. A programação é fácil e está indicada nas linhas a seguir. Três planilhas foram criadas para rodar o programa e nomeadas como *Portfólio Ativo 1*, *Portfólio Ativo 2* e *InternetData*. Esse programa fará a parte de baixar os dados e apagar para a transferência para as outras planilhas.

```
Sub CalculaMáximoMínimo()
    'Função para cálculo de máximo e de mínimo
    Dim Máximo As Single
    Dim Mínimo As Single
    WSPortfólio1 = Worksheets("Portfólio Ativo 1")
    WSPortfólio2 = Worksheets("Portfólio Ativo 2")
    WSInternetData = Worksheets("InternetData")
    If Ativo = 1 Then
        For i = 2 To NúmeroObservaçõesAtivo1 + 1
            If i = 2 Then
                MáximoAtivo1 = CSng(WSPortfólio1.Cells(i, 3))
                MínimoAtivo1 = CSng(WSPortfólio1.Cells(i, 3))
            Else
                If WSPortfólio1.Cells(i, 3) > MáximoAtivo1 And _
                WSPortfólio1.Cells(i, 3) <> "" Then
                    MáximoAtivo1 = WSPortfólio1.Cells(i, 3)
                End If
                If WSPortfólio1.Cells(i, 3) < MínimoAtivo1 And _
                WSPortfólio1.Cells(i, 3) <> "" Then
                    MínimoAtivo1 = WSPortfólio1.Cells(i, 3)
                End If
            End If
                        WSPortfólio1.Columns.AutoFit()
        Next i
    Else
        For i = 2 To NúmeroObservaçõesAtivo2 + 1
            If i = 2 Then
                MáximoAtivo2 = CSng(WSPortfólio2.Cells(i, 3))
                MínimoAtivo2 = CSng(WSPortfólio2.Cells(i, 3))
            Else
                If WSPortfólio2.Cells(i, 3) > MáximoAtivo2 And _
                WSPortfólio2.Cells(i, 3) <> "" Then
                    MáximoAtivo2 = WSPortfólio2.Cells(i, 3)
                End If
                If WSPortfólio2.Cells(i, 3) < MínimoAtivo2 And _
                WSPortfólio2.Cells(i, 3) <> "" Then
                    MínimoAtivo2 = WSPortfólio2.Cells(i, 3)
                End If
            End If
            WSPortfólio2.Columns.AutoFit()
        Next i
    End If
End Sub
```

Então, uma vez calculados o máximo e o mínimo, pode-se programar o cálculo do VHF conforme descrito a seguir:

```
Sub CalculaVHF()
    Dim Soma As Single
    Dim i As Integer
    WSPortfólio1 = Worksheets("Portfólio Ativo 1")
    WSPortfólio2 = Worksheets("Portfólio Ativo 2")
    WSInternetData = Worksheets("InternetData")
    Soma = 0
    If Ativo = 1 Then
     For i = NúmeroObservaçõesAtivo1 + 2 To 3 Step -1
       Soma = Soma + Abs(CSng(WSPortfólio1.Cells(i, 3)) - CSng _
         (WSPortfólio1.Cells(i - 1, 3)))
       Next i
```

338 Mercado Financeiro

```
            If Not Soma = 0 Then
                VHFAtivo1 = (MáximoAtivo1 - MínimoAtivo1) / Soma
            Else
                VHFAtivo1 = 0
            End If
        Else
            For i = NúmeroObservaçõesAtivo1 + 2 To 3 Step -1
            Soma = Soma + Abs(CSng(WSPortfólio2.Cells(i, 3)) - CSng _
               (WSPortfólio2.Cells(i - 1, 3)))
            Next i
            If Not Soma = 0 Then
                VHFAtivo2 = (MáximoAtivo2 - MínimoAtivo2) / Soma
            Else
                VHFAtivo2 = 0
            End If
        End If
End Sub
++++++++++++++++++++++++   FIM DO PROGRAMA   ++++++++++++++++++++
```

9.3.3 O sensor SMI

O sensor SMI serve para indicar aos investidores do mercado de ação quando devem vender e comprar ações que acompanham. A lógica dos criadores desse oscilador pode ser visualizada na Figura 9.22.

	G	H	I	J	K	L	M	N	O	P	Q
1	max	med	fec.	osc	oc	ov	PP	SMI	$	OPERAÇÃO	
2	7,32	7,23	7,12	0,14%	7,12	7,16	0,000				
3	7,3	7,15	7,28	2,24%	7,28	7,29	0,000				
4	7,35	7,26	7,15	-1,78%	7,15	7,18	0,000				
5	7,32	7,23	7,27	1,67%	7,27	7,28	0,000				
6	7,68	7,58	7,61	4,67%	7,57	7,61	0,998	0,200	$	COMPRA	7,61
7	7,5	7,5	7,5	0,67%	7,31	7,5	0,999	0,399	$		

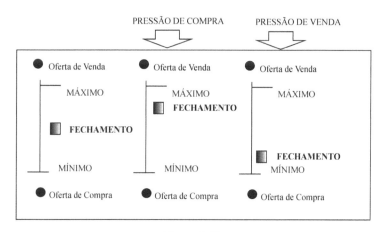

Figura 9.22

O SMI faz uso da análise de pressão do mercado baseado nas ofertas que são feitas para um ativo durante o dia de negociação. Assim, tem-se OV = oferta de venda; OC = oferta de compra; Min = preço mínimo da ação; Max = preço máximo da ação; $Fech$ = preço de fechamento da ação.

O sensor considera unitária a distância que separa OV de OC, isto é, $OV\text{-}OC = 1$. Ele situa a posição do $Fech$ ao longo dessa distância. É o que se denomina Pressão do Pregão (PP). Se $Fech$ estiver exatamente no meio de OV e OC, o valor de $PP = 0,5$. Se $Fech$ coincidir com OC, então $PP = 0$. Se $Fech$ coincidir com OV, então $PP = 1$. Entre 0 e 1, PP pode assumir quaisquer valores. O valor de SMI é igual à média de PP para os cinco últimos pregões. Para o dia seguinte, faz-se uma nova média dos últimos 5 PP e assim sucessivamente. As ordens de compra são dadas quando $SMI \leq 0,5$ e as ordens de venda quando $SMI > 0,5$. Enquanto a ordem de venda não foi dada após uma compra, mostra-se um \$ indicando que a ação ainda está na carteira.

Um possível algoritmo para uso do $UserForm$ pode ser:

1. Escolher duas ações pelo período de horas, com preços de OC, OV, último negócio (troque o fechamento pelo preço do último negócio *intraday*), máximo e mínimo.

2. Construir um programa em VBA com $UserForm$ cujos dados são capturados on-line. O programa, além de salvar nas células, imprime uma recomendação se o investidor deve comprar ou vender a ação (ver Figura 9.23) na tela do $UserForm$ com os valores das variáveis.

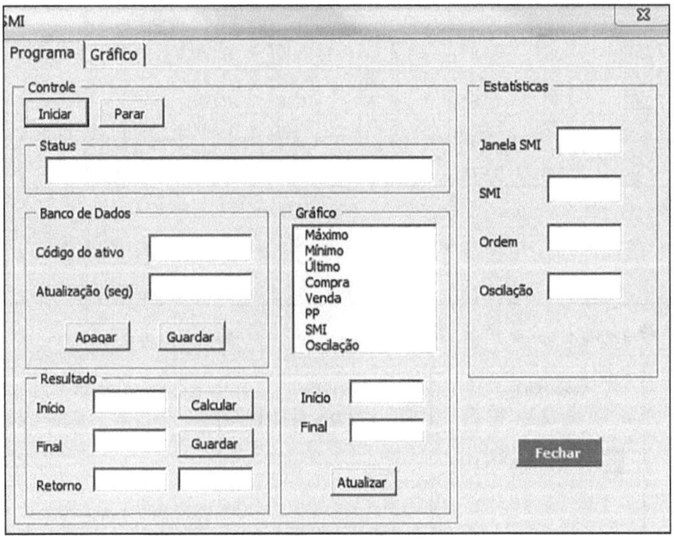

Figura 9.23

Pode-se perceber nesse $UserForm$ que todas as macros vistas nos capítulos introdutórios poderiam fazer parte de um portfólio de escolha do usuário, tais como máximo, mínimo, desvio-padrão, entre outras medidas estatísticas. O botão iniciar terá a conexão já vista nas outras programações, em que a caixa código do ativo é o código da ação a ser seguida. Para o cálculo do sensor SMI, as duas principais macros seriam para o cálculo da pressão do mercado e do sensor. A pressão é a variável PP (pressão do pregão), já explicada anteriormente.

```vba
Sub pressao()
Dim linha As Integer
Dim ov As Double, oc As Double, dif As Double
Dim ul As Double, ul2 As Double, pp As Double
linha = ActiveCell.Row
If linha > 3 Then
'para o caso de compra ou venda ser NA
On Error Resume Next
'pega o valor da Compra, Venda e Último
ov = Cells(linha, 6).Value
oc = Cells(linha, 5).Value
Cells(linha, 4).Value = (Cells(linha - 1, 5).Value + Cells(linha - 1, 6)) / 2
ul = Cells(linha, 4).Value
'calcula o PP
    If ov - oc <> 0 Then
    dif = ov - oc
    ul2 = ul - oc
    pp = ul2 / dif
    'para não dividir por zero, caso Venda-Compra=0
    Else
    dif = ov - oc
    ul2 = ul - oc
    pp = ul2
    End If
Cells(linha, 7) = pp
Cells(linha, 7).NumberFormat = "0.00"
End If
End Sub
+++++++++++++++++++ FIM DA SUBROTINA PRESSÃO ++++++++++++
Sub sensor()
Dim linha As Integer, i As Integer
Dim soma As Double, smi As Double
linha = ActiveCell.Row
soma = 0
'tamanho da janela padrão é de 5 observações, mas usuário pode definir
If UserForm1.tbjanela.Value = "" Then
janela = 5
Else
janela = CInt(UserForm1.tbjanela.Value)
End If
'começa na linha 7 por causa da necessidade de 5 dados de PP
If linha > (janela + 1) Then
    'pega o PP da mesma linha até janela+1
    For i = linha - janela + 1 To linha
    soma = soma + Cells(i, 7)
    Next i
smi = soma / janela
Cells(linha, 8) = smi
Cells(linha, 8).NumberFormat = "0.00"
End If
End Sub
+++++++++++++++ FIM DA SUBROTINA SENSOR+++++++++++++
```

Para a ordem de compra e venda, a programação a seguir obedece às regras iniciais, basea-das no sinal maior do que 0,5 ou menor que 0,5.

```
Sub ordem()
Dim linha As Integer
linha = ActiveCell.Row
'começa da linha 7 porque depende do SMI que só começa nessa linha
If linha > 6 Then
    'se SMI > 0.5 manda vendr
    If Cells(linha, 8) > 0.5 Then
    Cells(linha, 10) = "V"
    Cells(linha, 10).Font.Color = vbRed
    Cells(linha, 10).Font.Bold = True
    Cells(linha, 10).HorizontalAlignment = xlCenter

    'se SMI < 0.5 manda comprar
    Else
    Cells(linha, 10) = "C"
    Cells(linha, 10).Font.ColorIndex = 10
    Cells(linha, 10).Font.Bold = True
    Cells(linha, 10).HorizontalAlignment = xlCenter
    End If
End If
End Sub
+++++++++++++++ FIM DA SUBROTINA+++++++++++++++++++++
```

Com as metodologias básicas dos capítulos iniciais deste livro, é possível implementar cada botão para criar um *UserForm* para diferentes propósitos. Não é difícil, pois a programação e o resultado tornam o cálculo das ferramentas da análise técnica bem interessante.

9.4 Avaliação de casos: algoritmos contemporâneos

9.4.1 Caso 1: Fronteira eficiente

Imagine que você foi procurado para uma consultoria em fronteira eficiente para uma empresa de porte médio. A empresa, no entanto, está com uma versão antiga do Excel e não possui várias ferramentas estatísticas, entre elas a que calcula a correlação entre dados e a covariância. O dono também não quer mais produtos da Microsoft e garante que a empresa funciona muito bem com a versão que possui. Logo, será necessário programar todas as ferramentas necessárias para a fronteira eficiente. O dono quer análises apenas para dois ativos A e B e apresentou como exemplo os seguintes ativos que ele acompanha de perto em seus investimentos:

Tabela 9.1

ATIVO – A (PREÇOS)	ATIVO – B (PREÇOS)
4	1
5	5
6	10
5	4
5	11
6	7
7	8
8	3
4	1
3	5
5	7

a) **Passo 1**

Desenvolver todo o programa em VBA-Excel usando a maneira mais simples de cálculo de fronteira eficiente baseada na fórmula de retorno e risco:

$$R_p = P_A \mu_A + P_B \mu_B$$

$$\sigma_p = \sqrt{P_A^2 \sigma_A^2 + P_B^2 \sigma_B^2 + 2 P_A P_B \rho_{AB} \sigma_A \sigma_B}$$

R_p é o retorno do portfólio; σ_P, o risco da carteira; e μ_A e μ_B são os retornos separados de cada ativo A e B.

b) **Passo 2**

Desenvolver usando como pesos da carteira PA e PB, na forma de matrizes, linhas e matrizes transpostas de forma a obter o risco de acordo com a fórmula matricial:

$$P = (PA \quad PB) \qquad p^T = \begin{bmatrix} PA \\ PB \end{bmatrix}$$

$$risco = \sqrt{P \times \Omega \times P^T}$$

sendo Ω a matriz de covariâncias:

$$\Omega = \begin{bmatrix} \sigma_1^2 & \rho \sigma_1 \sigma_2 \\ \rho \sigma_1 \sigma_2 & \sigma_2^2 \end{bmatrix}$$

Explicação

a) **Passo 1**

A noção de fronteira eficiente é bastante conhecida dos cursos de administração e economia. O autor Markowitz ficou conhecido pelo artigo *Portfolio Selection* no *Journal of Finance* (MARKOWITZ, 1952).

Sendo P_A o peso do investimento no ativo A e P_B o peso do investimento no ativo B, a primeira relação que se tem é que a soma total desses pesos é 100%, ou seja:

$$P_A + P_B = 1$$

O retorno da carteira é a média dos investimentos distribuídos entre os ativos, dados pela fórmula:

$$R_p = P_A \mu_A + P_B \mu_B$$

com μ_A e μ_B sendo os retornos de cada ativo A e B. A relação entre risco e retorno depende da correlação entre os ativos representada pelo terceiro termo da fórmula:

$$\sigma_p = \sqrt{P_A^2 \sigma_A^2 + P_B^2 \sigma_B^2 + 2 P_A P_B \rho_{AB} \sigma_A \sigma_B}$$

Quando a correlação entre os ativos é muito baixa ou próximo de ser nulo, a fórmula anterior se reduz a:

$$\sigma_p = \sqrt{P_A^2 \sigma_A^2 + P_B^2 \sigma_B^2}$$

que pode ser representada pela Figura 9.24:

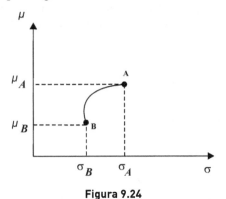

Figura 9.24

Antes do cálculo da fronteira eficiente, a planilha deve ser preparada para calcular os retornos médios de cada ativo μ_A e μ_B. Para isso, o programa deve calcular as diferenças relativas dia a dia dos ativos, a serem colocados em colunas separadas, como apresenta a Tabela 9.2.

Tabela 9.2

ATIVO A (PREÇOS)	DIFERENÇAS RELATIVAS (/100)	ATIVO B (PREÇOS)	DIFERENÇAS RELATIVAS (/100)
4		1	
5	0,25	5	4
6	0,20	10	1
5	–0,16	4	–0,6
5	0	11	1,75
6	0,20	7	–0,27
7	0,16	8	0,125
8	0,14	3	–0,66
4	–0,50	1	–0,66
3	–0,25	5	4
5	0,66	7	0,4

O programa deve calcular a média dos retornos de cada ativo nas colunas nomeadas como diferenças relativas. Para esse caso, as médias seriam $\mu_A = 0{,}07$ (7%) e $\mu_B = 0{,}9$ (90%). Com esses dados, o programa calcula os riscos de A e B, que se encontram por uma programação simples do desvio-padrão de cada coluna das diferenças relativas. Para os ativos do caso, $\sigma_A = 0{,}31$ (31%) e $\sigma_B = 1{,}8$ (180%). O programa para essa parte dos cálculos fica como mostrado a seguir.

```
Public xx(15) As Single
Public yy(15) As Single

Sub front_ef()

Dim i As Integer
Dim x As Single
Dim mediaA As Single
Dim mediaB As Single
Dim ro As Single
Dim desvA As Single
Dim desvB As Single
somax = 0
somay = 0
For i = 3 To 12
Cells(i - 1, 2) = (Cells(i, 1) - Cells(i - 1, 1)) / Cells(i - 1, 1)
Cells(i - 1, 4) = (Cells(i, 3) - Cells(i - 1, 3)) / Cells(i - 1, 3)
Next i

For i = 2 To 12
xx(i - 1) = Cells(i, 2)
yy(i - 1) = Cells(i, 4)
somax = somax + xx(i - 1)
somay = somay + yy(i - 1)
Next i

mediaA = somax / 10
mediaB = somay / 10

somax = 0
somay = 0

For i = 1 To 10
somax = somax + (xx(i) - mediaA) ^ 2
somay = somay + (yy(i) - mediaB) ^ 2
Next i

desvA = Sqr(somax / 10)
desvB = Sqr(somay / 10)
ro = rho
```

A variável *ro* da última linha é uma *Function* para calcular a correlação entre os dois ativos, que tem como base a fórmula estatística:

$$\rho_{AB} = \frac{\sum_{i=1}^{n} a_i b_i - \left[\sum_{i=1}^{n} a_i \right] \times \left[\sum_{i=1}^{n} b_i \right]}{\sqrt{n \sum_{i=1}^{n} a_i^2 - \left[\sum_{i=1}^{n} a_i \right]^2} \times \sqrt{n \sum_{i=1}^{n} b_i^2 - \left[\sum_{i=1}^{n} b_i \right]^2}}$$

A programação dessa fórmula fica fora do programa principal dentro da *Function* chamada *rho( )*, mostrada a seguir.

CAPÍTULO 9 | Antecipação do futuro das estratégias do mercado **345**

```
Function rho()
Dim sa As Single
Dim sb As Single
Dim sab As Single
Dim sa2 As Single
Dim sb2 As Single
For i = 1 To 10
sa = sa + xx(i)
sb = sb + yy(i)
sab = sab + xx(i) * yy(i)
sa2 = sa2 + xx(i) ^ 2
sb2 = sb2 + yy(i) ^ 2
Next i
rho = (10 * sab - sa * sb) / (Sqr(10 * sa2 - sa ^ 2) * Sqr(10 * sb2 - sb ^ 2))

End Function
```

O número 10 multiplicando a fórmula representa o número de dias que os ativos tiveram de histórico para a análise da carteira. Foram 11 dias de observação, mas apenas dez dias com diferenças relativas. Por isso, $n = 10$, colocado na *Function* do VBA.

Por fim, o complemento do programa é a substituição de vários pesos na carteira, junto com o cálculo do retorno médio e do risco para cada peso A e B diferentes. Como:

$$P_A + P_B = 1$$

Basta a variação de apenas um deles, por exemplo, P_A, pois para P_B o cálculo é automático com:

$$P_B = 1 - P_A$$

No programa, x será o peso do ativo A e y o peso do ativo B. Quanto mais refinada a variação do peso P_A, melhor será o gráfico da fronteira. Nesse caso, utilizou-se uma variação de 0,1 (10%) para P_A, representado a seguir por x, variando dentro do comando *For*. A coluna 6, correspondente à coluna F da planilha receberá o retorno e a coluna G, o risco. Com essas duas colunas, o processo termina com a execução do gráfico. O eixo das abscissas será o retorno financeiro e o eixo das ordenadas será o risco financeiro.

```
i = 1
For x = 0 To 1 Step 0.1
y = 1 - x
Cells(i, 5) = x
Cells(i, 6) = x * mediaA + y * mediaB
Cells(i, 7) = Sqr(x ^ 2 * desvA ^ 2 + y ^ 2 * desvB ^ 2 + 2 * x * y * ro * desvA * desvB)
i = i + 1
Next x

End Sub
```

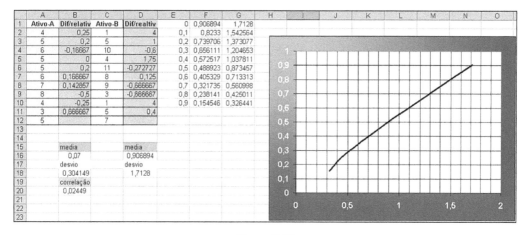

Figura 9.25

b) **Passo 2**

Metade do programa já foi feito no Passo 1, então, para este, o que se deve fazer é transformar o problema anterior em matriz. Isso porque de qualquer forma os retornos e riscos isolados de cada ativo devem ser calculados do mesmo modo.

As noções de matrizes e vetores devem ser revisadas para a programação correta desse passo da macro. Na programação, como visto nos capítulos de programação básica, vetores significam variáveis indexadas unidimensionais. Para as matrizes, a nomenclatura computacional muda para variáveis indexadas bidimensionais. O programa nessa fase fica como apresentado a seguir. Na verdade, trata-se da mesma programação do Passo 1 do caso, agora apenas acoplada ao Passo 2 de forma mais completa.

```
Sub front_ef_matriz()
Dim P(2, 2) As Single
Dim Pt(2, 2) As Single
Dim Cov(2, 2) As Single
Dim C(2, 2) As Single
Dim i As Integer
Dim x As Single
Dim mediaA As Single
Dim mediaB As Single
Dim desvA As Single
Dim desvB As Single
somax = 0
somay = 0
For i = 3 To 12
Cells(i - 1, 2) = (Cells(i, 1) - Cells(i - 1, 1)) / Cells(i - 1, 1)
Cells(i - 1, 4) = (Cells(i, 3) - Cells(i - 1, 3)) / Cells(i - 1, 3)
Next i

For i = 2 To 12
xx(i - 1) = Cells(i, 2)
yy(i - 1) = Cells(i, 4)
somax = somax + xx(i - 1)
somay = somay + yy(i - 1)
Next i

mediaA = somax / 10
mediaB = somay / 10
```

```
somax = 0
somay = 0

For i = 1 To 10
somax = somax + (xx(i) - mediaA) ^ 2
somay = somay + (yy(i) - mediaB) ^ 2
Next i


desvA = Sqr(somax / 10)
desvB = Sqr(somay / 10)
ro = rho
```

Calculados os retornos e riscos isolados, eles são colocados em matrizes de risco e retorno. A matriz de covariâncias é:

$$\Omega = \begin{bmatrix} \sigma_1^2 & \rho\sigma_1\sigma_2 \\ \rho\sigma_1\sigma_2 & \sigma_2^2 \end{bmatrix}$$

Ela foi chamada no programa como *Cov* e terá dimensão 2×2. Para o cálculo do risco, os algoritmos do produto de matrizes e da transposta, apresentados nos capítulos de programação básica, devem ser usados e o resultado colocado na fórmula do risco:

$$risco = \sqrt{P \times \Omega \times P^T}$$

O programa completo fica terminado como mostrado a seguir.

```
Cells(16, 2) = mediaA
Cells(16, 4) = mediaB
Cells(18, 2) = desvA
Cells(18, 4) = desvB
Cells(20, 2) = ro

Cov(1, 1) = desvA ^ 2
Cov(2, 2) = desvB ^ 2
Cov(1, 2) = ro * desvA * desvB
Cov(2, 1) = Cov(1, 2)

i = 1
For x = 0 To 1 Step 0.1
y = 1 - x
P(1, 1) = x
P(1, 2) = y
Pt(1, 1) = P(1, 1)
Pt(2, 1) = P(1, 2)
Cells(i, 5) = P(1, 1)
Cells(i, 6) = P(1, 1) * mediaA + P(1, 2) * mediaB
For k = 1 To 1
    For m = 1 To 2
    soma = 0
    For h = 1 To 2
    soma = soma + P(k, h) * Cov(h, m)
    Next h
    C(k, m) = soma
    Next m
Next k

risco = 0

For k = 1 To 2
```

348 Mercado Financeiro

```
    risco = risco + C(1, k) * Pt(k, 1)
Next k

Cells(i, 7) = Sqr(risco)
i = i + 1
Next x

End Sub
```

9.4.2 Caso 2: Logística ótima empresarial

Uma grande empresa do setor de distribuição de produtos não perecíveis deseja traçar uma estratégia de logística ótima para atender diversas cidades do estado. A estratégia das rotas dos veículos deve ser tal que ao final a empresa deseja ter o menor custo possível. As cidades, os caminhos e os custos são representados pelo grafo (esquema de ciclos) da Figura 9.26.

Usar a programação dinâmica de Bellman para criar os caminhos e os custos ótimos dessa rede de logística.

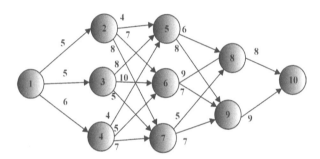

Figura 9.26

Richard Bellman criou o que ele originalmente chamou de programação dinâmica em 1940, método de otimização para a busca de soluções ótimas em sistemas dinâmicos. Ele se baseia no princípio da otimalidade de Bellman, remodelado para uso em logística e bastante utilizado na área de programação linear – um ramo da matemática para otimização de sistemas que possuem restrições lineares. Uma grande aplicação nos dias de hoje é no campo da logística, sobretudo em redes que usam GPS para localização instantânea de seus veículos.

Supõe-se que em um caminho a-b-c a primeira decisão ótima resulte no segmento a-b com custo a ser denominado J_{ab} e as decisões b-c com custo J_{bc}.

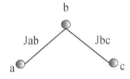

Figura 9.27

O custo mínimo total do percurso J_{ac}^* de a-c será a soma dos custos intermediários:

$$J_{ac}^* = J_{ab} + J_{bc}$$

9.4.2.1 Princípio da otimalidade
Caminhos ótimos possuem subcaminhos ótimos. Se a-b-c é caminho ótimo de a-c, então b-c é o ótimo de b-c.

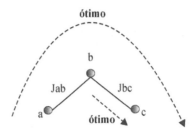

Figura 9.28

A estratégia para a tomada de decisão é calcular os ótimos do ponto final para o ponto inicial, um processo de trás para frente.

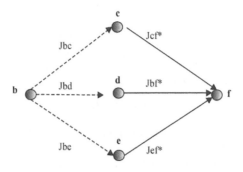

Figura 9.29

Nomeando os custos de cada caminho a ser tomado a partir de b como C_{bcf}, C_{bdf} e C_{bef}, em que os símbolos de estrelas significam custos ótimos, a trajetória ótima global é obtida por aquela que levará ao menor custo dentre todas as trajetórias. Ou seja, primeiramente se calculam os custos da forma:

$$\begin{cases} C_{bcf}^* = J_{bc} + J_{cf}^* \\ C_{bdf}^* = J_{bd} + J_{df}^* \\ C_{bef}^* = J_{be} + J_{ef}^* \end{cases}$$

E depois se encontra o custo mínimo global como:

$$Custo\_Otimo\_Global = Min\{C_{bcf}^*, C_{bdf}^*, C_{bef}^*\}$$

O que a programação dinâmica faz é dividir os caminhos em fases. Nesse caso, quatro fases são necessárias para a resolução completa da otimização, chamadas de $n = 1, n = 2, n = 3$ e $n = 4$. Duas variáveis são necessárias para a representação do problema. A variável s vai rotular o número do local e a variável x servirá para indicar qual caminho deve ser seguido a partir de s. A função f^* calcula o custo de cada caminho intermediário e, quando possuir $*$, indicará o custo ótimo a partir de s.

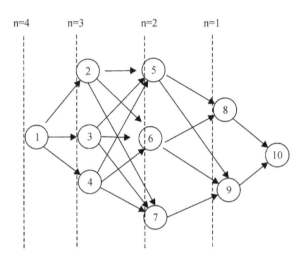

Figura 9.30

Para $n = 1$

$$f_1(s, x_1) = d_{sx_1}$$

s	x_1(próximo)	$f_1^*(s)$	x_1^*
8	10	8	10
9	10	9	10

$$f_1^*(s) = Min\, f_1(s, x_1)$$

Para $n = 2$

$$f_2(s, x_2) = d_{sx_2} f_1^*(x_2)$$

s	x_2 (próximo) 8	9	$f_2^*(s)$	x_2^*
5	6 + 8 = 14	8 + 9 = 17	14	8
6	9 + 8 = 17	7 + 9 = 16	16	9
7	5 + 8 = 13	7 + 9 = 16	13	8

$$f_2^*(s) = Min\, f_2(s, x_2)$$

Para $n = 3$

$$f_3(s, x_3) = d_{sx_3} f_2^*(x_3)$$

s	x_3 (próximo) 5	6	7	$f_3^*(s)$	x_3^*
2	4 + 14 = 18	7 + 16 = 23	8 + 13 = 21	18	5
3	8 + 14 = 22	10 + 16 = 26	5 + 13 = 18	18	7
4	4 + 14 = 18	5 + 16 = 21	7 + 13 = 20	18	5

$$f_3^*(s) = Min\, f_3(s, x_3)$$

Para $n = 4$

$$f_4(s, x_4) = d_{sx_4} f_2^*(x_4)$$

s	x_4 (próximo) 2	3	4	$f_4^*(s)$	x_4^*
1	5 + 18 = 23	5 + 18 = 23	6 + 18 = 24	23	2 e 3

$$f_4^*(s) = Min\, f_4(s, x_4)$$

9.4.2.2 Estrutura para o algoritmo

Esse tipo de representação da programação dinâmica se chama estrutura de grafos (ciclos), em que os melhores nós são marcados, ou rotulados, para serem usados nos passos seguintes. O problema pode ser representado como uma matriz para ser manipulado por algoritmos programados em VBA.

Uma possível maneira de escrever esse programa é percorrer a matriz de trás para frente somando os custos por linha. Primeiramente, desce na linha enquanto a célula for nula. Então, ao encontrar a primeira linha não nula, percorre as colunas anteriores até encontrar a coluna com zero na mesma linha.

Para a próxima busca por coluna, o algoritmo deve começar dessa última coluna para trás.

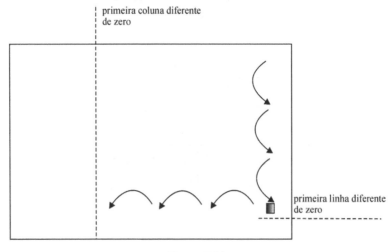

Figura 9.31

A matriz a ser criada poderia ter o seguinte formato:

Tabela 9.3

	ESTADO INICIAL	2	3	4	5	6	7	8	9	10
1	0	5	5	6	0	0	0	0	0	0
2	0	0	0	0	4	7	8	0	0	0
3	0	0	0	0	8	10	5	0	0	0
4	0	0	0	0	4	5	7	0	0	0
5	0	0	0	0	0	0	0	6	8	0
6	0	0	0	0	0	0	0	9	7	0
7	0	0	0	0	0	0	0	5	7	0
8	0	0	0	0	0	0	0	0	0	8
9	0	0	0	0	0	0	0	0	0	9

Por exemplo, f, que é considerado custo, representa os rótulos das linhas e x, que representa os próximos estados, serão as colunas, sendo d os custos intermediários na mesma linha. Então, no início, de trás para frente:

$$f(9) = 9 \quad x(9) = 10$$

$$f(8) = 8 \quad x(8) = 10$$

Para a coluna 9, a primeira linha diferente de 0 é a 5:

$$d(1) = 8 + f(9) = 17 \quad d(2) = 6 + f(8) = 14$$

O mínimo nesse caso é 14 e o próximo ponto é 8, pois está na coluna em que o custo mínimo foi encontrado, ou:

$$f(5) = 14 \quad x(5) = 8$$

Em que se lê que, saindo do estado $5(x(5))$, deve-se ir até o estado 8 com um custo de 14. Na matriz, fica representado por:

Tabela 9.4

	ESTADO INICIAL	2	3	4	5	6	7	8	9	10
1	0	5	5	6	0	0	0	0	0	0
2	0	0	0	0	4	7	8	0	0	0
3	0	0	0	0	8	10	5	0	0	0
4	0	0	0	0	4	5	7	0	0	0
5	0	0	0	0	0	0	0	6	8	0
6	0	0	0	0	0	0	0	9	7	0
7	0	0	0	0	0	0	0	5	7	0
8	0	0	0	0	0	0	0	0	0	8
9	0	0	0	0	0	0	0	0	0	9

Na segunda linha diferente de 0, na linha 6, temos:

$$d(1) = 7 + f(9) = 16 \quad d(2) = 9 + f(8) = 17$$

O mínimo é 16 e ocorre na coluna 9 que será o próximo estado, ou seja:

$$f(6) = 16 \quad x(6) = 9$$

Repetindo os passos para todas as colunas e linhas, têm-se as duas colunas de valores de custos e estados:

Tabela 9.5

CUSTO	PRÓXIMO ESTADO
f(9) = 9	x(9) = 10
f(8) = 8	x(8) = 10
f(7) = 13	x(7) = 8
f(6) = 16	x(6) = 9
f(5) = 14	x(5) = 8
f(4) = 18	x(4) = 5
f(3) = 18	x(3) = 7
f(2) = 18	x(2) = 5
f(1) = 23	x(1) = 2 ou 3

E qual seria o caminho ótimo para quem estiver no estado 2? Percorrendo a coluna 2 da Tabela 9.5, o caminho ótimo será 2 - 5 - 8 - 10 com um custo mínimo de $f(2) = 18$. A planilha para esse problema pode ser criada de diversas maneiras. Uma delas é a seguinte:

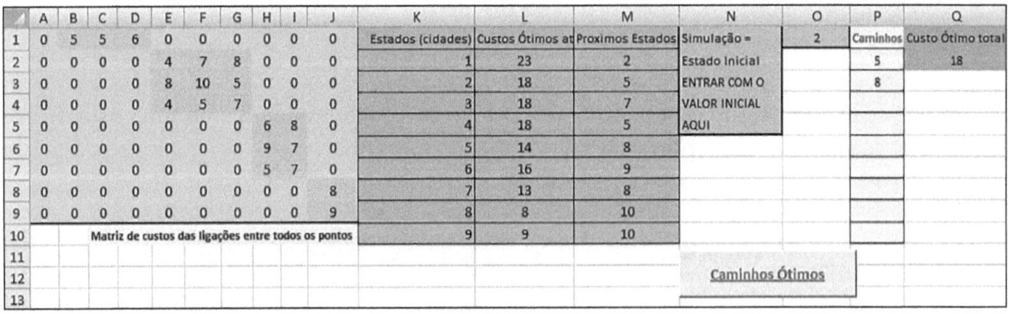

Figura 9.32

O programa VBA é feito com a utilização dos conceitos de vetores e matrizes. Os vetores vão armazenar os custos da matriz de todos os caminhos possíveis, enquanto o vetor $f(\ )$ armazena o custo total e o vetor $x(\ )$, as posições ótimas.

354 Mercado Financeiro

```vba
PROGRAMA VBA - PROGRAMAÇÃO DINÂMICA
Sub ProgDin()
Dim c(11, 11) As Single
Dim d(11) As Single
Dim x(11) As Single
Dim f(11) As Single
Dim estado(11) As Single
Dim estado_atual As Integer
Dim i As Integer
Dim j As Integer
Dim k As Integer
'------------------- LIMPA RESULTADOS ANTERIORES ----------------
For i = 2 To 10
    Cells(i, 16) = " "
    Next i
'------------------- leitura da matriz de custos -----------------
For i = 1 To 9
  For j = 1 To 10
   c(i, j) = Cells(i, j)
  Next j
Next i
'----------------------------------------------------------------
j = 10           ' última coluna da matriz de custos - estado final
'----------------------------------------------------------------
Do While j > 1
proxCol = j           '<------- enquanto as linhas forem zero salva a atual
'coluna
For i = 1 To 9
 If c(i, j) <> 0 Then

   If j = 10 Then
      f(i) = c(i, j) '<- na última coluna salva o próprio custo da matriz
      x(i) = j       '<------ na última coluna salva o próprio estado final
   Else
      k = j
      indMin = 0
 Do While c(i, k) <> 0 '<-- varre as colunas anteriores se o
                          custo da linha é zero
    indMin = indMin + 1
   d(indMin) = c(i, k) + f(k) '<-- vai somando os custos
                                 com os ótimos 'anteriores
  estado(indMin) = k     '<-- vai salvando os estados na mesma linha
     k = k - 1
  Loop
     proxCol = k + 1
   Min = d(1)            '<-- procura o menor valor da linha pois ele é o
'f(ótimo)
                For L = 1 To indMin
                   If d(L) <= Min Then
                   Min = d(L)
                   f(i) = Min      '<-- custo ótimo global até o fim
                   x(i) = estado(L) '<-- próximo estado a ser seguido
                                      para o ótimo
                   End If
                   Next L
             End If


      End If
  Next i
j = proxCol
```

```
    j = j - 1
    Loop
    For i = 1 To 9
      Cells(i + 1, 12) = f(i)
      Cells(i + 1, 13) = x(i)
    Next i
    '================= parte da simulação dos caminhos=================
    inicio = Cells(1, 15)                   '<-- usuário diz onde está
    estado_atual = x(inicio)
    custo_total = f(inicio)              '<-- o custo ótimo até o fim já
                                              está pronto
    Cells(2, 17) = custo_total
    fim = estado_atual
    i = 1
    Do While fim <> 0                       '<-- indica o caminho ótimo
        Cells(i + 1, 16) = estado_atual
        estado_atual = x(estado_atual)
        fim = 10 - estado_atual
        i = i + 1
    Loop
    End Sub
```

9.4.3 Caso 3: Algoritmo genético na otimização de custos do mercado

Um problema bastante recorrente na área de finanças é minimizar custos ou maximizar os lucros. O problema que as empresas enfrentam é o correto equacionamento das variáveis envolvidas e depois a identificação de cada parâmetro das fórmulas do lucro ou do custo. Alguns métodos de econometria são usados, mas em sua maioria dependem de uma representação linear ou mesmo que os dados sejam distribuídos de forma discreta no tempo. Essas aproximações, muitas vezes, inviabilizam as estimativas que fornecem valores muito diferentes dos dados reais. E, por isso, o poder de predição do mercado financeiro cai, podendo gerar grandes prejuízos. Com algoritmos evolutivos, como os conhecidos algoritmos genéticos, muitas vezes esses problemas podem ser resolvidos de maneiras mais simples.

Assim como organismos biológicos evoluem, algoritmos também evoluem com a ciência. Imagine que seja necessário encontrar o ponto de mínimo valor de uma função $f(x)$ que, por exemplo, pode ser uma formulação do custo de uma empresa. Para facilitar, queremos encontrar o valor mínimo de uma parábola. Sabemos como encontrar o ponto mínimo ou máximo da parábola. Sabemos também que o método de Newton-Raphson encontra essas raízes de forma numérica, mas que faz uso de funções e de derivadas. Mas, muitas vezes, a formulação do custo pode ter muitos mínimos e fica difícil pelos métodos tradicionais encontrar o melhor dos diversos mínimos possíveis.

Um algoritmo genético se baseia na regra biológica do DNA, com suas mutações e *crossing-over* para fazer uma célula se reproduzir e passar as informações necessárias. O ponto de partida desse algoritmo é a geração de uma população aleatória de números e avaliar a função com base nesses valores. Escolhem-se os *m* melhores pares de dados correspondentes a $(x, f(x))$ e são armazenados num banco de dados. Então, realiza-se a troca de alguns valores de x (*crossing-over*) e avaliam-se os valores novamente. Se um desses valores piorar, troca-se esse par do banco de dados por outro de fora. E, finalmente, altera-se o valor de x, multiplicando-o, por um fator aleatório (mutação) e avaliando a função novamente. Se o valor da função piorar, troca-se novamente por outro par de dados de fora do banco de dados.

O algoritmo para esses passos é:

a) **Partida:** gerar a população aleatória de n-cromossomos. Por exemplo, a Figura 9.33 mostra a criação de dois cromossomos. Cromossomo, nesse caso, seria *n* avaliações da função custo para números aleatórios em dois bancos de dados diferentes.

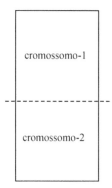

Figura 9.33

O cromossomo para o VBA são duas colunas de dados, uma formada por números aleatórios e outra formada pelos valores da função quando substituídos esses números aleatórios.

Os pares são sempre formados da mesma maneira para cada cromossomo, em que a primeira coluna será $x(i)$ e a segunda $f(x(i))$ para *i*, variando de 1 até o tamanho do cromossomo gerado.

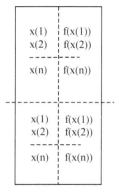

Figura 9.34

b) **Ajuste:** ordenam-se e selecionam-se os melhores pares de dados de cada cromossomo. Então, colocam-se no cromossomo-1 apenas os melhores entre os pares originais.

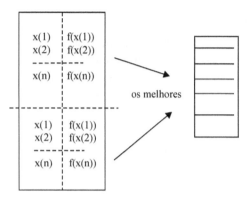

Figura 9.35

c) **Nova população:** uma nova geração é criada no cromossomo-2 para avaliar se algum par de dados possui resultado melhor do que os pares do cromossomo-1. A nova geração de valores deve respeitar as regras biológicas na geração dos dados:
   (i) Seleção natural aleatória: selecionar dois cromossomos parentes (cromossomo-1 e 2, por exemplo).
   (ii) *Crossing-over*: com uma probabilidade de cruzamentos, os pares de dados dos cromossomos parentes devem ser trocados de forma aleatória, mesmo que sejam piores entre si.
   (iii) Mutação: com a probabilidade de mutação, alterar um gene. Nesse caso, um gene é um par de dados $(x, f(x))$. Para alterar 1% do valor de x, basta multiplicá-lo por 1,01 e avaliar sua função. O par a ser escolhido será aleatório dentro do cromossomo-1.
   (iv) Aceite: tanto para o *crossing-over* quanto para a mutação, compara-se esse novo par de dados com todos do cromossomo-1. Se ele for melhor que qualquer um desses cromossomos, esse gene entra e o pior sai.

d) Repete-se o passo b.

e) **Critério de parada:** podem ser dois critérios. Um critério é a tolerância ao erro. Por exemplo, ao somar todos os valores do cromossomo-1 que está adquirindo apenas os melhores pares, quando a soma total for menor que um valor, o programa para. O outro critério pode ser a geração do número de cromossomos. Por exemplo, depois de 200 gerações, o programa para.

Como exemplo, imaginar a função custo como sendo de segundo grau $f(x) = x^2 - 5x + 6$. O ponto de mínimo dessa função é a soma das duas raízes 2 e 3 divididas por 2. O ponto de mínimo é 2,5 e seu valor de custo mínimo é –0,25. Será que o algoritmo genético consegue encontrar esse mínimo apenas mexendo com os dados como se fossem DNA?

Escolhendo um máximo de 100 gerações ou uma tolerância menor que 0,1 como critérios de parada, o programa encontrou como ponto mínimo 2,50034 e valor mínimo da função –0,249999. A tolerância ficou em 0,78, pois o critério de 100 gerações ocorreu primeiro, como pode ser visto na planilha da Figura 9.36.

	A	B	C	D	E
1	**Cromossomos**	**Função**		geração	tolerância
2	2,500346184	-0,249999881		99	0,789923
3	2,501801014	-0,249996752			
4	2,501966715	-0,249996126			
5	2,49681139	-0,249989837			
6	2,49115181	-0,249921709			
7	2,514445066	-0,249791339	Melhores		
8	2,485138655	-0,249779135			
9	2,517605305	-0,249690056			
10	2,524088621	-0,249419734			
11	2,474880219	-0,249368995			
12	0,381293356	4,238917828			
13	1,379073501	1,006476164			
14	2,183889866	-0,150074378			
15	1,687470675	0,410203904			
16	2,485138655	-0,249779135			
17	1,979402661	0,02102159			
18	1,397306681	0,965932548			
19	1,754007339	0,306505054			
20	0,915167391	2,261694431			
21	2,550400734	-0,247459769			

Figura 9.36

Pode-se reparar que dois cromossomos foram gerados, separando os dez melhores de toda população no cromossomo-1. O cromossomo-1 vai da linha 2 até a linha 11 da planilha, e o cromossomo-2 vai da linha 12 até a linha 21. O fator de mutação utilizado foi de 40%. Isso significa que um par de dados escolhido de forma aleatória sofre uma modificação de 40% de seu valor x, afetando, assim, o resultado na função $f(x)$. Da mesma forma, o fator de cruzamento (*crossing-over*) foi de 70%. Isso significa que gerado um número aleatório entre 0 e 1, multiplica-se esse número por 0,7 para a escolha da linha em que o primeiro gene (par de dados) sairá do cromossomo-1 e irá para o cromossomo-2. Da mesma forma, faz-se a escolha do par de dados do cromossomo-2 para o cromossomo-1. O algoritmo, então, reavalia todos os pares para ordenação, a escolha e a troca dos melhores resultados. O programa do algoritmo genético para a função de segundo grau é descrito a seguir.

```vba
PROGRAMA ALGORITMO GENÉTICO - VBA
Sub algGen()
Dim L(100, 3) As Single
Dim x(100, 3) As Single
Dim best(100, 3) As Single
Dim i As Integer
Dim j As Integer
NCros = 2
ninic = 0
nmax = 10
geracao = 1
Randomize
'==================== geração dos primeiros pares =========
    For i = 1 To nmax
        For j = 1 To 2
            best(i, j) = 1000
        Next j
    Next i
'=========================================================
tolerancia = 10000
Do While tolerancia > 0.1 And geracao < 100
'--------------------- geração inicial -----------------
    For i = 1 To nmax * NCros
        x(i, 1) = 3 * Rnd
        Cells(i + 1, 1) = x(i, 1)
        x(i, 2) = x(i, 1) ^ 2 - 5 * x(i, 1) + 6
        Cells(i + 1, 2) = x(i, 2)
    Next i
'----------------- seleção para mutação ---------------
        r1 = Abs(Rnd)
        f1 = Fix(r1 * (nmax * NCros)) + 1
'----------------- fator genético de alteração ------
        falt = 1.4
        x(f1, 1) = x(f1, 1) * falt
        x(f1, 2) = x(f1, 1) ^ 2 - 5 * x(f1, 1) + 6
'----------------- seleção para crossing-over -------
        rcr1 = Abs(0.7 * Rnd)
        fcr1 = Fix(rcr1 * (nmax * NCros)) + 1
        rcr2 = Abs(0.7 * Rnd)
        fcr2 = Fix(rcr2 * (nmax * NCros)) + 1
        troca = x(fcr1, 1)
        x(fcr1, 1) = x(fcr2, 1)
        x(fcr2, 1) = troca
        troca = x(fcr1, 2)
        x(fcr1, 2) = x(fcr2, 2)
        x(fcr2, 2) = troca
        x(fcr1, 2) = x(fcr1, 1) ^ 2 - 5 * x(fcr1, 1) + 6
        x(fcr2, 2) = x(fcr2, 1) ^ 2 - 5 * x(fcr2, 1) + 6

'----------------------- ordenação dos melhores -------------
  For i = 1 To nmax * NCros - 1
            If x(i, 2) > x(i + 1, 2) Then
                troca = x(i, 1)
                x(i, 1) = x(i + 1, 1)
                x(i + 1, 1) = troca

                troca = x(i, 2)
                x(i, 2) = x(i + 1, 2)
                x(i + 1, 2) = troca
                i = 0
            End If
```

360   Mercado Financeiro

```
    Next i
    '-------------------- comparação de todos com os nmax melhores ----
    For j = 1 To nmax
        For i = 1 To nmax
            If x(j, 2) <= best(i, 2) Then
                best(i, 1) = x(j, 1)
                best(i, 2) = x(j, 2)
                i = nmax
            End If
        Next i
    Next j
    tolerancia = 0
    '-------------------- cálculo da tolerância de parada ------------
    For j = 1 To nmax
        tolerancia = tolerancia + best(j, 2) ^ 2
    Next j
    ' -------------------- impressão na planilha --------------------
    tolerancia = Sqr(tolerancia)
    Cells(1, 4) = "geração"
    Cells(2, 4) = geracao
    Cells(1, 5) = "tolerância"
    Cells(2, 5) = tolerancia
    For i = 1 To nmax
        For j = 1 To 2
            Cells(i + 1, j) = best(i, j)
            L(i, j) = best(i, j)
        Next j
    Next i
    geracao = geracao + 1
    Loop
    End Sub
    '+++++++++++++++++++++ FIM DO PROGRAMA ++++++++++++++++++++++++++++
```

Como todo algoritmo, o algoritmo genético tem vantagens e desvantagens. Uma desvantagem é a escolha correta do fator de mutação ou mesmo dos cruzamentos. Outra desvantagem é que o tempo para encontrar um valor ótimo pode ser longo. A grande vantagem é que dentro de certo limite de valores determinado pelo problema, o algoritmo pode encontrar o mínimo global da função.

9.4.4 Caso 4: Teste de estresse para fundos de investimentos (*Value at Risk* e Simulação de Monte Carlo)

Após a crise financeira mundial de 2008, as organizações financeiras mundiais e seus respectivos bancos centrais têm se preocupado com a possível queda em cascata de bancos e calotes de países. Um banco de investimento resolveu avaliar de perto o desempenho completo de seus gestores de fundos, fazendo o chamado teste de estresse sobre seus investimentos de risco. Os primeiros cinco meses de dados reais deram aos analistas uma curva que lembra o modelo da curva logística:

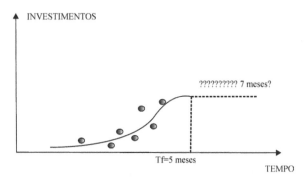

Figura 9.37

Cujo modelo que se ajustou perfeitamente aos dados foi:

$$\frac{ds}{dt} = rs\left[1 - \frac{s}{B}\right] - \frac{cs^2}{a^2 + s^2}$$

Sendo:

$r = 1,5$ (taxa de crescimento mensal)

$B = 200$ (montante esperado ao final do tempo de investimento)

$a = 10$ (novos clientes por mês)

$c = 1$ (perdas de clientes mensais)

$s(0) = 10$ (capital inicial dos investimentos)

O banco deseja criar um sistema de alertas de possíveis quebras de rendimentos, usando para isso a técnica do *Value at Risk* (VaR) e simulação de Monte Carlo. O que o banco deseja é fazer uma previsão de riscos embutidos nos investimentos com probabilidades de 1%, 5% e 10% de ocorrência. O banco deseja um alerta sempre que os investimentos caírem e atingirem um VaR de 10%.

9.4.4.1 Desenvolvimento

O primeiro passo é simular o modelo que o banco ajustou até o tempo final de cinco meses, usando método numérico de Euler com passo de integração de $h = 0,1$.

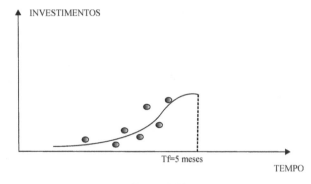

Figura 9.38

362   Mercado Financeiro

A integração numérica, nesse caso, utiliza o método de Euler, apresentado anteriormente, para mostrar a dinâmica do montante pertencente ao fundo em cinco meses. O programa em VBA, então, é:

```
Public r As Single
Public b As Single
Public c As Single
Public a As Single
Sub simula()
Dim i As Integer
Dim n As Integer
Dim s(0 To 100) As Single
Dim h As Single
Dim tf As Single
tf = 5
t = 0
h = 0.1
r = 1.5
b = 200
a = 10
c = 1
s(0) = 10
n = (tf - t) / h
Cells(1, 1) = t
Cells(1, 2) = s(0)
For i = 1 To n
    s(i) = s(i - 1) + h * f(s(i - 1))
    t = t + h
    Cells(i + 1, 1) = t
    Cells(i + 1, 2) = s(i)
Next i
End Sub
Function f(s As Single) As Single
f = r * s * (1 - s / b) - c * s ^ 2 / (a ^ 2 + s ^ 2)
End Function
```

As variáveis que serão repassadas para a *Function* são declaradas como públicas, evitando, assim, sobrecarregar a passagem por parâmetro na *Function*. O modelo da logística do banco de investimentos é colocado na *Function* para ser integrado e os valores são salvos na coluna B do Excel. O resultado é mostrado na Figura 9.39:

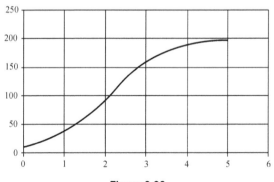

Figura 9.39

Após a simulação do modelo para corroborar com os dados adquiridos, entra-se na fase da simulação do método de Monte Carlo, começando $t = 5$ meses até $t = 7$ meses, adicionando ao modelo incertezas aleatórias com ω, e tendo distribuição uniforme no intervalo entre os valores [–100, 100]. O modelo fica, então, alterado para sua integração numérica da seguinte forma:

$$\frac{ds}{dt} = rs\left[1 - \frac{s}{B}\right] - \frac{cs^2}{a^2 + s^2} + \omega$$

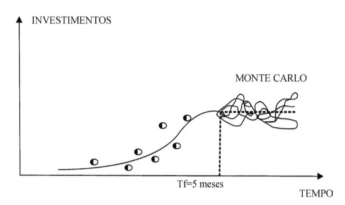

Figura 9.40

A simulação de Monte Carlo pode ser feita para gerar cinco colunas de realizações diferentes toda vez que o programa rodar. Em um caso mais real, as simulações devem ser até para mais dados. Para cada uma das realizações (simulação em cada coluna diferente), o retorno de cada passo h (calculado como $s(i) - s(i-1)$) deve ser colocado em outra coluna. No final, a planilha terá cinco colunas de simulação e outras cinco colunas com os cálculos dos retornos absolutos. O programa alterado para Monte Carlo fica sendo:

```
Public r As Single
Public b As Single
Public c As Single
Public a As Single
Sub simula()
Dim i As Integer
Dim n As Integer
Dim s(0 To 100) As Single
Dim h As Single
Dim tf As Single
Randomize
tf = 7
t = 5
h = 0.1
r = 1.5
b = 200
a = 10
c = 1
s(0) = Cells(51, 2)
n = (tf - t) / h
Cells(52, 1) = t
```

```
Cells(52, 2) = s(0)
k = 1
For j = 2 To 6
t = 5
Cells(52, 1) = t
Cells(52, j) = s(0)
For i = 1 To n
    s(i) = s(i - 1) + h * f(s(i - 1))
    t = t + h
    Cells(51 + i + 1, 1) = t
    Cells(51 + i + 1, j) = s(i)
Next i
Next j
End Sub
Function f(s As Single) As Single
Dim aleat As Single
aleat = -100 + 200 * Rnd
f = r * s * (1 - s / b) - c * s ^ 2 / (a ^ 2 + s ^ 2) + aleat
End Function
```

O programa sofre algumas alterações importantes para o processamento do método de Monte Carlo. Primeiramente, o tempo inicial não será mais nulo, pois já se passaram cinco meses de dados reais. Assim, o tempo inicial é 5 e o tempo final (t_f) é 7 meses. A condição inicial também não será mais 10, mas, sim, o valor final da simulação para os cinco meses.

A adição do ruído aleatório se faz necessária, mas ele deve ser distribuído de forma normal ou uniforme. Se a opção for distribuição de probabilidade uniforme, a geração é por meio da fórmula *início + (fim-início)*Rnd* mencionada anteriormente, em que o intervalo tem a forma [*início, fim*]. No programa, a fórmula surge na *Function* com o nome da variável *aleat*.

Por fim, as quatro colunas adicionadas à primeira são automatizadas por meio de um comando *For* com índice *j*. A célula inicial está na linha 52, pois foram gerados 51 pontos para os cinco primeiros meses $n = (5-0)/0,1$. O resultado para esse passo é mostrado na Figura 9.41.

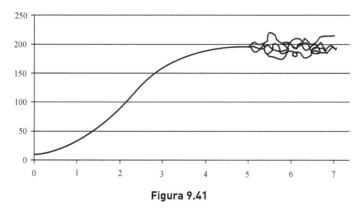

Figura 9.41

As colunas no Excel ficam representadas automaticamente para cada lote de simulações da seguinte forma:

52	5	197,3077	197,3077	197,3077	197,3077	197,3077
53	5,1	194,9733	190,3698	203,9897	205,0528	203,8926
54	5,2	194,2092	190,4673	204,6064	203,8808	207,4037
55	5,3	194,6465	196,5246	195,9882	200,5401	211,9393
56	5,4	186,1117	200,1155	197,7556	210,2507	213,7143
57	5,5	196,1077	192,87	200,7281	218,1125	206,7974
58	5,599999	199,4367	201,8161	191,4348	212,4078	208,2534
59	5,699999	201,4697	195,11	185,0141	207,5809	205,3742
60	5,799999	204,5004	187,934	185,4036	202,9322	211,2476
61	5,899999	200,2589	193,3692	189,9312	197,4528	217,073
62	5,999999	204,5062	200,2024	193,8422	206,4985	220,592
63	6,099999	206,0625	192,3364	203,3997	209,783	226,9304
64	6,199999	197,819	197,366	203,3712	204,2352	231,9413
65	6,299999	200,2584	188,2356	210,4599	202,5222	219,6143
66	6,399999	190,5371	193,9552	206,0341	196,8551	207,9107
67	6,499999	191,946	202,1687	204,3277	194,6057	199,4529
68	6,599998	189,6616	196,0603	213,0344	203,9857	208,8904
69	6,699998	194,7902	193,8133	215,2015	194,7474	199,8856
70	6,799998	186,8524	190,9403	215,1744	187,2056	203,627
71	6,899998	193,9699	191,3121	215,9231	197,5166	195,2386
72	6,999998	196,2415	191,8171	217,0742	191,3321	204,1779

Figura 9.42

Antes de calcular o *Value at Risk* (valor em risco), deve-se gerar para cada simulação o cálculo do retorno absoluto em outras colunas ou matriz. Cada nova coluna corresponderá à diferença entre o valor monetário no tempo simulado t em relação ao tempo $(t-1)$.

Então, no final de cada coluna de simulação, calcula-se o retorno médio ($\overline{r_1}$, $\overline{r_2}$ etc.). O desvio-padrão que representa a volatilidade simulada também deve ser calculado para cada coluna. Ou seja, cada uma das cinco colunas com os retornos terá duas linhas adicionais com a média dos retornos e o desvio-padrão desses retornos. No gráfico da Figura 9.43 os pares de dados (retornos, desvios) são representados ao final de cada simulação com os símbolos ($\overline{r_1}, \overline{\sigma_1}, ...$).

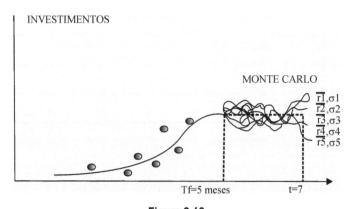

Figura 9.43

Na planilha, o resultado visual é:

	A	B	C	D	E	F	G	H	I	J	K	L
51	4,999998	197,3077	SIMULAÇÕES MONTE CARLO					RETORNOS				
52	5	197,3077	197,3077	197,3077	197,3077	197,3077						
53	5,1	192,9424	205,2828	191,6461	197,9515	200,9189		-4,365295	7,975112915	-5,66159	0,643799	3,611267
54	5,2	184,7243	198,9169	184,6155	204,4724	209,6622		-8,218048	-6,365905762	-7,03053	6,520905	8,743301
55	5,3	186,154	190,2073	181,6775	200,2813	206,9404		1,4296875	-8,709564209	-2,93805	-4,19112	-2,7218
56	5,4	185,1153	189,5579	188,4192	210,0734	202,8956		-1,038712	-0,649398804	6,741699	9,79213	-4,04486
57	5,5	194,6971	191,6651	183,7034	199,531	194,5865		9,5818329	2,107192993	-4,71574	-10,5424	-8,30911
58	5,599999	199,3806	194,7989	178,111	202,077	191,5501		4,6834717	3,133758545	-5,59247	2,54599	-3,03632
59	5,699999	194,3851	189,3452	181,2365	208,5082	192,5426		-4,995514	-5,453613281	3,125549	6,431152	0,992462
60	5,799999	185,3043	190,4728	177,8723	214,1735	184,1397		-9,08075	1,127548218	-3,36418	5,665329	-8,40288
61	5,899999	181,04	183,5725	173,0031	212,712	193,7061		-4,264359	-6,900253296	-4,86929	-1,46153	9,566376
62	5,999999	177,8031	191,1257	173,9199	205,0838	202,9368		-3,236862	7,553207397	0,91684	-7,62811	9,230682
63	6,099999	183,3959	191,0045	184,2342	196,5695	197,2123		5,5927429	-0,12121582	10,31429	-8,51439	-5,72446
64	6,199999	181,9392	197,784	177,968	188,6243	194,1966		-1,456619	6,779418945	-6,26619	-7,94514	-3,01575
65	6,299999	176,6566	196,2117	172,8698	199,0347	196,6113		-5,282623	-1,572235107	-5,09816	10,41035	2,414688
66	6,399999	172,1509	196,0119	182,8771	189,6847	190,8009		-4,505707	-0,199768066	10,00731	-9,34999	-5,81035
67	6,499999	167,0664	199,2543	184,6418	199,9114	191,8566		-5,084473	3,242370605	1,764664	10,22668	1,055695
68	6,599998	176,4158	199,9984	186,6184	192,5703	196,137		9,3493195	0,744033813	1,976563	-7,34105	4,280426
69	6,699998	184,8264	195,802	183,1523	192,4408	198,9038		8,4106445	-4,196350098	-3,46611	-0,1295	2,7668
70	6,799998	185,4392	198,1585	186,1077	199,1902	195,1522		0,612793	2,356460571	2,955414	6,749359	-3,75162
71	6,899998	189,801	191,7655	183,2559	192,1883	200,5696		4,3617706	-6,392929077	-2,85176	-7,00188	5,417419
72	6,999998	200,4024	192,0438	188,2867	189,8804	197,2269		10,60144	0,278244019	5,030807	-2,30788	-3,34279
73							média dos retornos=	0,1547371	-0,263194263	-0,45105	-0,37136	-0,00404
74							desvio padrão retornos=	6,4686422	7,801126003	10,83141	9,473104	5,633976

Figura 9.44

É interessante modificar o programa de forma a deixá-lo mais rápido, adicionando um vetor de médias e desvio-padrão para cada coluna de simulação de Monte Carlo. No trecho do programa a seguir, esses dois vetores receberam o nome de variáveis vetoriais, sendo *mediar(k)* e *desvior(k)*.

```
k = 1
For j = 2 To 6
t = 5
mediar(k) = 0
Cells(52, 1) = t
Cells(52, j) = s(0)
For i = 1 To n
    s(i) = s(i - 1) + h * f(s(i - 1))
    t = t + h
    Cells(51 + i + 1, 1) = t
    Cells(51 + i + 1, j) = s(i)
' ----- Calculo dos retornos diarios ----
    Cells(51 + i + 1, j + 6) = s(i) - s(i - 1)
    mediar(k) = mediar(k) + (s(i) - s(i - 1))
Next i
    Cells(51 + i + 1, j + 6) = mediar(k) / n
    k = k + 1
Next j
'------ calculo dos desvios padrões dos retornos------
k = 1
For j = 8 To 12
desvior(k) = 0
For i = 1 To n
    desvior(k) = desvior(k) + ((s(i) - s(i - 1)) - mediar(k)) ^ 2
Next i
    desvior(k) = Sqr(desvior(k) / (n - 1))
    Cells(52 + i + 1, j) = desvior(k)
    k = k + 1
Next j
```

CAPÍTULO 9 | Antecipação do futuro das estratégias do mercado **367**

9.4.4.2 Cálculo do *Value at Risk*

Uma hipótese amplamente utilizada para analisar os riscos é a de que as variações seguem a distribuição de probabilidade normal. A parte inferior da cauda à esquerda do retorno médio define a probabilidade de o valor normalizado dos retornos ser menor que um certo parâmetro α. Ou seja, verificar em probabilidade e estatística:

$$P\left[\frac{r_i - \bar{r}}{\sigma} \leq Z_{\alpha\%}\right] = \int_{-\infty}^{Z_\alpha} \frac{e^{-x^2/2}}{\sqrt{2\pi}}\,dx = \alpha\%$$

Sabe-se da tabela normal que para α = 1% o valor de Z = 2,33, para α = 5% o valor de Z = 1,65 e para 10% Z = 1,29. O desvio-padrão da simulação de Monte Carlo ou volatilidade deve ser a média de cada desvio-padrão encontrado para cada coluna dos retornos. Ou seja:

$$\sigma = \frac{\sigma_1 + \sigma_2 + \sigma_3 + \sigma_4 + \sigma_5}{5}$$

Logo, o *VaR* para cada uma das probabilidades é calculado como a área de risco ponderada pelo desvio-padrão médio dos retornos em termos de porcentagem:

$$VaR(\alpha\%) = \frac{-Z_\alpha \times \sigma}{100}$$

O sinal negativo representa o valor à esquerda da média, cujo significado vem de prejuízo ou perda para o investimento proposto. Para saber o valor monetário mais arriscado para α% de confiança, transforma-se o *VaR* em monetário com o produto do *VaR* pelo último dado real conhecido (o valor final dos cinco meses simulados antes).

$$VaR(\alpha\%) = \frac{-Z_\alpha \times \sigma \times s(t_f)}{100}$$

Por fim, para não deixar o *VaR* tendencioso em cada diferente simulação numérica, fixam-se os valores encontrados em uma das simulações. Essa fixação pode ser por comentário no programa usando apóstrofo (') ou mesmo uma *Function* que só é chamada para a primeira simulação. Um sinal de alerta com cores pode ser gerado sobre o dado de cada simulação quando o retorno simulado for inferior ao VaR(10%). O trecho do programa para gerar o alerta e o cálculo do VaR é apresentado na Figura 9.45. É preciso reparar que o comando *If* está dentro de dois comandos *For* para colunas e linhas já geradas para Monte Carlo, identificando que retornos foram piores do que o esperado para o risco desejado.

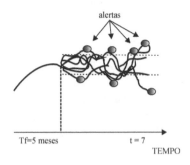

Figura 9.45

```
desvio_ret = 0

For i = 1 To 5
desvio_ret = desvio_ret + desvior(i)
Next i
desvio_ret = desvio_ret / 5
Cells(75, 8) = desvio_ret
Cells(76, 8) = -2.33 * desvio_ret / 100
Cells(76, 9) = "Var Monetário="
Cells(76, 10) = (-2.33 * desvio_ret / 100) * s(n)
Cells(77, 8) = -1.65 * desvio_ret / 100
Cells(77, 9) = "Var Monetário="
Cells(77, 10) = (-1.65 * desvio_ret / 100) * s(n)
Cells(78, 8) = -1.29 * desvio_ret / 100
Cells(78, 9) = "Var Monetário="
Cells(78, 10) = (-1.29 * desvio_ret / 100) * s(n)


' =============== ALERTA DE PERDAS EXTREMAS ==============
For i = 52 To 72
 For j = 2 To 6
 If Cells(i, j) - Cells(52, 2) < Cells(78, 10) Then
 Range(Cells(i, j), Cells(i, j)).Interior.Color = vbRed
 Else
 Range(Cells(i, j), Cells(i, j)).Interior.Color = vbYellow
 End If
Next j
Next i
```

A planilha final fica com as características da Figura 9.46, indicando ao usuário os valores e quando eles estiveram além do risco permitido pelo banco. Mais sinais do que os α% de riscos previstos indicam problemas estruturais no fundo, no banco ou mesmo nos débitos e empréstimos de países.

	A	B	C	D	E	F	G	H	I	J	K	L
49	4,8	196,549										
50	4,9	196,958										
51	5	197,308	SIMULAÇÕES MONTE CARLO					RETORNOS				
52	5	197,308	197,308	197,308	197,308	197,308						
53	5,1	192,942	205,283	191,646	197,951	200,919		-4,3653	7,975112915	-5,66159	0,6438	3,61127
54	5,2	184,724	198,917	184,616	204,472	209,662		-8,21805	-6,365905762	-7,03053	6,5209	8,7433
55	5,3	186,154	190,207	181,677	200,281	206,94		1,429688	-8,709564209	-2,93805	-4,19112	-2,7218
56	5,4	185,115	189,558	188,419	210,073	202,896		-1,03871	-0,649398804	6,7417	9,79213	-4,04486
57	5,5	194,697	191,665	183,703	199,531	194,586		9,581833	2,107192993	-4,71574	-10,5424	-8,30911
58	5,6	199,381	194,799	178,111	202,077	191,55		4,683472	3,133758545	-5,59247	2,54599	-3,03632
59	5,7	194,385	189,345	181,237	208,508	192,543		-4,99551	-5,453613281	3,12555	6,43115	0,99246
60	5,8	185,304	190,473	177,872	214,173	184,14		-9,08075	1,127548218	-3,36418	5,66533	-8,40288
61	5,9	181,04	183,573	173,003	212,712	193,706		-4,26436	-6,900253296	-4,86929	-1,46153	9,56638
62	6	177,803	191,126	173,92	205,084	202,937		-3,23686	7,553207397	0,91684	-7,62811	9,23068
63	6,1	183,396	191,005	184,234	196,569	197,212		5,592743	-0,12121582	10,3143	-8,51439	-5,72446
64	6,2	181,939	197,784	177,968	188,624	194,197		-1,45662	6,779418945	-6,26619	-7,94514	-3,01575
65	6,3	176,657	196,212	172,87	199,035	196,611		-5,28262	-1,572235107	-5,09816	10,4104	2,41469
66	6,4	172,151	196,012	182,877	189,685	190,801		-4,50571	-0,199768066	10,0073	-9,34999	-5,81035
67	6,5	167,066	199,254	184,642	199,911	191,857		-5,08447	3,242370605	1,76466	10,2267	1,05569
68	6,6	176,416	199,998	186,618	192,57	196,137		9,349319	0,744033813	1,97656	-7,34105	4,28043
69	6,7	184,826	195,802	183,152	192,441	198,904		8,410645	-4,196350098	-3,46611	-0,1295	2,7668
70	6,8	185,439	198,158	186,108	199,19	195,152		0,612793	2,356460571	2,95541	6,74936	-3,75162
71	6,9	189,801	191,766	183,256	192,188	200,57		4,361771	-6,392929077	-2,85176	-7,00188	5,41742
72	7	200,402	192,044	188,287	189,88	197,227		10,60144	0,278244019	5,03081	-2,30788	-3,34279
73							média dos retornos=	0,154737	-0,263194263	-0,45145	-0,37136	-0,00404
74							desvio padrão retornos	6,468642	7,801126003	10,8314	9,4731	5,63398
75							desvio padrão médio=	8,041651				
76							VaR(1%) =	-18,74%	Var Monetário=	-36,9545		
77							VaR(5%)=	-13,27%	Var Monetário=	-26,1695		
78							VaR(10%)=	-10,37%	Var Monetário=	-20,4598		

Figura 9.46

O programa completo finalizado fica conforme a descrição a seguir.

```
Public r As Single
Public b As Single
Public c As Single
Public a As Single
Sub simula()
Dim i As Integer
Dim n As Integer
Dim s(0 To 100) As Single
Dim mediar(0 To 10) As Single
Dim desvior(0 To 10) As Single
Dim h As Single
Dim tf As Single
Randomize
tf = 7
t = 5
h = 0.1
r = 1.5
b = 200
a = 10
c = 1
s(0) = Cells(51, 2)
n = (tf - t) / h
Cells(52, 1) = t
Cells(52, 2) = s(0)
k = 1
For j = 2 To 6
t = 5
mediar(k) = 0
Cells(52, 1) = t
Cells(52, j) = s(0)
For i = 1 To n
 s(i) = s(i - 1) + h * f(s(i - 1))
 t = t + h
 Cells(51 + i + 1, 1) = t
 Cells(51 + i + 1, j) = s(i)
' ----- cálculo dos retornos diários ----
 Cells(51 + i + 1, j + 6) = s(i) - s(i - 1)
 mediar(k) = mediar(k) + (s(i) - s(i - 1))
Next i
 Cells(51 + i + 1, j + 6) = mediar(k) / n
 k = k + 1
Next j
'------ cálculo dos desvios padrões dos retornos------
k = 1
For j = 8 To 12
desvior(k) = 0
For i = 1 To n
 desvior(k) = desvior(k) + ((s(i) - s(i - 1)) - mediar(k)) ^ 2
Next i
 desvior(k) = Sqr(desvior(k) / (n - 1))
 Cells(52 + i + 1, j) = desvior(k)
 k = k + 1
Next j
desvio_ret = 0
For i = 1 To 5
desvio_ret = desvio_ret + desvior(i)
Next i
desvio_ret = desvio_ret / 5
```

```vba
Cells(75, 8) = desvio_ret
Cells(76, 8) = -2.33 * desvio_ret / 100
Cells(76, 9) = "Var Monetário="
Cells(76, 10) = (-2.33 * desvio_ret / 100) * s(n)
Cells(77, 8) = -1.65 * desvio_ret / 100
Cells(77, 9) = "Var Monetário="
Cells(77, 10) = (-1.65 * desvio_ret / 100) * s(n)
Cells(78, 8) = -1.29 * desvio_ret / 100
Cells(78, 9) = "Var Monetário="
Cells(78, 10) = (-1.29 * desvio_ret / 100) * s(n)
' =============== ALERTA DE PERDAS EXTREMAS ==============
For i = 52 To 72
 For j = 2 To 6
 If Cells(i, j) - Cells(52, 2) < Cells(78, 10) Then
 Range(Cells(i, j), Cells(i, j)).Interior.Color = vbRed
 Else
 Range(Cells(i, j), Cells(i, j)).Interior.Color = vbYellow
 End If
Next j
Next i
End Sub
Function f(s As Single) As Single
Dim aleat As Single
aleat = -100 + 200 * Rnd
f = r * s * (1 - s / b) - c * s ^ 2 / (a ^ 2 + s ^ 2) + aleat
End Function
```

CAPÍTULO 10

AUTOMAÇÃO DE ESTATÍSTICAS

O começo de todas as ciências é o espanto das coisas serem o que são.
— Aristóteles

10.1 Densidade de frequência

A caracterização de dados pode ser elaborada de diversas maneiras como forma de entendimento de um evento. Podemos observar os dados como evoluírem no tempo para tentar inferir padrões de comportamento e projetar acontecimentos futuros. Por exemplo, em 2007, o comportamento do Ibovespa está descrito na Figura 10.1.

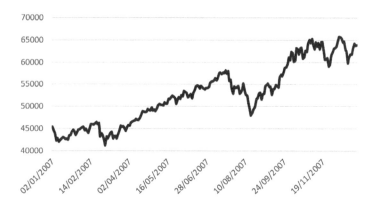

Figura 10.1 Ibovespa em pontos (2007)

Como visto em capítulos anteriores, diversas ferramentas de tendências, estimativas de risco, análise de espectro, enfim, um conjunto enorme de técnicas pode ser utilizado para descrever o comportamento do índice.

A estatística apresenta outras maneiras de inferir ou descobrir padrões de comportamentos. Para o mercado financeiro, sobretudo o mercado de ações, é bastante utilizada a análise de histogramas de frequência. No entanto, ao contrário do Ibovespa ou qualquer ativo analisado no tempo, analistas preferem visualizar e tentar inferir o comportamento no que se refere aos retornos dos ativos.

	A	B
1	data	Ibovespa
2	02/01/2007	45382
3	03/01/2007	44445
4	04/01/2007	44019
5	05/01/2007	42245
6	08/01/2007	42829
7	09/01/2007	42006
8	10/01/2007	42335
9	11/01/2007	42670
10	12/01/2007	43094
11	15/01/2007	42919
12	16/01/2007	42624
13	17/01/2007	42735
14	18/01/2007	42477
15	19/01/2007	43427

Figura 10.2

Nesse caso, se tivermos, por exemplo, os dados do Ibovespa (2007) ou preços de uma ação numa planilha do Excel como a da Figura 10.2, o retorno diário do Ibovespa é calculado como a diferença de índices entre dois dias seguidos dividida pelo índice do dia anterior, ou:

$$ret = \frac{Preço(hoje) - Preço(ontem)}{Preço(ontem)}$$

Ou em termos da planilha,

	A	B	C
1	data	Ibovespa	Retorno
2	02/01/2007	45382	
3	03/01/2007	44445	=(B3-B2)/B2

Figura 10.3

Para o ano de 2007, os retornos diários são transformados em porcentagem, descrevendo ganhos ou perdas. O gráfico do comportamento dos retornos pode ser observado na Figura 10.4, em que se observa o nervosismo das operações e que o "sobe e desce" não é regular, muito menos previsível. Em alguns estudos, esse padrão é sempre comparado com gráficos sismológicos de terremotos, com fortes oscilações próximos de uma grande alta, ou quedas abruptas chamadas de *crashes*.

Uma abordagem para analisar esse comportamento é tentar tratar as oscilações do ponto de vista de densidade ou distribuição de probabilidade. Uma distribuição amplamente utilizada por analistas é a distribuição normal.

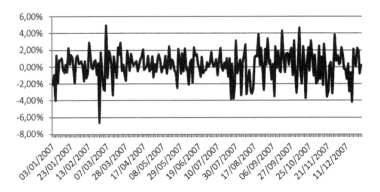

Figura 10.4 Retornos diários do Ibovespa em porcentagem (2007)

A estratégia é descobrir como se dispõem os dados dos retornos em termos de histograma e, uma vez caracterizados esses intervalos, buscar o melhor ajuste possível da distribuição normal. A Figura 10.5 mostra um hipotético histograma com o ajuste da distribuição de probabilidade. Os dois pontos marcados na distribuição normal são pontos que representam o desvio-padrão, com o valor negativo abaixo de 0 sendo um limitante abaixo da média e o valor positivo, um limitante acima da média. A Figura 10.5 seria o caso onde se tem média 0.

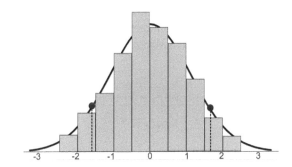

Figura 10.5 Ajuste da distribuição normal ao histograma

Para a construção do histograma e consequente adaptação da distribuição normal, primeiro deve-se construir uma tabela no Excel, usando as células para a criação das classes de dados. Essa tabela recebe o nome de Tabela de classes, formada pelos intervalos dos retornos, pela frequência absoluta, frequência relativa, frequência acumulada, amplitude e densidade. É com os valores da densidade que o histograma deverá ser feito.

	A	B	C	D	E	F	G
1	Total de dados	236					
2	Limite Inferior	Limite Superior	Freq. Absoluta	Freq. Acumulada	Freq. Relativa	Amplitude	Densidade
3	-0,067	-0,03	14	14	5,93%	0,04	1,59
4	-0,03	-0,02	11	25	4,66%	0,01	4,66
5	-0,02	-0,01	20	45	8,47%	0,01	8,47
6	-0,01	0,01	119	164	50,42%	0,02	25,21
7	0,01	0,02	41	205	17,37%	0,01	17,37
8	0,02	0,03	22	227	9,32%	0,01	9,32
9	0,03	0,04	6	233	2,54%	0,01	2,54
10	0,04	0,045	1	234	0,42%	0,01	0,85
11	0,045	0,050	2	236	0,85%	0,00	1,88
12			236		100,00%		
13							
14							
15							
16							
17							
18							
19							
20							

Planilha1 | Dados | Gráfico | Normal | (+)

Figura 10.6 Tabela de classes para os retornos diários do Ibovespa (2007)

A tabela da Figura 10.6 representa as classes para os retornos do Ibovespa em 2007. Com 236 dados de retornos (um para cada dia), usando as funções *mínimo( )* e *máximo( )*, é possível descobrir os limites superior e inferior da tabela, ou seja, o pior e melhor retorno.

A frequência absoluta é calculada contando-se quantos dados pertencem às classes. Por exemplo, na primeira classe que inicia em –0,067 (–6,7%) e –0,03 (–3%), o Excel encontrou 14 dados. A função utilizada é CONT.SES, em que os dados estão na planilha nomeada como Dados. Por isso, o ponto de exclamação dentro da CONT.SES para obrigar o Excel a buscar os dados nessa planilha.

f_x =CONT.SES(Dados!A:A;">" & A3;Dados!A:A;"<=" & B3)

Figura 10.7

A frequência acumulada é apenas a soma das frequências seguidas para cada nova classe. A célula D4 desse exemplo é obtida somando-se D3 + C4, ou seja, 14 + 11 = 25 que está representada na Figura 10.7 A frequência relativa é obtida dividindo-se a quantidade de dados de cada classe (frequência absoluta) pelo total de dados (no caso 236 dias) que está na célula B1. A amplitude é a diferença entre os limites para cada classe, ou seja, a diferença entre o limite máximo e mínimo. Por exemplo, para a primeira classe tem-se F3 = B3 – A3 = 0,037 (arredondado para 0,04 na planilha).

Finalmente, a densidade é obtida dividindo-se a frequência relativa pela amplitude, ou, E3/F3.

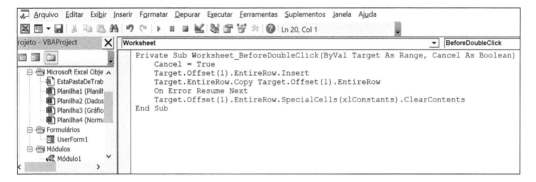

Figura 10.8 Programação para permitir inserção de linhas repetindo fórmulas

Para um histograma proporcional e mais homogêneo possível, toma-se a menor amplitude de classe e utiliza-se a mesma para criar outras classes. Partindo-se do limite inferior e somando-se a menor amplitude continuamente a cada nova classe, obtém-se uma nova tabela de classes ampliadas (mais refinada) para a construção do histograma.

J	K	L	M
Limite Inferior	Limite Superior	Densidade	Normal
-0,067	-0,063	1,592	0,022
-0,063	-0,058	1,592	0,056
-0,058	-0,054	1,592	0,134
-0,054	-0,049	1,592	0,300
-0,049	-0,045	1,592	0,628
-0,045	-0,040	1,592	1,227
-0,040	-0,036	1,592	2,237
-0,036	-0,031	1,592	3,808
-0,031	-0,027	4,661	6,053
-0,027	-0,022	4,661	8,984
-0,022	-0,018	8,475	12,449
-0,018	-0,013	8,475	16,106
-0,013	-0,009	25,212	19,454
-0,009	-0,004	25,212	21,939
-0,004	0,000	25,212	23,099
0,000	0,005	25,212	22,708
0,005	0,009	25,212	20,842
0,009	0,014	17,373	17,860
0,014	0,019	17,373	14,289
0,019	0,023	9,322	10,674
0,023	0,028	9,322	7,444
0,028	0,032	2,542	4,847
0,032	0,037	2,542	2,947
0,037	0,041	0,847	1,673
0,041	0,046	1,877	0,886

Figura 10.9

As linhas de programação para a criação dessas novas classes são:

```
Sub HistDifIntervalos()
Dim i As Integer
Dim j As Single
Dim xs(20) As Single
Dim xi(20) As Single
Dim dens(200) As Single
Dim Liden(200) As Single
Dim Lsden(200) As Single
Dim xdens(20) As Single
Dim n As Integer
Dim minclas As Single
Dim impr As Integer

'++++++++++++++++++ Limpa as células das classes anteriores para começar ++++++
For i = 22 To 50
    For j = 10 To 12
        Cells(i, j).Delete
    Next j
Next i

'+++++++++++++++++ descobre o tamanho das classes formadas +++++++++++++++++++++
n = Cells(20, 1).End(xlUp).Row - 2

' +++++++++++++++++ salva os limites inferiores, sup e densidade em vetor ++++++
For i = 1 To n
    xi(i) = Cells(i + 2, 1)
    xs(i) = Cells(i + 2, 2)
    xdens(i) = Cells(i + 2, 7)
Next i

'+++++++++++++++++ descobre a menor amplitude das classes para criação do gráfico

minclas = Cells(1, 10)

'+++++++++++++++++ valor inicial da primeira classe (é o mínimo dos dados)++++++
j = xi(1)
```

```
'+++++++++++++++ faz a contagem dos novos limites superiores e reajusta p/ gráfico
i = 0
Do While j < xs(n)
i = i + 1
Liden(i) = j
Lsden(i) = j + minclas
For k = 1 To n
    If Lsden(i) > xi(k) And Lsden(i) <= xs(k) Then
        dens(i) = xdens(k)
        k = n + 1
    End If
Next k
j = j + minclas
Loop

'+++++++++++++++++ cria a primeira linha para imprimir as novas classes do gráfico
impr = Cells(20, 10).End(xlUp).Row + 20
'+++++++++++++++++++++++++++++++++++++++++++++++++++++++++++++++++++++++++++++++

Cells(impr, 10) = "Limite Inferior"
Cells(impr, 11) = "Limite Superior"
Cells(impr, 12) = "Densidade"
Cells(impr, 13) = "Normal"

'+++++++++++++++++++++++++++++++++ imprime nas células as novas classes e densidades ++++
For j = 1 To i - 1
Cells(impr + j, 10) = Liden(j)
Cells(impr + j, 11) = Lsden(j)
Cells(impr + j, 12) = dens(j)
```

```
Cells(impr + j, 13) = Application.NormDist(Cells(impr + j, 11), Cells(1, 12), Cells(1, 14), "False")
Range(Cells(impr + j, 10), Cells(impr + j, 13)).Select
Selection.NumberFormat = "0.000"
Next j
```

Depois de construída a nova e mais ampla tabela de classes (em outras colunas que não atrapalhem a original), temos que ajustar a densidade para a distribuição normal.

O Excel já possui a função normal programada para ajuste e pode-se acessá-la por meio do comando *Application*. Na linha da programação, abaixo do ponto (.), identifica-se qual função deve ser usada para os dados de linha e coluna dispostos nos parêntesis. Como está descrito *Application.NormDist*, o VBA vai usar a distribuição normal do Excel com o ajuste *False*. Esse ajuste é o mesmo da janela da função normal, em que para *False* deseja-se a densidade da normal não acumulada e para *True* deseja-se a densidade acumulada.

```
Cells(impr + j, 13) = Application.NormDist(Cells(impr + j, 11), Cells(1, 12), Cells(1, 14), "False")
```

A variável impr na linha da programação se refere à linha desejada para se colocar a tabela ampliada. Usando o comando *End(xlup).Row* e somando-se 20, a nova tabela sempre aparecerá 20 linhas abaixo de qualquer dado existente na planilha.

O gráfico do histograma do Excel e o gráfico da normal podem ser gravados no gravador de macros e adicionados às linhas de programação. Esse gráfico pode ser transportado para outra planilha, onde ambos, histograma e normal, podem ser plotados para comparar os resultados. Nesse caso, o histograma sempre se refere à distribuição real dos dados, enquanto a densidade é um modelo de aproximação. Para os dados dos retornos do Ibovespa (2007), os resultados dessa automação são apresentados na Figura 10.10.

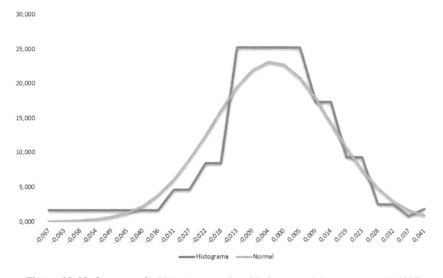

Figura 10.10 Comparação histograma e densidade normal dos retornos de 2007

Quanto ao poder de previsão tanto do histograma quanto da densidade para o mercado de ações, deve-se utilizar com cautelas nas previsões. Como os investidores são constantemente influenciados por notícias, a densidade normal em épocas de grandes oscilações pode ficar longe da realidade.

Por exemplo, no ano de 2008, os retornos diários podem ser observados na Figura 10.11. Pode-se observar que seu comportamento é diferente do ano de 2007. Próximo à crise, no segundo semestre de 2008, pode-se ver que a oscilação mudou de comportamento, refletindo compras e vendas de ações mais rápidas, com valores de altos lucros e grandes prejuízos.

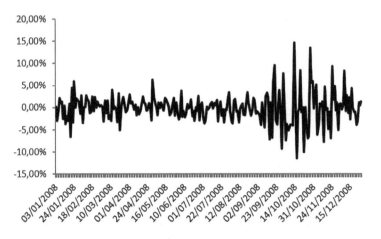

Figura 10.11 Retornos do Ibovespa em 2008

O cálculo de probabilidade com a densidade se refere à área da esquerda para direita abaixo da curva normal. Olhando-se para o gráfico (Figura 10.12), somando-se a região da normal da esquerda para a direita até o ponto −9% no eixo das abscissas, calcula-se a probabilidade de quedas mais fortes do que 9%.

Para a densidade normal adaptada aos retornos de 2008 (Figura 10.12), a probabilidade de se ter uma queda mais forte do que 9% era de 0,76%. Mas observando o histograma vemos que naquela época quedas maiores do que 9% ocorreram três vezes no intervalo entre −9% e −11%, o que não é nada insignificante para a magnitude das perdas.

Pode-se ainda perguntar por que programar um histograma com essas classes se existe gráficos de histograma já programados no Excel. O grande problema é que os gráficos do Excel estão ajustados para amostrar iguais amplitudes de forma automática. A vantagem nesse caso é que o usuário poderá escolher onde concentrar mais classes, onde um analista sabe que mais pontos estão ocorrendo. Se deixar para a forma automática do Excel, os erros nas estimativas de probabilidades se tornarão ainda maiores.

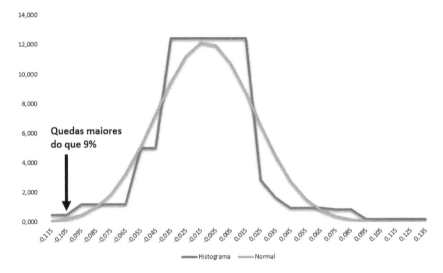

Figura 10.12 Comparação densidade normal e histograma para retornos em 2008

Outro ponto na automação é quanto à mudança de intervalo na construção dos gráficos. O *range* automático na gravação usa a notação da planilha do Excel para as células, o que não funciona no VBA. Para deixar automático o gráfico e construí-lo para qualquer quantidade de dados, é importante trocar a notação das células para *Cells* e colocar as variáveis que tomam as novas classes de dados no lugar da notação antiga A1, A2, A3 etc. Esse tipo de alteração pode ser visto com as setas na Figura 10.13.

```
Range(Cells(impr + 1, 10), Cells(impr + i - 1, 13)).Select
    ActiveSheet.Shapes.AddChart2(201, xlColumnClustered).Select
    ActiveChart.SetSourceData Source:=Range(Cells(impr + 1, 12), Cells(impr + i - 1, 12))
    ActiveChart.FullSeriesCollection(1).XValues = "=Planilha1!$J$" & impr + 1 & ":$J$" & impr + i - 1 & ""
    'ActiveSheet.Shapes.AddChart2(227, xlLine).Select
    'ActiveChart.SetSourceData Source:=Range(Cells(impr + 1, 13), Cells(impr + i - 1, 13))
    'ActiveChart.FullSeriesCollection(1).XValues = "=Planilha1!$J$" & impr + 1 & ":$J$" & impr + i - 1 & ""
    ActiveChart.ChartGroups(1).GapWidth = 0
    Application.CommandBars("Format Object").Visible = False
    ActiveChart.ChartTitle.Select
    ActiveChart.ChartTitle.Text = "HISTOGRAMA"
    Selection.Format.TextFrame2.TextRange.Characters.Text = "HISTOGRAMA"
    With Selection.Format.TextFrame2.TextRange.Characters(1, 10).ParagraphFormat
        .TextDirection = msoTextDirectionLeftToRight
        .Alignment = msoAlignCenter
    End With
    With Selection.Format.TextFrame2.TextRange.Characters(1, 10).Font
        .BaselineOffset = 0
        .Bold = msoFalse
        .NameComplexScript = "+mn-cs"
        .NameFarEast = "+mn-ea"
        .Fill.Visible = msoTrue
        .Fill.ForeColor.RGB = RGB(89, 89, 89)
        .Fill.Transparency = 0
        .Fill.Solid
        .Size = 14
        .Italic = msoFalse
        .Kerning = 12
        .Name = "+mn-lt"
        .UnderlineStyle = msoNoUnderline
        .Spacing = 0
        .Strike = msoNoStrike
    End With
```

Figura 10.13 Alteração do *range* na gravação da macro do histograma

CAPÍTULO 11

PROGRAMAÇÃO PARA TAXA INTERNA DE REFERÊNCIA (TIR)

> A Ciência não é uma ilusão, mas seria uma ilusão acreditar que poderemos encontrar noutro lugar o que ela não nos pode dar
> — Sigmund Freud

11.1 Cálculo da TIR em planilhas

A Taxa Interna de Retorno (TIR) é amplamente utilizada em finanças para avaliação de investimentos e novos projetos de empresas. A TIR corresponde ao cálculo da taxa de desconto que, aplicada a uma série de entradas e saídas, iguala o fluxo a 0. Ela é uma taxa de desconto que, quando aplicada ao fluxo de caixa, faz com que os valores das despesas de um projeto empresarial quando trazidos a valor presente, seja igual aos retornos dos investimentos (também trazidos a valor presente).

A TIR é uma medida relativa (e por isso sempre expressa em porcentagem) que demonstra o quanto rende um projeto de investimento, considerando a periodicidade dos fluxos de caixa do projeto. Em outras palavras, ela é a taxa que zera o Valor Presente Líquido (VPL).

O VPL é calculado pela série:

$$VPL = \sum_{t=0}^{n} \frac{R_t}{(1+i)^t} - \sum_{t=0}^{n} \frac{|C_t|}{(1+i)^t}$$

E, assim, o que se busca é qual o valor de i conhecido como TIR que zera a série do VPL anterior. Ou seja, quanto deve ser i para que $VPL = 0$.

O problema remete ao cálculo numérico em que se procura um método para zerar séries matemáticas, como o VPL, conhecidas como polinômios. Na série do VPL anterior, temos como variáveis de entrada:

R_t : Receitas líquidas em cada momento t do projeto.

C_t : Custos líquidos, em módulo, em cada momento t do projeto.

t : é o tempo do projeto, com valores inteiros 0, 1, 2, 3, ..., n.

i : Taxa Interna de Retorno (TIR).

No Capítulo 3, foi visto como proceder com a programação com diversas séries matemáticas, em que foram descritas as séries com funções. Também foi descrito o método de Newton-Raphson, fundamental para o cálculo das raízes de um polinômio.

Desmembrando a série que representa o VPL, o problema é encontrar qual o valor de i que torna nula a série:

$$VPL = R_0 + \frac{R_1}{(1+i)^1} + \frac{R_2}{(1+i)^2} + \frac{R_3}{(1+i)^3} + \ldots \frac{R_n}{(1+i)^n} - \frac{C_1}{(1+i)^1} - \frac{C_2}{(1+i)^2} - \frac{C_3}{(1+i)^3} - \ldots \frac{C_n}{(1+i)^n}$$

Onde n é o período do projeto.

Supor que uma empresa tem um projeto que terá uma despesa inicial no tempo $t = 0$ de R\$ 100 para sua implementação, mas que, após isso, ela conseguirá receitas líquidas de R\$ 40,00 até $t = 4$ anos. Na planilha, pode-se começar pelas colunas A e B:

	A	B
1	0	-100
2	1	40
3	2	40
4	3	40

Figura 11.1

Como o valor final $n = 4$ teremos os seguintes termos a ser calculados:

$$VPL = \frac{R_1}{(1+i)^1} + \frac{R_2}{(1+i)^2} + \frac{R_3}{(1+i)^3} + \ldots \frac{R_n}{(1+i)^n} - \frac{C_1}{(1+i)^1}$$

O que na planilha podemos colocar da seguinte forma:

	A	B	C	D	E	F	G	H
1	0	-100						
2	1	40						
3	2	40						
4	3	40			C/(1+i)	R(1+i)^2	R(1+i)^3	R(1+i)^4

Figura 11.2

Agora, se torna necessária uma varredura em termos de i até encontrar o valor exato em que a soma do VPL estará próxima de 0. Nesse exemplo, pode-se começar com valores iniciando em 5%, sendo incrementados de 1% até o limite de 15%. Para cada novo i, os termos são calculados pelas células.

384 Mercado Financeiro

	A	B	C	D	E	F	G	H
1	0	-100						
2	1	40						
3	2	40						
4	3	40		C/(1+i)	R(1+i)^2	R(1+i)^3	R(1+i)^4
5		5,0%	8,50469		-95,24	36,28	34,55	32,91
6		6,0%	6,52875		-94,34	35,60	33,58	31,68
7		7,0%	4,64733		-93,46	34,94	32,65	30,52
8		8,0%	2,85544		-92,59	34,29	31,75	29,40
9		9,0%	1,14843		-91,74	33,67	30,89	28,34
10		10,0%	-0,47811		-90,91	33,06	30,05	27,32
11		11,0%	-2,02830		-90,09	32,46	29,25	26,35
12		12,0%	-3,50603		-89,29	31,89	28,47	25,42
13		13,0%	-4,91495		-88,50	31,33	27,72	24,53
14		14,0%	-6,25853		-87,72	30,78	27,00	23,68
15		15,0%	-7,54000		-86,96	30,25	26,30	22,87

Figura 11.3 Planilha com os termos da TIR para $n = 15$

A célula E5 na planilha da Figura 11.3 é:

	A	B	C	D	E
1	0	-100			
2	1	40			
3	2	40			
4	3	40			C/(1+i)	R(
5		5,0%	8,50469		=$B$1/(1+B5)

Figura 11.4

Percorrendo a planilha observando a coluna B, pode-se ver que a coluna C muda de sinal entre a C9 e C10, em que os valores de i passam de 9% para 10%. A coluna C é a soma dos termos do VPL para a linha, em que está o valor de i como entrada.

	A	B	C	D	E	F	G	H
1	0	-100						
2	1	40						
3	2	40						
4	3	40			C/(1+i)	R(1+i)^2	R(1+i)^3	R(1+i)^4
5		5,0%	=SOMA(E5:H5)		-95,24	36,28	34,55	32,91
6		6,0%	6,52875		-94,34	35,60	33,58	31,68
7		7,0%	4,64733		-93,46	34,94	32,65	30,52
8		8,0%	2,85544		-92,59	34,29	31,75	29,40
9		9,0%	1,14843		-91,74	33,67	30,89	28,34

Figura 11.5

Pode-se, então, inferir que a TIR é algum valor entre 9% e 10% para o projeto implementado pela firma. A segunda maneira mais precisa é usar a função *TIR( )* já programada no Excel. Por exemplo, para essa planilha, pode-se colocar na linha 18 a função para saber com precisão o valor da TIR.

Dentro da função, coloca-se os valores estimados para o projeto, diferenciando os custos líquidos com sinal negativo. Os valores da coluna B são inseridos na função, o que nesse exemplo retornará *TIR* = 9,701%. Esse resultado confirma o que tínhamos observado na soma dos termos do VPL.

CAPÍTULO 11 | Programação para Taxa Interna de Referência (TIR)

	A	B	C	D
1	0	-100		
2	1	40		
3	2	40		
4	3	40		
5		5,0%	8,50469	
6		6,0%	6,52875	
7		7,0%	4,64733	
8		8,0%	2,85544	
9		9,0%	1,14843	
10		10,0%	-0,47811	
11		11,0%	-2,02830	
12		12,0%	-3,50603	
13		13,0%	-4,91495	
14		14,0%	-6,25853	
15		15,0%	-7,54000	
16				
17				
18	TIR=	=TIR(B1:B4)		
19		TIR(valores; [estimativa])		

Figura 11.6 Uso da função *TIR( )*

É interessante fazer o gráfico para os pontos de variação da TIR e ajustar uma linha de tendência polinomial de segundo grau (Figura 11.7). Pode-se ver que precisamente o gráfico cruza a linha das abscissas no valor $i = 9,7\%$. Isso realmente confirma que a TIR é o valor da abscissa que torna a soma do VPL nula.

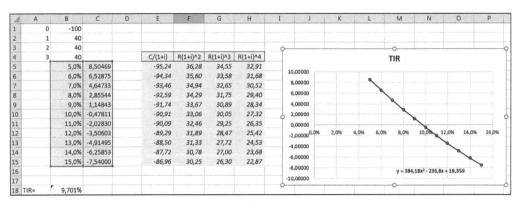

Figura 11.7 Gráfico em que o VPL cruza a abscissa no valor da TIR

11.2 Botão para a programação em VBA

Mas por que automatizar e fazer um programa em VBA se o Excel já possui uma função para o cálculo da TIR? É que, quando se deparam com projetos de empresas, nem sempre as planilhas estão com os valores das receitas e custos dos projetos exatamente em ordem de linhas ou colunas. Esses valores podem estar em outras planilhas, o que deverá ser acessado usando o conceito de *worksheets*, ou os valores estão em células separadas, ou irregularmente distribuídas ao longo da planilha de projeto. Muitas vezes, esses dados de receitas são o tempo todo revistos pelos assessores financeiros, e, para cada nova estimativa, todo cálculo e separação exata das células devem ser realizados.

Sendo assim, programar em VBA planilhas de projetos poderá ser bem útil, além de ganhar velocidade e segurança nos cálculos. Uma maneira interessante, sem precisar acessar o programa, é a programação de um botão. O botão de controle, que fica na pasta de controles, deverá ser instalado, como visto anteriormente na área de suplementos do Excel.

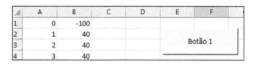

Figura 11.8 Instalação do botão de programação

Uma vez instalado o botão, o quadro à esquerda na Figura 11.9 aparecerá e a programação deve ser feita no editor do VBA, quadro à direita, que abrirá após o clique no comando *Novo*. Na *Sub Botão1_Clique ( )* é que deverá ser inserida a programação para o método de cálculo da TIR.

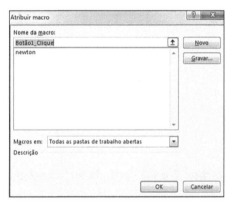
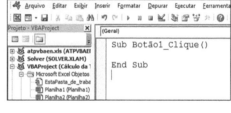

Figura 11.9 Botão_Clique para programação da TIR

11.3 Método de Newton-Rapshon

O método de Newton, ou Newton-Raphson, foi o primeiro desenvolvido por Newton para se encontrar raízes de polinômios, valores da abscissa em que a função $f(x)$ cruza o eixo. Ele é um método iterativo e depende exatamente da avaliação da função e de sua derivada. Esse, aliás, é um dos problemas, pois quando se tem uma derivada que está paralela ao eixo das abscissas o método falha e não converge.

O método já descrito em exercício no Capítulo 3 consiste em variar x de forma a encontrar seu valor tal que $f(x) = 0$. A forma de variar os valores de x é:

$$x_{k+1} = x_k - \frac{f(x_k)}{f'(x_k)}$$

Onde $k = 0, 1, 2, ...,n$. Normalmente, para funções $f(x)$ com ordem baixas (por exemplo, segundo grau ou cúbicas), o método converge rapidamente para uma das raízes. Podemos sempre utilizar um número pequeno de passos para que a convergência seja acurada.

A Figura 11.7 mostra não somente a curva para os diversos valores de i, mas também a função de segundo grau encontrada pela linha de tendência. No caso do exemplo em questão, o Excel achou a função:

$$f(x) = 384{,}18x^2 - 236{,}8x + 19{,}359$$

Nesse caso, a derivada de $f(x)$ é encontrada multiplicando-se 384,18 por 2 e deixando constante o termo 236,8. O termo 19,35 desaparece e se anula (para isso, ver as regras de derivada de cálculo e integral). Assim, a derivada será:

$$f'(x) = 768{,}36x - 236{,}8$$

O que se precisa fazer, então, é criar duas *Functions* auxiliares, as quais serão chamadas pela sub-rotina do *Botão1_clique*. Então, o botão será:

```
Sub Botão1_Clique()
Dim x(200) As Single
Dim i As Integer
x(0) = 0.15
For i = 0 To 100
  x(i + 1) = x(i) - f(x(i)) / df(x(i))
Next i

Cells(18, 1) = "TIR="
Cells(18, 2) = x(i - 1) * 100

MsgBox ("TIR = " & x(i - 1) * 100)
End Sub
```

A *Function f* é a função do segundo grau e a *Function df* é sua derivada, ambas programadas da seguinte forma:

```
Function f(x As Single) As Single
f = 384.18 * x ^ 2 - 236.8 * x + 19.359

End Function
Function df(x As Single) As Single
df = 768.36 * x - 236.8

End Function
```

11.4 Programação da Proj.Lin

Para a programação completa da TIR, precisa-se antes encontrar a função que melhor se ajusta aos pontos do VPL. Sem ela, não se pode calcular a derivada para sua utilização no método de Newton-Raphson. O Microsoft Excel 2016 tem uma função interessante que ajuda na projeção da linha de tendência sem a necessidade da utilização do gráfico.

A função do Excel é a *Proj.Lin( )*, que necessita das seguintes variáveis na caixa de entrada da Figura 11.10. Primeiro, deve-se entrar com o valor da função *f(x)*, que o Excel chama de *Known_ys*, depois com os valores da abscissa, chamados de *Known_xs*, *Const* e *Stats*.

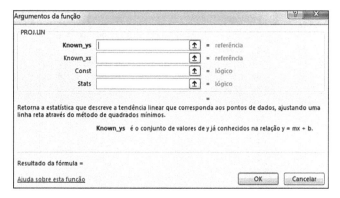

Figura 11.10 Função Proj.Lin

Suponha-se que as colunas A e B estão preenchidas, em que *A* é a abscissa (*x*) e *B* a função *f(x)*.

	A	B
1	0,05	8,504687
2	0,06	6,528753
3	0,07	4,647329
4	0,08	2,855444
5	0,09	1,148428
6	0,1	-0,47811
7	0,11	-2,0283
8	0,12	-3,50603
9	0,13	-4,91495
10	0,14	-6,25853
11	0,15	-7,54

Figura 11.11

Usando o comando de linha, pode-se introduzir em qualquer célula a função *Proj.Lin*, completando as variáveis com os primeiros dados da coluna B (*f(x)*) e depois da coluna A (*x*). Depois, deve-se rodar a função usando Ctrl + Shift + Enter (não poderá usar apenas Enter).

Figura 11.12

Com o valor calculado, deve-se arrastar a célula de cálculo para o lado direito e clicar em F2 para copiar a fórmula. E, então, novamente, deve-se apertar em sequência as teclas Ctrl + Shift + Enter. O resultado para uma reta genérica dos dados do tipo $y = ax + b$ será o coeficiente angular $a = -159$ e coeficiente linear $b = 15,9$.

	A	B	C	D	E	F
1	0,05	8,504687				
2	0,06	6,528753			-159,963	15,90162
3	0,07	4,647329			a	b
4	0,08	2,855444				
5	0,09	1,148428				
6	0,1	-0,47811				
7	0,11	-2,0283				
8	0,12	-3,50603				
9	0,13	-4,91495				
10	0,14	-6,25853				
11	0,15	-7,54				

Figura 11.13

Esses valores podem ser encontrados também com a linha de tendência quando se faz o gráfico de dispersão com as colunas A e B. A Figura 11.14 mostra como os resultados são os mesmos.

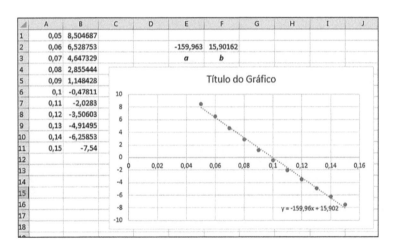

Figura 11.14 Função *Proj.Lin* e resultado da linha de tendência

Caso se queira ajustar um polinômio de outra ordem – por exemplo, uma equação de segundo grau – para o *Proj.Lin* funcionar adequadamente é necessário, copiar a coluna A ao lado e elevar seus termos ao quadrado. Se quiser ajustar função de grau 3, precisa-se copiar mais uma vez, agora elevando ao cubo, e assim sucessivamente.

O mesmo exemplo para um ajuste com equação quadrática necessita, então, da duplicação da coluna A, com os termos sendo elevados ao quadrado. Agora, a variável do Excel chamada de *Known_xs* não será mais uma coluna, mas uma matriz de números, uma matriz com n linhas e duas colunas.

	A	B	C
1	0,05	0,0025	8,504687
2	0,06	0,0036	6,528753
3	0,07	0,0049	4,647329
4	0,08	0,0064	2,855444
5	0,09	0,0081	1,148428
6	0,1	0,01	-0,47811
7	0,11	0,0121	-2,0283
8	0,12	0,0144	-3,50603
9	0,13	0,0169	-4,91495
10	0,14	0,0196	-6,25853
11	0,15	0,0225	-7,54

fx =PROJ.LIN(C1:C11;A1:B11)

Figura 11.15 Preparação para ajuste de função quadrática

Novamente, deve-se repetir os passos anteriores usando Ctrl + Shift + Enter e depois arrastar a célula da função para o lado. Mas deve-se lembrar que, no caso de grau 2, tem-se três parâmetros, pois y agora é $y = a_2 x^2 + a_1 x + a_0$. Usando o mesmo exemplo anterior, a Figura 11.16 mostra o resultado e a comparação com o gráfico de ajuste com a linha de tendência.

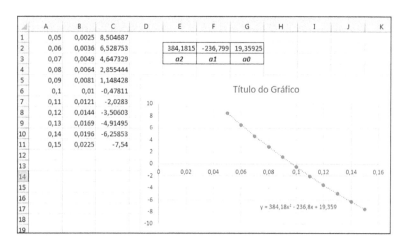

Figura 11.16 Função *Proj.Lin* e resultado da linha de tendência de grau 2

O algoritmo para a programação da *Proj.Lin* deve seguir os passos:

1. Alimentar uma matriz *(array)* com os valores duplicados de x ao quadrado.
2. Alimentar uma matriz *(array)* com apenas uma coluna representando y.
3. Usar o comando do VBA que calcula a tendência dentro do VBA. Esse comando deve ser:

coef = *Application.LinEst*(y, x, True, True)

Application é o que faz o VBA descobrir a função *Proj.Lin*, que em inglês no VBA tem o nome de *LinEst( )*. A *Function* que automatiza o processo para encontrar o ajuste necessário para uma função do segundo grau é programada como se segue.

```
Function LinEst2Vba()
Dim coef As Variant
Dim x As Variant
Dim y As Variant
x = Range(Cells(1, 1), Cells(11, 2))
y = Range(Cells(1, 3), Cells(11, 3))
coef = Application.LinEst(y, x, True, True)
Cells(1, 5) = coef(1, 1)
Cells(1, 6) = coef(1, 2)
Cells(1, 7) = coef(1, 3)

End Function
```

11.5 Automatização completa da TIR em VBA

Voltando à programação do *Botão1_Clique* do início, primeiramente, deve-se declarar o vetor de coeficientes da equação do segundo grau como variável pública e do tipo *Variant*.

```
Public coefi As Variant
```

Deve-se, então, construir duas *Functions*, uma para a função encontrada pela *LinEst* e outra com a derivada. E como se vai ajustar apenas com função quadrática, a derivada é simples e seu cálculo nada mais é do que o produto entre o coeficiente e o expoente da função. Assim, as duas funções serão como se segue.

```
Function func(x As Single) As Single
f = coefi(1) * x ^ 2 - coefi(2) * x + coefi(3)

End Function
Function dfunc(x As Single) As Single
df = 2 * coefi(1) * x - coefi(2)

End Function
```

O *Botão1_Clique* deverá começar com as declarações das variáveis e não mais deverá aparecer dados nas células do Excel. Todos os cálculos do VPL serão em matrizes e vetores internos do VBA (*array*). A linha a seguir encontra quantos dados de custo e receita sobre o projeto da firma existem na planilha. No exemplo deste capítulo, o número de linhas é 4.

```
n = Cells(50, 1).End(xlUp).Row
```

```
Sub Botão1_Clique()
Dim A As Variant, B As Variant
Dim x(200) As Single
Dim y(200) As Single
Dim z(200) As Single
Dim i As Integer
Dim n As Integer
```

```
Dim ti As Single
Dim k As Integer
Dim vpl As Single

n = Cells(50, 1).End(xlUp).Row

'+++++++++++++++++++ lendo os dados iniciais de custo e receita +++++++++
For i = 1 To n
x(i) = Cells(i, 2)
Next i



'+++++++++++++++++++ cálculo do VPL +++++++++++++++++++++++++++++++++++++
k = 0
For ti = 0.05 To 0.15 Step 0.01
k = k + 1
  z(k) = ti
  vpl = 0
    For i = 1 To n
    vpl = vpl + x(i) / (1 + z(k)) ^ i
    Next i
    y(k) = vpl
Next ti
' +++++++++++++++++++++ dimensionamento das matrizes para o ajuste de função +++++
ReDim A(1 To k, 1 To 2)
ReDim B(1 To k, 1 To 1)
'+++++++++++++++++++++ preparando a entrada para ajuste quadrático da Proj.Lin +++++
For i = 1 To k
A(i, 1) = z(i)
A(i, 2) = z(i) ^ 2
B(i, 1) = y(i)
Next i
'+++++++++++++++++++ chamada da Proj.Lin +++++++++++++++++++++++++++++++++++++++++++

coefi = Application.WorksheetFunction.LinEst(B, A, , True)
Cells(1, 5) = coefi(1, 1)
Cells(1, 6) = coefi(1, 2)
Cells(1, 7) = coefi(1, 3)

'+++++++++++++++++++ Método de Newton +++++++++++++++++++++++++++++++++++++++++++++

x(0) = 0.15
For i = 0 To 100
  x(i + 1) = x(i) - f(x(i)) / df(x(i))
Next i
'+++++++++++++++++++ impressão do resultado +++++++++++++++++++++++++++++++++++++++

Cells(7, 1) = "TIR="
Cells(7, 2) = x(i - 1) * 100

MsgBox ("TIR = " & x(i - 1) * 100)

End Sub
```

Quando o botão for clicado na planilha, o resultado será o mesmo mostrado na Figura 11.17. Para o exemplo, pode-se observar que a equação encontrou os mesmos valores para os coeficientes que foram vistos anteriormente na Figura 11.16. A vantagem é que se tem uma planilha limpa e onde a programação poderá ser adaptada graças ao uso de matriz para qualquer disposição de entrada de dados.

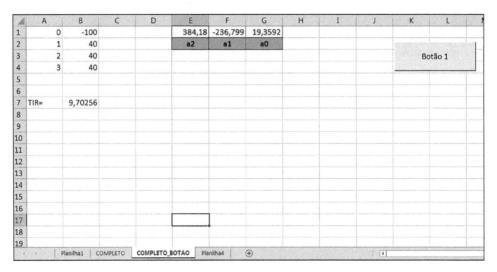

Figura 11.17 Resultado do Botão da TIR

CAPÍTULO 12

A ECONOMIA E O AQUECIMENTO GLOBAL

> Nós só podemos ver um pouco do futuro, mas o suficiente para perceber que há muito a fazer
> — Alan Turing

12.1 Modelo dinâmico

As pesquisas e o debate sobre o aquecimento global tendem a ser mais intensificados nos próximos anos. Muita controvérsia e discussão sobre formas de medir, tipos de variáveis, tratamento de dados, qualidade dos sensores, enfim, tudo o que estiver relacionado ao tema será alvo de discussões.

E, obviamente, que a economia estará no centro da questão, uma vez que à medida que usamos mais combustíveis derivados do petróleo, mais emissão de gases do efeito estufa será observada. Entre esses gases, está o dióxido de carbono ou CO_2. Observando a temperatura anual global medido por satélites da Nasa e a emissão de CO_2 pelos Estados Unidos desde 1947, pode-se verificar uma grande correlação de efeitos. E, sendo os Estados Unidos o país de maior importância financeira ao longo do século XX, não se pode negar sua influência sobre o clima global.

Figura 12.1 Emissão de gases na atmosfera.

Outro país de grande importância para o mundo, sobretudo na última década do século XX, foi a China. Com sua rápida e crescente expansão da economia, a China tornou-se também, como os Estados Unidos, um dos maiores responsáveis na emissão de gases de efeito estufa. Como pode ser observado nas Figuras 12.2 e 12.3, ambos tem grande correlação na influência da temperatura média global.

A discussão no futuro se dará em relação à expansão ou não da economia como forma de controlar alterações mais severas sobre o clima. Uma das variáveis importantes como medida é o PIB dos países. Apesar de gerar grandes discussões sobre seu retrato da realidade, ainda assim, essa variável permanecerá sendo utilizada por muitos anos.

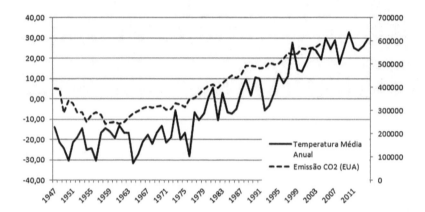

Figura 12.2 Emissão de CO_2 pelos Estados Unidos

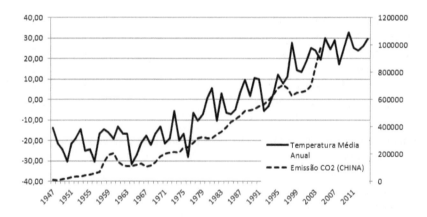

Figura 12.3 Emissão de CO_2 pela China

Qualquer que seja o país que tenha uma economia aquecida e sem leis ou regras claras sobre o controle na emissão de CO_2, terá por consequência alta correlação entre PIB e aquecimento global. E desse fato não escapam os países em desenvolvimento, entre eles Brasil e Índia.

A Figura 12.4 apresenta um gráfico em que se percebe claramente desde os anos 1960 a estreita relação entre crescimento econômico do PIB per capita da Índia por sua emissão de CO_2 em toneladas métricas.

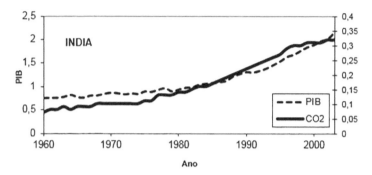

Figura 12.4 Emissão de CO_2 pela Índia

Diante desse fato, em 2008, construímos um modelo inédito (CAETANO; GHERARDI; YONEYAMA, 2008), em que relacionamos a economia com as emissões de CO_2. Representamos a economia por dados de PIB, um possível controle com dados de área florestal dos países e, por fim, a quantidade de CO_2 nos países. A Figura 12.5 apresenta o esquema dinâmico do modelo construído.

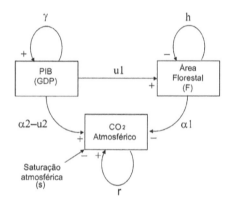

Figura 12.5 Esquema do modelo dinâmico

A caixa CO_2 representa emissão de gás carbônico; F, área de florestas; GDP, o Produto Interno Bruto (PIB), em sua sigla em inglês; r, o parâmetro que indica a taxa de emissão do dióxido de carbono; s, o nível de saturação atmosférica; α_1, a proporção de gás carbônico retirado da atmosfera por área florestada; α_2, a porcentagem do PIB que se converte em aumento de emissão de CO_2; h, a taxa de desmatamento de floresta; γ, a taxa de crescimento do PIB com u_1; e u_2, as variáveis de controle referentes, respectivamente, à porcentagem do PIB destinada ao reflorestamento e do destinado ao desenvolvimento de tecnologias limpas. Em termos de modelo matemático, o sistema de equações remete ao Capítulo 5, em que foi apresentado modelos dinâmicos e seu tratamento em termos de programação.

$$
\begin{cases}
[\dot{CO_2}] = r[CO_2]\left[1 - \dfrac{[CO_2]}{s}\right] - \alpha_1 F + (\alpha_2 - u_2)(GDP) \\[3mm]
\dot{F} = u_1(GDP) - hF \\[3mm]
(\dot{GDP}) = \gamma(GDP)
\end{cases}
$$

O ponto acima das variáveis, no lado esquerdo das equações, representa a derivada da variável em relação ao tempo, ou seja, a taxa de variação de cada variável à medida que o tempo avança (dx/dt, dy/dt etc.). Por exemplo, na primeira equação teremos a quantidade expressa por $d(CO_2)/dt$.

12.2 Método de integração numérica

No Capítulo 5, foi apresentado o método de Euler como um dos primeiros métodos para a integração numérica de sistemas dinâmicos. Trata-se de um método muito simples e não mais utilizado na prática nos dias atuais, uma vez que, com equações cada vez mais complexas e detalhistas sobre os eventos da natureza, esse tipo de método falha nas previsões.

Um método um pouco melhor é o conhecido como Runge-Kutta, de quarta ordem e passo de integração fixo. Sua fórmula consiste em utilizar como coeficiente angular uma média ponderada de valores de $f(t, y)$ dentro do intervalo $\Delta t = t_n - t_{n-1}$. Assim, tem-se:

$$
y_{n+1} = y_n + h\left[\frac{k_{n1} + 2{*}k_{n2} + 2k_{n3} + k_{n4}}{6}\right]
$$

Onde:

$$
k_{n1} = f(t_n, y_n);
$$

$$
k_{n2} = f\left[t_n + \frac{1}{2}h, y_n + \frac{1}{2}hk_{n1}\right];
$$

$$
k_{n3} = f\left[t_n + \frac{1}{2}h, y_n + \frac{1}{2}hk_{n2}\right];
$$

$$
k_{n4} = f\left[t_n + \frac{1}{2}h, y_n + \frac{1}{2}hk_{n3}\right].
$$

A programação em VBA consiste em primeiro construir uma *Function* que receberá o modelo dinâmico. Suponha-se que se pode ter um *UserForm* na planilha para orientar a integração com sua condição inicial e limites de integração. Como exemplo, se o modelo dinâmico for representado pela equação seguinte, uma sugestão de *UserForm* é mostrada na Figura 12.6.

$$
\frac{dP'}{dt} = kP(t) - lP(t)^2
$$

398 Mercado Financeiro

Esse modelo dinâmico representa um crescimento logístico (bactérias, vírus, vendas, consumo etc.) com fator de procriação *k* e limitação *l*.

Figura 12.6 *UserForm* para integração numérica

A *Function* desse modelo deverá receber os dados de entrada via variável local, como visto no Capítulo 5.

```
Function f (proc As Single, lim As Single, t As Single, y As Double) As Double
f = proc * y - lim * y ^ 2
End Function
```

A parte central do algoritmo do Runge-Kutta pode ser programado dentro do *UserForm* como se segue. A razão *n/h* é obtida pelo número total de intervalos *n* dividido pelo tamanho do passo de integração *h*.

```
For i = 2 To (n / h) + 1
t = CSng(t) + CSng(h)
k1 = f(CSng(k), CSng(l), CSng(t), CDbl(y(i - 1)))
k2 = f(CSng(k), CSng(l), CSng(t), y(i - 1) + (h / 2) * k1)
k3 = f(CSng(k), CSng(l), CSng(t), y(i - 1) + (h / 2) * k2)
k4 = f(CSng(k), CSng(l), CSng(t), y(i - 1) + h * k3)
y(i) = y(i - 1) + (h / 6) * (k1 + 2 * k2 + 2 * k3 + k4)
Worksheets("plan5").Cells(i + 1, 1) = t
Worksheets("plan5").Cells(i + 1, 2) = y(i)
Next i
```

Pode-se observar que foi utilizada a estrutura de vetor (*array*) para o usuário apenas observar os resultados já integrados, sem a necessidade do uso de células para os cálculos.

12.3 Simulação numérica de economia em expansão

O seguinte programa em VBA produz a simulação do modelo usando dados coletados sobre a Itália para as variáveis emissão de CO_2, área de florestas no país e PIB entre os anos de 1950 e 2003.

```
Function f1(co2 As Double, gdp As Double, f As Double, r As Double,_
    s As Double, alfa1 As Double, alfa2 As Double, u1 As Double,_
    u2 As Double, gama As Double, h As Double, t As Integer)_
    As Double
f1 = r * co2 * (1 - (co2 / s)) - alfa1 * f + (alfa2 - u2) * gdp
End Function
```

```
Function f2(co2 As Double, gdp As Double, f As Double, r As Double,_
    s As Double, alfa1 As Double, alfa2 As Double, u1 As Double,_
    u2 As Double, gama As Double, h As Double, t As Integer)_
    As Double
f2 = u1 * gdp - h * f
End Function
```

```
Function f3(co2 As Double, gdp As Double, f As Double, r As Double,_
    s As Double, alfa1 As Double, alfa2 As Double, u1 As Double,_
    u2 As Double, gama As Double, h As Double, t As Integer)_
    As Double
f3 = gama * gdp
End Function
```

A parte central da sub-rotina de integração pode ser desenvolvida como se segue, com parâmetros já ajustados dos dados reais da Itália.

```
t = 1
h = 0.01
m = 0.0001
co2(0) = 11.313 ' emissão
f(0) = 0.005625 ' área de floresta
gdp(0) = 1.64957 ' pib
u1 = 0.00012 ' porcentagem para reflorestamento
u2 = 0.0008 ' porcentagem para clean_tech
s = 120 ' capacidade da atmosfera
r = 0.45 ' taxa de emissão
gama = 0.01 ' crescimento do pib
alfa1 = 0.0006 ' qnto floresta remove de co2
alfa2 = 0.0005 ' relação pib produção de co2
For i = 0 To 4999
    t = t + h
    k11 = f1(CDbl(co2(i)), CDbl(gdp(i)), CDbl(f(i)), CDbl(r), CDbl(s), _
CDbl(alfa1), CDbl(alfa2), CDbl(u1), CDbl(u2), CDbl(gama), CDbl(m), CInt(t))
    k12 = f2(CDbl(co2(i)), CDbl(gdp(i)), CDbl(f(i)), CDbl(r), CDbl(s),_
CDbl(alfa1), CDbl(alfa2), CDbl(u1), CDbl(u2), CDbl(gama), CDbl(m), CInt(t))
    k13 = f3(CDbl(co2(i)), CDbl(gdp(i)), CDbl(f(i)), CDbl(r), CDbl(s),_
CDbl(alfa1), CDbl(alfa2), CDbl(u1), CDbl(u2), CDbl(gama), CDbl(m), CInt(t))
    dx21 = co2(i) + (h / 2) * k11
    dx22 = f(i) + (h / 2) * k12
    dx23 = gdp(i) + (h / 2) * k12
    k21 = f1(CDbl(dx21), CDbl(dx22), CDbl(dx23), CDbl(r), CDbl(s), CDbl_
(alfa1), CDbl(alfa2), CDbl(u1), CDbl(u2), CDbl(gama), CDbl(m), CInt(t))
```

```
    k22 = f2(CDbl(dx21), CDbl(dx22), CDbl(dx23), CDbl(r), CDbl(s), CDbl_
(alfa1), CDbl(alfa2), CDbl(u1), CDbl(u2), CDbl(gama), CDbl(m), CInt(t))
    k23 = f3(CDbl(dx21), CDbl(dx22), CDbl(dx23), CDbl(r), CDbl(s), CDbl_
(alfa1), CDbl(alfa2), CDbl(u1), CDbl(u2), CDbl(gama), CDbl(m), CInt(t))
    dx31 = co2(i) + (h / 2) * k21
    dx32 = f(i) + (h / 2) * k22
    dx33 = gdp(i) + (h / 2) * k22
    k31 = f1(CDbl(dx31), CDbl(dx32), CDbl(dx33), CDbl(r), CDbl(s), CDbl_
(alfa1), CDbl(alfa2), CDbl(u1), CDbl(u2), CDbl(gama), CDbl(m), CInt(t))
    k32 = f2(CDbl(dx31), CDbl(dx32), CDbl(dx33), CDbl(r), CDbl(s), CDbl_
(alfa1), CDbl(alfa2), CDbl(u1), CDbl(u2), CDbl(gama), CDbl(m), CInt(t))
    k33 = f3(CDbl(dx31), CDbl(dx32), CDbl(dx33), CDbl(r), CDbl(s), CDbl_
(alfa1), CDbl(alfa2), CDbl(u1), CDbl(u2), CDbl(gama), CDbl(m), CInt(t))
    dx41 = co2(i) + h * k31
    dx42 = f(i) + h * k32
    dx43 = gdp(i) + h * k32
    k41 = f1(CDbl(dx41), CDbl(dx42), CDbl(dx43), CDbl(r), CDbl(s), CDbl_
(alfa1), CDbl(alfa2), CDbl(u1), CDbl(u2), CDbl(gama), CDbl(m), CInt(t))
    k42 = f2(CDbl(dx41), CDbl(dx42), CDbl(dx43), CDbl(r), CDbl(s), CDbl_
(alfa1), CDbl(alfa2), CDbl(u1), CDbl(u2), CDbl(gama), CDbl(m), CInt(t))
    k43 = f3(CDbl(dx41), CDbl(dx42), CDbl(dx43), CDbl(r), CDbl(s), CDbl_
(alfa1), CDbl(alfa2), CDbl(u1), CDbl(u2), CDbl(gama), CDbl(m), CInt(t))
    co2(i + 1) = co2(i) + (h / 6) * (k11 + 2 * k21 + 2 * k31 + k41)
    f(i + 1) = f(i) + (h / 6) * (k12 + 2 * k22 + 2 * k32 + k42)
    gdp(i + 1) = gdp(i) + (h / 6) * (k13 + 2 * k23 + 2 * k33 + k43)
    Cells(i + 1, 1) = t
    Cells(i + 1, 2) = co2(i + 1)
    Cells(i + 1, 3) = f(i + 1)
    Cells(i + 1, 4) = gdp(i + 1)
    Worksheets("plan2").Cells(i + 2, 3) = co2(i + 1)
Next i
```

A Figura 12.7 mostra a comparação entre os resultados da simulação numérica em VBA com o método de Runge-Kutta de quarta ordem e os dados reais coletados para a emissão de CO_2 da Itália, entre os anos de 1950 e 2003.

Com o modelo, pode-se simular crescimentos ou crises econômicas e suas consequências em termos de emissão de CO_2. Uma vez com dados simulados, pode-se, ainda, adicionar dados aleatórios advindos de estatísticas reais ou, então, usar os resultados para, via qualquer método dinâmico de otimização, encontrar melhores políticas públicas de controle nas emissões.

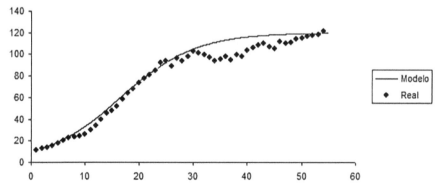

Figura 12.7 Comparação da simulação VBA e dados reais da Itália

CONSIDERAÇÕES FINAIS

> É mais frequente que a confiança seja gerada pela ignorância do que pelo conhecimento: são os que conhecem pouco, e não os que conhecem muito, os que afirmam tão positivamente que este ou aquele problema nunca será solucionado pela ciência.
>
> — Charles Darwin

Os algoritmos evoluíram muito desde o início do século XX, e, a cada década, movidos pelas necessidades da população, mais avanços não param de acontecer. Apresentou-se neste livro a introdução de alguns progressos em termos de algoritmos, como a programação dinâmica e algoritmos genéticos, além das simulações de eventos aleatórios baseados em métodos conhecidos, como o Monte Carlo. No entanto, mesmo esses algoritmos já estão bastante distantes da atual fronteira no campo da programação.

Algoritmos evolutivos destacam-se como um campo bastante fértil e propenso a assumir os computadores nesse novo século. Apesar de as equações ainda serem importantes na representação de modelos de negociação, estimação e simulação, existe uma necessidade maior da integração entre essas equações e a computação.

Programas puramente computacionais, baseados apenas na intuição de regras lógicas, não funcionam por si só e sem uma ligação com as equações matemáticas. Por outro lado, o tipo de programação que se usava no século XX também não conseguirá satisfazer e resolver os problemas envolvidos no século XXI. Isso porque a velocidade da informação hoje é muito maior que em outros tempos. E, dentro de alguns anos, ela será ainda maior com o advento de outros tipos de computadores com diferentes chips ou outro material que venha substituí-los.

Enquanto o mercado financeiro utilizava telefone para suas negociações no século passado, no século XXI, estamos presenciando o aparecimento de negociações de altas frequências, que acontecem no campo dos microssegundos e não mais dos segundos ou minutos. Os algoritmos desses tempos devem funcionar com a mais alta precisão, pois um erro lógico pode levar empresas ou países à falência em questão de minutos.

Apesar de todo progresso e de todas as formas ou tipos que os novos computadores venham a assumir, o algoritmo básico não mudará como forma de aprendizado para os novos programas. Ainda são usados a formulação de Pitágoras e Euler, que está anos atrás de nosso progresso. E ainda usa essas formulações por tantos outros. Achar que um computador poderá pensar sozinho de maneira lógica sem as regras da matemática é uma completa inocência. Todo novo algoritmo sempre parte de alguma relação matemática e a disciplina ainda continuará a dominar o mundo da computação.

Mesmo os algoritmos evolutivos ou genéticos dependem de uma relação matemática entre as variáveis e suas formas de ligação. Algoritmos conhecidos como imunológicos, que começam a ser usados na defesa de redes de computadores e simulações de eventos dinâmicos, também necessitam de regras matemáticas para sua perfeita evolução.

Do lado da economia e da administração, ambas as disciplinas estão cada vez mais distantes do padrão romântico de outrora, em que o administrador tinha tempo suficiente para ler seu anuário, para verificar a tabela de probabilidade e usar sua calculadora. Uma tabela de logaritmo e a regra de cálculo eram os instrumentos mais eficazes na predição nos tempos passados.

Nos dias de hoje, são necessárias trocas ultrarrápidas de informações para a obtenção de lucros cada vez maiores. Seja para evitar crises ou combater bolhas econômicas, esteja a solução nos bancos centrais ou órgãos dos governos, sempre haverá uma forma de pensamento baseada em algoritmo.

Todos usam algoritmos desde o nascimento, só não se tem consciência do que eles significam para nós. Quando criança, aprende-se sobre os números e o primeiro contato com eles já é o primeiro contato com algoritmo. O algoritmo de reconhecimento de padrão já vem dentro dessa máquina fantástica que é o cérebro humano.

O propósito deste livro não é cobrir tudo o que se tem em termos de algoritmos e falhas, mas apresentar para outras áreas nominalmente conhecidas como humanas ou sociais o poder que elas vão precisar dominar frente aos progressos da humanidade.

Os temas abordados são apenas o início de uma atividade, não o meio nem o fim. Há, ainda, maior aprofundamento e estudos para melhor compreender o uso de algoritmos em planilhas eletrônicas. Mas diante da lacuna observada na literatura nacional, com uma junção de administração e economia e áreas como computação e matemática, procurou-se abrir uma porta para um novo conhecimento para a maioria do público da área humana.

Muitos algoritmos podem parecer complicados durante a leitura dos capítulos, e realmente são. A vida é complicada e seu entendimento não seria diferente, no entanto, a persistência em continuar a ler e reler pode trazer no final um prazer enorme do aprendizado. Os alunos que começam a programar não acreditam nessa frase, mas quando conseguem resolver um problema usando algoritmo, entram em total êxtase. O leitor que seguir os passos de cada capítulo certamente sentirá a mesma satisfação na resolução dos problemas.

O livro termina, o capítulo termina, mas a compreensão dos algoritmos não. Como eles estão evoluindo conforme a humanidade, compreendê-los também deve ser constante. Refazer os exemplos e exercícios coloca o leitor em ponto de aprofundar seu aprendizado de problemas mais complexos. A resolução desses problemas pode ser ainda mais complicada, mas esperamos que o livro indique a direção para torná-la palpável e factível.

BIBLIOGRAFIA

ANDRADE, E. L. **Introdução à pesquisa operacional**. Rio de Janeiro: LTC, 1989.

BREALEY, R. A.; MYERS, S. C. **Princípios de finanças empresariais**. 3. ed. Lisboa: McGraw-Hill, 1992.

CABRAL, A. S.; YONEYAMA, T. **Economia digital:** uma perspectiva para negócios. São Paulo: Atlas, 2001.

CAETANO, M. A. L.; GHERARDI, D. F. M.; YONEYAMA, T. 2008. Optimal Resource Management Control for CO_2 and Reduction of the Greenhouse Effect. **Ecological Modelling**. Amsterdam, n. 213, p. 119-126.

CAPRON, H. L.; PERRON, J. D. **Computers & information systems**: tools for an information age. Califórnia: The Benjamin/Cummings publishing Company Inc./Redwood city, 1993.

CARLBERG, C. **Administrando a empresa com Excel**. São Paulo: Pearson, 2003.

CARVALHO, D. C. **Segurança de dados com criptografia**: métodos e algoritmos. 2. ed. Rio de Janeiro: Book Express, 2001.

DESCHATRE, G. A. **Ganhe nas bolsas com seu micro**. Rio de Janeiro: Ciência Moderna, 1997.

ELTON, E. J. *et al*. **Modern Portfolio Theory and Investment Analysis**. 6. ed. Nova York: John Wiley & Sons, 2003.

FARRER, H. *et al*. **Pascal estruturado**. Rio de Janeiro: Guanabara Dois, 1985.

FEOFILOFF, P. **Algoritmos em linguagem C**. Rio de Janeiro: Elsevier, 2009.

FONSECA, J. S.; MARTINS, G. A. **Curso de estatística**. São Paulo: Atlas, 1996.

FORBELLONE, A. L. V.; EBERSPÄCHER, H. F. **Lógica de programação**. São Paulo: Pearson Prentice-Hall, 2005.

GOLDBARG, M. C.; LUNA, H. P. L. **Otimização combinatória**: modelos e algoritmos. Rio de Janeiro: Campus, 2000.

GUJARATI, D. N. **Econometria básica**. São Paulo: Makron, 2000.

JACOBSON, R. **Microsoft Excel 2000 Visual Basic for Applications**: fundamentos. São Paulo: Makron Books, 2001.

JELEN, B.; SYRSTAD, T. **Macros e VBA para Microsoft Excel**. Rio de Janeiro: Campus, 2004.

JELEN, B.; SYRSTAD, T. **VBA e macros para Excel 2007**. São Paulo: Pearson Prentice Hall, 2009.

LACHTERMACHER, G. **Pesquisa operacional na tomada de decisões**: para cursos de administração, economia e ciências contábeis. Rio de Janeiro: Campus, 2002.

LEON, S. J. **Álgebra linear com aplicações**. Rio de Janeiro: LTC, 1999.

LIMA, E. L. **Curso de análise**. Brasília: CNPq, 1982.

MANDELBROT, B.; HUDSON, R. L. **Mercados financeiros fora de controle**: a teoria dos fractais explicando o comportamento dos mercados. Rio de Janeiro: Elsevier, 2004.

MARKOWITZ, H. Portfolio Selection. **The Journal of Finance**, v. 7, n. 1, mar. 1952, p. 77-91.

MARTINEZ, F. B. *et al.* **Computadoras y Computación**. Madri: Blume, 1974.

MEIRELES, M. **A arte de operar na bolsa**. São Paulo: Arte & Ciência, 2000.

MORRIS, G. L. **Candlestick Charting Explained**: Timeless Techniques for Trading Stocks and Futures. Nova York: McGraw-Hill, 1995.

NASCIMENTO JR., C.; YONEYAMA, T. **Inteligência artificial**. São Paulo: Blucher, 2000.

NETO, P. L. C. **Estatística**. São Paulo: Blucher, 1977.

NETTO, J. **One Shot-One Kill Trading**. Nova York: Mc-Graw Hill, 2004.

NEUFELD, J. L. **Estatística aplicada à administração usando Excel**. São Paulo: Prentice Hall, 2003.

PERIN FILHO, C. **Introdução à simulação de sistemas**. Campinas: Unicamp, 1995.

ROMAN, S. **Desenvolvendo macros no Excel**. Rio de Janeiro: Ciência Moderna, 2000.

RUGGIERO, M. A. G.; LOPES, V. L. R. **Cálculo numérico**: aspectos teóricos e computacionais. São Paulo: McGraw-Hill, 1988.

SLACK, N. *et al.* **Administração da produção**. São Paulo: Atlas, 1996.

SHONE, R. **Economic Dynamics, Phase Diagrams and their Economic Application**. Cambridge: Cambridge University Press, Cambridge, 2012.

SPIEGEL, M. R. **Estatística**. São Paulo: Makron, 1993.

STOKEY, N. L. Are There Limits to Growth? **International Economic Review.** Philadelphia, v. 39, n. 1, fev. 1998, p. 1-31.

MARCAS REGISTRADAS

Excel e VBA são marcas registradas da Microsoft Corporation.

Todos os demais nomes registrados, marcas registradas ou direitos de uso citados neste livro pertencem aos seus respectivos proprietários.